W0041372

GÜTERSLOHER
VERLAGSHAUS

Gütersloher Verlagshaus. Dem Leben vertrauen

FÜR WALTHER SEINSCH

Wolfgang Sternstein

GANDHI UND JESUS

Das Ende des Fundamentalismus

Gütersloher Verlagshaus

Bibliografische Information der Deutschen Nationalbibliothek
Die Deutsche Nationalbibliothek verzeichnet diese Publikation in der
Deutschen Nationalbibliografie; detaillierte bibliografische Daten
sind im Internet über http://dnb.d-nb.de abrufbar.

Mix
Produktgruppe aus vorbildlich bewirtschafteten
Wäldern und Recyclingholz oder - fasern
www.fsc.org   Zert.-Nr. SGS-COC-004278
© 1996 Forest Stewardship Council
FSC

Verlagsgruppe Random House FSC-DEU-0100
Das für dieses Buch verwendete FSC-zertifizierte Papier *Munken Premium*
liefert Arctic Paper Munkedahls AB, Schweden

1. Auflage
Copyright © 2009 by Gütersloher Verlagshaus, Gütersloh,
in der Verlagsgruppe Random House GmbH, München

Dieses Werk einschließlich aller seiner Teile ist urheberrechtlich geschützt.
Jede Verwertung außerhalb der engen Grenzen des Urheberrechtsgesetzes ist
ohne Zustimmung des Verlages unzulässig und strafbar. Das gilt insbesondere
für Vervielfältigungen, Übersetzungen, Mikroverfilmungen und die Einspei-
cherung und Verarbeitung in elektronischen Systemen.

Umschlaggestaltung: Johannes Sternstein
Druck und Einband: Těšínská tiskárna, a.s., Český Těšín
Printed in Czech Republic
ISBN 978-3-579-06475-8

www.gtvh.de

Inhalt

7

Vorwort

Wenn ich mich frage, von welcher Literatur wir hier in Europa, die wir uns fast ausschließlich von den Gedanken der Griechen und Römer sowie eines semitischen Volkes, des jüdischen, ernährten, das so bitter nötige Korrektiv herleiten können, um unser inneres Leben vollkommener, inhaltsreicher, umfassender, genau gesagt wahrhaft menschlicher zu gestalten – zu einem Leben, nicht allein auf dieses Leben beschränkt, sondern zu einem verklärten und ewigen Leben –, ich würde einmal mehr auf Indien zeigen.

Friedrich Max Müller

Religion steht für das Höchste und das Niedrigste im Menschen. Sie befähigt zum selbstlosen Dienst am Nächsten, zur tätigen Hilfe für Schwache und Kranke, zur Feindesliebe, ja sogar zur Hingabe des Lebens für die eigene Überzeugung oder für andere. Sie befähigt aber auch zu den furchtbarsten Verbrechen und unmenschlichsten Grausamkeiten, denn sie vermittelt den Tätern ein gutes Gewissen, da Gott angeblich auf ihrer Seite steht, ihnen derartige Handlungen womöglich sogar gebietet.

Solche Zweideutigkeit scheint jeder Religion eigen zu sein. Gleichwohl fragt man sich, ob das zwangsläufig so sein muss, weil im Wesen der Religion selbst begründet. Meiner Meinung nach ist das keineswegs der Fall, wie ich am Beispiel zweier herausragender religiöser Gestalten – Gandhi und Jesus – hoffe zeigen zu können. Religion, wie ich sie verstehe, ist nicht nur frei von Hass und Gewalt, Lüge und Betrug, sie ist vielmehr geeignet, derartige Verhaltensweisen, die unser Zusammenleben vergiften, zu überwinden und eine Welt zu schaffen, in der wir einander und der außermenschlichen Natur menschlich begegnen. So selbstverständlich das für viele klingen mag, ist es nicht. Bereits ein flüchtiger Blick in die Bibel, die vielen Christen nach wie vor als *Heilige Schrift* und Wort *Gottes* gilt, zeigt, dass nahezu jede Menschenrechtsverletzung und jedes Verbrechen unter Berufung auf die Bibel gerechtfertigt werden kann und in der Geschichte der Christenheit auch gerechtfertigt wurde. Wer sich durch die vielfältigen kirchlichen Sprachregelungen nicht einlullen lässt, erkennt erschreckend viel *Unheiliges* in der *Heiligen Schrift*.[1] Gleichwohl verbreiten die christlichen Kirchen und Glaubensgemeinschaften dieses Buch in Millionenauflage in der ganzen Welt ohne jeden kritischen Kommentar. Eine Bibelausgabe, welche die Erkenntnisse der historisch-kritischen Bibelforschung, der Religionswissenschaft, der Religionssoziologie und Religionspsychologie einbezieht, ist aber längst überfällig. Keine Frage, ein solches Unternehmen würde unter Theologen und Laien eine wahre Flut von Kontroversen auslösen. Doch das macht nichts. Kontroversen schaden nicht, solange sie im Rahmen einer konstruktiven Streitkultur ihren Platz finden. Meinungsverschiedenheiten sind doch das Salz des Lebens, denn ohne Meinungsverschiedenheiten gibt es weder einen Erkenntnisnoch einen Glaubensfortschritt. Doch gibt es eine unerlässliche Bedingung für die fruchtbare Arbeit an einer *kritischen Bibelausgabe*: Es darf keine Tabus geben, es darf keinen absoluten Wahrheitsanspruch für das Christentum, für die Bibel, die Dogmen oder die Bekenntnisse geben.[2] Das Ergebnis eines solchen Diskussionsprozesses wird selbstverständlich stets ein vorläufiges sein. Der Erkenntnisfortschritt wird weitergehen und sich

---

1   Siehe Gerd Lüdemann: Das Unheilige in der Heiligen Schrift. Die andere Seite der Bibel. Stuttgart 1996.
2   Die kommentierte Bibelausgabe von Hubertus Halbfas u.a. erfüllt diese Aufgabe keinesfalls.

in weiteren kritischen Ausgaben niederschlagen. Das wäre ein Zeichen für eine lebendige Religion.

Dass bis heute noch keine kritische Bibelausgabe vorliegt, ist ein schweres Versäumnis. Es ist einer der Hauptgründe für die wachsende Entfremdung zwischen der Theologie und den Kirchengemeinden und es ist einer der Gründe dafür, dass mit der Bibel so viel Unfug getrieben wird. Seit den 70er-Jahren des vergangenen Jahrhunderts ist der religiöse Fundamentalismus[3] in den abrahamitischen Religionen[4] auf dem Vormarsch.[5] Fromme Juden, Christen und Muslime nehmen die hebräische Bibel (das Erste[6] Testament) und das Zweite Testament sowie den Koran wörtlich und beziehen die darin enthaltenen Endzeitprophezeiungen auf die Gegenwart, wie es die messianischen Apokalyptiker früherer Zeiten auch schon getan haben. Für sie ist die Bibel oder der Koran Gottes zeitlos gültiges Wort, an dem nicht gezweifelt werden darf. Ihr Blick ist gebannt auf das Palästina unserer Tage gerichtet, jenen winzigen Flecken Erde an der Ostküste des Mittelmeeres, wo nach ihrer Überzeugung die in der Bibel, namentlich in der Offenbarung des Johannes, vorausgesagten Ereignisse der Endzeit ihren Anfang nehmen werden. Sie interpretieren den Nah-Ost-Konflikt im

---

3 Eine brauchbare Definition des Fundamentalismus bietet der Politologe Thomas Meyer: »Fundamentalismus ist eine willkürliche Abschließungsbewegung, die als immanente Gegentendenz zum modernen Prozess der generellen Öffnung des Denkens, des Handelns, der Lebensformen und des Gemeinwesens absolute Gewissheit, festen Halt, verlässliche Geborgenheit und unbezweifelbare Orientierung durch irrationale Verdammung aller Alternativen zurückbringen soll.« Thomas Meyer: Fundamentalismus. Aufstand gegen die Moderne, Hamburg 1989, S. 18.

4 Judentum, Christentum und Islam werden unter der Bezeichnung abrahamitische Religionen zusammengefasst, weil sie sich alle drei auf Abraham als ihren Stammvater berufen. Insgesamt gehören ihnen nominell mehr als die Hälfte der 6,45 Milliarden Erdbewohner an.

5 Gilles Kepel: Die Rache Gottes. Radikale Moslems, Christen und Juden auf dem Vormarsch, München 1994.

6 Ich verwende die Bezeichnungen Erstes und Zweites Testament statt Altes und Neues Testament, um jeden diskriminierenden Beiklang zu vermeiden.

Hinblick auf die Bibel und kommen zu dem Ergebnis, die End-schlacht bei Harmagedon, einem mythischen Ort im Norden Israels, von dem in der Johannesapokalypse die Rede ist,[7] stehe nahe bevor. Für sie weisen die angeblich sichtbaren Zeichen der Endzeit darauf hin, dass die islamischen Völker sich rüsten, um Gottes »auserwähltes Volk« zu vernichten. Auf diese Wei-se zwingen sie angeblich Gott, in den Lauf der Geschichte ein-zugreifen und die Welt in einer kosmischen Katastrophe un-tergehen zu lassen, um sie durch eine neue zu ersetzen, in der seine Auserwählten im Reich des Messias ein Leben in para-diesischer Fülle genießen. Für die islamischen Fundamentalis-ten gilt das Gleiche, nur mit umgekehrtem Vorzeichen. Für sie repräsentieren die USA den großen und Israel den kleinen Sa-tan, die Allah in der schon bald anbrechenden Endzeit vernich-ten werde.[8]

Als aufgeklärter Zeitgenosse ist man geneigt, derlei Speku-lationen als absurde Wahnvorstellungen von Sektierern abzu-tun. Das wäre indes eine verhängnisvolle Fehleinschätzung, denn auf Grund ihres Potenzials an Wählerstimmen sowie ih-rer intensiven Lobby- und Missionstätigkeit beeinflussen sie massiv die Wahlen politischer Amtsträger und die Regierungs-politik in den USA, Israel, Iran und zunehmend auch in ande-ren Staaten.

So abwegig die fundamentalistischen Endzeitspekulationen auch erscheinen mögen, so haben sie doch einen realen Kern. Seit der Gründung des Staates Israel im Jahre 1948 hat sich der Nah-Ost-Konflikt und die Bedrohung durch so genannte Atom-waffenstaaten verschärft und ausgeweitet. Eine nüchterne Ana-lyse der weltpolitischen Lage kommt deshalb zu ähnlichen Re-sultaten wie die religiösen Fundamentalisten, nur mit dem

---

7   Offb 16,16.
8   Viktor und Viktoria Trimondi: Krieg der Religionen. Politik, Glaube und Terror im Zeichen der Apokalypse, München 2006, Kapitel 12–17.

»kleinen« Unterschied, dass nach einem atomaren Weltkrieg nicht die Neuschaffung der Welt bevorsteht, sondern ein atomar verseuchter blauer Planet still die Sonne umkreist, wie es in einem Friedenslied aus den 80er-Jahren des vergangenen Jahrhunderts heißt. Das schließt eine »Neuschaffung« der Welt indes keineswegs aus. Die Natur hat unendlich viel Zeit. Für sie sind eine Million Jahre so viel wie für uns ein Tag. Die radioaktive Strahlung wird nach einigen Millionen Jahren auf der Erde so weit abgeklungen sein, dass eine neue Evolution einsetzt, denn Algen und Bakterien überleben auch die stärkste Strahlung.

Der religiöse Fundamentalismus hat folglich eine durchaus reale Grundlage. Er ist vor allem deshalb so gefährlich, weil er, statt die Kräfte der Menschen zu mobilisieren, um das drohende Verhängnis abzuwenden, es nach Art einer sich selbst erfüllenden Prophezeiung herbeiführt, vielleicht sogar aktiv fördert, um auf diese Weise der ewigen Seligkeit teilhaftig zu werden. Es handelt sich also um die *Flucht vor der existenzbedrohenden Realität in einen kollektiven religiösen Wahn.*

Keine Frage, die Bedrohung unserer Existenz durch Atomwaffen und Umweltkatastrophen ist real. Wenn wir, grob gesprochen, das 19. Jahrhundert als das Jahrhundert des Kampfes der europäischen Nationen um die Weltherrschaft, und das 20. Jahrhundert als das Jahrhundert des Kampfes der kapitalistischen, kommunistischen und faschistischen Weltanschauungsgemeinschaften um die Weltherrschaft begreifen, so zeichnet sich für das 21. Jahrhundert als neues Paradigma der »Kampf der Kulturen« um die Weltherrschaft ab.[9] Zu den »Playern« in diesem globalen Spiel gehören die USA, Europa, Russland, die islamische Welt, China und Indien. Es geht dabei um so profane Dinge wie Zugang zu Rohstoffreserven, zu Märkten

---

9 Samuel P. Huntington: Kampf der Kulturen, München 1996.

und um sichere Transportwege. Von den Kämpfen der Vergangenheit unterscheidet sich die gegenwärtige Situation vor allem dadurch, dass die wichtigsten Spieler auf diesem Feld Atommächte sind, der Einsatz dieser Waffen in regionalen oder globalen Kriegen folglich absehbar ist. Es ist das Wissen um die atomare Bedrohung der Menschheit und allen höheren Lebens auf der Erde, das den Endzeitspekulationen so gewaltigen Auftrieb verleiht.

Huntington weist mit Recht auf die zentrale Rolle hin, die der Religion bei der Herausbildung einer kulturellen Identität zukommt. Sie erweist sich zugleich als ein unerschöpfliches Arsenal, um daraus Waffen für den Propagandakrieg im Innern der kriegführenden Staaten und nach außen zu besorgen.

Die gemäßigten Kräfte im Judentum, Christentum und Islam sollten sich der Herausforderung durch den Fundamentalismus stellen. Glücklicherweise gibt es heute schon eine Anzahl von Initiativen, die den Dialog an Stelle des »Krieges der Religionen« fördern wollen. Dazu gehört das verdienstvolle »Projekt Weltethos« von Hans Küng oder die »Weltkonferenz der Religionen für den Frieden« und viele mehr.[10] Es liegt an uns, ob sich daraus eine breite Bewegung für den interkonfessionellen, interreligiösen und interkulturellen Dialog, die dem religiösen Fundamentalismus Paroli bieten kann, entwickelt.

Viktor und Viktoria Trimondi haben eine Analyse der messianisch-apokalyptischen Bewegungen in den abrahamitischen Religionen vom Standpunkt einer der Aufklärung und dem Humanismus verpflichteten Wissenschaft vorgelegt. Das hat meine uneingeschränkte Zustimmung. Ich halte es jedoch für

---

10 In diesem Zusammenhang verdienen die Arbeiten von John H. Hick, Paul F. Knitter und Perry Schmidt-Leukel Erwähnung. Auf das opulente Werk von Schmidt-Leukel: Gott ohne Grenzen. Eine christliche und pluralistische Theologie der Religionen, Gütersloh 2005, gehe ich nicht näher ein, da es im Ansatz mit dem meinen übereinstimmt.

wünschenswert, ja für notwendig, eine solche Analyse auch von einem religiösen Standort aus zu versuchen. Davon handelt dieses Buch. Eines seiner Ergebnisse lautet: Der religiöse Fundamentalismus ist keine Randerscheinung in den abrahamitischen Religionen. Er hat seine Wurzeln vielmehr im absoluten Wahrheitsanspruch dieser Religionen selbst, so wie die giftige Pflanze des Antisemitismus ihre Wurzeln nicht zuletzt im christlichen Antijudaismus hat. Es geht folglich nicht allein um den Fundamentalismus, es geht auch um den *absoluten Wahrheitsanspruch* der abrahamitischen Religionen selbst. De te fabula narratur![11]

Zum Aufbau des Buches: Im ersten Kapitel werden die Positionen einiger namhafter Autoren im Hinblick auf den absoluten Wahrheitsanspruch der abrahamitischen Religionen skizziert. Darauf folgt ein erster Teil, der sich vor dem Hintergrund der biblischen Gottesvorstellung mit Gandhis Gotteserfahrung und ihren Konsequenzen für sein Leben und Wirken befasst. Aus Gandhis religiösem Denken ergibt sich eine völlig neue Sicht des Lebens und der Lehre Jesu von Nazareth. Sie stimmt auf weite Strecken mit den Ergebnissen der historisch-kritischen Bibelwissenschaft, die Gandhi nicht kannte, überein, geht aber an entscheidenden Punkten darüber hinaus. Sie wird im zweiten Teil der Studie dargestellt.

---

11 Übersetzt: Von dir handelt die Geschichte!

I. Der Absolutheitsanspruch der abrahamitischen Religionen

> Wer im endgültigen Besitz der Wahrheit ist, kann nicht mehr mit dem Andern richtig reden, – er bricht die echte Kommunikation ab zu Gunsten seines geglaubten Inhalts.
>
> *Karl Jaspers*

In diesem Kapitel steht der absolute Wahrheitsanspruch der abrahamitischen Religionen zur Diskussion. Damit ist der von Juden, Christen und Muslimen erhobene Anspruch gemeint, ihre Religion sei jeweils die einzig wahre, weil von Gott geoffenbarte Religion. Dieser Anspruch unterscheidet die abrahamitischen Religionen von den Religionen des Ostens, dem Hinduismus, Buddhismus, Konfuzianismus und Taoismus. Von den meisten Christen wird er im Zeitalter einer nicht nur wirtschaftlichen, sondern auch gesellschaftlichen und kulturellen Globalisierung nur noch verhalten vorgetragen, doch gibt es »glaubensstarke«, d.h. zum Fundamentalismus und Fanatismus neigende Minderheiten, die ihn nach wie vor mit Entschiedenheit geltend machen. Selbst die großen Kirchen wollen, ungeachtet ihrer Bemühungen um einen interreligiösen Dialog, auf ihn nicht verzichten. Wie viel Unheil dieser Anspruch in der Geschichte anrichtete und bis heute verursacht, übersteigt jede Vorstellungskraft, wurden doch in seinem Namen Kriege geführt und Kreuzzüge unternommen, Andersgläubige als Ketzer zwangsbekehrt, gefoltert und verbrannt. Die Menschenopfer, die auf dem Altar dieses blutdürstigen Götzen dargebracht wurden, zählen Millionen und Abermillionen.

Das Thema ist gewiss nicht neu. Es ist so alt wie die Aufklärung im 18. Jahrhundert, wenn nicht noch älter. Damals ent-

brannte der Streit zwischen den Anhängern der Offenbarungsreligion und den Anhängern der Vernunftreligion. Die ersteren
beriefen sich auf die Bibel als Quelle absoluter Wahrheit, die
letzteren auf die Vernunft als Quelle einer Religion, die Gott
als Schöpfer des Universums betrachtet. Gott habe die Welt
nach den Gesetzen der Vernunft eingerichtet. Er habe sie geschaffen wie ein Uhrmacher das Uhrwerk, das, einmal in Gang
gesetzt, seinen von den Naturgesetzen vorgezeichneten Gang
gehe.

Wesentliche Bestandteile der Vernunftreligion waren der
Aufruf zur Toleranz gegenüber Andersdenkenden und Andersgläubigen sowie die scharfe Wendung gegen obskuren Aber-
und Wunderglauben, wie er in Europa im Mittelalter bis weit
in die Neuzeit vorherrschte und zum Teil bis heute – denken
wir an den Endzeitglauben religiöser Fundamentalisten oder
die Verwerfung der Darwinschen Abstammungslehre durch
amerikanische »Kreationisten« – anzutreffen ist.

Der Streit Offenbarungsreligion contra Vernunftreligion ist
heute weitgehend überholt, nicht überholt ist indes der offene
oder verdeckte absolute Wahrheitsanspruch für die eigene Religion. Sich damit auseinanderzusetzen, ist auch heute noch so
notwendig wie eh und je. Die Religionen, die diesen Anspruch
erheben, schützen sich vor kritischen Fragen, indem sie sie als
Folge der Sünde betrachten oder gar mit dem Bannfluch der
Gotteslästerung belegen. Wer diesen Bannfluch nicht auf sich
ziehen will, schweigt lieber still.

Nun sind es bekanntlich die Kinder, deren unverdorbene
Seelen sie aussprechen lässt, was jeder sieht, aber nicht zu sagen
wagt: »Der Kaiser ist ja nackt!« Zu dieser Sorte Fragen gehört
auch die folgende: Es gibt drei Religionen, die sich durchaus
unterscheiden, von denen aber jede den Anspruch erhebt, die
von Gott geoffenbarte absolute Wahrheit zu sein. Da kann etwas nicht stimmen: Entweder ist nur eine von ihnen absolut

wahr und die anderen sind unwahr, oder alle drei sind, ungeachtet ihres Anspruchs, unwahr, oder, dritte Möglichkeit, wir verabschieden die Vernunft und erklären: Bei Gott ist alles möglich, warum nicht auch das? Die Experten fürchten nichts so sehr wie diese Art von Kinderfragen. Sie haben sich längst darauf verständigt, dass jeweils ihre eigene Religion die einzig wahre ist! Sie beantworten die Kinderfragen deshalb wie Oberlehrer die Fragen heller Schülerinnen und Schüler: »Falsch! Setzen! Sechs!«

Gotthold Ephraim Lessing

Lessing (1729–1781) war so ein aufmüpfiger heller Kopf. Er legte sich gern mit den Theologen seiner Zeit an, unter denen der Hamburger Hauptpastor Goetze herausragte. Der Streit eskalierte und hatte zur Folge, dass Herzog Karl von Braunschweig als oberster Dienstherr seinem scharfzüngigen Wolfenbütteler Bibliothekar ein Veröffentlichungsverbot erteilte. Lessing sah sich genötigt, zu seinem Metier als Dichter zurückzukehren, um, wie er an Elise Reimarus schrieb, zu erproben, »ob man mich nicht auf meiner alten Kanzel, auf dem Theater wenigstens, noch ungestört will predigen lassen«.[12] Es ist weit mehr dabei herausgekommen als eine Predigt auf dem Theater, nämlich das dramatische Stück »Nathan der Weise«.

Herzstück dieses Dramas ist die »Ringparabel«. Von der Handlung, die in Jerusalem zur Zeit der Kreuzzüge spielt, brauchen wir für unseren Zweck nur so viel zu wissen: Der freigebige, ja verschwenderische Sultan Saladin ist mal wieder in Geldverlegenheit, weil er sich vorgenommen hat, die Bettler im

---

12 Gotthold Ephraim Lessing: Werke in einem Band. Hg. von Gerhard Stenzel, Salzburg o.J., S. 431.

Lande reich zu machen. So versucht er, einen Juden, der im Volk nicht nur als überaus reich, sondern auch als nicht minder weise gilt, in eine Falle zu locken, um an dessen Geld zu kommen. Er legt ihm die Frage vor, welche der Religionen Judentum, Christentum und Islam, die alle drei den Anspruch erheben, von Gott geoffenbart und folglich absolut wahr zu sein, denn die wahre sei. Nathan ist in der Klemme. Sagt er die jüdische, gilt er dem Muslim als Gotteslästerer und ist seinen Reichtum, vielleicht sogar sein Leben los. Das Gleiche gilt, wenn er das Christentum zur einzig wahren Religion erklärt. Nennt er aber den Islam die einzig wahre, so verrät er den Glauben seiner Väter, kann folglich nicht mehr als weise gelten und wird aus seiner Religionsgemeinschaft ausgestoßen. In der kurzen Bedenkzeit, die ihm der Sultan gewährt, kommt ihm die rettende Idee: »Nicht die Kinder bloß speist man mit Märchen ab.«[13] – Das ist Lessing! Statt auf die Kanzel oder das Katheder zu stürmen und pathetisch der Weisheit letzten Schluss zu verkünden, kommt die Wahrheit, die er mitzuteilen hat, gleichsam im Bettlergewand eines Geschichtchens daher, mit dem ein alter Jude seinen Kopf aus der Schlinge zieht. Er beginnt das Gespräch mit dem Sultan mit folgenden Worten:

»Vor grauen Jahren
lebte ein Mann im Osten,
Der einen Ring von unschätzbarem Wert
Aus lieber Hand besaß. Der Stein war ein
Opal, der hundert schöne Farben spielte,
Und hatte die geheime Kraft, vor Gott
Und Menschen angenehm zu machen, wer
In dieser Zuversicht ihn trug ...«

---

13 Gotthold Ephraim Lessing: Nathan der Weise, 3. Aufzug, 6. und 7. Auftritt.

Es ist also nicht die magische Kraft des Rings allein, die bewirkt, seinen Träger vor Gott und Menschen angenehm zu machen. Er muss auch selbst etwas dazu beitragen, indem er ihn in dieser Zuversicht trägt.

»*Was Wunder,*
Dass ihn der Mann im Osten darum nie
Vom Finger ließ und die Verfügung traf,
Auf ewig ihn bei seinem Hause zu
Erhalten? Nämlich so. Er ließ den Ring
Vom seinen Söhnen dem geliebtesten;
Und setzte fest, dass dieser wiederum
Den Ring von seinen Söhnen dem vermache,
Der ihm der liebste sei; und stets der liebste,
Ohn Ansehn der Geburt, in Kraft allein
Des Rings das Haupt, der Fürst des Hauses werde …
So kam nun dieser Ring, von Sohn zu Sohn,
Auf einen Vater endlich von drei Söhnen,
Die alle drei ihm gleich gehorsam waren,
Die alle drei er folglich gleich zu lieben
Sich nicht entbrechen konnte. Nur von Zeit
Zu Zeit schien ihm bald der, bald dieser, bald
Der dritte, – so wie jeder sich mit ihm
Allein befand, und sein ergießend Herz
Die andern zwei nicht teilten, – würdiger
Des Ringes, den er denn auch einem jeden
Die fromme Schwachheit hatte zu versprechen.«

Als der gute Vater sein Ende nahen fühlt, kommt er in Bedrängnis. Was tun? Schließlich kommt ihm eine rettende Idee. Er gibt einem Schmied den Auftrag, zwei weitere Ringe nach dem Muster des ersten herzustellen. Dieser löst die Aufgabe so meisterhaft, dass selbst der Vater den echten von den falschen Ringen nicht zu unterscheiden weiß. Er ruft jeden seiner Söhne zum vertraulichen Gespräch und gibt jedem seinen Segen und einen Ring. Kaum ist der Vater tot, kommt jeder der drei Söhne, zeigt seinen Ring und erhebt den Anspruch, Fürst des Hauses zu sein. Da es nicht gelingt, den echten Ring ausfindig zu machen, kommt die Sache vor den Richter. Der erklärt sich für unzuständig, doch fällt ihm ein, der echte Ring habe ja die »geheime Kraft, vor Gott und Menschen angenehm zu machen«. Er fragt daher die Brüder, welcher von den anderen beiden geliebt werde. Sie schweigen jedoch, worauf der Richter erklärt, der echte Ring habe offenbar seine Kraft verloren oder womöglich sei keiner der Ringe echt. Er gibt ihnen den Rat, jeder möge seinen Ring als den echten betrachten und sich dementsprechend verhalten:

»Es eifre jeder seiner unbestochnen
Von Vorurteilen freien Liebe nach!
Es strebe von euch jeder um die Wette,
Die Kraft des Steins in seinem Ring an Tag
Zu legen, komme dieser Kraft mit Sanftmut,
Mit herzlicher Verträglichkeit, mit Wohltun,
Mit innigster Ergebenheit in Gott,
Zu Hilf! Und wenn sich dann der Steine Kräfte
Bei euern Kindeskindern äußern:
So lad ich über tausend tausend Jahre
Sie wiederum vor diesen Stuhl. Da wird
Ein weisrer Mann auf diesem Stuhle sitzen
Als ich; und sprechen. Geht! – So sagte der
Bescheidne Richter.«

Es bedarf keines weiteren Wortes zu erklären, was Lessing uns durch die Gestalt des Nathan sagen will: *Der Streit um die Wahrheit ist fruchtlos, ja zerstörerisch. Worauf es ankommt, ist die*

Verwirklichung der Gottes- und Menschenliebe im täglichen Leben. Ein alter Hut? – Mitnichten! Lessings »Predigt« vom Glauben, der sich im Leben durch Verständnis, Liebe und Güte gegenüber Andersdenkenden, Andersgläubigen und Andersseienden bewährt, ist so aktuell wie eh und je. Ein Blick auf den religiösen Fundamentalismus jeglicher Herkunft genügt, um das zu verdeutlichen. Das gilt in besonderem Maße für die Situation in Palästina, wo sich die Anhänger dieser Religionen um das »Heilige Land« stritten und streiten. Zu allen Zeiten haben die Religionen als Vorwand gedient für den Kampf gegen die »Ungläubigen« und nicht selten zur Durchsetzung handfester Macht- und Wirtschaftsinteressen. Im Zeitalter der Globalisierung, in dem sich der »Zusammenprall der Kulturen« (Samuel Huntington) und der »Krieg der Religionen« (Viktor und Viktoria Trimondi) abzeichnet, wächst die Gefahr, dass Religion zur Ideologie verkommt.[14]

Karl Barth

Der absolute Wahrheitsanspruch blieb auch nach Lessing und den Aufklärern keineswegs auf fundamentalistische Kreise beschränkt. Karl Barth (1886–1968), ein weithin bekannter Theologe, der mit Rudolf Bultmann (1884–1976) die protestantische Theologie der Nachkriegszeit in der Bundesrepublik prägte, verstieg sich in seinem monumentalen, Fragment gebliebenen Werk »Kirchliche Dogmatik« zu folgender Behauptung: »Kein gefährlicherer, kein revolutionärerer Satz als dieser, dass Gott Einer, dass Keiner ihm gleich ist! ... Wird dieser Satz so ausgesprochen, dass er gehört und begriffen wird, dann pflegt es

---

14 Unter Ideologie verstehe ich die Instrumentalisierung von Religion, Philosophie oder Wissenschaft im Dienst materieller Interessen.

immer gleich 450 Baalspfaffen miteinander an den Leib zu gehen.«[15]

Karl Barth war ein bedeutender Theologe, der unzweifelhaft viel geleistet hat als einer der führenden Männer der Bekennenden Kirche im Widerstand gegen den Nationalsozialismus, doch fragt man sich unwillkürlich, was an der Botschaft, »dass Gott Einer, dass Keiner ihm gleich ist«, so überwältigend Neues und Christliches sein soll, haben doch das Judentum und der Islam diesen Gedanken weit überzeugender vertreten und dem Christentum nicht ohne Grund eine latente Vielgötterei vorgeworfen.

Doch es kommt noch schlimmer. Die Anspielung auf die Bibelstelle von den 450 »Baalspfaffen«[16] macht unmissverständlich klar, »wes Geistes Kind da spricht«. Die biblische Geschichte erzählt vom Propheten Elija, der auf dem Berg Karmel im Namen des »wahren« Gottes Jahwe das Todesurteil über 450 Baalspriester verkündet und vollstrecken lässt. Diese furchtbare Bluttat – wenn sie denn historisch ist, woran man zweifeln darf – wird angeblich durch ein Gottesurteil gerechtfertigt. Elija spricht zum Volk auf dem Karmel: »Man gebe uns zwei Stiere. Sie (die Baalspriester) sollen sich einen auswählen, ihn zerteilen und auf das Holz legen, aber kein Feuer anzünden. Ich werde den andern zubereiten, auf das Holz legen und kein Feuer anzünden. Dann sollt ihr den Namen eures Gottes anrufen, und ich werde den Namen des Herrn anrufen. Der Gott, der mit Feuer antwortet, ist der wahre Gott. Da rief das ganze Volk: Der Vorschlag ist gut.«[17] Natürlich gelingt es den 450 Baalspriestern nicht, durch Wunderkraft das Opferfeuer zu entzünden. Sie werden von Elija auch noch verspottet. Ihm aber gelingt es mit Jahwes Hilfe leicht. Das Feuer verzehrt nicht nur

---

15 Karl Barth: Kirchliche Dogmatik, Bd. II, 1, Zürich 1948, S. 500.
16 1 Kön 18.
17 1 Kön 18,23 f.

das Opfer, sondern auch das Holz, die Steine und die Erde, und es leckt auch noch das Wasser auf, das man auf sein Geheiß auf den Altar und in den Graben um den Altar geschüttet hatte. Jahwe scheint an diesem Tag ungewöhnlich hungrig und durstig gewesen zu sein. Das Ende vom Lied ist denn auch danach: »Das ganze Volk sah es, warf sich auf das Angesicht nieder und rief: Jahwe ist Gott, Jahwe ist Gott! Elija aber befahl ihnen: Ergreift die Propheten des Baal! Keiner von ihnen soll entkommen. Man ergriff sie, und Elija ließ sie zum Bach Kischon hinabführen und dort töten.«[18]

Barth rechtfertigt folglich mit einer saloppen Formulierung (an den Leib gehen) den Mord an 450 Priestern einer anderen Religion, die er auch noch abwertend »Baalspfaffen« nennt, im Namen des wahren Gottes! Für ihn gibt es nur den einen Gott, der sich in der Bibel offenbart. Es tut in diesem Zusammenhang nichts zur Sache, dass Barth zwischen »natürlicher Theologie« und Offenbarung unterscheidet. Religion im Sinn von »natürlicher Theologie« findet er nicht nur in Gestalt der anderen Religionen, sondern auch im Christentum. Ihr stellt er die Offenbarung als das bedingungslos anzunehmende Wort Gottes in der Heiligen Schrift und in der Person Jesu Christi gegenüber und entgegen. Auch wenn er dabei subtil zwischen dem Verwerfungsurteil von uns Menschen und dem Verwerfungsurteil Gottes unterscheidet, ist seine Botschaft doch klar: »Wir können ja das göttliche Urteil: Religion ist Unglaube, nicht sozusagen ins Menschliche, in die Form bestimmter Abwertungen und Negationen übersetzen, sondern wir müssen es, auch wenn es je und je in Gestalt bestimmter Abwertungen und Negationen sichtbar zu machen ist, als *göttliches* Urteil über *alles* Menschliche stehen und gelten lassen. Ganz scharf und genau, wie es gemeint ist, werden es sogar nur diejenigen

---

18 1 Kön 18,39 f., siehe auch 2 Kön 10,18–30.

24

hören und verstehen können, die mit diesem Menschlichen als solchem durchaus nicht ohnehin fertig sind, denen es vielmehr etwas wert ist, die mindestens ahnend wissen, was es bedeutet, die Welt der Götter Griechenlands oder Indiens oder die Welt der Weisheit Chinas oder auch die Welt des römischen Katholizismus oder auch unsere eigene protestantische Glaubenswelt als solche in dem umfassenden Sinn jenes göttlichen Urteils wirklich preiszugeben.«[19]

Dietrich Bonhoeffer (1906–1945) hat die Theologie Barths mit Recht als »Offenbarungspositivismus« kritisiert.[20] Kritische Fragen sind verboten. Wer auf Widersprüche und Ungereimtheiten in den biblischen Schriften hinweist, bekundet damit nur seinen Unglauben. Er sollte sich in Acht nehmen, dass ihn nicht das Schicksal der 450 Baalspriester ereilt! Hier erhebt der religiöse Fundamentalismus und Fanatismus, der auf den Besitz der absoluten, geoffenbarten Wahrheit pocht, sein hässliches Haupt. Barth: »Gerade das, was die Neuzeit Toleranz nennt, kann dann gar keinen Raum mehr haben. Neben Gott gibt es nur seine Geschöpfe oder eben falsche Götter und also neben dem Glauben an ihn, Religionen nur als Religionen des Aberglaubens, des Irrglaubens und letztlich des Unglaubens.«[21]

Fazit: Karl Barth schlägt mit einem riesigen Holzhammer alle nichtchristlichen und große Teile der christlichen Religion platt. Daran ändert auch nur wenig, dass es seiner Meinung nach nicht er selbst, sondern Gott ist, der diesen Hammer schwingt. Am Ende trifft er eben doch die »Baalspfaffen« beziehungsweise die Andersgläubigen.

---

19   Karl Barth: Kirchliche Dogmatik, Bd. I, 2, Zürich 1948, S. 328.
20   Dietrich Bonhoeffer: Widerstand und Ergebung, München 1990, S. 173.
21   Karl Barth: Kirchliche Dogmatik, Bd. II, 1, Zürich 1948, S. 500.

Joseph Ratzinger/Benedikt XVI.

Zu den Geistesverwandten Karl Barths gehört auf katholischer Seite Joseph Ratzinger/Benedikt XVI. (im Folgenden abgekürzt als R/B). Wer sich im Besitz der absoluten Wahrheit wähnt, denkt, fühlt und handelt tendenziell fundamentalistisch. Dabei spielt es keine Rolle, wie diese Wahrheit definiert wird, ob religiös, philosophisch oder »wissenschaftlich« im Sinne einer Pseudowissenschaft wie der des Sozialdarwinismus, der nationalsozialistischen Rassenlehre oder des »wissenschaftlichen Sozialismus«. So gesehen ist auch das Jesus-Buch von R/B tendenziell fundamentalistisch, denn für ihn steht fest: *Gott, die absolute Wahrheit, hat sich in Jesus Christus inkarniert.* Folglich sind Jesu Lehre, sein Leben, sein Tod und seine Auferstehung die absolute Wahrheit, die er seiner Kirche – und das ist die Katholische – zu treuen Händen übergeben hat. Die Gläubigen anderer Konfessionen und Religionen wie auch die Ungläubigen treten bei ihm allenfalls als Adressaten der Mission ins Blickfeld. Sie gilt es, durch geduldige und beharrliche Überzeugungsarbeit in den Schoß der heiligen Mutter Kirche zurück- beziehungsweise hereinzuholen. Nur so können sie den vollen Anteil am Heil im Glauben an Gott Vater, Gott Sohn und Gott Heiliger Geist erlangen: »Um das Reich Gottes zu bitten heißt, zu Jesus zu sagen: Lass uns dein sein, Herr! Durchdringe du uns, lebe in uns; versammle du die zerstreute Menschheit in deinem Leib, damit in dir alles Gott untergeordnet werde und du dann das All dem Vater übergeben kannst, auf dass ›Gott alles in allem sei‹ (1 Kor 15,26–28).«[22]

Was die Menschen anbelangt, die in Vergangenheit und Gegenwart nie etwas von Jesus gehört haben, geschweige denn soweit über den christlichen Glauben unterrichtet wurden, dass

---

22 Josep Ratzinger/Benedikt XVI.: Jesus von Nazareth, Freiburg 2007, S. 181.

sie eine Entscheidung für oder gegen ihn zu treffen im Stande waren oder sind (und das ist die große Mehrheit der Menschen in Geschichte und Gegenwart!), so bleibt ihr Schicksal im Dunkel des unerforschlichen Ratschlusses Gottes. Soviel ist jedenfalls gewiss: Die Christen, die katholischen zumal, sind nach Kirchenvater Aurelius Augustinus (354–430) das auserwählte, durch die Geschichte wandernde Gottesvolk.

Besonderer Aufmerksamkeit bedürfen für den langjährigen Präfekten der Glaubenskongregation, der Nachfolgeorganisation der Heiligen Inquisition, diejenigen Personen und Gemeinschaften innerhalb der Katholischen Kirche, die in Gefahr sind, den Einflüsterungen des Antichristen bzw. des Teufels zu erliegen. Im Zusammenhang mit der Auslegung der Versuchung Jesu in der Wüste[23] kommt er auf den Marxismus zu sprechen.[24] Wer die Hintergründe kennt, weiß freilich, er zielt hier vor allem auf die lateinamerikanischen Befreiungstheologen und ihre Anhänger in aller Welt. Ihr Eintreten für die Armen, ihre Forderung nach sozialer Gerechtigkeit wird von ihm mit dem Antichrist in Verbindung gebracht. Er bezieht sich an dieser Stelle auf das kleine Werk von Wladimir Solowjew: »Kurze Erzählung vom Antichrist«.[25] Dieser Antichrist schreibt unter anderem ein Buch mit dem bezeichnenden Titel: »Der offene Weg zu Frieden und Wohlfahrt der Welt«. Wer den Hunger, das Elend und die Not unzähliger Menschen in allen Teilen der Welt wahrnimmt, wer sie als ein Verbrechen gegen Gott und die Menschen erkennt und soziale Gerechtigkeit statt karitativer Fürsorge fordert, der kann nur der Antichrist sein! Nein, R/B bringt den Menschen etwas viel Wichtigeres. Er bringt ihnen Gott.[26] Wie sollte es auch anders sein bei einem

---

23 Mt 4,1–11.
24 Joseph Ratzinger/Benedikt XVI.: Jesus von Nazareth, Freiburg 2007, S. 60 ff.
25 Übersetzt und erläutert von Ludolf Müller, München o.J.
26 Joseph Ratzinger/Benedikt XVI.: Jesus von Nazareth, Freiburg 2007, S. 73.

Kirchenmann, der Hunger, Mangel und Not allenfalls vom Hörensagen kennt. Ganz anders dagegen Gandhi, der die Not der arbeitenden Bevölkerung in Südafrika und Indien hautnah miterlebte: »Für die Armen ist das Wirtschaftliche das Geistliche. Man kann an diese hungernden Millionen nicht anders appellieren. Aber bring ihnen Essen, und sie werden dich als ihren Gott betrachten. Sie sind nicht fähig, an etwas anderes zu denken.«[27]

Neben der seiner Meinung nach marxistisch inspirierten Befreiungstheologie deckt R/B noch ein weiteres Betätigungsfeld des Antichristen auf: Die *historisch-kritische Theologie.* Er lehnt sie nicht grundsätzlich ab. Sie habe durchaus ihre Berechtigung. Sobald sie jedoch die christlichen Dogmen in Frage stelle, verwandle sie sich in eine teuflische Versuchung. Kein Wunder also, dass die Universität Tübingen, dieser Hort der historisch-kritischen Bibelexegese, dem Antichristen die Ehrendoktorwürde[28] verleiht. R/B: »Bibelauslegung kann in der Tat zum Instrument des Antichristen werden. Das sagt uns nicht erst Solowjew, das ist die innere Aussage der Versuchungsgeschichte (Jesu) selbst. Aus scheinbaren Ergebnissen der wissenschaftlichen Exegese sind die schlimmsten Bücher der Zerstörung der Gestalt Jesu, der Demontage des Glaubens geflochten worden.« Und wenig später fährt er fort: »Dann spricht die Bibel nicht mehr von Gott, dem lebendigen Gott, sondern dann sprechen nur noch wir selber und bestimmen, was Gott tun kann und was wir tun wollen oder sollen. Und der Antichrist sagt uns dann mit der Gebärde hoher Wissenschaftlichkeit, dass eine Exegese, die die Bibel im Glauben an den lebendigen Gott liest und ihm selbst dabei zuhört, Fundamentalismus sei; nur seine Exegese, die angeblich rein wissenschaftliche, in der Gott

---

27 Young India, 5.5.1927. Young India und Harijan sind von Gandhi herausgegebene Zeitschriften.
28 Wladimir Solowjew: Kurze Erzählung vom Antichrist, München o.J., S. 56.

selbst nichts sagt und nichts zu sagen hat, sei auf der Höhe der Zeit.«[29]

Was R/B an Solowjews Erzählung besonders gefallen haben dürfte, ist, dass darin ein protestantischer Theologieprofessor namens Pauli in der Endzeit den Papst, den biblischen Christus mit den Worten: »Tu es Petrus«[30] zitierend, im Einverständnis mit dem Patriarchen der Russisch-orthodoxen Kirche zum Oberhaupt der ganzen Christenheit einsetzt. Die »Kurze Erzählung vom Antichrist« vereinigt in sich sämtliche Bestandteile des christlichen Fundamentalismus: den absoluten Wahrheitsanspruch, den Messianismus und die Apokalyptik.

Wer war Jesus von Nazareth? R/B weiß das natürlich. Wir Normalsterblichen aber wissen es nicht mit Gewissheit. Folglich sind wir auf Rekonstruktionen angewiesen, die nur eine relative Gültigkeit beanspruchen können. Wir wissen nicht, wie er ausgesehen hat, wir wissen auch nicht mit Gewissheit, was er sagte und tat. Mit einem Wort, wir wissen nicht, wer er war. Da hilft uns auch das Zeugnis des Heiligen Geistes in den Schriften des Zweiten Testaments nicht weiter, denn dieses Zeugnis ist höchst verschieden, teilweise sogar widersprüchlich.

Hans Küng

So offen wie bei Barth und R/B wird der absolute Wahrheitsanspruch heute nur noch selten erhoben. Er wird indes keineswegs aufgegeben, wie ich am Beispiel des bedeutenden katholischen Theologen Hans Küng glaube zeigen zu können.

Die herausragenden Verdienste Küngs um den interreligiösen Dialog brauche ich hier nicht zu würdigen. Sie sind bekannt.

---

29 Joseph Ratzinger/Benedikt XVI.: Jesus von Nazareth, Freiburg 2007, S. 64 f.
30 Du bist Petrus. Das Zitat ist Mt 16,18 entnommen. Wladimir Solowjew: Kurze Erzählung vom Antichrist, München o.J., S. 69

Küng lässt das antike und mittelalterliche: »Es gibt kein Heil außerhalb der Kirche« meilenweit hinter sich. Er lässt auch die von vielen Christen heute noch vertretene Auffassung: »Es gibt kein Heil außerhalb des Christentums« hinter sich. Für ihn gibt es auch außerhalb des Christentums Heil. Er gesteht den Anhängern anderer Religionen sogar das Recht zu, ebenfalls überzeugt zu sein, sie seien im Besitz der absoluten Wahrheit. Hier steht folglich Anspruch gegen Anspruch, ohne dass daraus ein wie auch immer gearteter Zwang abgeleitet werden darf, Andersgläubige zur eigenen Religion zu bekehren. Küng spricht sich nachdrücklich und leidenschaftlich für den Verzicht auf Zwang und Gewalt in religiösen Fragen aus. Statt die Anhänger anderer Religionen mit dem eigenen Wahrheitsanspruch zu konfrontieren, geht es ihm zunächst einmal um Selbstkritik, das heißt, sich bewusst zu werden, wie oft und wie furchtbar Christen, am Maßstab ihrer eigenen Botschaft gemessen, versagt haben. Er erkennt an, dass es in anderen Religionen Wahrheit und in der christlichen Religion Unwahrheit gibt: »Denn jeder Unvoreingenommene weiß: Die Grenze zwischen Wahrheit und Unwahrheit ist nicht von vornherein identisch mit der Grenze zwischen der eigenen und der jeweils anderen Religion. Wer nüchtern bleibt, wird zugestehen: *Die Grenzen zwischen Wahrheit und Unwahrheit gehen auch durch die jeweils eigene Religion.*«[31] In der Bereitschaft zur Selbstkritik sieht er eine unerlässliche Bedingung für einen konstruktiven interreligiösen Dialog.

Im zweiten Teil seines Buches »Projekt Weltethos« befasst sich Küng mit der Wahrheitsfrage. Dabei geht er von folgender Fragestellung aus: »Ist ein Weg theologisch verantwortbar, der es Christen wie Andersgläubigen gestattet, die Wahrheit der je anderen Religionen zu akzeptieren, ohne die Wahrheit der ei-

---

31 Hans Küng: Projekt Weltethos, München 1991, S. 109.

genen Religion und damit die eigene Identität preiszugeben?«[32] Im Anschluss daran erörtert er drei Strategien im Bezug auf die Wahrheitsfrage, von denen seiner Meinung nach keine einen Beitrag zu einer politisch relevanten Lösung der Friedensfrage zu leisten vermag. Sie im Einzelnen wiederzugeben ist hier nicht der Ort. Ihnen wird eine vierte Strategie gegenübergestellt, die er die *ökumenische* nennt. Diese Strategie greift auf allgemeine ethische Grundsätze zurück, die er in allen Religionen mehr oder weniger ausgeprägt anzutreffen meint. Im Bereich des Christentums stammen sie allerdings größtenteils nicht aus der christlichen Tradition, sondern aus dem antiken Humanismus, der sie in Gestalt der Glaubens-, Gewissens- und Religionsfreiheit erst im Verlauf des modern-aufklärerischen Emanzipationsprozesses durchsetzte. Seine wohl überzeugendste Ausformung fand er im Postulat der Menschenwürde und den aus ihr abgeleiteten Menschenrechten, die nach Küngs Auffassung allerdings der religiösen Begründung bedürfen, um absolute Geltung beanspruchen zu dürfen.

So weit, so gut. Die Gretchenfrage aber bleibt: Wie hältst du's mit dem absoluten Wahrheitsanspruch des Christentums, etwa in Gestalt des Dogmas, Jesus sei der einzige und eingeborene Sohn Gottes, *wahrer* Mensch und *wahrer* Gott, was soviel heißt wie ganz Mensch und ganz Gott? Mit den Worten Küngs: »Wenn man an Christus als den Weg, die Wahrheit und das Leben glaubt, kann man dann auch akzeptieren, dass es andere Wege, andere Wahrheiten, anderes Leben aus der Transzendenz heraus gibt? Die Tora? Der Koran? Der Achtfache Weg des Buddha?«[33] Um diesem Dilemma zu entgehen, schlägt er vor, eine Außen- und eine Innenperspektive zu unterscheiden: »Von *außen* gesehen, sozusagen religionswissenschaftlich betrachtet,

---

32 Ebenda, S. 105.
33 Ebenda, S. 125.

gibt es selbstverständlich *verschiedene wahre Religionen:* Religionen, die bei aller Ambivalenz zumindest grundsätzlich bestimmten generellen (ethischen wie religiösen) Kriterien entsprechen. Es gibt verschiedene Heilswege (mit verschiedenen Heilsgestalten) zu einem Ziel, die sich sogar zum Teil überschneiden und sich jedenfalls gegenseitig befruchten können.

Von innen her gesehen, also vom Standpunkt des am Neuen Testament orientierten gläubigen Christen, für mich also als betroffenen, herausgeforderten Menschen, gibt es nur *die eine wahre Religion:* das Christentum, insofern es den einen wahren Gott, wie er sich in Jesus Christus kundgetan hat, bezeugt. Die eine wahre Religion schließt indessen Wahrheit in anderen Religionen keineswegs aus, sondern kann andere gelten lassen als mit *Vorbehalt wahre* ... Religionen. Andere Religionen können, sofern sie der christlichen Botschaft nicht direkt widersprechen, die christliche Religion durchaus ergänzen, korrigieren und vertiefen.«[34]

Küng fragt: »Ist das vielleicht ein Widerspruch?«, und er verneint die Frage. Ich erkenne darin jedoch einen Widerspruch. Was gilt denn nun, die Außen- oder die Innenperspektive? Beides geht nun mal nicht zusammen. Und wenn er schließlich feststellt: »Eine maximale theologische Öffnung gegenüber den anderen Religionen erfordert keineswegs die Suspendierung der eigenen Glaubensüberzeugung. Als ob man von Teilnehmern am Religionsdialog verlangen würde, zunächst einmal ihre Glaubensüberzeugung preiszugeben.«[35] Es geht doch gar nicht darum, die »eigene Glaubensüberzeugung« preiszugeben, es geht allein darum, den *absoluten Wahrheitsanspruch* preiszugeben, was allerdings – ich bestreite es nicht – schwer wiegende Konsequenzen für die christlichen Dogmen hat. Im Kern

---

34 Ebenda, S. 129.
35 Ebenda, S. 130.

geht es letztlich um die Frage: *Ist der absolute Wahrheitsanspruch ein unverzichtbarer Bestandteil des Christentums wie
auch des Judentums und des Islam?* Meine Antwort lautet: Nein,
nie und nimmer! Er gehört weder zum Christentum noch zu
irgendeiner anderen Religion. Er gehört auch nicht zum Begriff der Religion. Die östlichen Religionen erheben ihn nicht,
doch niemand wird ihnen deshalb absprechen, Religionen zu
sein.

Ich räume ein, der Schritt, den absoluten Wahrheitsanspruch
preiszugeben, ist von größter Bedeutung. Es ist beinahe so, als
wollte man der Katholischen Kirche ansinnen, die Institution
des Papstes abzuschaffen. Dabei kommt es freilich auf die Perspektive an. Man kann diese Preisgabe in Voraussicht auf die
wahrhaft umwälzenden Folgen, die sich daraus ergeben, als
schlechterdings unerträgliche Zumutung empfinden, als Forderung, den eigenen Glauben und die eigene Identität preiszugeben, weil man den absoluten Wahrheitsanspruch als integralen Bestandteil des eigenen Glaubens betrachtet. Deshalb
schreckt man selbst vor dem bloßen Gedanken daran zurück.
Man kann die Preisgabe des absoluten Wahrheitsanspruchs aber
auch als einen Akt der Befreiung aus dem engen, erstickenden
Gefängnis des christlichen Dogmatismus empfinden. Man kann
sie als Tor erleben, das, einmal geöffnet, uns erlaubt, aus dem
engen und düsteren Gefängnis des Dogmatismus hinauszu-
schreiten in die weite, blühende Landschaft des interkonfessionellen und interreligiösen Dialogs. So verschieden kann ein
und dasselbe Ansinnen: die Preisgabe des absoluten Wahrheitsanspruchs, auf Menschen wirken! Die meisten Christen schrecken vor der Überschreitung dieser Schwelle zurück. Gleichwohl möchte ich sie ermutigen, diesen Schritt zu tun. Sie
verlieren nichts und sie gewinnen alles. Anders ausgedrückt: Sie
verlieren etwas Falsches, Schlechtes und Lebensfeindliches und
sie gewinnen etwas Richtiges, Gutes und Lebensförderndes.

Ist der absolute Wahrheitsanspruch ein unverzichtbarer Bestandteil des Christentums, sodass, wer ihn preisgibt damit zugleich »die Wahrheit der eigenen Religion und damit die eigene Identität«[36] preisgibt? Küng und mit ihm die meisten Christen bejahen diese Frage. Andere verneinen sie. Was mich betrifft, so halte ich den absoluten Wahrheitsanspruch nicht für einen integralen Bestandteil des Christentums. Im Gegenteil, ich bin überzeugt, er ist kein Segen, sondern ein Fluch für das Christentum und sollte, je eher, desto besser, aufgegeben werden. Das Gleiche gilt übrigens für das Judentum und den Islam, soweit sie einen solchen Anspruch erheben. Küng sieht da nur *mangelnde Standfestigkeit*[37] im Bekenntnis zum eigenen Glauben, die Zumutung, Jesus Christus, den Herrn, anderen Offenbarungsträgern und Heilsbringern wie dem römischen Kaiser oder Gotama Buddha[38] gleichzuordnen. Mir ist niemand bekannt, der heute noch Jesus von Nazareth dem römischen Kaiser als Offenbarungsträger gleichstellen will. Hier geht es vielmehr darum, ob alle, die in Jesus zwar einen Gottessohn, aber nicht den einzigen und eingeborenen Sohn Gottes erblicken, »vom Neuen Testament her als *nicht-christlich* bezeichnet werden«[39] müssen. Legt man diese Definition zu Grunde, so bin ich kein Christ. Ich bezweifle indessen, dass das eine zutreffende Definition ist, denn es ist daran zu erinnern, dass die dogmatische Formel: »Wahrer Mensch und wahrer Gott«, die das Wesen Jesu Christi zu beschreiben vorgibt, mit dem historischen Jesus, dem Menschen aus Fleisch und Blut, nichts zu tun hat, sondern das Ergebnis einer dreihundertjährigen theologiegeschichtlichen Entwicklung darstellt.

---

36   Ebenda, S. 105.
37   Ebenda, S. 123 f.
38   Ebenda, S. 131.
39   Ebenda.

Richtig ist allerdings, dass, wer den absoluten Wahrheitsanspruch aufgibt, auch den Inhalt dieses Anspruchs aufgeben muss und das sind die Dogmen. Nun hat Hans Küng mit guten Gründen das Dogma von der Unfehlbarkeit des Papstes, wenn er »ex cathedra«, d. h. mit höchster apostolischer Autorität, spricht, in Frage gestellt. Nach katholischer Lehre sind die Dogmen geoffenbarte, absolute Wahrheit. Wer sie in Frage stellt, stellt sich außerhalb der katholischen Glaubensgemeinschaft. Aber stellt, wer die Gültigkeit auch nur *eines* Dogmas in Frage stellt, nicht das ganze System in Frage? Gibt es nicht auch gute Gründe, die Gültigkeit der Mariendogmen zu bezweifeln? Wo fängt das an, wo hört es auf? Löst, wer das Unfehlbarkeitsdogma und das Dogma von der leiblichen Aufnahme Mariens in den Himmel[40] in Frage stellt, nicht einen Dominoeffekt aus, an dessen Ende auch die Dominosteine des Christus- und des Trinitätsdogmas fallen? Aus der Sicht des Papstes, der Kurie, der meisten Priester und womöglich sogar der Mehrheit der katholischen Gläubigen betrachtet, ist das der Fall. Deshalb musste Hans Küng die Lehrbefugnis entzogen werden.

Ich bewundere Küngs Mut, mit dem er das päpstliche Unfehlbarkeitsdogma in Frage stellte. Ich wünsche ihm von ganzem Herzen den Mut, weiterzugehen und auch die übrigen Dogmen der Kirche in Frage zu stellen. Ich bewundere mehr noch seinen unermüdlichen Einsatz für den interkonfessionellen und interreligiösen Dialog. Ich wünsche ihm aber darüber hinaus den Mut, den geistigen Vorbehalt des absoluten Wahrheitsanspruchs für das Christentum aufzugeben, um damit die Voraussetzung zu schaffen für einen wirklich fruchtbaren interreligiösen Dialog. Von dem, was wesentlich ist am Christentum, dem von Jesus von Nazareth verkörperten Geist der Gottes-, Nächsten- und Fein-

---

40 Küng äußert seine Zweifel an diesem Dogma in seinen Erinnerungen: Umstrittene Wahrheit, München 2007, S. 198–200.

desliebe, seinem Eintreten für die Armen, die Erniedrigten und Ausgestoßenen, für Gerechtigkeit und Frieden wird nichts, aber auch gar nichts preisgegeben. Im Gegenteil, wir erkennen nun, dass das Dogma uns den Blick auf den historischen Jesus, den Menschen aus Fleisch und Blut und seine Botschaft, verstellte.

Gegen eine derartige Position werden mit Vorliebe drei verbale Kanonen mit Namen Indifferentismus, Synkretismus und Relativismus in Stellung gebracht und abgefeuert. Sie machen einen gewaltigen Lärm, treffen aber nicht. Unter *Indifferentismus* versteht man eine Haltung, die alle Religionen als gleichermaßen gültig, also gleich gültig und damit letztlich gleichgültig erklärt. Der Indifferente wahrt allen Religionen gegenüber eine Haltung skeptischer Distanz. Für ihn ist im Bereich der Religion alles möglich und alles erlaubt. *Synkretismus* nennt man ein Verfahren, das, salopp formuliert, alle Religionen in einen Topf wirft, kräftig umrührt und diesen Einheitsbrei an alle Interessenten austeilt. *Relativismus* ist eine Einstellung, die nichts Absolutes gelten lässt, sondern alles und jedes für relativ, das heißt abhängig von anderen Faktoren, erklärt.

Der Vorwurf des Indifferentismus trifft nicht, denn niemand ist gehindert, im Sinne Lessings »seiner unbestochnen Liebe«, sei sie jüdisch, christlich oder islamisch, hinduistisch oder buddhistisch, nachzueifern. Der Vorwurf des Synkretismus trifft genauso wenig, denn es geht nicht darum, die eigene Religion preiszugeben, sondern darum, das, was wir in unserer eigenen Religion und in anderen Religionen als wahr erkennen, in unserem täglichen Leben zu verwirklichen. Wie aber steht es mit dem Vorwurf des Relativismus? Ist er nicht am Ende doch berechtigt, sobald wir den absoluten Wahrheitsanspruch aufgeben?[41] Die Antwort lautet: Keineswegs, es gibt Absolutes, auch

---

41 Küng wirft Theologen wie John Hick und Paul Knitter (Projekt Weltethos, S. 128), die die Preisgabe des absoluten Wahrheitsanspruchs als Voraussetzung eines fruchtbaren interreligiösen Dialogs betrachten, einen Rückfall in

wenn die Menschen es jeweils verschieden bezeichnet haben: als Gott, Seinsgrund, Nirwana, erste Wirklichkeit oder ewiges, unzerstörbares Sein. Allen diesen Worten ist gemeinsam, dass sie sich dem Zugriff der *sinnlichen Wahrnehmung* und des *intellektuellen Begreifens* entziehen. Das Absolute ist für uns Menschen nicht verfügbar. *Kein Mensch und keine Institution kann sich rühmen, im Besitz der absoluten Wahrheit zu sein.* Von denen, die das von sich behaupten, wissen wir nur eines mit Gewissheit: Sie haben sie nicht.[42] Das ist keine weltbewegende Neuigkeit. Und doch, konsequent zu Ende gedacht, ergeben sich daraus geradezu umstürzende Schlussfolgerungen im Hinblick auf die abrahamitischen Religionen. *Die absolute Wahrheit hat einzig im Verhältnis Gottes oder der ersten Wirklichkeit zum Einzelnen ihren Platz, nirgends sonst!* Wird sie von Menschen oder Institutionen anderen Menschen gegenüber geltend gemacht, etwa als Forderung absoluten Gehorsams unter Berufung auf eine von Gott verliehene Autorität, so verkehrt sie sich in ihr Gegenteil, wird aus Segen Fluch und damit die Quelle unermesslichen Leides. Damit ist zugleich die biblische Priorität: »Man muss Gott mehr gehorchen als den Menschen«,[43] anerkannt.

Wer für die eigene Religion einen absoluten Wahrheitsanspruch geltend macht, setzt damit zwangsläufig, er mag es wol-

---

den protestantischen Liberalismus des 19. Jahrhunderts vor, den sie angeblich als »brandneue« Lehre verkünden würden. In der Tat, es könnte ja sein, dass die liberale Theologie, die in Jesus einen bedeutenden Menschheitslehrer und Propheten erblickte, der, wie Sokrates, seine Lehre durch sein Leben und sein Sterben beglaubigte, etwas Wesentliches erkannt hatte. Ob die liberale Theologie der Bedeutung Jesu damit in vollem Umfang gerecht wurde, wird im zweiten Teil dieses Buches zu erörtern sein.

42 Aus dem absoluten Wahrheitsanpruch leitet die Katholische Kirche ihren absoluten Gehorsamsanspruch gegenüber ihren Mitgliedern, bzw. den absoluten Gehorsamsanspruch der apostolischen Autorität des Papstes gegenüber dem Klerus und den Laien her.

43 Apg 5,29.

len oder nicht, alle, die eine abweichende Lehre vertreten, in die absolute Unwahrheit. Die Anhänger anderer Religionen werden zu Ungläubigen, die Anhänger abweichender Lehren innerhalb der eigenen Religion zu Häretikern oder Ketzern, auch wenn Küng das verschweigt. Was sie vertreten, ist »Aberglauben, Irrglauben und also Unglauben« (Barth) oder »*mit Vorbehalt wahre*«[44] Religion (Küng). Man mag diese Feststellung entrüstet von sich weisen. Dennoch bleibe ich im Blick auf die Bemühungen der christlichen Kirchen um den interreligiösen Dialog dabei: Sie bleiben heuchlerisch, solange der absolute Wahrheitsanspruch für die eigene Lehre nicht aufgegeben wird. Die Andersgläubigen begegnen den Bemühungen der Katholischen Kirche um den interreligiösen Dialog denn auch mit unverhohlener Reserve, ja mit Skepsis. Sie wittern darin, was Küng den Religionen indischen Ursprungs zu Unrecht vorwirft, eine Art Umarmungsstrategie.[45] Die protestantischen Kirchen stehen der Katholischen in diesem Punkt allerdings kaum nach.

Eine der wichtigsten Schlussfolgerungen aus der Preisgabe des absoluten Wahrheitsanspruchs ist der *Verzicht auf Mission*. Wenn die Weltreligionen im Wesentlichen gleichwertig sind, so macht es keinen Sinn, Andersgläubige zur »einzig wahren« Religion zu bekehren. Es kommt vielmehr darauf an, sich in seiner eigenen Religion zu vervollkommnen und an ihrer Vervollkommnung zu arbeiten. Fortan begegnen wir Andersgläubigen als Brüdern und Schwestern, nicht als Heiden oder Ungläubigen. So ist es kein Zufall, dass sich die Hauptpersonen in Lessings Stück mit Ausnahme Nathans, ungeachtet ihrer verschiedenen Glaubensüberzeugungen, am Ende als zur gleichen Familie gehörig erweisen. Die alle Menschen verbindende Humanität triumphiert über den Hader der Religionen.

---

44 Küng: Projekt Weltethos, München 1991, S. 129.
45 Ebenda, S. 108.

Man mag es drehen und wenden wie man will, Mission setzt, sofern sie auf die Anhänger anderer Religionen gerichtet ist, an die Stelle der Kooperation die Konkurrenz, an die Stelle des offenen und unvoreingenommenen Dialogs das Bestreben, die Andersgläubigen aus ihrer Verlorenheit an die Unwahrheit zu retten.

Mahatma Gandhi[46]

»Die Religionen sind verschiedene Straßen, die alle am selben Punkt zusammenkommen. Es spielt keine Rolle, wenn wir auf verschiedenen Straßen wandeln, denn zuletzt erreichen wir alle dasselbe Ziel. Tatsächlich gibt es so viele Religionen wie es Menschen gibt.«[47] »Alle Religionen sind Geschenke Gottes, aber sie tragen auch ihren Anteil menschlicher Unvollkommenheit in sich, eben weil sie von Menschen vermittelt werden. Die von Gott gegebene Religion ist jenseits dessen, was die Sprache ausdrücken kann. Die Menschen aber in ihrer Unvollkommenheit drücken die Religion in der Sprache aus, die ihnen zu Gebote steht, und ihre Worte werden wieder von anderen Menschen interpretiert, die auch unvollkommen sind. Wessen Interpretation ist dann die richtige? Ein jeder hat von seinem Standpunkt aus Recht, aber es ist auch nicht unmöglich, dass ein jeder Unrecht hat.«[48]

Obwohl Gandhi keinen absoluten Wahrheitsanspruch erhebt, vermag ich bei ihm nicht eine Spur von Indifferentismus,

---

46 Für viele Menschen ist »Mahatma« gleichsam zum Vornamen Gandhis geworden, so wie Christus zum Nachnamen Jesu. Mahatma ist aber ein Ehrentitel und heißt so viel wie »große Seele«, und da Seele (atman) mit Gott in Verbindung gebracht wird, bedeutet Mahatma auch: ein Mensch, in dem Gott gegenwärtig ist. Gandhis Vornamen sind Mohandas und Karamchand.
47 Hind Swaraj 11.12.1909 (CMWG 10, S. 271).
48 Young India, 2.10.1930.

Synkretismus, Relativismus oder einen Mangel an Standfestigkeit zu entdecken. Er verband vielmehr *hohe Toleranz* mit *hoher Glaubensleidenschaft.* Er bekannte sich zum Hinduismus, ja er nannte sich gelegentlich einen rechtgläubigen Hindu, weil er alle wesentlichen Elemente des Hinduismus für sich akzeptierte. Das hinderte ihn nicht, vieles von dem, was seinen Landsleuten als Bestandteil der religiösen Überlieferung des Hinduismus galt, wie zum Beispiel die Unberührbarkeit, die Auswüchse des Kastensystems,[49] die Tempelprostitution, die Kinderheirat und die Tieropfer abzulehnen und vieles, was er beim Studium anderer Religionen an Wahrheit fand, anzunehmen. Auch lag ihm nichts ferner, als ein Relativismus im oben genannten Sinne, vielmehr widmete er sein Leben bedingungslos der Hingabe an die Wahrheit, soweit er sie erkannte. Er sah sich als Empfänger einer unerschöpflichen Liebe, die er wiederum allen Lebewesen, den Menschen und den Tieren, zuwandte. Die Grundlage für einen fruchtbaren interreligiösen Dialog sah er im gemeinsamen Streben nach der Wahrheit. Das verband ihn mit den Anhängern anderer Religionen und mit den Philosophen. Diese Wahrheitssuche, dieses Streben nach der absoluten Wahrheit, die wir, solange wir leben, niemals erreichen, tritt an die Stelle des Besitzes der absoluten Wahrheit.

In dem von Hans Küng und anderen verfassten Buch »Christentum und Weltreligionen« schreibt der Orientalist Josef van Ess: »Jede der drei großen nahöstlichen Religionen, so pflegt

---

49 Gandhi lehnte das Kastensystem nicht völlig ab. Er plädierte vielmehr dafür, die vier Hauptkasten – Brahmanen (Priester-Kaste), Kschatrija (Adels-Kaste), Waischja (Bauern- und Händler-Kaste) und Schudra (Handwerker- und Diener-Kaste) – beizubehalten, die *vertikale* Kastengliederung aber durch eine *horizontale* zu ersetzen. Die Unberührbarkeit sollte jedoch völlig verschwinden. Selbstverständlich sollte allen Kastenangehörigen der Weg zur höchsten geistigen Vervollkommnung offen stehen. Gandhi, der der dritten Kaste angehörte, hat sie ja auch für sich erstrebt.

die islamische Theologin Riffat Hassan zu sagen, hat einen bestimmten neuralgischen Punkt, der für sie selbst nicht ›negotiable‹ (verhandelbar), für die beiden anderen aber nicht akzeptabel ist: Für das Judentum ist dies die einzigartige Auserwählung Israels als *Volk Gottes* (mit Landverheißung), für das Christentum die Lehre vom Christus als dem *Sohn Gottes*, für den Islam aber die Lehre vom Koran als dem *Wort Gottes*. Aber … über diese Fragen muss gesprochen werden können.«[50]

Man beachte die analoge Reihung: *Volk Gottes, Sohn Gottes, Buch Gottes*. Betrachten wir diese absolut gesetzten Wahrheiten, die für die genannten Religionen im Zentrum ihrer Lehre stehen und damit gewissermaßen die Mitte und das Herz ihres Glaubens ausmachen, vom Standpunkt Lessings oder Gandhis aus, so ergibt sich folgendes Bild:

Volk Gottes? Warum nicht? Doch warum die anderen Völker nicht auch? Mag sein, dass das Volk Israel eine besonders intensive religiöse Geschichte hat. Das ist aber kein Grund, sich als auserwählt zu betrachten. Wohl schmeichelt es unserer Eitelkeit, uns für auserwählt zu halten, doch das ist noch weniger ein Grund für diese Annahme. Und wie verträgt sich die Vorstellung der Auserwählung mit der von Gottes Gerechtigkeit? Der Einwand, es handle sich um Gottes unerforschlichen Ratschluss, überzeugt mich nicht. Wo bleibt dann Gottes Gerechtigkeit? Nein, *Gott ist der Gott aller Völker, so wie er der Gott aller Menschen und der ganzen Schöpfung ist.*

Der jüdische Gelehrte Schalom Ben-Chorin hat in seinem Buch: »Die Erwählung Israels« die These vertreten, die Erwählung Israels sei keine Bevorzugung, denn sie werde durch die Verpflichtung aufgewogen, die Gebote Jahwes strikt zu beo-

---

50 Hans Küng u.a.: Christentum und Weltreligionen, München 1984, S. 72.

bachten und so zum Heil der anderen Völker zu wirken.[51] Ich kann dieser Behauptung nicht zustimmen, denn für mich stellt das eine wie das andere eine Diskriminierung der anderen Völker dar. Ich kann nicht glauben, dass mein Heil und das Heil meines Volkes vom Verhalten eines anderen Volkes abhängt, gleichgültig ob es der ihm von Gott auferlegten Verpflichtung genügt oder sie verfehlt. Beides, Privilegierung wie Verpflichtung, sind mit Gottes Gerechtigkeit unvereinbar. Ich weiß, meine Feststellung wird auf den heftigen Protest vieler jüdischer und christlicher Fundamentalisten stoßen. Als ein Beispiel unter vielen sei der Bannfluch erwähnt, den der bedeutende deutsch-jüdische Theologe Martin Buber (1878–1965) gegen diejenigen schleuderte, die den Auserwähltheitsanspruch und den Anspruch der Juden auf das »heilige Land« in Frage stellen: »Wer leugnet, dass das Land Israel heiliges Land und Israel Gottes Volk ist, der handelt wie Hitler, dient Hitlers Gott – und wird mit ihm zusammen untergehen.«[52] Das Fatale am Auserwähltheitsglauben ist, dass er hochgradig ansteckend ist. Nicht nur das Christentum hat ihn in Gestalt des Neuen Bundes übernommen, nachdem Gott angeblich das alte Bundesvolk Israel verworfen hat, weil es seinen »Sohn« ermordete. Selbst die islamischen Völker betrachten sich in der Rolle der »Rechtgläubigen« als von Allah auserwählt. Schlimmer noch, auch Adolf Hitler[53] hielt das deutsche Volk für auserwählt. Das galt selbst

---

51 München 1993, S. 41 f.

52 Fritz May: Die Wahrheit über Israel, CFI-Service, 35576 Wetzlar, S. 72. Ich zitiere mit Vorbehalt, weil Fritz May keine Quelle angibt. Wer die Gedankenwelt des jüdisch-christlichen Messianismus kennen lernen will, dem sei das Buch von May zur Lektüre empfohlen.

53 Schalom Ben-Chorin schreibt in: Die Erwählung Israels, München 1993, S. 40 f.: »Am verhängnisvollsten zeigte sich das (gemeint ist der Erwählungsgedanke, Anm. d. Verf.) bei Hitler, der in seinen Tischgesprächen mit Rauschning bemerkte, es könne nicht zwei auserwählte Völker, die Juden und die Deutschen, geben und deshalb müsse das jüdische Volk verschwinden. Diese Wahnidee hat zu der furchtbaren Folge des Holocaust geführt,

für die frommen Buren in Südafrika, die, bewaffnet mit Bibel und Gewehr, den Treck nach Norden antraten. Schließlich betrachten sich viele Nordamerikaner noch heute als Gottes auserwähltes Volk und die USA als »God's own country«.

Sohn Gottes? Gewiss doch, warum sollte Jesus von Nazareth nicht ein Sohn Gottes sein? Aber warum der einzige und eingeborene? Dass er eine herausragende religiöse Gestalt war, sei unbestritten, aber gibt es nicht auch noch andere: Abraham, Moses, Gotama, Zarathustra, Kung Fu-tse, Lao-tse, Ram, Krischna, Sokrates, Mohammed, um nur einige zu nennen? Sind sie nicht auch Gottes Söhne, von seinen Töchtern ganz zu schweigen? Und sind wir nicht alle Kinder Gottes, auch wenn wir uns dieses Ehrentitels so selten würdig erweisen? Zwar schmeichelt es unserer Eitelkeit, uns als durch Christus erlöst zu betrachten im Unterschied zu allen Nichtchristen, doch das sollte eher ein Grund sein, dies nicht zu glauben.

Wort Gottes? Der Koran ist zweifellos ein Buch Gottes, eine heilige Schrift, so wie die Bibel, die Bhagwadgita, die Reden des Buddha und andere. Doch warum die einzig authentische? Für die historisch-kritische Forschung ist das eine ganz und gar unbegründete und unbewiesene Behauptung, zumal nachweislich nicht wenig Gedankengut aus der Bibel in den Koran eingeflossen ist. Natürlich schmeichelt der Glaube, im Besitz des reinen und unverfälschten Wortes Gottes zu sein, der menschlichen Eitelkeit. Doch das sollte am allerwenigsten ein Grund für diese Annahme sein.

Wer als Jude, Christ oder Moslem den Schritt zur Preisgabe des absoluten Wahrheitsanspruchs für die eigene Religion tut, erlebt beglückt, wie die Mauern der Fremdheit und Feindschaft

---

und dennoch konnte der satanische Plan der so genannten ›Endlösung der Judenfrage‹, das heißt der physischen Ausrottung des jüdischen Volkes, nicht verwirklicht werden. Israel ging, ›geläutert im Ofen der Leiden‹, stärker hervor, als es ehemals gewesen war.«

zwischen den Religionen einstürzen und wir uns als das begegnen, was wir nach Lessings und Gandhis Auffassung sind: *Kinder Gottes, Brüder und Schwestern.*

ERSTER TEIL

Mahatma Gandhi

II. Gandhi und das Christentum

> Religion kann nur durch die Reinheit ihrer Anhänger und
> ihre guten Taten verteidigt werden, niemals aber durch ihre
> Kämpfe mit den Anhängern anderer Glaubensrich-
> tungen. *Mahatma Gandhi*

Halten wir fest: Eine unerlässliche Bedingung für einen fruchtbaren interreligiösen Dialog ist der Verzicht auf den absoluten
Wahrheitsanspruch für die eigene Religion. Das gilt für die drei
abrahamitischen Religionen gleichermaßen. Wir müssen uns
damit abfinden: Alles menschliche Denken, Fühlen und Handeln ist unvollkommen. *Vollkommenheit ist allein bei Gott.* Er
ist die absolute Wahrheit. In dieser Welt aber gibt es nur *relative*
Wahrheit. Wir können uns der *absoluten* Wahrheit jedoch annähern. Wie das geschehen kann, wird uns noch beschäftigen.
An die Stelle der Behauptung, im Besitz der absoluten, von Gott
geoffenbarten Wahrheit zu sein, tritt dann das gemeinsame
Streben nach der Wahrheit. Gandhi: »Daher kommt die Notwendigkeit der Toleranz, die nicht Gleichgültigkeit dem eigenen
Glauben gegenüber bedeutet, sondern einfach eine intelli-
gentere und reinere Liebe für denselben ist. Toleranz gibt uns
eine geistige Einstellung, die so weit von der Finsternis entfernt
ist, wie der Nordpol vom Südpol. Das wahre Wissen um die
Religion zerbricht die Barrieren zwischen den einzelnen Glaubensrichtungen und erzeugt Toleranz. Wenn wir anderen Glaubensrichtungen gegenüber Toleranz üben, so erwächst uns daraus ein besseres Verständnis unserer eigenen.«[54]

Der Begriff Toleranz leitet sich her vom lateinischen Verb
»tolerare«, was so viel heißt wie ertragen, erdulden, aushalten.

---

54   Young India, 2.10.1930.

Wenn Gandhi von Toleranz spricht, so meint er damit weit mehr als das. Es geht ihm nicht allein um das Ertragen anderer Religionen, es geht ihm vielmehr um die wohlwollende, um Verständnis bemühte *Zuwendung* zu ihnen. Früher oder später ernten wir dann die Früchte solchen Bemühens, nicht nur in Form eines besseren Verständnisses der anderen Religionen, sondern auch unserer eigenen.

Wer den absoluten Wahrheitsanspruch für die eigene Religion aufgegeben hat und sich mit Interesse anderen Religionen zuwendet, wird zunächst die Erfahrung machen, dass er sie nicht versteht und dass ihn manches befremdet, vielleicht sogar abstößt. Erst eine lange, geduldige und gründliche Beschäftigung mit ihnen erschließt das Verständnis. In den Geisteswissenschaften kennt man diesen Prozess des allmählichen Verstehens unter dem Namen »hermeneutischer Zirkel« und die Lehre, die sich damit befasst, als Hermeneutik oder Deutungslehre. Was damit gemeint ist, sei am Beispiel der Übersetzung eines fremdsprachigen Textes erläutert: Angenommen, wir haben einen Text in einer fremden Sprache, womöglich auch noch in einer fremden Schrift vor uns, so erscheint er uns zunächst als ein »Buch mit sieben Siegeln«. Wollen wir ihn verstehen, müssen wir zuerst herausfinden, in welcher Sprache und Schrift er geschrieben ist. Sodann müssen wir die Bedeutung der Schriftzeichen erlernen und können in einem nächsten Schritt mit Hilfe eines Wörterbuches eine Vorstellung gewinnen, wovon der Text handelt. Eine wörtliche Übersetzung gelingt aber erst, wenn wir uns die Grammatik der fremden Sprache erarbeiten. Eine sinngemäße Übersetzung erfordert eine weit reichende Kenntnis der fremden Sprache und ihrer Redewendungen. Um den Text jedoch ganz zu verstehen, ist es erforderlich, auch noch die fremde Mentalität und Kultur kennen zu lernen. Im Spiegel der fremden Sprache und Kultur verstehen wir dann unsere eigene besser.

Gandhi ist selbst ein lebendiges Beispiel für die Fruchtbarkeit des *interreligiösen Dialogs*, obwohl es den Begriff zu seiner Zeit noch gar nicht gab. In Porbandar, einer Kleinstadt an der Westküste Indiens, am 2. Oktober 1869 geboren, wuchs er in der überaus bunten und vielgestaltigen Welt des Hinduismus auf, die ihn, namentlich in der Person seiner frommen Mutter Putlibai, prägte. Die Familie Gandhis gehörte den Waischja, der dritten Kaste, an. In seinem Vaterhaus verkehrten die Angehörigen verschiedener Glaubensrichtungen als gleichberechtigte und geachtete Gesprächspartner des Vaters: Hindus aller Kasten, Dschain-Mönche,[55] Sikhs, Moslems und Parsen. Das alles wirkte zusammen, um ihm Toleranz für alle Glaubensrichtungen zu verdeutlichen.

Seine erste Begegnung mit dem Christentum als Schüler in Radschkot war indes alles andere als einladend. In seiner Autobiografie berichtet er darüber: »In jenen Tagen pflegten christliche Missionare an einer Straßenecke nahe der Oberschule zu stehen und Reden zu halten, wobei sie die Hindus und ihre Götter beschimpften. Das konnte ich nicht ertragen. Ich muss nur ein einziges Mal stehen geblieben sein, um ihnen zuzuhören, aber das genügte, um mir die Lust zur Wiederholung des Experiments zu nehmen. Um dieselbe Zeit hörte ich von einem wohl bekannten Hindu, der zum Christentum übergetreten war. Es war Stadtgespräch, er habe, als er getauft wurde, Fleisch essen und Wein trinken müssen, auch habe er seine Kleidung wechseln müssen und angefangen, in europäischer Kleidung samt Hut zu gehen. Diese Dinge gingen mir auf die Nerven. Sicherlich, dachte ich, verdiente eine Religion nicht diesen Namen, die jemanden zwang, Fleisch zu essen und Alkohol zu trinken und seine gewohnte Kleidung aufzugeben. Ich erfuhr

---

55 Das sind Angehörige einer Religion, als deren Stifter Mahawira, ein Zeitgenosse Buddhas, gilt. Sie halten sich streng an das Gebot der Ahimsa, des Nichtverletzens von Lebewesen, und sind deshalb strenge Vegetarier.

auch, dass der Neubekehrte bereits begonnen habe, die Religion seiner Ahnen, ihre Sitten und ihr Land zu schmähen. All dies schuf in mir eine Abneigung gegen das Christentum.«[56]

Gandhi bekundet hier nicht nur seine intuitive Ablehnung des missionarischen Christentums, er überliefert auch die in der Kleinstadt Radschkot umlaufenden Klatschgeschichten über Hindus, die zum Christentum übergetreten waren. Später, während seines Studiums in London und während seines zwanzigjährigen Aufenthalts in Südafrika lernte er überzeugte Christen kennen, die sein Vorurteil gegenüber dem Christentum relativierten. Nichtsdestotrotz widerstand er ihren Bemühungen, ihn zum Christentum zu bekehren. Er wolle erst seine eigene Religion kennen lernen, ehe er einen Wechsel in Erwägung ziehe, sagte er ihnen. So kam es, dass er sich erst in London mit der Bhagwadgita, zu deutsch: Gesang des Erhabenen, einer heiligen Schrift des Hinduismus, beschäftigte. Sie ist Teil des im 4. Jahrhundert v. Chr. entstandenen Epos Mahabharata und sollte sein Leben wesentlich beeinflussen. Dessen ungeachtet machte er sich alles zu eigen, was er in anderen Religionen als gut und wahr erkannte.

Einem frommen Christen, der sich große Mühe gab, »seine Seele zu retten«, hatte er versprochen, die ganze Bibel zu lesen. Am Ersten Testament fand er wenig Gefallen. Die Lektüre, so bekannte er, schläferte ihn ein. Er hielt nur durch, weil er sein Versprechen nicht brechen wollte. Das Zweite Testament sprach ihn weit mehr an, namentlich die Bergpredigt erfüllte ihn mit Begeisterung, denn in ihr fand er vieles von dem wieder, was ihm aus seiner Religion vertraut war. So sehr ihn Leben und Lehre Jesu von Nazareth mit Bewunderung erfüllten, so lehnte er die christliche Dogmatik doch entschieden ab. Sein abschließendes Urteil über sie findet sich in seinen Gefängniserinne-

---

56 Mahatma Gandhi: Autobiographie, Gütersloh o.J., S. 44 f.

rungen aus dem Jahre 1926. Ich zitiere den Absatz in voller Länge, nicht nur des Inhalts, sondern auch der Form wegen.

Zuvor noch einige Worte zu der Situation, in der das Zitat entstand. Gandhi war für seine Rolle in der Widerstandsbewegung gegen das britische Kolonialregime im März 1922 zu sechs Jahren Haft verurteilt worden, wurde aber wegen einer Blinddarmentzündung, die ihn an den Rand des Todes brachte, im Februar 1924 vorzeitig entlassen. Die Zeit im Gefängnis nutzte er für das Studium der Religionen. Er schreibt:

»Ganz besonders aufmerksam erwiesen sich viele meiner christlichen Freunde. Aus Amerika, England und Indien schickten sie mir Bücher zu. Wenn ich auch ihre Freundlichkeit anerkenne, muss ich doch sagen, dass ich den meisten der Bücher, die sie mir zusandten, nicht zustimmen kann. Wie gerne wollte ich ihnen über ihre Gaben etwas sagen, das sie freuen könnte! Da ich aber anders empfinde, müsste ich heucheln. Die christlichen Bücher orthodoxer Richtung gewähren mir nicht die geringste Befriedigung. Meine Zuneigung zu Jesus ist wirklich groß. Seine Lehre, seine Einsicht und sein Opfertod bewegen mich zur Verehrung. Aber ich muss die orthodoxe Lehre, dass Jesus eine Inkarnation Gottes im feststehenden Sinne des Wortes gewesen oder dass er der einzige Sohn Gottes ist, ablehnen. Ich glaube auch nicht an die Lehre von der Übertragbarkeit der überschüssigen Verdienste. Sein Opfertod ist Vorbild und Beispiel für uns. Jeder von uns muss sich um seines Heiles willen kreuzigen lassen. Ich kann die Ausdrücke ›Gott Sohn‹, ›Gott Vater‹ und ›Gott Heiliger Geist‹ nicht buchstäblich nehmen. Es sind alles bildhafte Ausdrücke. Ebenso wenig kann ich die Einschränkungen gutheißen, die der Bergpredigt gegenüber geltend gemacht werden. Ich finde im Neuen Testament keine Rechtfertigung des Krieges. In meinen Augen ist Jesus einer der größten Propheten und Lehrer, die der Welt je gegeben worden sind. Dass ich in der Bibel keinen unfehlbaren Bericht vom Leben Jesu sehe, brauche ich wohl nicht besonders hervorzuheben. Ebensowenig halte ich jedes Wort im Neuen Testament für ein Wort Gottes. Zwischen dem Alten und dem Neuen Testament besteht ein fundamentaler Unterschied. Mag auch das Alte Testament einige sehr tiefe Wahrheiten enthalten, so kann ich ihm doch nicht die gleiche Verehrung entgegenbringen wie dem Neuen Testament. Dieses betrachte ich als eine Erweiterung der Lehren des Alten, ja in einigen Dingen als eine Verwerfung dieser Lehre. Aber auch im Neuen Testament vermag ich nicht die letzte Botschaft Gottes zu erblicken. Die religiösen Ideen sind, wie alles andere auf Erden, dem Gesetz der Entwicklung unterworfen. Gott allein ist unwandelbar, da aber seine Lehre verkündigt wird durch den unvollkommenen Mittler Mensch, wird sie immer entstellt, mehr oder weniger, je nach der Reinheit des Mittlers. Ich möchte daher meine christlichen Freunde herzlich bitten, mich zu nehmen, wie ich nun einmal bin. Ich achte ihren Wunsch, dass ich denken und handeln sollte wie sie selber, und lasse ihn gelten, wie ich den gleichen Wunsch achte und gelten lasse, den die Moslems mir gegenüber äußern. Beide Religionen sind für mich so wahr wie meine eigene. Meine eigene aber stillt alle meine inneren Bedürfnisse. Sie bietet mir alles, dessen ich zu meiner inneren Entfaltung bedarf. Sie lehrt mich beten, andere möchten sich zur Fülle ihres Wesens in ihrer eigenen Religion entfalten, nicht aber, andere möchten glauben, was ich selber glaube. So bete ich denn für einen Christen, dass er ein besserer Christ, für einen Moslem, dass er ein besserer Moslem werden möge. Ich bin überzeugt, dass Gott dereinst nach dem fragen wird, dass Gott heute schon nach dem fragt, was wir sind, also was wir tun, nicht nach dem Namen, den wir uns beilegen. Bei ihm ist Tun alles, Glauben ohne Tun nichts. Bei ihm ist Tun Glauben und Glauben Tun.«[57]

---

57   Mahatma Gandhi: Vom Geist des Mahatma, Zürich o.J. (1957), S. 153–155.

Fassen wir die wesentlichen Aussagen dieses grundlegenden Textes zusammen:

- Gandhi lehnt die christlichen Dogmen ab.
- Er lehnt des Weiteren die Kreuzes- und Sühnetheologie (für unsere Sünden gestorben) ab. Vielmehr gilt für ihn: »Sein Opfertod ist Vorbild und Beispiel für uns.«
- Gandhi sieht in Jesus einen der größten Propheten und Lehrer, die der Welt je gegeben worden sind.
- Er widerspricht der fundamentalistischen Lehre, die jedes Wort der Bibel für ein Wort Gottes hält. Auch vermag er im Zweiten Testament keinen unfehlbaren Bericht vom Leben Jesu zu sehen.
- Er kann die Einschränkungen nicht gutheißen, die der Bergpredigt gegenüber gemacht werden. Er findet im Zweiten Testament keine Rechtfertigung des Krieges.
- Er erkennt einen wesentlichen Unterschied zwischen Erstem und Zweitem Testament, kann aber auch im Zweiten Testament nicht die letzte Botschaft Gottes erblicken.
- Die religiösen Ideen sind nach seiner Meinung wie alles auf Erden, dem Gesetz der Entwicklung unterworfen.
- Die »Reinheit des Mittlers« entscheidet über das Ausmaß, in welchem die Lehre des unwandelbaren Gottes entstellt beziehungsweise nicht entstellt wird.
- Für Gandhi sind andere Weltreligionen so wahr wie seine eigene.
- Er lehnt Mission im Sinne der Bekehrung zur eigenen Religion ab.
- Gott fragt nicht nach dem, was wir glauben, sondern nach dem, was wir tun. Glauben und Tun sind für ihn eins.

Auf Grund meiner Beschäftigung mit dem Leben und Werk Gandhis bin ich zu der Überzeugung gelangt, dass wir in ihm einen »Mittler« von besonderer Reinheit vor uns haben. Von ihm können wir daher lernen, was Religion ist oder was sie sein sollte. Ich denke sogar, durch sein unvoreingenommenes Studium der Weltreligionen kam er der ungeschriebenen »Religion hinter den Religionen« (Metareligion) nahe: »Theoretisch kann es nur eine Religion geben, weil es nur einen Gott gibt. Aber in der Praxis habe ich noch keine zwei Menschen gesehen, die ein und dieselbe Vorstellung von Gott gehabt haben. Darum wird es wahrscheinlich immer verschiedene Religionen geben, entsprechend den verschiedenen Temperamenten der Menschen und den verschiedenen Klimazonen der Erde.«[58]

Von dieser Religion, insbesondere von Gandhis Gottesvorstellung und Gottesbeziehung, handelt der vorliegende Teil des Buches. Gandhis Religion darf allerdings, das kann gar nicht nachdrücklich genug betont werden, nicht mit dem Hinduismus gleichgesetzt werden. Ich habe weder die Absicht noch die Fähigkeit und schon gar nicht die Sachkenntnis, den Hinduismus in seiner unerschöpflichen Vielfalt darzustellen. Ich beschränke mich auf eine skizzenhafte Darstellung von Gandhis Religion, in die auch Elemente des Christentums, des Buddhismus und des Islam eingegangen sind. So ist es auch bezeichnend für die Weite und Offenheit seiner Religion, dass er in seinen Gebetsversammlungen im Ashram, der Lebensgemeinschaft derer, die sich um die Verwirklichung von Wahrheit, Gewaltfreiheit und Enthaltsamkeit bemühten, Texte und Lieder anderer Religionen einbezog.[59]

Wenn Gandhi schreibt: »So bete ich denn für einen Christen, dass er ein besserer Christ, für einen Moslem, dass er ein besserer Moslem werden möge«, so stößt das selbstverständlich auf den entschiedenen Widerspruch der meisten christlichen

---

58 Harijan, 2.2.1934.
59 Mahatma Gandhi: Vom Geist des Mahatma, Zürich o.J. (1957), S. 199 f. Siehe auch: Ram Chandra Gandhi, in: Mahatma Gandhi: Aus der Stille steigt die Kraft zum Kampf, Freiburg 1987, S. 120–125.

Missionare. Otto Wolff, der längere Zeit im Dienst der Goß-
ner'schen Mission in Indien tätig war, rechnet denn auch in
seinem 1955 erschienenen Buch »Gandhi und Christus« scho-
nungslos mit Gandhis religiösen Vorstellungen ab. Eine Kost-
probe aus dem Vorwort: »Der Heilige wird zum Bahnbrecher
des Kommunismus. Der Helfer der Armen, Niedergetretenen
und Ausgestoßenen wird zu ihrem Unterdrücker im Namen
einer kalten Orthodoxie. Der Kämpfer für die Einheit bereitet
beharrlich die unter Hass und Blut sich vollziehende Spaltung
der indischen Brudervölker vor. Der einmalige, große Prediger
der gewaltlosen Liebe, vor dem man sich im Osten wie im Westen in Ehrfurcht beugt, ist der heimliche Verbündete phy-
sischer wie moralischer Gewalt.«[60]

Wolff erkennt zutreffend, dass Gandhi den christlichen Absolutheitsanspruch zurückweist und unterstellt ihm deshalb
einen hinduistischen Universalitätsanspruch: »Die ... Schran-
ke, mit der Gandhi sich selbst bewusst gegen das Christentum
absetzt, ist der Universalitätsanspruch, den er im Namen des
Hinduismus wider das Christentum richtet. Gandhis für den
Hinduismus erhobener Universalitätsanspruch ist ein Überlegenheitsanspruch. Mit diesem Universalitätsanspruch pariert
er den Absolutheitsanspruch des Christentums, dessen We-
sensbedeutung ihm nie aufgeht, den er vielmehr jederzeit als
einen Schlag gegen das kulturelle Selbstbewusstsein des Asiaten
empfindet.« Und er fährt fort: »Es ist hinreichend hervorgetre-
ten, dass der so genannte Absolutheitsanspruch des Christentums jenen Anstoß für Gandhi bedeutet, der ihm erstens das
Christentum persönlich unannehmbar macht, der ihn zweitens
den geistlichen Teil der Missionsarbeit als keinem realen Zweck
dienend ablehnen lässt, der ihn drittens veranlasst, die Lebenswerte des eigenen Hinduismus dem Christentum gegenüber zu

---

60   Otto Wolff: Mahatma und Christus, Berlin 1955, S. 11.

54

rehabilitieren. Die Rehabilitierung endet in dem Postulat selbsteigener Überlegenheit.«[61]

Es ist wahr, Gandhi mochte die christlichen Missionare nicht, den anglikanischen Missionar Charles Andrews, den er liebevoll Charly nannte, ausgenommen. Doch der hatte es unter dem Einfluss Gandhis ohnehin aufgegeben, die Inder zu missionieren. Was Gandhi von der christlichen Mission in Indien hielt, stellt er in dem folgenden Text klar: »Wir in Indien sind der missionarischen Institution gegenüber, die uns vom Westen erreicht hat, misstrauisch geworden wegen ihrer westlichen äußeren Erscheinung. – Verwechselt nicht das, was Jesus gelehrt hat, mit dem, was als moderne Zivilisation gilt. Ich frage euch, die ihr Missionare seid – tut ihr nicht unbewusst den Leuten, mit denen ihr lebt, Gewalt an? Ich versichere euch, es gehört nicht zu eurer Berufung, die Menschen des Ostens zu entwurzeln. Toleriert, was immer sie Gutes haben. Trotz eures Glaubens an die Größe der westlichen Zivilisation und trotz eures Stolzes auf diese Errungenschaften bitte ich euch, bescheiden zu sein. Ich bitte euch, lasst etwas Platz für ehrlichen Zweifel. Lasst jeden von uns sein eigenes Leben leben; und wenn wir das rechte Leben leben, warum die Eile? Trinkt tief von dem Brunnen, der euch in der Bergpredigt gegeben ist – aber dann müsst ihr auch in Sack und Asche Buße tun für euer Versagen bei der Ausführung dessen, was in der Predigt Jesu gelehrt wird. Die Lehre der Bergpredigt ist für uns alle. Ihr könnt nicht Gott und dem Mammon dienen.«[62]

Gandhi ist nicht grundsätzlich gegen Mission. Er versteht darunter aber nicht die Bekehrung Andersgläubiger zur eigenen Religion, sondern *selbstloses Handeln im Dienst am Nächsten*. Diese Art von »Mission« gleicht dem Bild und Duft einer

---

61   Ebenda, S. 259.
62   Mahatma Gandhi: Freiheit ohne Gewalt, Köln 1968, S. 121 f.

Rose, die unser Herz erfreuen. Der berühmte Humanist, Theologe, Arzt und Musiker Albert Schweitzer (1875–1965) wollte ursprünglich Missionar in Afrika werden, wurde aber als zu liberal abgelehnt. So wurde er Arzt und heilte kranke Eingeborene. Diese Art von Mission hätte Gandhi gewiss gut gefallen. Das Gleiche gilt für die »Mission« des Jesuitenpaters Michael Windey, der, angeregt durch Schriften Gandhis, in Indien ein Dorfaufbauprogramm ins Leben rief. Unter seiner Leitung wurden mit Hilfe von Spendengeldern aus Europa mehr als 400 durch Naturkatastrophen zerstörte Dörfer wieder aufgebaut, 109 Kindergärten mit durchschnittlich 50 Kindern, sechs höhere Schulen mit unterschiedlichen Zahlen an Kindern sowie vier Schulzentren gegen Kinderarbeit mit durchschnittlich 175 Kindern errichtet. Wie Charles Andrews verzichtete Pater Windey darauf, Inder zum Christentum zu bekehren, doch hat er im besten Sinne des Wortes missioniert, nämlich Menschen zu Wahrheit, Liebe, Toleranz und Solidarität »bekehrt«.

Ich denke, Otto Wolff hat unrecht, wenn er Gandhi unterstellt, er erhebe einen Universalitätsanspruch für den Hinduismus, der zugleich ein Überlegenheitsanspruch gegenüber dem Christentum sei. Davon kann keine Rede sein. Ich habe für Wolffs Behauptung nur eine tiefenpsychologische Erklärung: Es handelt sich um einen klassischen Fall von Projektion: Dem Gegner wird genau das unterstellt, was man selbst tut.

Ein fruchtbarer interreligiöser Dialog setzt mithin zweierlei voraus: Erstens, die Preisgabe des absoluten Wahrheitsanspruchs. An die Stelle des vermeintlichen Besitzes der absoluten Wahrheit tritt das *gemeinsame Streben nach der Wahrheit*. Wer von sich behauptet, im Besitz der absoluten Wahrheit zu sein, beweist damit nur, dass er sie nicht hat. Zweitens, der *Verzicht auf Mission im Sinne einer Bekehrung zur eigenen Religion*. Damit verwandelt sich das Konkurrenzverhältnis zwischen den Religionen in ein Verhältnis der Kooperation in der gemeinsamen Suche nach der Wahrheit und das Bemühen um ihre Verwirklichung.

Vernunft und Glaube

Gandhi nennt sich gelegentlich einen Sanatani-Hindu, das heißt einen rechtgläubigen Hindu, da er alle grundlegenden Lehren des Hinduismus für sich angenommen habe. Er ist aber hinsichtlich seiner ererbten Religion nicht weniger kritisch als anderen Religionen gegenüber. Die unerträgliche Diskriminierung der Unberührbaren, die Benachteiligung der Frau in der indischen Gesellschaft, die Auswüchse des Kastensystems, die Kinderheirat, die Tempelprostitution, die Ziegenopfer für die Göttin Kali und manches andere lehnte er entschieden ab, ja er setzte wiederholt sein Leben ein, um das »Krebsübel« der Unberührbarkeit zu bekämpfen. Mit der gleichen Haltung begegnete er auch anderen Religionen. Im Gespräch mit dem amerikanischen Geistlichen Dr. Crane, der das Amt des Pfarrers aus Abscheu vor der Gewaltorgie des Ersten Weltkriegs aufgegeben hatte, nennt er drei Kriterien, die er gewissermaßen wie drei Filter beim Lesen der heiligen Schriften der Weltreligionen vorschaltet. Es sind dies: *Satja* (Wahrheit), *Ahimsa* (Nicht-Gewalt, Liebe, Güte) und *Verstand*, soweit die Dinge dem Verstand zugänglich sind.[63] Nur was diese drei Filter durchlassen, nimmt er in seine Religion auf. Ich habe bewusst die von Gandhi häufig gebrauchten Sanskritworte Satja und Ahimsa stehen gelassen, weil sich im weiteren Verlauf der Untersuchung zeigen wird, dass sie mit den deutschen Worten Wahrheit und Liebe oder »Nicht-Gewalt« nur unzureichend wiedergegeben werden können. Da ich auf die beiden Begriffe

---

63 Harijan, 3.6.1937 (CWMG 71, S. 1–5).

noch ausführlich zu sprechen komme, beschränke ich mich an dieser Stelle auf das dritte Kriterium, den Verstand, soweit die Dinge dem Verstand zugänglich sind.

Auf die Frage von Dr. Crane: »[Was heißt] bei Dingen, die der Vernunft zugänglich sind?«, erwiderte er: »Ja, es gibt Fragen, bei denen uns der Verstand nicht weiterbringt und die wir im Glauben annehmen müssen. Insofern widerspricht der Glaube nicht dem Verstand, sondern er geht über ihn hinaus. Der Glaube ist eine Art von sechstem Sinn, der sich in Gebieten bewegt, die der Verstand nicht durchschauen kann. Sind nun diese drei Kriterien gegeben, fällt es mir nicht schwer, alle Ansprüche, die im Namen der Religion erhoben werden, zu prüfen. Folglich zu glauben, dass Jesus der einzige und eingeborene Sohn Gottes ist, verstößt für mich gegen den Verstand, denn Gott kann nicht heiraten und Kinder bekommen. Das Wort Sohn kann hier nur in bildlichem Sinn gebraucht werden. In diesem Sinn ist jeder, der Jesu Stellung einnimmt, ein eingeborener Sohn Gottes. Wenn ein Mensch geistig meilenweit über uns steht, können wir sagen, er ist ein Sohn Gottes, obgleich wir alle Kinder Gottes sind. Leider verwerfen wir diese Verwandtschaft in unserem Leben, wohingegen er sie durch sein Leben bezeugt.«[64]

Die Geistesgeschichte des Abendlandes wird über weite Strecken vom Widerstreit zwischen Verstand und Glauben, Rationalismus und Irrationalismus beherrscht, wobei der letztgenannte Begriff nicht abwertend gemeint ist. Der Rationalismus hat seine Wurzel in der griechisch-römischen Philosophie, der Irrationalismus in der orientalisch-jüdischen Religion. Diese beiden Kulturen vermischen sich im Hellenismus und im hellenistisch geprägten Christentum; sie bekämpfen einander aber auch bis aufs Messer, sobald sie jeweils einen absoluten Geltungsanspruch erheben. Den absoluten Wahrheits- und Gel-

---

64 Ebenda, S. 2.

tungsanspruch der abrahamitischen Religionen haben wir bereits kennen gelernt. Als Reaktion darauf gibt es aber auch einen absoluten Wahrheits- und Geltungsanspruch bei manchen Rationalisten. *Für Gandhi gibt es diesen Widerspruch nicht.* Der Verstand hat im Bereich der sinnlichen Wahrnehmung und des intellektuellen Begreifens sein Recht, er gilt aber nicht universal. Das Gleiche gilt für den Glauben. Wer auf Grund seines Glaubens die Abstammung des Menschen von den Tieren leugnet, macht sich nur lächerlich. Nicht weniger lächerlich wäre es zu behaupten, nur das existiere, was der sinnlichen Wahrnehmung und dem intellektuellen Begreifen zugänglich sei. Glücklicherweise werden die Naturwissenschaftler, die auf den borniertem Totalitätsanspruch mancher Christen mit einem ebenso borniertem Totalitätsanspruch der wissenschaftlichen Welterklärung antworteten, immer seltener.[65] »Rationalisten«, meinte schon Gandhi, »sind bewundernswürdige Menschen. Aber der Rationalismus ist ein gefährliches Ungeheuer, wenn er Allmacht für sich in Anspruch nimmt. Dem Verstand Allmacht zuzuschreiben, ist eine nicht weniger schlimme Art von Götzenverehrung als die Anbetung eines Steinbildes im Glauben, es sei Gott ... Ich bin nicht dafür, dass wir den Verstand unterdrücken, aber ich bin dafür, dass wir jener Stimme in uns, die die wahre Vernunft heilig macht, die gebührende Verehrung zollen.«[66] Auf der gleichen Linie argumentiert Albert Schweitzer, wenn er sagt, alles wahrhaft religiöse Denken sei vernünftig und alles wahrhaft vernünftige Denken religiös.

Die wichtigste Schlussfolgerung aus diesem Abschnitt lautet: Es gibt keine Wunder im Sinne einer Durchbrechung der Naturgesetze. So sieht das auch Gandhi: »Die Gesetze der Natur

---

65 Es gibt sie aber immer noch. So Richard Dawkins: Der Gotteswahn, Berlin 2007. Christopher Hitchens: Der Herr ist kein Hirte. Wie Religion die Welt vergiftet, München 2007.

66 Young India, 14.10.1926 (CWMG 36, S. 401 f.).

sind unveränderlich und unveränderbar, und es gibt keine Wunder in dem Sinne, dass es von den Gesetzen der Natur Ausnahmen gäbe oder Unterbrechungen ihrer Gültigkeit. Aber wir beschränkten Geschöpfe machen uns von diesen Gesetzen falsche Vorstellungen und setzen Gott damit Grenzen.«[67]

Die Bibel ist voll von Wundererzählungen. Sie auch nur aufzuzählen würde viele Seiten füllen. Es ist höchste Zeit, sich von ihnen, soweit sie im Widerspruch zu den Naturgesetzen stehen, zu verabschieden. Das Gleiche gilt für die angeblich von Gott inspirierten Prophezeiungen, denn sie haben sich nur allzu oft als fragwürdig oder falsch erwiesen.[68] Die Wundererzählungen und Prophezeiungen der Bibel bleiben folglich im Verstandesfilter hängen. Also gibt es keine Wunder? – Gewiss doch! Das Universum mit seinen 250 Milliarden Galaxien, von denen jede wiederum aus Milliarden Sonnen besteht, von denen vermutlich die meisten von zahlreichen Planeten umkreist werden, ist ein Wunder ohnegleichen. Das gilt aber auch für die unbelebte und die belebte Natur in ihrer überwältigenden Schönheit und unermesslichen Vielfalt. Die Allmacht Gottes manifestiert sich in den Naturgesetzen, nicht in ihrer Durchbrechung!

Dem Wunderglauben liegt eine ganz bestimmte Gottesvorstellung zu Grunde, nämlich die Vorstellung eines »allmächtigen«, das heißt absoluten Herrschers, der an seine eigenen Gesetze nicht gebunden ist, sondern jederzeit machtvoll in die Natur und die Geschichte eingreifen kann. Von dieser Vorstellung müssen wir uns verabschieden. Unzählige Menschen haben unter dem Einfluss der biblischen Texte vergeblich um ein solches Wunder zu Gott gefleht. Hier wird Gott nach dem Bilde des Menschen geschaffen – und zwar nach dem Bild eines ganz bestimmten Menschen: des orientalischen Despoten –,

---

67 Harijan, 17.4.1937.
68 Zum Beispiel: 2 Sam 6,16 f.; 1 Kön 2,4; Ps 89,28–38; Jer 23,5–8; 33,14–26; Offb 22,7.20.

nicht aber, wie es im Schöpfungsmythos heißt, der Mensch nach dem Bilde Gottes.[69] Dieser Gott, den die zu einem Bund zusammengeschlossenen zwölf Nomadenstämme als gemeinsamen Stammes-, Kriegs-, Wüsten- und Berggott verehrten, trug dämonische Züge. Er war ein strenger, bedingungslosen Gehorsam fordernder, zum Zorn geneigter, eifernder und eifersüchtiger, patriarchalischer, kriegerischer, grausamer, strafender, richtender und vernichtender Herrscher, der Einzelne und Völker willkürlich erwählt oder verwirft: »Ich gewähre Gnade, wem ich will, und ich schenke Erbarmen, wem ich will.«[70] Es ist ein Gott, der das Opfer der Erstgeburt von Mensch und Tier fordert,[71] der aber großzügig auf das Menschenopfer des erstgeborenen Sohnes[72] verzichtet, sofern es ausgelöst, das heißt durch ein Tieropfer ersetzt wird.

Die Gottesvorstellung der biblischen Schriften hat im Laufe ihrer knapp eineinhalbtausendjährigen Entstehungsgeschichte eine tiefgreifende Wandlung durchgemacht, auf die ich im Einzelnen nicht eingehen kann. Sie reicht vom anthropomorphen Gottesbild des zweiten Schöpfungsberichts des Buches Genesis über die Vorstellung eines dämonischen Stammes- und Kriegsgottes, des »Herrn der Heere«, bis zum allmächtigen, allgegenwärtigen und allwissenden Gott, der das Universum durch sein Wort ins Dasein ruft; eine Gottesvorstellung, die im ersten Schöpfungsbericht der Bibel ihren Niederschlag gefunden hat.[73]

Bevor ich mich der Gottesvorstellung und Gotteserfahrung Gandhis zuwende, scheint es mir unerlässlich, das jüdisch-christliche Gottesbild wenigstens in grobem Umriss zu zeichnen, um die Unterschiede klar hervortreten zu lassen.

---

69 Gen 1,27.
70 Ex 33,19.
71 Ex 13,2.22,28 f.
72 Ex 13,12–15.
73 Gen 1,1–2,4.

III. Bibelkritik

Das biblisch-christliche Gottesbild ist vor den Standards
kritischer Vernunft und aufgeklärt-humaner Ethik inakzep-
tabel.   *Franz Buggle*

Es ist eine düstere Welt, in die wir mit der Lektüre der Heiligen
Schrift eintreten. Aufs Ganze gesehen ist es ein schreckliches,
grausam-unmenschliches Buch. Ich kann dem Freiburger Psy-
chologen Franz Buggle nur zustimmen, wenn er feststellt, das
sei nur deshalb nicht allgemein bekannt, weil Religionslehrer,
Pfarrer und Theologen die Bibel selektiv läsen und verharmlo-
send interpretierten.[74] Wer erinnert sich nicht an die farbigen
Erzählungen im Religionsunterricht von der Erschaffung der
Welt, von Noah und der Sintflut, von Abraham, Isaak und Jakob? Wer erinnert sich nicht an Joseph und seine Brüder, den
Auszug des Volkes Israel aus Ägypten und seine Wüstenwanderung, an Mose auf dem Berg Sinai, an Sauls Schwermut und
Davids Heldentaten? Kinder und Jugendliche sind für solche
Geschichten überaus empfänglich. Sie fragen nicht nach ihrem
Wahrheitsgehalt. Später, wenn das kritische Bewusstsein erwacht, wenden sie sich der naturwissenschaftlichen Welterklärung zu und legen die religiöse meist samt den ihr zu Grunde
liegenden Vorstellungen als Mythen und Legenden ad acta.
Dennoch, was wir in diesem vorkritischen Entwicklungsstadi-
um unserer Psyche aufnehmen, prägt unseren Charakter und
unser Weltbild gewöhnlich weit mehr als das, was wir mit kritischer Distanz zur Kenntnis nehmen. Gleichwohl treten die

---

74 Franz Buggle: Denn sie wissen nicht, was sie glauben, Reinbek 1997, S. 245,
    248. Ich folge hier weitgehend der Analyse Franz Buggles.

Kirchen immer noch mit dem Anspruch auf, bei der Bibel handle es sich uneingeschränkt um *Gottes Wort*. Nachfolgend eine kleine »Blütenlese« der darin überlieferten Grausamkeiten. Sie könnte nahezu beliebig erweitert werden.

Die Erzählung vom Auszug des Volkes Israel aus Ägypten im Buch Exodus berichtet, Jahwe habe das Herz des Pharao verstockt, um seine Macht über ihn, sein Volk und seine Götter zu erweisen. Wiederholt wird betont, Jahwe mache einen Unterschied zwischen den Ägyptern und den Israeliten.[75] Der Pharao wird folglich unschuldig schuldig, da sein Herz durch Jahwe verstockt wurde. Jahwe überzieht ihn und das Volk der Ägypter, das doppelt unschuldig ist, mit den schrecklichsten Plagen, um seine Macht zu demonstrieren.

Ferner ist Israel ein störrisches, halsstarriges Volk, das Jahwe durch Strafen gefügig zu machen sucht wie einen missratenen Sohn oder eine treulose Braut, was aber immer wieder misslingt.[76] Er droht ihm mit gänzlicher Austilgung, wenn es den Herrn, seinen Gott, vergisst und anderen Göttern nachfolgt, ihnen dient und sich vor ihnen niederwirft.[77] Im »Lied des Mose« heißt es: »Der Herr ist ein Krieger … Deine Rechte, Herr, ist herrlich an Stärke, deine Rechte, Herr, zerschmettert den Feind. In deiner erhabenen Größe wirfst du die Gegner zu Boden. Du sendest deinen Zorn; er frisst sie wie Stoppeln.«[78] Noch brutaler äußert sich Jahwe in der zweiten Version des Mose-Liedes im Buch Deuteronomium: »Ich hebe meine Hand zum Himmel empor und sage: So wahr ich ewig lebe! Habe ich erst die Klinge meines Schwertes geschliffen, um das Recht in meine Hand zu nehmen, dann zwinge ich meinen Gegnern die Strafe auf und denen, die mich hassen, die Vergeltung. Meine

---

75 Ex 8,19; 9,4; 11,7.
76 Ex 32,9; 39,9; Deut 8,2–3; 8,16.
77 Deut 8,19–20.
78 Ex 15,6–7.

Pfeile mache ich trunken von Blut, während mein Schwert sich ins Fleisch frisst – trunken vom Blut Erschlagener und Gefangener, ins Fleisch des höchsten feindlichen Fürsten.«[79]

Das Buch Josua berichtet im Einzelnen über die Vernichtungsfeldzüge, die Josua im Auftrag Jahwes gegen die kanaanitischen Königreiche führt, ja er nimmt selbst am Kampf teil. Als die Amoriter nach verlorener Schlacht fliehen, »warf der Herr große Steine auf sie vom Himmel her, bis nach Aseka hin, so dass viele von ihnen umkamen. Es kamen mehr durch die Hagelsteine um, als die Israeliten mit dem Schwert töteten«.[80]

Mir ist bekannt, dass die historisch-kritische Forschung das Buch Josua als eine viel später entstandene Schrift betrachtet, die die Zeit der Landnahme rückblickend verklärt. Dessen ungeachtet gilt dieses Buch noch immer als Bestandteil der Heiligen Schrift und hat seine unheilvolle Wirkung ausgeübt als Paradigma für die »Landnahme« der frommen Siedler im Westen der USA, der frommen Buren bei der »Landnahme« im Norden Südafrikas und schließlich als religiöse Rechtfertigung der Eroberungs- und Siedlungspolitik des Staates Israel in Palästina. Auch darf nicht außer Acht gelassen werden, dass die Erkenntnisse der historisch-kritischen Wissenschaft relativ jung sind und dass diese Schrift von vielen Generationen frommer Juden und Christen für bare Münze, ja für Gottes unbezweifelbares Wort genommen wurde und zum Teil auch heute noch genommen wird.

Selbst von den Psalmen, für viele Juden und Christen ein Herzstück der Bibel, sind einige voll von Rachefantasien.[81] Der oft zitierte zweite Psalm, dessen siebter Vers: »Mein Sohn bist du. Heute habe ich dich gezeugt«, häufig auf Jesus bezogen wird, enthält die grausam-unmenschlichen Sätze: »Fordere von

---

79 Deut 32,40–42.
80 Jos 10,11.
81 Ps 59, 79, 83, 94, 109, 110, 137.

mir, und ich gebe dir die Völker zum Erbe, die Enden der Erde zum Eigentum. Du wirst sie zerschlagen mit eiserner Keule, wie Krüge aus Ton wirst du sie zertrümmern.«[82] Und als Gipfel unmenschlicher Grausamkeit, durch nichts zu rechtfertigen, schon gar nicht in einer heiligen Schrift: »So spricht der Herr zu meinem Herrn: Setze dich zu meiner Rechten, und ich lege dir deine Feinde als Schemel unter die Füße … Der Herr steht dir zur Seite; er zerschmettert Könige am Tage seines Zornes. Er hält Gericht unter den Völkern, er häuft die Toten, die Häupter zerschmettert er weithin auf Erden.«[83]

Dieser sich durch sein Reden und Handeln offenbarende Gott, der durch Strafandrohung bedingungslosen Gehorsam zu erzwingen sucht, der im Zorn über die Völker – die fremden wie das eigene – Gericht hält und mitleidlos das Urteil an ihnen vollstreckt, bestimmt nahezu das ganze Erste Testament.

Jahwe und sein auserwähltes Volk

Seinem eigenen auserwählten Volk gegenüber verhält sich Jahwe kaum weniger gewalttätig und grausam als gegenüber den fremden Völkern. Er rächt die Verfehlungen der Väter an ihren Söhnen bis in die dritte und vierte Generation.[84] Er fordert die Todesstrafe durch Steinigung für alle, die zum Abfall anstiften, selbst wenn es sich um die eigenen Verwandten handelt. Ausdrücklich wird ihnen geboten: »Du sollst kein Mitleid in dir aufsteigen lassen.«[85] Das Vergeltungsprinzip wird fest etabliert: »Wer Menschenblut vergießt, des Blut wird durch

---

82 Ps 2,8–9. Zweifellos haben solche Sätze den Autor der Offenbarung des Johannes zu seinen Gewalt- und Vernichtungsfantasien inspiriert.
83 Ps 110,1.5 f., siehe auch Jes 24.
84 Ex 20,5.
85 Deut 13,7–12.

Menschen vergossen.«[86] Mit der Todesstrafe ist er rasch bei der Hand. Sie wird nicht nur für Totschlag und Menschenraub gefordert, was noch verständlich wäre, sondern auch für diejenigen, die Vater oder Mutter schlagen oder verfluchen, am Sabbat arbeiten, am dritten Tag nach dem Opfer Opferfleisch essen oder beim Fest der ungesäuerten Brote gesäuertes Brot essen.[87] Das Buch Levitikus erweitert die Liste um Kindesopfer, Totenbeschwörung und Wahrsagen, Ehebruch, Unzuchtverbrechen und Verkehr mit einer Menstruierenden.[88] Im Buch Deuteronomium findet sich neunmal die Forderung an das Volk: *Du sollst das Böse aus deiner Mitte schaffen!* Als ob eine Gemeinschaft, die auf diese Weise das Böse zu beseitigen sucht, sich nicht gerade dadurch mit ihm infiziert! Im Zweiten Testament taucht dieses furchtbare Wort bei Paulus wieder auf, selbst wenn er damit wohl nur der Ausschluss aus der Gemeinde und nicht die Todesstrafe gemeint hat.[89] Für die bedingungslos Gehorsamen hält Jahwe Segen, für die Ungehorsamen Fluch bereit. »Wenn ihr ... mir feindlich begegnet, begegne ich euch auch feindlich und schlage euch *siebenfach* für eure Sünden.«[90] Es ist Jahwe selbst, der hier das Mäßigungsgebot des »Auge um Auge, Zahn um Zahn« außer Kraft setzt.

Alle Israeliten, die auf der Wüstenwanderung gegen den Herrn gemurrt haben, müssen zur Strafe in der Wüste sterben und dürfen das gelobte Land nicht sehen.[91] Von ausgesuchter Grausamkeit zeugt auch die folgende Bibelstelle: Da sich das Volk mit Baal-Pegor einließ, entbrannte der Zorn des Herrn gegen Israel, und der Herr sprach zu Mose: »Nimm alle Anführer des Volkes

---

86 Gen 9,6. Mit dieser Begründung fordern fromme Christen in den USA die Beibehaltung der Todesstrafe.
87 Ex 12,15; 21,12–19; 35,2; Lev 19,8.
88 Lev 20,1–18.
89 1 Kor 5,13.
90 Lev 26,1–46.
91 Num 14,22–38.

und spieße sie für den Herrn im Angesicht der Sonne auf Pfähle, damit sich der glühende Zorn des Herrn von Israel abwende. Da sagte Mose zu den Richtern Israels: Jeder soll die von seinen Leuten töten, die sich mit Baal-Pegor eingelassen haben.«[92] Dem Priester Pinchas, der die »Heldentat« vollbrachte, ein Liebespaar aus einem Israeliten und einer Midianiterin auf dem Lager mit dem Speer zu durchbohren, gewährt er seinen Friedensbund.[93] Im ersten Königsbuch spricht er zum Propheten Elija: »Ich werde in Israel siebentausend übrig lassen, alle, deren Knie sich vor dem Baal nicht gebeugt und deren Mund ihn nicht geküsst hat.«[94] Ein beredtes Zeugnis für die sadistische Grausamkeit Jahwes ist auch die folgende Stelle: »So wie der Herr seine Freude daran hatte, euch Gutes zu tun und euch zahlreich zu machen, so wird der Herr seine *Freude daran haben,* euch auszutilgen und zu vernichten.«[95]

Ich könnte die Reihe noch lange fortsetzen, doch lasse ich es dabei bewenden.

Wo bleibt das Positive?

Mit einigem Recht könnte man einwenden, meine Darstellung sei einseitig und verzerrt, denn es fehlten die positiven Züge im Charakterbild Jahwes. Sie sei deshalb nicht weniger selektiv, wie die der meisten Theologen. Kein Zweifel, es gibt auch positive Züge im biblischen Erscheinungsbild Jahwes. Nur sind sie mit den finster-grausamen zumeist untrennbar verbunden, bilden gewissermaßen die Tagseite als Kontrast zur Nachtseite Jahwes. Auch der orientalische Despot ist ja nicht nur ein zor-

---

92 Num 25,4–5.
93 Num 25,6–15.
94 1 Kön 19,18.
95 Deut 28,63.

niger, grausam strafender Finsterling. Er besitzt gewöhnlich auch liebenswerte Züge, ist freundlich, großzügig und gnädig, vorausgesetzt seine Befehle werden unverzüglich ausgeführt. Dann belohnt er seine Diener mit Reichtum, Macht und Privilegien. Das gilt auch für den Gott des Ersten Testaments. Ich wähle aus der Fülle der Belege nur ein Beispiel: In Psalm 44 feiert der Sänger Jahwe als Helfer Israels: »Gott, wir hörten es mit eigenen Ohren, unsere Väter erzählten uns von dem Werk, das du in ihren Tagen vollbracht hast, in den Tagen der Vorzeit. Mit eigener Hand hast du Völker vertrieben, sie aber eingepflanzt. Du hast Nationen zerschlagen, sie aber ausgesät. Denn sie gewannen das Land nicht mit ihrem Schwert, noch verschaffte ihr Arm ihnen den Sieg; nein, deine Rechte war es, dein Arm und dein leuchtendes Angesicht; denn du hattest an ihnen Gefallen. Du mein König und mein Gott, du bist es, der Jakob den Sieg verleiht. Mit dir stoßen wir unsere Bedränger nieder, in deinem Namen zertreten wir unsere Gegner. Denn ich verlasse mich nicht auf meinen Bogen, noch kann mein Schwert mir helfen; nein, du hast uns vor unsern Bedrängern gerettet; alle, die uns hassen, bedeckst du mit Schande.«[96] Darauf folgt eine Klage, weil Jahwe seinem Volk ohne erkennbaren Grund das Kriegsglück versagt.

Man braucht kein Psychologe zu sein, um zu erkennen, wie hier die Wunschträume des Sängers als Taten Jahwes dargestellt werden. Dem Segen Jahwes für sein Volk entspricht das Gericht über die Völker, die sich seinem Willen nicht beugen oder seinem auserwählten Volk feindlich gesinnt sind: »Wer ist jener, der aus Edom kommt, aus Bozra in rot gefärbten Gewändern? Er schreitet in prächtigen Kleidern daher, in seiner gewaltigen Kraft. Ich bin es, ich verkünde Gerechtigkeit, ich bin der mächtige Helfer. Warum aber ist dein Gewand so rot, ist dein Kleid

---

96   Ps 44,1–8.

wie das eines Mannes, der die Kelter tritt? Ich allein trat die Kelter, von den Völkern war niemand dabei. Da zertrat ich sie voll Zorn, zerstampfte sie in meinem Grimm. Blut spritzte auf mein Gewand und befleckte meine Kleider. Denn ein Tag der Rache lag mir im Sinn, und das Jahr der Erlösung war gekommen. Ich sah mich um, doch niemand wollte mir helfen; ich war bestürzt, weil keiner mir beistand. Da half mir mein eigener Arm, mein Zorn war meine Stütze. Ich zertrat die Völker in meinem Zorn, zerschmetterte sie in meinem Grimm und ihr Blut ließ ich zur Erde rinnen.«[97]

Lohn und *Strafe*, *Heilszusage* und *Vernichtungsdrohung* gehören in der Verkündigung der Priester und Propheten Israels untrennbar zusammen. Sie schaffen jene Atmosphäre der Angst vor Strafe und Vernichtung, die wie ein dunkler Schatten über den Schriften des Ersten Testaments, zum Teil aber auch, wie wir noch sehen werden, über denen des Zweiten Testaments liegt.

Wohl findet sich neben der Strafandrohung auch noch das Liebesgebot: »Höre Israel! Jahwe, unser Gott ist einzig. Darum sollst du den Herrn, deinen Gott, lieben mit ganzem Herzen, mit ganzer Seele und mit ganzer Kraft.«[98] Doch fragt es sich, ob ein unter Strafandrohung erzwungener Gehorsam seinen Zwangscharakter durch das Liebesgebot verliert. Eine unter Strafandrohung erzwungene Liebe ist keine Liebe, denn Liebe kann man nicht fordern oder gar befehlen. Liebe wird vielmehr dem zuteil, der liebenswert ist. Das wird man von dem Gott des Ersten Testaments schwerlich sagen können. Es ist ein Gott, den man fürchten, aber nicht lieben kann und die Forderung, ihn zu lieben, macht die Sache nicht besser, sondern schlimmer. Es ist, als würde ein Ehemann, der seine Frau verprügelt, auch noch verlangen, von ihr geliebt zu werden.

---

97 Jes 63,1–6.
98 Deut 6,4 f.

Selbst die Zehn Gebote, dieses Herzstück des Ersten Testaments, ändern daran nichts. Der Monotheismus, der im ersten Gebot seinen Niederschlag gefunden hat, wird von vielen Theologen als herausragende religionsgeschichtliche Leistung des Judentums gefeiert. Gandhi stellt diese Feststellung jedoch in Frage: »Ich bestreite die immer wieder gemachte Behauptung, dass Hindus an eine Vielheit von Göttern glauben und Götzenanbeter sind. Die Hindus sagen zwar, dass es viele Götter gibt, erklären aber auch unmissverständlich, dass es den einen Gott gibt, den Gott der Götter. Daher ist es nicht richtig zu sagen, dass Hindus an viele Götter glauben. Aber sie glauben daran, dass es viele verschiedene Welten gibt. Gerade so wie es eine Menschenwelt und eine Tierwelt gibt, so gibt es auch eine Welt, die von höheren Wesen bevölkert wird, die Götter genannt werden, die wir nicht sehen, die aber doch existieren. Das ganze Missverständnis entsteht durch die Übertragung der Sanskrit-Worte Dewa oder Dewata in die europäischen Sprachen, für die es dann keine bessere Übersetzung gibt als Worte, die Gott bedeuten. Aber der eigentliche Gott ist Ischwara Dewadidewa, der Gott der Götter. So wird das Wort Gott zur Bezeichnung verschiedener überirdischer Wesen verwendet. Und daraus ist eine Menge Verwirrung entstanden. Ich bin der Überzeugung, dass ich ein ernsthafter Hindu bin, aber ich glaube nicht an viele Götter. Nicht einmal in meiner Kindheit hatte ich einen solchen Glauben und niemand hat mich einen solchen Glauben gelehrt.«[99]

Mag der Monotheismus auch als bedeutende religionsgeschichtliche Leistung des Judentums betrachtet werden, so halte ich es gleichwohl für falsch, die polytheistischen Religionen ihm gegenüber abzuwerten. Meiner Meinung nach war Sokrates nicht nur ein bedeutender Philosoph, sondern auch ein

---

99   Harijan, 13.3.1937 (CWMG 71, S. 25).

tiefreligiöser Mensch, der im Dienst des delphischen Gottes Apollon wirkte und sein Eintreten für die von ihm erkannte Wahrheit mit dem Tod bezahlte. Es ist demzufolge möglich, auch in einer polytheistischen Religion den höchsten ethischen und religiösen Grundsätzen zu folgen.

Einen bei weitem schwer wiegenderen Mangel des ersttestamentlichen Monotheismus sehe ich im Vernichtungswillen Jahwes gegenüber anderen Göttern und ihren Kulten. Er vergiftet das Gottesbild des Ersten Testaments, denn sein Verhalten gegenüber anderen Göttern prägt auch sein Verhalten gegenüber fremden Völkern und gegenüber seinem eigenen »auserwählten« Volk. Es prägt auch das Verhalten des Volkes Israel gegenüber den fremden Völkern, so wie es die hebräische Bibel schildert.

Problematisch ist auch das Bilderverbot. Es verbietet nicht nur jede Darstellung Jahwes als Kultbild, sondern auch die bildliche Darstellung der Welt überhaupt.[100] Der Islam hat dieses Gebot, wie so vieles, aus dem Judentum übernommen. Das Bilderverbot schützt aber keineswegs vor Dogmatismus und Fanatismus als Formen des Götzendienstes, so wie die Bilderverehrung keineswegs ein Zeichen von Götzendienst sein muss. Das Gleiche gilt für das zweite Gebot, sofern ihm eine Identifikation Gottes mit seinem Namen zu Grunde liegt. Gläubige aller Religionen beten letztlich zu demselben Gott, unbeschadet der verschiedenen Namen, mit denen sie ihn ansprechen. In dieser allgemeinen Form ist das Gebot, den Namen Gottes nicht zu missbrauchen, berechtigt. Einen solchen Missbrauch sehe ich allerdings auch darin, wenn im Namen Gottes Krieg und Gewalt, Unterdrückung, Ausbeutung und Ungerechtigkeit gerechtfertigt werden oder wenn im Namen Gottes schwere Strafen, Vernichtung oder gar ewige Höllenpein angedroht werden.

---

100 Ex 20,4.

Das Gebot der Sabbatheiligung mag eine gewisse Berechtigung haben, doch ist seine strikte Durchsetzung durch die Androhung der Todesstrafe im Fall der Zuwiderhandlung durch nichts zu rechtfertigen. Die übrigen Gebote kodifizieren allgemeine ethische Regeln, die sich in nahezu allen Religionen finden, wie Hans Küng in seinem verdienstvollen »Projekt Weltethos« überzeugend nachgewiesen hat. Davon unberührt bleibt indes die Kritik an den drakonischen Strafen für die Übertretung der im Dekalog genannten Gebote.

Ich kann nicht den Anspruch erheben, ein Kenner des Islam zu sein, doch besteht meiner Meinung nach eine nahe Verwandtschaft zwischen Jahwe und Allah sowie zwischen dem Ersten Testament und dem Koran. Die Gestalt eines Gottes, der die bedingungslose Befolgung seiner Gebote fordert und deren Einhaltung durch furchtbare Strafandrohung und Strafen zu erzwingen sucht, der Gehorsam üppig belohnt und Ungehorsam grausam bestraft, ist beiden Religionen gemeinsam. Während sich in den Texten der hebräischen Bibel Lohn und Strafe jedoch zumeist auf das irdische Leben beschränken, entnimmt der Prophet Mohammed aus dem Zweiten Testament den Gedanken der ewigen Wonne im Paradies und der ewigen Qual in der Hölle. Unser Leben auf dieser Erde wird damit zum Ort der Entscheidung zwischen Gut und Böse, Gott und Satan, Himmel und Hölle.

Der »heilige Rest« im ersttestamentlichen Gottesbild

Die Dialektik der Tag- und Nachtseite im Erscheinungsbild Jahwes ist aber nicht alles. Es bleibt ein »heiliger Rest« an positiven Zügen, der nicht außer Acht gelassen werden darf. Zu den unzweifelhaft positiv zu wertenden Eigenschaften Jahwes gehört sein Eintreten für die Armen und Schwachen, die Fremden, Witwen und Waisen. Auch findet sich das von Jesus in den Mittelpunkt seiner Ethik gestellte »Gebot« der Nächstenliebe bereits im Ersten Testament: »Du sollst deinen Nächsten lieben wie dich selbst. Ich bin der Herr.«[101] Mit dem Nächsten, das geht aus dem Kontext hervor, ist vornehmlich der Familien-, Sippen- oder Stammesangehörige gemeint. Doch selbst in dieser eingeschränkten Form steht ihm die wiederholte Aufforderung entgegen: »Du sollst in dir kein Mitleid aufkommen lassen«, die sich besonders auf Angehörige bezieht, die sich des Götzendienstes und anderer Vergehen schuldig gemacht haben. Im Buch Exodus[102] findet sich sogar eine rudimentäre Form von Feindesliebe. Positiv zu werten ist auch die Einführung des Sabbats,[103] des Sabbatjahres[104] und des Jubeljahres,[105] die der Erholung von Mensch und Natur sowie, in beschränktem Ausmaß, dem sozialen Ausgleich dienen.

Selbstverständlich dürfen in diesem Zusammenhang die oft zitierten »Perlen« aus anderen Schriften des Ersten Testaments nicht fehlen. Nur allzu oft sind sie aber in Straf- und Vergeltungsfantasien eingebettet. Überhaupt ist das Vergeltungsprinzip im ganzen Ersten Testament fest etabliert, häufig sogar in der Form siebenfacher Vergeltung oder der Vergeltung an Kindern und Kindeskindern. Darin zeigt sich dann doch ein wesentlicher Unterschied zu einigen Lehren des Zweiten Testaments.

Hier nur einige Beispiele für das, was sich in die Dialektik der Tag- und Nachtseite Jahwes nicht einordnen lässt: Großartig in ihrer sprachlichen Kraft und der Schönheit ihrer Bilder ist die Völkerwallfahrt zum Berg des Herrn: »Am Ende der Tage

---

101 Lev 19,18.
102 Ex 23,4 f.
103 Ex 20,8–11.
104 Ex 23,10–12.
105 Lev 25,8–31.

wird es geschehen: Der Berg mit dem Haus des Herrn steht fest gegründet als höchster der Berge; er überragt alle Hügel. Zu ihm strömen alle Völker. Viele Nationen machen sich auf den Weg. Sie sagen: Kommt, wir ziehen hinauf zum Berg des Herrn und zum Haus des Gottes Jakobs. Er zeige uns seine Wege, auf seinen Pfaden wollen wir gehen. Denn von Zion kommt die Weisung des Herrn, aus Jerusalem sein Wort. Er spricht Recht im Streit der Völker, er weist viele Nationen zurecht. Dann schmieden sie Pflugscharen aus ihren Schwertern und Winzermesser aus ihren Lanzen. Man zieht nicht mehr das Schwert, Volk gegen Volk, und übt nicht mehr für den Krieg.«[106] »Die einen sind stark durch Wagen, die andern durch Rosse, wir aber sind stark im Namen des Herrn, unsres Gottes.«[107] »Meide das Böse und tu das Gute; suche den Frieden und jage ihm nach.«[108] »Er [Jahwe] setzt den Kriegen ein Ende bis an die Grenzen der Erde; er zerbricht die Bogen, zerschlägt die Lanzen, im Feuer verbrennt er die Schilde.«[109] »Es begegnen einander Huld und Treue, Gerechtigkeit und Friede küssen sich.«[110]

Ein ganz anderer Ton als in den meisten Texten des Ersten Testaments klingt auch in den »Gottesknechtsliedern« des Deuterojesaja an. Eine der bekanntesten Stellen aus diesen Liedern, die schon von der Urchristenheit auf Jesus bezogen wurden, ist: »Seht, das ist mein Knecht, den ich stütze, das ist mein Erwählter, an ihm finde ich Gefallen. Ich habe meinen Geist auf ihn gelegt, er bringt den Völkern das Recht. Er schreit nicht und lärmt nicht und lässt seine Stimme nicht auf der Straße erschallen. Das geknickte Rohr zerbricht er nicht, und den

---

106 Jes 2,2–4, siehe auch Jes 11,1–16; 60–62; Mi 4,1–5; Ez 34,23–31. Allerdings findet sich auch die gegenteilige Äußerung beim Propheten Joel (4,9 f.).
107 Ps 20,8.
108 Ps 34,15.
109 Ps 46,10 f.
110 Ps 85,11, siehe auch Jes 9,4–6; Ex 58,5–8; Hos 6,6 bzw. Mt 9,13; Am 5,21–25; Mi 6,8.

glimmenden Docht löscht er nicht aus; ja, er bringt wirklich das Recht … Ich, der Herr habe dich aus Gerechtigkeit gerufen, ich fasse dich an der Hand. Ich habe dich geschaffen und dazu bestimmt, der Bund für mein Volk und das Licht für die Völker zu sein; blinde Augen zu öffnen, Gefangene aus dem Kerker zu holen und alle, die im Dunkel sitzen, aus der Haft zu befreien.«[111]

Fazit: Selbst wenn man die zuletzt angeführten Bibelstellen in Rechnung stellt, bleibt das Gottesbild des Ersten Testaments düster, erscheint Jahwe als unberechenbarer, zum Zorn geneigter, bedingungslosen Gehorsam fordernder, Ungehorsam grausam bestrafender, richtender und vernichtender Despot. Kennzeichnend für den im Ersten Testament waltenden Geist ist die mengenmäßige Verteilung von *Segen für Gehorsam* und *Fluch für Ungehorsam* im Buch Deuteronomium: 47 Zeilen Segen stehen 204 Zeilen Fluch gegenüber, also mehr als das Vierfache![112]

Das Zweite Testament

Von Theologen und Laien wird häufig der sich in Jesus von Nazareth offenbarende lichtvolle, liebende, gütige, barmherzige und verzeihende Gott des Zweiten Testaments dem finsteren, strengen, zornigen, drohenden und vergeltenden Gott des Ersten Testaments gegenübergestellt. Dieser Kontrast ist aber viel zu schön, um wahr zu sein. Franz Buggle weist mit Recht darauf hin, dass auch das Zweite Testament in weiten Teilen vom Lohn- und Strafdenken beherrscht wird, ja das Erste Testament darin zum Teil übertrifft.[113] Während im viel umfangreicheren

---

111 Ex 42,1–9, siehe auch Ex 49,1–9; 50,4–9; 61,1 f.
112 Deut 28, siehe auch Lev 26,3–38.
113 Franz Buggle: Denn sie wissen nicht, was sie glauben, Reinbek 1997, S. 131.

Ersten Testament nur an zwei Stellen von einer ewigen Verdammnis die Rede ist,[114] begegnet einem die Drohung mit ewiger Höllenpein für die Sünder und Ungläubigen im Zweiten Testament mehr als dreißigmal. In der Tat rückt im Zweiten Testament an die Stelle der Lebenszusage für Gehorsam und der Todesdrohung für Ungehorsam gegen Jahwes Gebot die Zusage ewiger Seligkeit für die »Heiligen«, die an den Erlöser Jesus Christus glauben und sich zu ihm bekennen, und die Androhung ewiger Verdammnis für die Sünder und die Ungläubigen. Das gilt jedoch mit einer wesentlichen Einschränkung. Aus dem Ersten Testament übernimmt Paulus die Lehre von der göttlichen Allmacht, die sich darin äußert, dass Gott sich erbarmt, wessen er will, und Gnade schenkt, wem er will.[115] Selbst der Glaube wird somit ausschließlich von Gott bewirkt. Der Reformator Johannes Calvin hat diese Auffassung zur Prädestinationslehre ausgebaut mit dem Zusatz freilich, dass, wer in dieser Welt gläubig, tugendhaft und erfolgreich ist, das auch als Indiz werten darf, zu den Erlösten zu gehören. Im Calvinismus hat diese Lehre ungeahnte Wirkungen entfaltet, denn sie wurde zur Grundlage eines puritanisch eingefärbten Kapitalismus.

Kehren wir noch einmal zur Androhung ewiger Verdammnis zurück. Kann man sich eine schlimmere Grausamkeit vorstellen als die Bestrafung zeitlicher Vergehen, sie mögen noch so furchtbar sein, durch eine ewige, das heißt niemals endende Qual? Die Angst vor der Höllenpein ewiger Verdammnis oder auch nur vor der zeitlich begrenzten Qual des Fegefeuers (nach katholischer Lehre) hat das Leben ungezählter Christen überschattet und vergiftet. Sie eignet sich vorzüglich als Instrument der Herrschaft über die Seelen und sie trug erheblich dazu bei, fromme Christen zu einer Haltung des bedingungslosen Ge-

114 Jes 66,22 und Dan 12,2, zitiert bei Franz Buggle: Denn sie wissen nicht, was sie glauben, Reinbek 1997, S. 98.
115 Röm 9,6–29, siehe auch Offb 13,8–9.

horsams gegenüber geistlichen und weltlichen Autoritäten zu erziehen.

Wohl trifft es zu, dass mit Jesus von Nazareth im Zweiten Testament ein neuer Ton in Gestalt der »frohen Botschaft« von der Liebe Gottes zu den Menschen, insbesondere zu den Armen, Verfolgten, Erniedrigten und Verachteten, anklingt, wobei Jesus an die positiven Züge im Charakterbild Jahwes anknüpfen konnte. Doch sparte selbst der *biblische Christus*[116] nicht mit der Androhung ewiger Höllenstrafen (16 mal). Selbst die Bergpredigt, die mit Recht als Herzstück des Zweiten Testaments gilt, ist nicht frei davon. Die Frage, ob diese Äußerungen auf den *historischen Jesus* zurückgehen, wird uns noch beschäftigen. Um es gleich vorwegzunehmen, ich halte es für unwahrscheinlich. Im Hinblick auf die von Franz Buggle wiederholt angesprochene Bibelstelle aus dem Markusevangelium: »Wer glaubt und sich taufen lässt, wird gerettet, wer aber nicht glaubt, wird verdammt werden«,[117] kann es jedenfalls mit großer Sicherheit ausgeschlossen werden, denn beim Anhang des Markusevangeliums handelt es sich um eine Ergänzung von unbekannter Hand aus dem zweiten Jahrhundert.[118]

Die enge Verzahnung von Erstem und Zweitem Testament ist selbst für den theologischen Laien klar erkennbar. Ersttestamentliche Messiasprophezeiungen werden auf Jesus bezogen. Er wird zum Nachkommen Davids und damit zum Gesalbten (Messias, Christus) Jahwes erklärt. Der Tod Jesu am Kreuz wird im Rückgriff auf die Gottesknechtslieder des Deuterojesaja[119]

---

116 Damit meine ich den Christus, wie er in den Schriften des Zweiten Testaments erscheint im Unterschied zum historischen Jesus, wie ihn die historisch-kritische Bibelwissenschaft zu rekonstruieren versucht.

117 Mk 16,16.

118 Weitere Belege für die Androhung ewiger Verdammnis durch den Christus der Evangelien sind: Mt 5,22.29 f.; 10,28; 18,8 f.; 22,13 f.; 23,15.33; 25,41.46; Mk 9,43.45.47; Lk 12,5. Siehe auch 2 Thess 1,8–10; Jak 3,6; Offb 9,1 f.; 19,20.

119 Siehe auch Ez 34,23 f.; Dan 7,13 f.; Sach 12,10 f.; 13,7.

als Sühne- und Opfertod gedeutet. Dahinter steht die Vorstellung vom gerechten Gott, dessen Zorn über die ungehorsamen Menschen durch Tieropfer zeitweilig und durch das Menschenopfer seines einzigen und eingeborenen Sohnes ein für allemal besänftigt werden muss, zumindest den Menschen gegenüber, die an Jesus Christus glauben. Zweifellos handelt es sich dabei um einen Rückfall in die Gedankenwelt des Ersten Testaments, die sich mit der gnostischen[120] Lehre vom Heiland und Erlöser verbindet.

Ein düsteres Kapitel in der Geschichte des Christentums ist der Antijudaismus im Zweiten Testament, der für die jahrhundertelange Diskriminierung der Juden und ungezählte Pogrome verantwortlich ist und den Boden bereitete für die rassistisch begründete »Endlösung der Judenfrage« durch die Nationalsozialisten. Schon früh zeigte sich in den Evangelien die Tendenz, die Römer von jeglicher Schuld am Tod Jesu freizusprechen und »die Juden« damit zu belasten. So sagt Pilatus im Matthäusevangelium, nachdem er sich die Hände in Unschuld gewaschen hat: »Ich bin unschuldig am Blut dieses Menschen. Das ist eure Sache!« Worauf das »ganze Volk«, aufgehetzt von den Hohepriestern und Ältesten, gerufen haben soll: »Sein [Jesu] Blut komme über uns und unsere Kinder!«[121] Dieser Satz gehört zu den furchtbarsten und folgenschwersten der ganzen Bibel. Unsäglich sind aber auch die Jesus in den Mund gelegten Worte im Johannesevangelium: »Wenn Gott euer Vater wäre, würdet ihr mich lieben; denn von Gott bin ich ausgegangen und gekommen. Ich bin nicht in meinem eigenen Namen gekommen, sondern er hat mich gesandt. Warum versteht ihr nicht, was ich sage? Weil ihr nicht im Stande seid, mein Wort zu hören. Ihr habt den Teufel zum Vater, und ihr wollt das tun,

---

120 Zur Gnosis siehe Seite 214 f.
121 Mt 27,24–25.

wonach es euren Vater verlangt. Er war ein Mörder von Anfang an.«[122]

Fazit: Fasst man das Zweite Testament als Ganzes in den Blick, so fällt auf, dass die Reformbewegung im Judentum, die mit dem Pharisäismus etwa 125 v. Chr. einsetzte und im »Rabbi und Propheten«[123] Jesus von Nazareth einen Höhepunkt erreichte, im Laufe des ersten Jahrhunderts nach Christus wieder absank, um schließlich in der Offenbarung des Johannes mit ihren sadistischen Folter- und Gewaltorgien ihren (vorläufigen) Tiefpunkt weit unter dem Niveau des Ersten Testaments zu erreichen.

Einwände

Mit einigem Recht kann man gegen meine Darstellung einwenden, die Ergebnisse der historisch-kritischen Bibelwissenschaft hätten einen erheblichen Teil der grausam-unmenschlichen Erzählungen der Bibel als Mythen und Legenden erkannt und somit entschärft. Die historisch-kritische Bibelwissenschaft der jüngsten Zeit kommt sogar zu dem Ergebnis, große Teile der hebräischen Bibel seien Mythen, da sich für die darin geschilderten Ereignisse nicht die geringste Bestätigung durch archäologische Funde habe finden lassen. Das gelte insbesondere für den Auszug der Israeliten aus Ägypten, die Wüstenwanderung, die Eroberung des Landes Kanaan und das Reich Davids und Salomos. Während das weit ältere Gilgamesch-Epos und die homerischen Epen längst als Mythen erkannt sind, treten die christlichen Kirchen und Glaubensgemeinschaften noch immer mit dem Anspruch auf, bei den biblischen

---

122 Joh 8,42–44.
123 Rudolf Bultmann: Theologie des NT, Tübingen 1961 (4. Aufl.), S. 19.

Erzählungen handle es sich um zwar mythisch überhöhte, aber doch historische Ereignisse. Dessen ungeachtet haben die Schriften des Ersten Testaments wie der ganzen Bibel in der vorliegenden Gestalt über die Jahrhunderte gewirkt, denn die historisch-kritische Bibelforschung ist wenig mehr als 200 Jahre alt und überdies auf den kleinen Kreis der Fachleute beschränkt. Die Bibel, das kann gar nicht nachdrücklich genug betont werden, hat ihre geschichtliche Wirkung in der Form entfaltet, wie sie bis heute vorliegt. Es gibt nahezu keine Grausamkeit, keinen Krieg und keine Ungerechtigkeit, die sich nicht unter Berufung auf die Bibel rechtfertigen ließe.[124]

Ein weiterer Einwand gegen die kritische Bibellektüre lautet: Wir dürfen die Bibel nicht wörtlich nehmen, wir müssen ihre zeitbedingte Ausdrucksweise von ihrem zeitlos gültigen Gehalt trennen. Das Argument verfängt nicht, weil die Kritik, wie Franz Buggle überzeugend darlegte, sich ja gerade gegen den zeitlos gültigen Gehalt der biblischen Schriften richtet: die Tag- und die Nachtseite Jahwes, das Lohn- und Straf-Schema, die ethische Verwerflichkeit der darin berichteten Taten Jahwes usw. Der tiefenpsychologische Befund ist jedenfalls eindeutig: Was uns in der Bibel als Gebote und Reden Jahwes mit dem Anspruch göttlicher Autorität mitgeteilt wird, sind zum größten Teil die Wunschträume, Fantasien und Projektionen von Priestern und Propheten.

Ferner hört man gelegentlich den Einwand, die Bibel halte für viele Menschen in Krankheit, Elend und Todesgefahr wunderbare Trostworte bereit. Dagegen seien die fragwürdigen Schriftstellen zu vernachlässigen. Das kann schon deshalb nicht gelten, weil zahllose Fundamentalisten sich – mit gleichem Recht! – gerade auf solche Schriftstellen berufen und sich in

---

124 Karlheinz Deschner: Kriminalgeschichte des Christentums, Bd. 1–3, Reinbek 1908–1996.

ihrem persönlichen, wie auch ihrem öffentlichen Leben an ihnen ausrichten.

Gelegentlich begegnet man der Ansicht, Jahwe sei nach der
Vernichtung der Götterwelt einsam geworden. Er brauche den
Menschen, um seiner Einsamkeit Herr zu werden. Daher läge
ihm so viel an der Zuwendung des Menschen. Deshalb erfülle
ihn die Abwendung von ihm mit Eifersucht, Zorn und Rache-
gefühlen. Ich halte das für eine Vermenschlichung Gottes, für
die es nur eine Erklärung gibt: Der Mensch dichtet Gott seine
Gedanken und Gefühle an, doch Gottes Gedanken sind nicht
unsere Gedanken und Gottes Wege sind nicht unsere
Wege![125]

Schließlich sei noch das Argument erwähnt: In den Zeiten,
als die Schriften der Bibel entstanden seien, habe es noch keine
Trennung von Dichtung und Wahrheit in der Geschichtsschrei-
bung gegeben, im Mythos seien beide noch ungeschieden. Das
mag richtig sein. Nur leben wir heute nicht mehr im Zeitalter
mythischer Weltauffassung. Deshalb kann die Bibel heute größtenteils nur als Mythos betrachtet, nicht aber als von Gott geoffenbarte Wahrheit in einer Auflage von ca. 50 Millionen
Exemplaren jährlich gedruckt und verbreitet werden.[126] Die
Katholische Kirche hat allen Versuchen, Bibeltexte bildlich zu
verstehen oder Teile der Bibel ihres unmenschlich-grausamen
Inhalts wegen auszusondern, einen Riegel vorgeschoben. Ausgerechnet das Reformkonzil Vaticanum II (1962–1965) hat in
der »Dogmatischen Konstitution über die göttliche Offenbarung« u.a. erklärt: »Das von Gott Geoffenbarte, das in der Heiligen Schrift enthalten ist und vorliegt, ist unter dem Anhauche
des Heiligen Geistes aufgezeichnet worden; denn auf Grund
apostolischen Glaubens gelten unserer heiligen Mutter, der Kir-

---

125 Jes 55,8.
126 Franz Buggle: Denn sie wissen nicht, was sie glauben, Reinbek 1997, S. 23.

che, die Bücher des Alten wie des Neuen Testamentes in ihrer Ganzheit *mit allen ihren Teilen* als heilig und kanonisch, weil sie, unter der Einwirkung des heiligen Geistes geschrieben …, Gott zum Urheber haben und als solche der Kirche übergeben sind. Zur Abfassung der heiligen Bücher hat Gott Menschen erwählt, die ihm durch den Gebrauch ihrer eigenen Fähigkeiten und Kräften dazu dienen sollten, all das und *nur das*, was er – in ihnen und durch sie wirksam – geschrieben haben wollte, als echte Verfasser schriftlich zu überliefern. Da also alles, was die inspirierten Verfasser oder Hagiographen aussagen, als vom Heiligen Geist ausgesagt zu gelten hat, ist von den Büchern der Schrift zu bekennen, dass sie sicher, getreu und *ohne Irrtum* die Wahrheit lehren, die Gott um unseres Heiles willen in den Heiligen Schriften aufgezeichnet haben wollte.«[127]

Im Protestantismus sieht es zwar nicht ganz so düster, im Bereich der evangelikalen Strömungen aber durchaus ähnlich aus, von »bibeltreuen« Sekten ganz zu schweigen. Durch das Schriftprinzip (sola scriptura), das ursprünglich gegen die reichen Traditionsbestände der Katholischen Kirche gerichtet war, verlieh Luther der Bibel als dem Wort Gottes eine Sonderstellung, die ihr einen nahezu unantastbaren Status verschaffte.

Fazit: Der religiöse Fundamentalismus kann als der Versuch begriffen werden, die im Zeitalter der wissenschaftlichen Welterklärung unwiederbringlich verlorene Welt des Mythos wiederherzustellen. Er ist reaktionär.

Eine religionsgeschichtliche Anmerkung

Um die biblischen Texte besser zu verstehen, scheint mir eine religionsgeschichtliche Betrachtung hilfreich. Offensichtlich

---

127 Zitiert ebenda, S. 21 (Hervorhebung von Buggle), siehe auch S. 196.

geriet der Jahwe-Kult der Nomadenstämme bei ihrer Einwanderung in das »gelobte Land« Kanaan in eine schwere Krise. Die Israeliten vermischten sich mit der eingesessenen Bevölkerung und nahmen deren Götterkulte, namentlich die Fruchtbarkeitskulte um Baal, Astarte, Milkom, Kemosch u.a. an. Je mehr die Jahwe-Priester und Propheten in ihrer Existenz bedroht waren, desto eifernder und eifersüchtiger, zorniger und gewalttätiger wurde ihr Gott gegenüber seinem »auserwählten«, aber untreu gewordenen Volk. Sein »glühender Zorn« richtete sich nicht nur gegen das eigene Volk, sondern auch gegen die fremden Völker und ihre Götter. Der Zusammenhang zwischen der Existenzbedrohung der Jahwe-Priester und dem Machtzuwachs Jahwes ist mit Händen zu greifen. Er gilt für die ganze Zeit seit der Landnahme bis zur Vernichtung des Nordreiches durch die Assyrer 722 v. Chr. und des Südreiches durch die Babylonier 586 v. Chr. Während sein Volk besiegt wird oder in die Verbannung geht, steigt Jahwe vom Stammes-, Kriegs-, Berg- und Wüstengott zum mächtigsten unter den Göttern[128] und schließlich zum Alleinherrscher und Schöpfer des Himmels und der Erde auf.[129] Anstatt jedoch, was die logische Konsequenz gewesen wäre, zum Gott *aller* Menschen und Völker zu werden, bleibt Jahwe der Gott Israels, der Gott Abrahams, Isaaks und Jakobs. Folglich haben die Israeliten Gott *universalisiert*, die Beziehung zu ihm jedoch *privatisiert*. Es handelt sich, religionswissenschaftlich betrachtet, um einen *Atavismus*, um das Festhalten einer längst überholten religiösen Vorstellung. Die Lehre vom auserwählten Volk, mit dem Jahwe einen Vertrag (Bund) abschließt, zieht sich als roter Faden durch das ganze Erste Testament. Sie wird in Gestalt des neuen Bundes sogar an das

---

128 Ex 18,11.
129 Ex 44,6; Deut 4,35.39.

Christentum vererbt mit verheerenden Folgen nicht nur in Form des absoluten Wahrheitsanspruches gegenüber Heiden und Ketzern, sie wird auch noch gegen ihre eigene Wurzel, das Judentum, gekehrt.[130]

Problematisch ist dabei, wohlgemerkt, nicht die Herausbildung des Monotheismus, er ist vielmehr eine bedeutende – wenn auch nicht auf das Judentum beschränkte – religionsgeschichtliche Leistung, sondern das Festhalten an einer kollektiven Gottesbeziehung aus der Frühzeit der Geschichte, als Jahwe noch der Stammesgott Israels war. Das Wohlergehen Israels wurde fortan als Lohn für seinen Gehorsam gegenüber Jahwe und seinen Geboten gedeutet;[131] der Niedergang der beiden Kleinstaaten Israel und Juda, die zwischen den Großmächten der antiken Welt förmlich zerrieben wurden, als Strafe Jahwes für die religiöse Untreue und moralische Verderbtheit des »auserwählten« Volkes. Bei den Propheten entbindet das Leiden an der Verdorbenheit der Welt die Utopie eines Gottesreiches am Ende der Tage. In diesem Reich der Gerechtigkeit, des Friedens und der Freude regiert der Messias, eine ins Übermenschliche erhöhte Herrschergestalt nach dem Vorbild König Davids als Stellvertreter Jahwes auf Erden über den »heiligen Rest«[132] Israels. Der Prophet, den man den dritten Jesaja (Tritojesaja) nennt, erträumt sich eine Welt, in der sich das Verhältnis zwischen Israel und den Völkern dank des machtvollen Eingreifens Jahwes umkehrt, vorausgesetzt Israel wird seiner Bestimmung, Jahwes auserwähltes Volk zu sein und bedingungslos seinem Willen zu gehorchen, gerecht. Die Völker der Erde dienen dann dem Priestervolk Israel:

»Auf, werde licht, denn es kommt dein Licht, und die Herrlichkeit des Herrn geht leuchtend auf über dir. Denn siehe,

---

130 Hebr 8,1–13 und 1 Petr 2,1–10.
131 Deut 4,39 f.
132 Mi 5; Sach 13, 7–9, 14.

Finsternis bedeckt die Erde und Dunkel die Völker, doch über dir geht leuchtend der Herr auf, seine Herrlichkeit erscheint über dir. Völker wandern zu deinem Licht und Könige zu deinem strahlenden Glanz. Blick auf und schau umher. Sie alle versammeln sich und kommen zu dir. Deine Söhne kommen von fern, deine Töchter trägt man auf den Armen herbei. Du wirst es sehen, und du wirst strahlen, dein Herz bebt vor Freude und öffnet sich weit. Denn der Reichtum des Meeres strömt dir zu, die Schätze der Völker kommen zu dir … Fremde bauen deine Mauern, ihre Könige stehen in deinem Dienst. Denn in meinem Zorn habe ich dich geschlagen, aber in meinem Wohlwollen zeige ich dir mein Erbarmen. Deine Tore bleiben immer geöffnet, sie werden bei Tag und bei Nacht nicht geschlossen, damit man den Reichtum der Völker zu dir hineintragen kann; auch ihre Könige führt man herbei. Denn jedes Volk und jedes Reich, das dir nicht dient, geht zu Grunde, die Völker werden völlig vernichtet.«[133]

Bezieht man den geschichtlichen Hintergrund in die Analyse dieser Texte ein, so wird klar, es handelt sich um die Kompensation, ja Überkompensation einer traurigen Realität. Das kleine Volk Israel, zusätzlich durch die Spaltung in Nord- und Südreich geschwächt, wurde zwischen den Großmächten der antiken Welt – Assyrien, Babylon und Ägypten, später Griechenland und Rom – wie Korn zwischen Mühlsteinen zermahlen. Diese leidvolle Erfahrung interpretierten die Propheten als Strafgericht Jahwes für die Sünde der »Untreue«, d.h. des Götzendienstes. Die Propheten versuchten, das Volk durch Drohungen und Verheißungen im Namen Jahwes zur Umkehr zu bewegen. Weil das misslang, verkündigten sie das Strafgericht Jahwes über Israel und die sündige Welt in Gestalt der Apokalypse (Tag des Herrn). Nur die Gerechten werden gerettet.

---

133 Jes 60,1–12, siehe auch Jes 61,5–9 und Sach 8,23.

In vergleichbaren Situationen größter Bedrängnis während der Zeit der römischen Besatzung, des jüdischen Krieges 66–70 und der Christenverfolgung unter Kaiser Domitian am Ende des ersten Jahrhunderts n. Chr. leben die apokalyptischen Visionen aus dem Ersten Testament in christlichem Gewand in der Urgemeinde und bei Paulus, den synoptischen Evangelien sowie der Offenbarung des Johannes wieder auf. Johannes träumt von einem Tausendjährigen Reich, in dem Christus als Messias mit den auferstandenen Märtyrern herrscht. Am Ende des Tausendjährigen Reiches kommt es zum Endkampf des aus seinem Gefängnis freigelassenen Satans und der von ihm verführten Völker der Welt gegen das Lager der Heiligen und Gottes geliebte Stadt. »Aber Feuer fiel vom Himmel und verzehrte sie. Und der Teufel, ihr Verführer, wurde in den See von brennendem Schwefel geworfen, wo auch das Tier und der falsche Prophet sind. Tag und Nacht werden sie gequält, in alle Ewigkeit.«[134]

Das Buch der Offenbarung und mit ihm die Bibel endet mit der Vision des neuen Jerusalem. Doch bleibt der Autor dieser heiligen Schrift sich treu, denn er lässt diesem Glanzstück biblischer Literatur eine Verwünschung folgen: »Ich bezeuge jedem, der die prophetischen Worte dieses Buches hört: Wer etwas hinzufügt, dem wird Gott die Plagen zufügen, von denen in diesem Buch geschrieben steht. Und wer etwas wegnimmt von den prophetischen Worten dieses Buches, dem wird Gott seinen Anteil am Baum des Lebens und an der heiligen Stadt wegnehmen, von denen in diesem Buch geschrieben steht. Er, der dies bezeugt, spricht: Ja, ich komme bald.«[135] So furchtbar eilig scheint er es ja nicht gehabt zu haben, oder sollte »bald« in diesem Fall am Maßstab der Ewigkeit gemessen worden sein?

---

134 Offb 20,9–10.
135 Offb 22,18–20.

Die Bibel – ein heiliges Buch?

Wer die Bibel unvoreingenommen von Anfang bis Ende liest, kann sich über dieses meistgedruckte und weitverbreitetste Buch der Weltliteratur nur zutiefst entsetzen. Es sind nicht die darin geschilderten unmenschlichen Grausamkeiten als solche, die den Skandal dieses Buches ausmachen – die Welt der Antike war eine brutale und grausame Welt, in der Einzelne, aber auch Gemeinschaften und ganze Völker leicht unter die Räder kamen –, es ist die Behauptung, sie seien auf Befehl Gottes, ja zum Teil von Gott selbst ausgeführt worden. Wäre es so, ich würde augenblicklich zum Atheisten. Die Bibel enthält, daran zweifle ich nicht, auch göttliche Offenbarung. Auf weite Strecken ist sie aber keine *heilige*, sondern eine höchst *unheilige* Schrift. Bedenkt man, dass dieses Buch einen ganzen Kulturkreis geistig geprägt hat, so wundert man sich nicht mehr über die von Intoleranz und Zwang, Krieg und Gewalt, Eroberung, Unterdrückung und Ausbeutung geprägte Geschichte des Abendlandes, womit ich nicht sagen will, die Bibel sei dafür allein verantwortlich. Die »schneidende Intoleranz«[136] der jüdisch-christlichen Religion, die sie mit dem fundamentalistischen Judentum und Islam teilt, ihr absoluter Wahrheitsanspruch gegenüber anderen Religionen, der zur Grundlage des Überlegenheitsanspruchs der christlichen Kultur über die nichtchristlichen Kulturen bzw. der weißen Rasse gegenüber den farbigen wurde, die hemmungslose Ausbeutung von Mensch und Natur, das alles ist nicht zuletzt eine Folge des in großen Teilen der Bibel herrschenden Geistes. Ich verlange nicht, sie in den »Giftschrank« der verbotenen Bücher einzuschließen, wie die Katholische Kirche es mit den indizierten

---

136 Gerhard von Rad: Theologie des Alten Testaments, München 1957, Bd. 1, S. 203, siehe auch S. 207.

Büchern getan hat, ich plädiere vielmehr dafür, dass die Groß-
kirchen sie nur noch in kommentierter Ausgabe, welche die
wichtigsten Ergebnisse der historisch-kritischen Forschung zusammenfasst, verbreiten. Auch sollte ihr ein Vorwort vorange-
stellt werden, das klarstellt: Große Teile der Bibel sind nicht
heilig, manche sogar ausgesprochen unheilig. Zweifellos würde
über die Frage, was künftig an der Heiligen Schrift als heilig zu
gelten habe, ein heftiger Streit entbrennen. Aber das macht
nichts, ein derartiger Streit könnte durchaus fruchtbar sein und
endlich wieder Leben in die erstarrten und überalterten Kirchengemeinden bringen. Ich fürchte, der Christentumskritiker
Franz Buggle hat recht, wenn er die Reformunfähigkeit der
Kirchen in erster Linie auf ihre Machtstellung in Politik und
Gesellschaft zurückführt.[137]

Ich bin mir darüber im Klaren, dass manches von dem, was
ich soeben ausgeführt habe, von christlichen, jüdischen und
islamischen – denn hinsichtlich des Koran gilt im Wesentlichen
das Gleiche – Fundamentalisten als Gotteslästerung betrachtet
wird. Doch schreibe ich lediglich, wovon ich überzeugt bin,
dass es richtig ist, wobei die Möglichkeit des Irrtums grundsätzlich niemals ausgeschlossen werden kann. Meinungsverschiedenheiten in weltanschaulichen Fragen sind ein Segen,
kein Fluch, denn sie bieten eine Gelegenheit, im »herrschafts-
freien Diskurs« (Jürgen Habermas) Fortschritte auf dem Weg
der Erkenntnis der Wahrheit und ihrer Verwirklichung zu er-
zielen. Die Fehlentwicklung des Christentums begann, als man
das gemeinsame Streben nach der Wahrheit aufgab und glaubte,
als Institution festsetzen zu müssen, was als wahr und was als
falsch zu gelten habe.

---

137 Franz Buggle: Denn sie wissen nicht, was sie glauben, Reinbek 1997, S. 399 ff.

IV. Gandhis Weg zu Gott

Nachdem ich die wichtigsten Religionen, soweit es mir
möglich war, studiert hatte, kam mir der Gedanke, es müsse
einen Hauptschlüssel geben, der die allen Religionen zu
Grunde liegende Einheit erschließen könnte, sofern es sinnvoll und notwendig ist, eine Gemeinsamkeit zu entdecken.
Dieser Schlüssel ist Wahrheit und Gewaltfreiheit ... Solange
wir nicht diese grundlegende Einheit verwirklichen, werden
Kriege im Namen der Religion nicht aufhören.

Mahatma Gandhi

Wenn wir uns nun Gandhis religiösem Denken zuwenden, be-
treten wir eine ganz andere, eine lichte, angstfreie und lebens-
bejahende Welt. Doch Vorsicht! Wir neigen alle dazu, von
einem Extrem ins andere zu fallen, das heißt dem finsteren,
zornigen, eifernden und eifersüchtigen, richtenden und vernichtenden Gott, der uns in großen Teilen der Bibel begegnet,
einen liebenden, gütigen, gnädigen und verzeihenden Gott ge-
genüberzustellen. Wohl trifft es zu, dass für Gandhi Gott Liebe
ist (wobei noch zu klären sein wird, was er unter Liebe versteht), aber er ist kein lieblicher Gott. Deshalb kann Gandhi
über ihn auch sagen: »Er ist geduldig. Aber er ist auch schrecklich. Von allen Wesen ist er es, der am meisten von uns verlangt,
sowohl in dieser Welt als auch in der Welt, die da kommen wird.
Er misst uns mit dem Maß, mit dem wir unsere Nächsten mes-
sen, die Menschen und die Tiere. Unwissenheit lässt er nicht
als Entschuldigung gelten. Aber er vergibt immer und er gibt
uns immer wieder die Möglichkeit zu bereuen. Er ist der größte Demokrat, den die Welt kennt, denn er lässt uns stets unbe-
helligt selbst wählen zwischen dem Bösen und dem Guten. Und

er ist der größte Tyrann, den es je gab, denn oft nimmt er den Becher von unseren Lippen und lässt uns im Namen des freien Willens so wenig Spielraum, als wollte er sich über uns lustig machen. Darum nennt der Hinduismus die ganze Welt Gottes Spiel, sein ›Lila‹, oder er nennt sie eine Täuschung, ›Maja‹. Wir existieren nicht. Er allein existiert, und wenn auch wir existieren wollen, dann müssen wir ewig sein Lob singen und seinen Willen tun. Würden wir alle nach der Melodie seiner Laute tanzen, dann würde alles gut werden.«[138]

Es ist diese radikale Entwertung all der Dinge, die das Leben für uns normale Menschen überhaupt erst lebenswert machen: Geld, Besitz, Macht, Genuss, Ansehen und Unterhaltung, die uns so erschreckt und abstößt. Wir treffen sie nicht nur bei Gandhi, sondern auch bei Jesus, Franz von Assisi[139] und bei vielen Heiligen an. Erschreckend ist vor allem der Absolutheitsanspruch, den Gott dem Menschen gegenüber erhebt. Er fordert nicht weniger als die völlige Hingabe an sein großes Gesetz, das er selbst ist. In der Beziehung zu Gott hat dieser Absolutheitsanspruch seinen Ort und sonst nirgends. Wird er von Menschen anderen Menschen gegenüber erhoben, so verwandelt sich Wahrheit in Unwahrheit, Heil in Unheil.

Was hat uns Gandhi über Gott mitzuteilen? Ehe wir uns dieser Frage zuwenden, ist es unumgänglich zu klären, aus welchen Quellen er sein Wissen von Gott schöpft. Fragt man einen Juden nach der Quelle der Offenbarung, so wird er antworten: in erster Linie die Tora (die fünf Bücher Mose) und in zweiter Linie die übrigen Schriften des Tanach (die hebräische Bibel oder das Erste Testament) und der Talmud.[140] Fragt man einen

---

138 Young India, 5.3.1925.
139 Siehe dazu die einfühlsame Studie von Walter Nigg über Franz von Assisi in: Große Heilige, Zürich o.J., S. 35–102.
140 Die hebräische Bibel und der Talmud können auch zusammen als Tora (Lehre) bezeichnet werden.

Christen, so wird er antworten: die Bibel. Fragt man einen Muslim, so wird er antworten: in erster Linie der Koran und in zweiter Linie die Hadithe (Aussprüche des Propheten Mohammed). Bei Gandhi ist das anders, für ihn gibt es drei Offenbarungsquellen: erstens die heiligen Schriften des Hinduismus (die Weden, die Upanischaden, das Mahabharata und darin vor allem die Bhagwadgita, sowie das Ramjana des Dichters Tulsidas), zweitens die heiligen Schriften anderer Religionen und drittens die unmittelbare Offenbarung Gottes, wie sie sich in der Stimme des Gewissens äußert. Für Gandhi ist Offenbarung folglich nicht auf eine bestimmte Zeit, einen bestimmten geographischen Raum oder ein bestimmtes Volk beschränkt, sie ist vielmehr jederzeit und überall möglich.

Gandhi ist sich der Gefahr bewusst, die mit einer derartigen Ausweitung des Offenbarungsbegriffs verbunden ist. Immer wieder sind in allen Teilen der Welt Menschen aufgetreten, die von sich behaupteten, sie hätten göttliche Botschaften oder Offenbarungen empfangen, die sich aber als haltlos oder als Folge von Geisteskrankheiten erwiesen. Das Erste Testament kennt schon falsche Propheten.[141] Dessen ungeachtet ist Gandhi der Meinung, die Möglichkeit authentischer Offenbarung werde dadurch nicht widerlegt: »Meines Wissens hat noch niemand die Möglichkeit in Frage gestellt, dass die innere Stimme zu einigen von uns spricht, und es ist ein Gewinn für die Welt, wenn der Anspruch einer Person, sie spreche unter der Autorität der inneren Stimme, wirklich bestätigt werden könnte. Viele nehmen für sich in Anspruch, dass die innere Stimme zu ihnen spricht, aber sie können nicht sagen, worum es sich dabei handelt. Dennoch kann und darf ein solcher Anspruch nicht schon deshalb als unsinnig abgetan werden, weil ihn manche fälschlich erheben. Es ist keinerlei Gefahr damit verbunden,

141 Deut 18,20–22.

sofern viele Menschen auftreten, die wirklich für die innere Stimme Zeugnis ablegen. Aber unglücklicherweise gibt es kein Heilmittel gegen Heuchelei. Man darf die Tugend nicht deshalb als unsinnig abtun, weil es Menschen gibt, die sie vortäuschen. Es hat auf der Welt immer Menschen gegeben, die fälschlich für sich in Anspruch genommen haben, aus der inneren Stimme heraus zu sprechen. Aber kein Leid ist der Welt durch ihr kurzlebiges Wirken geschehen.«[142]

Ich vermag Gandhis Optimismus, der Welt sei durch ihr Wirken kein Leid geschehen, nicht zu teilen. Denken wir an das unheilvolle Wirken der Fundamentalisten, insbesondere der apokalyptischen Messianisten in den abrahamitischen Religionen,[143] so ist man versucht, eher das Gegenteil anzunehmen. Wohl sind einige heilige Schriften der Weltreligionen von Menschen verfasst worden, die den Anspruch erhoben, göttliche Offenbarungen empfangen zu haben. Der Verfasser der Johannesoffenbarung gehört dazu, die Propheten des Ersten Testaments und der Prophet Mohammed. Andererseits finden wir in der Bibel Schriften, deren Verfasser diesen Anspruch keineswegs erhoben haben, so die Verfasser der alttestamentlichen Geschichtsbücher, der Psalmen und des Hohen Liedes sowie der Bücher der Lehrweisheit. Im Zweiten Testament gehören die Apostelgeschichte und die Briefliteratur dazu. Ob ein Text zur heiligen Schrift erklärt oder in eine Sammlung heiliger Schriften (Kanon) aufgenommen wird, beruht letztlich auf der Entscheidung von Menschen. Ein objektives Kriterium, auf Grund dessen eine Schrift als »heilig«, d.h. als Quelle göttlicher Offenbarung erkannt werden kann, gibt es nicht. Deshalb ist es auch kein Vergehen und schon gar keine Gotteslästerung,

---

142 Harijan, 18.3.1933.
143 Dazu die umfassende Darstellung von Viktor und Viktoria Trimondi: Krieg der Religionen. Politik, Glaube und Terror im Zeichen der Apokalypse, München 2006.

wenn man der Ansicht ist, in den heiligen Schriften der Weltreligionen sei manches Unheilige enthalten, gleichgültig ob deren Verfasser den Anspruch auf Offenbarung erhoben oder
nicht. Für Gandhi steht allerdings fest: Nicht jeder kann unbe-
sehen den Anspruch erheben, die Stimme Gottes, die innere
Stimme oder die Stimme des Gewissens, gehört zu haben: »Bevor jemand im Stande ist, auf diese Stimme zu hören, muss er
durch eine lange, ernsthafte Ausbildung gehen, und wenn dann
die innere Stimme zu ihm spricht, ist sie unfehlbar. Man kann
die Welt nicht für immer mit Erfolg zum Narren halten. Deshalb besteht keine Gefahr, dass die Anarchie ausbricht, nur weil
es ein bescheidener Mensch wie ich ungehindert wagt, aus der
Autorität der inneren Stimme zu sprechen, wenn er überzeugt
ist, sie gehört zu haben.«[144]

Was meint Gandhi, wenn er von einer langen, ernsthaften
Ausbildung spricht? Er meint das Studium der heiligen Schriften
der Weltreligionen, Fasten und Gebet. Das Studium der heiligen Schriften anderer Religionen sollte nicht von Vorurteilen
und genereller Ablehnung geprägt sein, sondern gewissermaßen vom Standpunkt derjenigen aus erfolgen, die sich zu dieser
Religion bekennen. Fasten ist als Akt der Selbstbeherrschung
und Selbstreinigung, als Abwendung von der Sinnenwelt und
Hinwendung zur geistigen Welt gemeint. Unter Gebet versteht
Gandhi weniger ein Bitten als ein Mit-Gott-in-Verbindung-
Treten. Gandhi hat wunderbare Worte über das Beten geschrieben, von denen ich an dieser Stelle nur eines wiedergeben kann:
»Der göttliche Geist ist unveränderlich, aber diese Göttlichkeit
ist in jedem und in allem – sei es belebt oder unbelebt. Beten
heißt, dass ich diese Göttlichkeit in mir erwecken möchte. Ich
erbitte sie von mir selbst, von meinem höheren Selbst, jenem
wahren Selbst, mit dem ich die vollständige Identifizierung

---

144 Ebenda.

noch nicht erlangt habe. Man kann das Gebet deshalb als fort-
während Sehnsucht beschreiben, sich selbst in der allumfassenden Göttlichkeit zu verlieren. Das Gebet ist in Wahrheit die
vollkommene Meditation, das Zerschmelzen in das höhere
Selbst, obwohl man gelegentlich dabei ins Bitten verfällt, wie
ein Kind gegenüber seinem Vater. Ich will gar nicht sagen, dass
das ein Fehler ist. Es ist eher passend, zu sagen, ich bete zu Gott,
der irgendwo in den Wolken existiert, und je entfernter er ist,
desto größer ist meine Sehnsucht nach ihm, und in Gedanken
befinde ich mich in seiner Gegenwart. Wir wissen, dass Gedanken schneller sind als das Licht. Deshalb wird der Abstand zwischen ihm und mir, der so unmessbar groß ist, auf diese Art
überwunden. Er ist so weit weg und doch so nahe.«[145]

Studium der heiligen Schriften, Fasten und Gebet sind nach
Gandhis Auffassung aber nicht genug, um das, was er eine »lange, ernsthafte Ausbildung« nennt, zu absolvieren. Als weitere
Voraussetzung nennt er das unablässige Bemühen, die fünf
Mönchsgelübde der asiatischen Religionen zu verwirklichen.
Es sind: *Wahrhaftigkeit* (satja), *Liebe* (ahimsa), *Enthaltsamkeit*
(brahmatscharja), *freiwillige Armut* (aparigraha) und *Nichtstehlen* (asteja). Ich habe bewusst die Sanskrit-Worte in Klam-
mern hinzugefügt, weil die Bedeutung, welche diese Worte für
einen Hindu haben, in den europäischen Sprachen nur höchst
unvollkommen wiedergegeben werden kann. Wir werden uns
mit diesen Begriffen noch ausführlich beschäftigen. An dieser
Stelle muss eine knappe Erläuterung, die nicht mehr sein kann
als ein erster Annäherungsversuch, genügen:

Satja (Wahrheit, Wahrhaftigkeit) ist ein zentraler Begriff in
Gandhis religiösem und philosophischem Denken. Er bezeichnet das, was der katholische Mystiker und Zen-Meister Willigis

---

145 Harijan, 19.3.1939.

Jäger die »erste Wirklichkeit«, oder was Hans Küng die »erste und letzte Wirklichkeit« nennt. Für Gandhi ist das Wort gleichbedeutend mit Gott. »Hingabe an die Wahrheit ist die einzige Rechtfertigung für unsere Existenz. All unser Tun sollte in der Wahrheit seinen Mittelpunkt haben. Die Wahrheit sollte der Atem unseres Lebens sein.«[146]

Ahimsa (Nicht-Gewalt, Liebe) ist eine Zusammensetzung aus dem verneinenden Partikel a (nicht) und himsa (Gewalt im Sinne von Leben schädigendem Verhalten). Ahimsa meint folglich Verzicht auf Leben schädigendes Verhalten. Gandhi füllt diesen im Hinduismus und Dschainismus vorwiegend negativ verstandenen Begriff positiv: »Ich nehme gern die Auslegung von Ahimsa an, der zufolge Ahimsa nicht bloß einen negativen Zustand bedeutet, nämlich Unfähigkeit, Böses zu tun, sondern einen positiven Zustand, das heißt Liebe zu erweisen und Gutes zu tun, sogar dem Missetäter. Doch bedeutet es nicht, dem Übeltäter in seinem ungerechten Werke beizustehen oder es in schweigender Duldung hinzunehmen. Im Gegenteil, die Liebe als aktive Qualität von Ahimsa verlangt, dem Übeltäter zu widerstehen, indem man sich von ihm lossagt, mag es ihn auch beleidigen oder seelisch oder körperlich treffen.«[147] Der Begriff Ahimsa, wie Gandhi ihn versteht, ist demnach den christlichen Begriffen Nächstenliebe, Fremdenliebe und Feindesliebe nahe verwandt.

Brahmatscharja. Die wörtliche Bedeutung von Brahmatscharja ist Streben nach dem Göttlichen. Bei Gandhi bedeutet das Wort: Entsagung von jeder Art von Sinnesgenuss, d. h. Enthaltsamkeit, Keuschheit, Askese: »Brahmatscharja bedeutet Herr-

---

146 Mahatma Gandhi: From Yeravda Mandir, Ahmedabad 1957, S. 1 f.
147 Fritz Kraus (Hg.): Vom Geist des Mahatma, Zürich o. J., S. 281.

schaft über alle Sinnesorgane. Wer nur ein Sinnesorgan beherrschen will und allen anderen freien Lauf lässt, der wird finden, dass all sein Bemühen vergeblich ist. Mit den Ohren unsaubere Geschichten zu hören, mit den Augen Unreines zu sehen, mit der Zunge stimulierend zubereitete Speisen zu kosten, mit den Händen aufregende Dinge anzufassen und zugleich zu versuchen, die Geschlechtsorgane zu beherrschen, das ist, als würde man seine Hand ins Feuer legen und sich dabei bemühen, sich nicht zu verbrennen. Aber wenn wir in alle Richtungen zugleich Selbstbeherrschung üben, dann ist das ein wissenschaftlich richtiges Vorgehen und der Erfolg wird leicht. Wahrscheinlich ist der Gaumen der Hauptsünder. Darum habe ich seiner Beherrschung in meinen Lebensregeln einen besonderen Platz eingeräumt.«[148] Im Hinblick auf Brahmatscharja war Gandhi von einer geradezu erschreckenden Radikalität und Kompromisslosigkeit: »Verwirklichung Gottes ist unmöglich ohne die vollständige Entsagung im Geschlechtlichen.«[149]

Aparigrah (Besitzlosigkeit, freiwillige Armut). Besitz ist ein Haupthindernis auf dem Weg zu Gott. »Eher geht ein Kamel durch ein Nadelöhr, als dass ein Reicher ins Reich Gottes gelangt«,[150] sagt Jesus, und Franz von Assisi, einer seiner überzeugendsten Nachfolger, erwiderte auf die Bemerkung: »Euer Leben erscheint mir hart: nichts Irdisches zu besitzen ist schwer.« »Herr, wollten wir etwas besitzen, so müssten wir auch Waffen zu unserer Verteidigung haben. Daher kommen ja die Streitereien und Kämpfe, die die Liebe zu Gott und zum Mitmenschen hindern. Darum wollen wir in dieser Welt nichts Irdisches besitzen.«[151]

---

148 Mahatma Gandhi: From Yeravda Mandir, Ahmedabad 1957, S. 19.
149 Young India, 24.6.1926.
150 Mt 19,24.
151 Franz von Assisi: Geliebte Armut, Freiburg 1977, S. 50.

Asteja (Nichtstehlen). Das Wort bedeutet, sich nicht mehr zu nehmen als man zum Leben braucht. Die zu Grunde liegende Vorstellung ist: Es ist genug für alle da, aber nicht mehr. Nimmt sich ein Mensch mehr, als er zum Leben braucht, nimmt er es anderen weg und wird folglich am Elend anderer schuldig.

Diese Mönchs- und Nonnengelübde der asiatischen Religionen findet man in mehr oder weniger ausgeprägter Form in allen Weltreligionen. Nach Gandhi sollten sich nicht nur Mönche und Nonnen um ihre Verwirklichung bemühen, sondern alle Menschen im Rahmen ihrer Möglichkeiten. Ich bin mir darüber im Klaren, dass sie dem Lebensstil in den westlichen Industriegesellschaften diametral entgegenstehen. Das beweist aber nicht, dass sie unvernünftig oder falsch sind. Gandhi hat sich ein Leben lang um die Verwirklichung dieser Grundsätze, denen noch einige weitere wie Toleranz, Bescheidenheit, selbstloses Dienen, körperliche Arbeit, Bevorzugung heimischer Produkte (Swadeschi) hinzugefügt werden können, bemüht.

Das ontologische Paradox

Für Gandhi ist der Satz: Gott existiert, ein *Axiom*, d. h. eine Annahme, die weder bewiesen, noch widerlegt werden kann.[152] Er meint zwar, man könne die Existenz Gottes bis zu einem gewissen Grad durch den Verstand erschließen. Auf einer Reise durch das südindische Fürstentum Maisur begegnete er armen Dorfbewohnern, die nicht wussten, wer Maisur regiert. Sie meinten, irgendein Gott regiere Maisur. So wie diese armen Dorfbewohner nichts über die Regierung Maisurs wussten, so wissen auch wir Menschen nichts über Gott, der die

---

152 Young India, 10.11.1928.

Welt regiert. Doch können wir erkennen, dass »Ordnung im Universum herrscht und dass es ein unveränderliches großes Gesetz gibt, das alle lebenden Wesen und alle existierenden Dinge beherrscht. Dieses Gesetz ist nicht blind, denn kein blindes Gesetz kann das Verhalten von lebendigen Wesen beherrschen … Dieses große Gesetz, das alles Leben beherrscht, ist Gott.«[153] Gleichwohl war sich Gandhi darüber im Klaren, dass das kein »Beweis« im Sinne der modernen Wissenschaft ist. »Gott wäre nicht Gott, wenn er dem Menschen erlaubte, ihn zum Gegenstand eines Beweisverfahrens zu machen.«[154] Richtig ist aber auch, dass jede Religion, jede Philosophie und jede Wissenschaft auf solchen Setzungen oder Axiomen beruht. Insofern ist Gandhis Feststellung trivial. Leider wird diese Tatsache von den Dogmatikern, Fundamentalisten und Fanatikern aller Zeiten, die einen absoluten Wahrheitsanspruch für ihre Weltanschauung erheben, leidenschaftlich bestritten.

Es bleibt also dabei, die Annahme, dass Gott existiert, ist ein Axiom. Es liegt in der freien Entscheidung jedes Einzelnen, ob er dieses Axiom setzt. Gandhi hat es gesetzt. Für ihn existiert Gott. Damit begann eine dramatische Veränderung seines Lebens und seines sozialen Umfelds unter dem Einfluss jener geheimnisvollen Kraft, die er Gott oder die Wahrheit nannte. Im Laufe der Jahre wurde für ihn das, was ursprünglich nichts weiter als eine willkürliche Setzung, also etwas schlechthin Unwirkliches gewesen war, immer wirklicher, während das, was ihm ursprünglich als das schlechthin Wirkliche erschienen war, immer unwirklicher wurde. Ich nenne dieses Phänomen das *ontologische Paradox*. Was ist mit diesem sperrigen Begriff gemeint? Alles, was unserer Sinneswahrnehmung zu-

---

153 Harijan, 6.5.1933.
154 Young India, 10.11.1928.

gänglich ist, erweist sich, am Maßstab der Ewigkeit gemessen, als zerstörbar, hinfällig und vergänglich. Es entsteht und vergeht. Das gilt selbst für unseren Heimatplaneten Erde, der eines fernen Tages von der sich ausdehnenden Sonne aufgesogen wird, sofern er nicht schon früher mit einem im Weltall vagabundierenden Himmelskörper kollidiert. Gandhi meinte nun, hinter dieser Wirklichkeit, die sich bei näherer Betrachtung als unwirklich, weil vergänglich, erweist, eine Wirklichkeit wahrzunehmen, die unzerstörbar, unvergänglich und ewig ist. Diese Wirklichkeit, die ihm anfangs so ganz unwirklich erschien, nennt er Gott: »Es gibt eine undefinierbare mysteriöse Macht, die alles durchdringt. Ich kann diese Macht fühlen, obwohl ich sie nicht sehen kann. Es ist eine unsichtbare Macht, die ich fühlen und doch auf keine Art beweisen kann, denn sie ist so verschieden von allem, was ich durch meine Sinne wahrnehme. Sie ist jenseits der Sinne. Alles um mich herum ändert sich ständig und ist ständigem Sterben unterworfen und doch kann ich dunkel erkennen, dass all dieser Veränderung eine lebendige Kraft zu Grunde liegt, die unveränderlich ist, die alle Dinge zusammenhält, die immer wieder erschafft, auflöst und neu erschafft. Diese formende Kraft, dieser Geist ist Gott.«[155]

Wir haben es folglich mit zwei einander diametral entgegengesetzten Wirklichkeitsvorstellungen zu tun. Für den modernen, naturwissenschaftlich gebildeten Menschen hat die – unmittelbar oder mittelbar durch Instrumente – mit den Sinnen wahrnehmbare Welt den höchsten Grad von Wirklichkeit, eine abgeschwächte Wirklichkeit kommt den Normen und Wertvorstellungen zu, da sie auf einer Übereinkunft beruhen, die so oder auch anders ausfallen kann. Es handelt sich um »weiche« Konzepte im Unterschied zu den »harten« Fakten. Den gerings-

---

155 Harijan, 6.5.1933.

ten Grad an Wirklichkeit kommt allgemeinen Vorstellungen wie Gott oder den platonischen Ideen zu, da ihre Existenz überhaupt nicht beweisbar ist. Bei Gandhi verhält es sich genau umgekehrt. Den höchsten Grad von Wirklichkeit kommt Gott zu, mehr noch, er ist das einzig Wirkliche. Im Hinduismus wird er als Weltseele (Atman) und Weltgeist (Brahman) begriffen. Normen und Werten kommt Wirklichkeit nur insofern zu, als sie Ausfluss des göttlichen Gesetzes (Dharma) sind. Die Welt der sichtbaren, sinnlich wahrnehmbaren Gegenstände hat den geringsten Grad von Wirklichkeit (Maja). Ihr kommt Wirklichkeit überhaupt nur in dem Maße zu, wie sie an der Wirklichkeit Gottes teilhat.

Der Sinn unseres Lebens besteht nach Gandhi darin, uns aus der Verfallenheit an die Sinnenwelt zu befreien, um uns jener »ersten Wirklichkeit«[156] anzuverwandeln. Es geht, im Gleichnis gesprochen, darum, wie das Volk Israel aus dem Sklavenhaus Ägypten, aus dem Sklavenhaus der Sinnenwelt auszuziehen hat, um nach einer Wüstenwanderung schließlich im gelobten Land der Freiheit, das identisch ist mit der freiwilligen Bindung an Gott oder die Wahrheit, anzukommen.

Existenzielle Hermeneutik

Verweilen wir noch einen Augenblick bei der Beziehung zwischen Mensch und Gott. Unsere Aufgabe als Menschen besteht darin, das, was wir als wahr erkannt haben, in unserem Leben zu verwirklichen. Dadurch erschließt sich uns neue, tiefere Wahrheit, die nun ihrerseits existenziell verwirklicht werden muss. Denken wir uns einen Wanderer in unbekanntem Gelände. Solange er auf der Stelle steht, beispielsweise auf einem

---

156 Willigis Jäger: Die Welle ist das Meer, Freiburg 2004, S. 42.

Aussichtspunkt, sieht er die Landschaft bis zur Horizontlinie. Setzt er sich in Bewegung, so beginnt die Landschaft sich zu verändern. Vor ihm steigt neues, unbekanntes Gelände über die Horizontlinie auf und hinter ihm versinkt das nun bekannte Gelände unter die Horizontlinie. Das geschieht auch, wenn ein Mensch sich daran macht, die von ihm erkannte Wahrheit in seinem täglichen Leben zu verwirklichen. Er setzt sich damit gewissermaßen existenziell in Bewegung mit der Folge, dass er nun neue, ihm bis dahin unbekannte Wahrheit erkennt, die wiederum verwirklicht werden muss, will er auf dem Weg der Wahrheitserkenntnis vorankommen. Ich nenne diesen Prozess der allmählichen Annäherung an die absolute Wahrheit, der sein Ziel, solange wir leben, nie erreicht, *existenzielle Hermeneutik*, weil er als Parallele zur geisteswissenschaftlichen Methode der Hermeneutik, die ich am Beispiel der Übersetzung eines fremdsprachigen Textes beschrieben habe, verstanden werden kann. Der Unterschied besteht darin, dass die existenzielle Hermeneutik – wieder so ein sperriges Wortungetüm – im Bereich von Sein und Bewusstsein, die geisteswissenschaftliche Hermeneutik aber lediglich im Bereich des Bewusstseins spielt.

Was Gandhi von uns »gewöhnlichen« Menschen unterschied, ist der Wille und die Kraft, mit der er das, was er als wahr erkannt zu haben meinte, unverzüglich in die Tat umsetzte. Bei uns liegt zwischen der Erkenntnis einer Wahrheit, die uns herausfordert, unser Leben zu ändern, und ihrer Verwirklichung meist ein langer Weg, und oft genug bleiben wir bei dem Versuch, das Ziel zu erreichen, auf der Strecke. Bei Gandhi war das anders. Ein Beispiel mag das verdeutlichen. Gandhi ist in Südafrika bereits zum politischen Führer der indischen Minderheit aufgestiegen und beschäftigt sich intensiv mit Fragen der Religion und der Lebensreform. Für eine lange Zugreise gibt ihm ein Mitarbeiter John Ruskins (1819–1900)

Buch »Unto This Last«[157] als Reiselektüre mit. Er schreibt darüber in seiner Autobiografie: »Es war mir unmöglich, das Buch wegzulegen, nachdem ich es einmal begonnen hatte. Es fesselte mich. Von Johannesburg bis Durban war es eine Reise von 24 Stunden. Der Zug kam abends dort an. Ich konnte in dieser Nacht keinen Schlaf finden. Ich beschloss, mein Leben nach den Idealen des Buches zu ändern …

Als Lehren von ›Unto This Last‹ verstand ich:

- Erstens, dass das Wohl des Einzelmenschen im Wohle aller enthalten ist;
- zweitens, dass die Arbeit eines Juristen ebenso wertvoll ist wie die eines Barbiers, insofern alle den gleichen Anspruch haben, durch ihre Arbeit ihren Lebensunterhalt zu verdienen;
- drittens, dass das Leben der Arbeit, d.h. das Leben eines Ackerbauern und eines Handwerkers, das lebenswerte Leben ist.

Die erste dieser Lehren kannte ich. Die zweite hatte ich unklar verwirklicht. Die dritte war mir noch nie vorgekommen. ›Unto This Last‹ machte es mir klar wie der Tag, dass die zweite und dritte Lehre in der ersten enthalten waren. Ich erhob mich bei Tagesanbruch mit dem Entschluss, diese Grundsätze in die Praxis zu überführen.«[158]

Es ist faszinierend zu beobachten, wie sich der schüchterne, der Sinnlichkeit verfallene, weil schon mit 13 Jahren verheiratete Junge unter dem Einfluss der Wahrheit, die er Gott nannte, in den politischen Führer, gesellschaftlichen Reformer und religiösen Asketen verwandelte, den wir aus der Geschichte kennen und über den Albert Einstein (1879–1955) urteilte:

---

157 John Ruskin: Diesem Letzten, Leipzig 1902 (Der Titel des Buches bezieht sich auf die Bibelstelle Mt 20,14).
158 Mahatma Gandhi: Autobiographie, Gütersloh o.J., S. 305 f.

»Künftige Generationen werden es kaum glauben können, dass ein Mensch wie dieser jemals in Fleisch und Blut auf der Erde wandelte.«[159] Wer diesen Wandlungsprozess verfolgen will, sei auf Gandhis Autobiografie verwiesen.

Über Gott als die treibende Kraft dieser Umwandlung schreibt er:»Gott muss, um Gott zu sein, das Herz regieren und es umwandeln. Er muss sich auch in der kleinsten Handlung desjenigen ausdrücken, der ihm ergeben ist. Und das kann nur durch eine unzweideutige Wahrnehmung geschehen, die viel wirklicher ist, als sie die fünf Sinne jemals erzeugen könnten. Sinneswahrnehmungen, so wirklich sie uns auch erscheinen mögen, können doch falsch und täuschend sein und sind es auch oft. Wo es aber außerhalb der Sinne Wahrnehmungen gibt, sind diese unfehlbar. Für sie gibt es keine äußeren Beweise, aber sie können am veränderten Betragen und am veränderten Charakter derjenigen abgelesen werden, die die Gegenwart Gottes wirklich im Inneren gefühlt haben.«[160] Das »veränderte Betragen« und der »veränderte Charakter« derjenigen, die die Gegenwart Gottes in ihrem Inneren gefühlt haben, ist der Erfahrung und folglich auch der wissenschaftlichen Erforschung zugänglich. Gott ist gewissermaßen die unsichtbare Kraft, deren Wirkungen in der Welt sichtbar werden. In diesem Zusammenhang verwendete Gandhi den Vergleich mit der Elektrizität, die, obgleich unsichtbar, doch sichtbare Wirkungen in Form des sich drehenden Elektromotors, der heißen Herdplatte oder der leuchtenden Glühbirne hervorruft: »Ein jeder, der ihn [Gott] im Herzen fühlt und dort seine Stimme hört, hat Zugang zu einer wunderbaren Kraft und Energie, die in ihren Auswirkungen mit den physikalischen Kräften wie Dampf oder Elektrizität vergleichbar ist, nur viel feiner.«[161]

---

159 Heimo Rau: Gandhi, Reinbek 1970, S. 134.
160 Young India, 10.11.1928.
161 Harijan, 14.7.1946.

Man könnte darin einen indirekten Gottesbeweis sehen, denn der veränderte Charakter derjenigen, die die Gegenwart Gottes im ihrem Inneren gefühlt habe, lässt auf eine Kraft schließen, welche diese Veränderung bewirkt. Ein schlüssiger Beweis ist das natürlich nicht. Es könnte ja auch das Ergebnis von Selbstsuggestion sein. Dieser Möglichkeit ist sich auch Gandhi im Hinblick auf seine eigene Erfahrung bewusst: »Sei es richtig oder falsch, als Satjagrahi (gewaltfreier Kämpfer) weiß ich, dass mir in allen Schwierigkeiten nichts anderes zu Gebote steht, als die Hilfe Gottes und es wäre mir lieb, wenn man mir glauben würde, dass jene meiner Handlungen, die anderen unerklärlich scheinen, tatsächlich aus einem inneren Antrieb heraus geschehen. Das ist vielleicht ein Produkt meiner überhitzten Einbildungskraft. Aber wenn das so ist, dann weiß ich diese Einbildungskraft zu schätzen. Denn sie hat mir in den letzten fünfundfünfzig Jahren in einem abwechslungsreichen Leben treu gedient, seit ich nämlich im Alter von fünfzehn Jahren gelernt habe, mich bewusst auf Gott zu verlassen.«[162]

Zur Vorsicht gibt auch die Frage Anlass: In welche Richtung verändert sich der Charakter des religiösen Menschen? Nicht wenige religiöse Fundamentalisten und Fanatiker sehen sich als von Gott auserwählt und rechtfertigen damit Hass und Gewalt gegen Andersgläubige. Gandhi scheint mir in Bezug auf die menschliche Natur allzu optimistisch zu sein, wenn er meint, durch ihr kurzlebiges Wirken sei der Welt kein Leid geschehen.

Die innige Beziehung, die Gandhi mit Gott verbindet, findet ihren Ausdruck in der beständigen Wiederholung des Gottesnamens Ram. Er schreibt darüber: »Obwohl mein Verstand und mein Herz längst erkannt haben, dass die Wahrheit der

---

162 Harijan, 11.3.1939.

höchste Aspekt Gottes ist, dass Wahrheit sein höchster Name ist, kenne ich doch diese Wahrheit unter dem Namen Ram. In den dunkelsten Stunden meiner Prüfungen war dieser Name immer wieder meine Rettung, und er ist es immer noch. Als ich ein Kind war, lehrte mich die Gouvernante, den Namen Ram immer dann auszusprechen, wenn ich Furcht oder Leid empfand. Und als im Laufe der Zeit mein Wissen größer wurde, ist mir das zur zweiten Natur geworden. Ich kann sogar sagen, dass dieses Wort 24 Stunden am Tag, wenn schon nicht auf meinen Lippen, so doch in meinem Herzen ist. Es ist mein Erlöser geworden und ich verweile immer bei ihm.«[163]

Gandhi greift zu einem gewagten Vergleich, wenn er seine Gottesbeziehung als »Sklaverei« beschreibt: »Mein Anspruch, die Stimme Gottes zu hören, ist nicht neu. Unglücklicherweise kenne ich keinen anderen Weg, diesen Anspruch zu beweisen, als durch die Ergebnisse. Gott wäre nicht Gott, würde er es seinen Geschöpfen erlauben, ihn zum Gegenstand eines Beweisverfahrens zu machen. Aber er gibt seinem willigen Sklaven die Kraft, die furchtbarsten Prüfungen zu bestehen. Ich bin mehr als ein halbes Jahrhundert ein williger Sklave dieses strengsten aller Herren gewesen. Seine Stimme wurde im Laufe der Jahre immer deutlicher hörbar. Selbst in meiner dunkelsten Stunde hat er hat mich nicht im Stich gelassen. Er hat mich oft vor mir selbst gerettet und mir nicht eine Spur von Unabhängigkeit gelassen. Je größer meine Hingabe an ihn, desto größer war meine Freude.«[164]

Diese Äußerung ist in hohem Grade missverständlich, denn der Begriff »Sklaverei« bezeichnet den äußersten Grad menschlicher Unfreiheit und damit einen fundamentalen Verstoß gegen die Menschenwürde und die Menschenrechte. Gandhi

---

163 Harijan, 18.3.1933.
164 Harijan, 6.5.1933.

meint indes etwas anderes, nämlich die *in Freiheit gewählte Bindung an Gott oder an die Wahrheit*, das heißt den bewussten Verzicht auf Freiheit, Unabhängigkeit und Autonomie. Er sieht in der vorbehaltlosen Bindung an Gott die einzige Freiheit, die es wert ist, besessen zu werden. Es ist unser Schicksal als Menschen, Sklaven zu sein, entweder freiwillige »Sklaven« Gottes oder Sklaven unserer Leidenschaften, Süchte und Ängste. Der Aufbruch in die Freiheit im Sinne von Unabhängigkeit und Ungebundenheit endet meist in der Sklaverei gegenüber Menschen, sei es als Befehlsempfänger oder als Untergebene, selbst wenn wir die kleine Freiheit besitzen, unsere Herren selbst wählen zu dürfen. Für die Sklavenhalter oder Herren gilt das Gleiche. Sie sind abhängig von den Dienstleistungen ihrer »Sklaven« und darüber hinaus nur allzu oft von ihren Leidenschaften, Süchten und Ängsten. Das erschreckendste Beispiel für diese Art der freiwilligen Knechtschaft sind Elitesoldaten. Ihr »freier Wille« verschmilzt völlig mit dem Willen des Befehlshabers, denn sie werden darauf abgerichtet, jeden Befehl, sei er auch noch so menschenverachtend und verbrecherisch, gehorsam auszuführen. Für sie besteht der Sinn ihres Lebens ausschließlich darin, ein funktionierendes Rädchen in einer gigantischen Militärmaschine zu sein. Für die militärischen Befehlshaber gilt das Gleiche, denn sie geben lediglich die Befehle, die von oben kommen, nach unten weiter, sind folglich Herren und Knechte zugleich. Man sollte meinen, der oberste Befehlshaber sei frei. Aber selbst das ist ein Irrtum, denn er unterliegt zahlreichen Einflüssen und Sachzwängen. Sklavenhalter und Sklave sind schon allein auf Grund ihrer wechselseitigen Abhängigkeit beide unfrei.

Der Ausdruck Sklaverei, den Gandhi zur Kennzeichnung seines Gottesverhältnisses verwendet, erinnert an den Begriff der freiwilligen Knechtschaft, den der früh verstorbene Franzose Etienne de la Boethie (1530–1563) in seinem »Diskurs über die freiwillige Knechtschaft«[165] geprägt hat. Boethie versteht unter freiwilliger Knechtschaft die bereitwillige Unterwerfung unter einen Tyrannen, um dessen Befehle auszuführen und für diese Dienstleistung mit Macht und Privilegien belohnt zu werden. Die Tyrannei bildet demzufolge eine Herrschaftspyramide mit dem Tyrannen an der Spitze, zahlreichen Untertyrannen in der Mitte und den Knechten oder Sklaven an der Basis. Ohne die *freiwilligen* Knechte, die den Tyrannen stützen, und ohne die *unfreiwilligen* Knechte, die die Befehle der Untertyrannen ausführen, könnte das System der Tyrannei nicht einen Tag bestehen. Die massenhafte Verweigerung der Zusammenarbeit mit den Unterdrückern setzt somit jeder Tyrannei ein Ende. Sie verlangt allerdings die seelische Stärke, die Sanktionen, mit denen die Unterdrücker den Gehorsam zu erzwingen suchen, zu ertragen, mögen sie auch noch so grausam sein. Gandhis Methode des gewaltfreien Kampfes beruht letztlich darauf, diese seelische Stärke in den Unterdrückten zu erwecken und im gemeinsamen Kampf zu organisieren.

Vergleichen wir die freiwillige Knechtschaft Etienne de la Boethies mit der Gandhis, so springt ein grundlegender Unterschied ins Auge. Die freiwillige Knechtschaft der Untertyrannen bedeutet Machtteilhabe und Privilegien um den Preis der Unterdrückung und Ausbeutung anderer Menschen. Die freiwillige Knechtschaft, die Gandhi im Sinn hat, bedeutet dagegen »Gottesdienst« und deshalb Dienst am Nächsten: »Wir können das Böse in uns nicht eher besiegen, bis wir uns selbst zum Nichts gemacht haben. Gott verlangt nicht weniger als vollständige Selbstauslieferung als Preis für die einzige wirkliche Freiheit, die es wert ist, besessen zu werden. Und wenn ein Mensch sich so selbst verliert, findet er sich sofort im Dienste all dessen, was lebt. Dieser Dienst wird zu seiner Freude und

---

165 Etienne de la Boethie: Von der freiwilligen Knechtschaft, Frankfurt 1980.

Erholung. Er ist ein neuer Mensch, der nie müde wird, sich im Dienste von Gottes Schöpfung zu verausgaben.«[166]

---

166 Young India, 20.12.1928.

V. Gott ist die Wahrheit

Gott als die Wahrheit war für mich immer ein Schatz von unbeschreiblichem Wert, und ich wünschte, er möge es für einen jeden von uns sein.　　*Mahatma Gandhi*

Wir haben nun genug über die Offenbarungsquellen Gandhis und seine Gottesbeziehung erfahren, um uns der Frage zuwenden zu können, was er uns über Gott mitzuteilen hat. Ich habe seine Ausführungen in acht Punkten zusammenzufassen versucht:

- Gott ist anders als wir
- Gott ist keine Person und ist eine Person
- Gott ist weder männlich noch weiblich noch sächlich
- Gott ist Existenz, Wissen und Glückseligkeit (Sat, Chit, Ananda)
- Gott ist allgegenwärtig, allwissend und allmächtig
- Gott ist einer, es gibt keinen zweiten
- Gott ist Wahrheit und Liebe (Satja und Ahimsa)
- Noch einmal: Wer oder was ist Gott?

Gott ist anders als wir

Die Weden beschreiben Gott als »neti – neti« (nicht das, nicht das)[167] und im Ersten Testament spricht Jahwe: Du sollst dir [von mir] kein Bildnis machen. Damit ist gemeint, Gott ist das schlechthin Andere, Fremde, Unerforschliche, Gestalt- und Namenlose. Er entzieht sich der Wahrnehmung durch die Sinne

---

167 Young India, 21.1.1926.

und dem Zugriff des erkennenden Verstandes. Er ist, wie Gandhi sagt, nur für das Auge des Glaubens sichtbar und er kann nur von denen wahrgenommen werden, die sich ihm in der rechten Weise nähern.

Religionsgeschichtlich lassen sich zwei Typen von Glaubensrichtungen unterscheiden: bilderfeindliche und bilderfreundliche. Die bilderfreundlichen – Hinduismus, Buddhismus und Katholizismus sind nicht minderwertiger als die bilderfeindlichen. Holz- oder Steinfiguren, Bilder und Symbole werden erst dann zu Götzen oder Fetischen, wenn sie mit Gott oder übernatürlichen Wesen in eins gesetzt werden. Andererseits ist, wie der Ersttestamentler Gerhard von Rad im Blick auf das Bilderverbot des Judentums mit Recht feststellte, »die Bildlosigkeit einer Gottesverehrung an sich überhaupt kein eindeutiges Phänomen; … es kann Ausdruck einer sehr tiefen fetischistischen und einer sehr hohen Gottesauffassung sein«.[168]

Die Verachtung der Jahwepriester für die Kulte der Kanaaniter, die Götter aus Holz und Stein anbeteten, ist in dieser Allgemeinheit ungerechtfertigt. Das Bildnis ist, wie das Gotteshaus (Tempel, Synagoge, Moschee oder Kirche) lediglich ein Hilfsmittel, um mit dem unsichtbaren Gott in Verbindung zu treten. Andererseits ist die bildlose Verehrung Gottes, die im Judentum und Islam sogar das Verbot der Abbildung von Lebewesen schlechthin umfasst,[169] keine Garantie für eine reinere Form der Gottesverehrung. Gegen das Gebot: »Du sollst dir kein Bildnis machen«, wird auch verstoßen, wenn wir Gott nach dem Bilde des Menschen, zumal dem Bild des orientalischen Despoten, des griechischen Tyrannen oder des modernen Diktators formen. Dazu Gandhi: »Ich bin beides, ein Verehrer von Götterbildern und ein Bilderstürmer und zwar

---

168 Gerhard von Rad: Theologie des Alten Testaments, Bd. I, S. 217.
169 Ex 20,4.

jeweils in dem, was ich für den wahrsten Sinn dieser Worte halte. Ich verehre den Geist hinter der Anbetung von Bildern. Dieser Geist spielt eine sehr wichtige Rolle in der geistigen Erhebung der Menschheit. Und ich möchte die Begeisterung haben, die tausend heiligen Tempel mit meinem Leben zu verteidigen, die unser Land heilig machen. Und ich bin ein Bilderstürmer in dem Sinne, dass ich jene gefährliche Form des Götzendienstes abschaffen möchte, die zu einem Fanatismus wird, der es ablehnt, in einer anderen Form der Gottesanbetung als der eigenen irgendeine Tugend zu sehen. Diese Form des Götzendienstes ist noch tückischer, denn sie ist schwerer zu erkennen und entzieht sich eher der Kritik als jene handgreifliche und grobe Form des Götzendienstes, in der Gott mit einem kleinen Stück Stein oder einer goldenen Statue identifiziert wird.«[170]

Die verhängnisvolle Neigung der biblischen Autoren, Gott nach dem Bild des Menschen, konkret nach dem Bild des orientalischen Despoten, zu formen, habe ich im zweiten Kapitel dieses Buches bereits behandelt. Den zornigen, rachsüchtigen, drohenden, richtenden und vernichtenden Gott, der dort in Erscheinung tritt, gibt es in Wahrheit nicht. Es hat ihn auch nie gegeben. Das gilt nicht nur für die negativen, es gilt auch für die positiven menschlichen Eigenschaften, die wir Gott zuschreiben, soweit sie dialektisch auf die negativen bezogen sind. Auch den willkürlich erwählenden, gnädigen, barmherzigen und liebenden Gott gibt es nicht. Auch ihn hat es nie gegeben. Das sind, wie bereits Ludwig Feuerbach (1804–1872) mit überzeugenden Argumenten darlegte, Projektionen menschlicher Eigenschaften auf Gott.

Wohl ist Gott Liebe, Güte, Wahrheit, Gewaltfreiheit, aber ganz anders, als wir, die wir nur in Gegensätzen (Polaritäten)

---

170 Young India, 28.8.1924.

111

und Widersprüchen (Antagonismen) denken können, uns das gewöhnlich vorstellen. Gott ist, wie der mittelalterliche Mystiker Nikolaus von Kues (1401–1464) erkannte, das *Zusammenfallen der Gegensätze* (coincidentia oppositorum). Was damit gemeint ist, sei am Beispiel des Begriffs Liebe erläutert. Manchmal wird das Wort gleichbedeutend mit Sexualität verwendet. Meistens verstehen wir darunter aber die Verliebtheit eines jungen Paares, die Zuneigung zur eigenen Familie, zur eigenen Gemeinschaft oder zum eigenen Volk. Doch das ist, bei Lichte besehen, nichts anderes als ein erweiterter Egoismus. Liebe in diesem Sinn ist stets dialektisch bezogen auf den Hass, so wie Freundschaft bezogen ist auf Feindschaft und Zuneigung auf Abneigung. Die meisten Menschen können überhaupt nur in diesen Gegensätzen denken und fühlen. Gleichwohl gibt es eine *Liebe* jenseits des Gegensatzes von (egoistischer) Liebe und Hass, ein *Gutes* jenseits von Gut und Böse, eine *Wahrheit* jenseits von Wahrheit und Unwahrheit. Das alles sind Namen Gottes. Er ist diese gegensatzlose Liebe, Güte, Schönheit und Wahrheit. Das Wort »jenseits« bedeutet in diesem Zusammenhang nicht den oft beschworenen »goldenen Mittelweg« zwischen den Extremen, wie ihn beispielsweise Aristoteles (384–322 v. Chr.) in seiner Nikomachischen Ethik empfiehlt. »Jenseits« meint vielmehr einen qualitativen Sprung in eine Welt, die unser Erkenntnisvermögen übersteigt. Das hat auch Nikolaus von Kues im Sinn, wenn er von Gott als der Aufhebung der Gegensätze spricht. Die Liebe Gottes umfasst nicht nur alle Menschen, gleichgültig welchem Geschlecht oder Volk, welcher Rasse, Klasse, Religion oder Weltanschauung sie angehören, sondern auch die außermenschliche Natur. Es ist die Aufgabe des Menschen, diese allumfassende Liebe zu verwirklichen. Sie ist im Grunde nichts anderes als der Widerschein der Liebe Gottes zur Welt. Gandhi: »Wahre Liebe ist grenzenlos wie der Ozean und wird in euch selbst größer. Sie breitet sich aus und überschreitet alle Grenzen und Schranken, bis sie die ganze Welt umfasst.«[171]

Das Anderssein Gottes lässt sich am besten am Unterschied zwischen der irdischen und der himmlischen Liebe veranschaulichen. Während die irdische Liebe stets bedingt ist, ist die himmlische Liebe stets unbedingt. Bedingt sein heißt, wenn wir lieben, erwarten wir Gegenliebe und wenn wir geben, erwarten wir Gegengaben. Wie sehr das der Fall ist, zeigt sich rasch, wenn die oder der Geliebte seine Liebe einem anderen Menschen zuwendet. Dann erwacht augenblicklich eine rasende Eifersucht. Wir fühlen uns betrogen um den Lohn für unsere Liebe – die Gegenliebe. Ganz anders dagegen die Gottesliebe. Sie ist bedingungslos. Sie erwartet keine Gegenliebe. Sie wandelt sich folglich auch nicht in Eifersucht und Hass, wenn sie unerwidert bleibt. Wer sie annimmt, wird davon so erfüllt, dass er oder sie gar nicht anders kann, als sie weitergeben, indem er sie dem Mitmenschen – dem Nächsten, dem Fremden, ja selbst dem Feind – und der außermenschlichen Natur zuwendet. Für den, der sie ablehnt, tritt an die Stelle der allumfassenden Liebe die Unterscheidung zwischen Liebe und Hass, Freund und Feind.

Ein eindrucksvolles Gleichnis für die Liebe Gottes zur Welt – sofern man Gott und Welt überhaupt trennen kann – bietet die Erzählung vom verlorenen Sohn im Lukasevangelium. Es spielt keine Rolle, ob die Erzählung auf den geschichtlichen Jesus zurückgeht oder in der Urgemeinde entstand, denn sie ist, sollte das Letztere der Fall sein, ganz aus dem Geiste Jesu geschaffen: Ein Sohn verlangt von seinem Vater sein Erbteil und bringt es mit falschen Freunden durch. Er kommt auf den Hund, verdingt sich als Schweinehirt und isst von den Abfällen, die man den Schweinen in den Trog schüttet, um seinen beißenden

---

171 Young India, 20.9.1928.

Hunger zu stillen. »Da ging er in sich und sagte: Wie viele Tagelöhner meines Vaters haben mehr als genug zu essen, und ich komme hier vor Hunger um. Ich will aufbrechen und zu meinem Vater gehen und zu ihm sagen: Vater, ich habe mich gegen dich versündigt. Ich bin nicht mehr wert, dein Sohn zu sein; mach mich zu einem deiner Tagelöhner. Dann brach er auf und ging zu seinem Vater. Der Vater sah ihn schon von Weitem kommen, und hatte Mitleid mit ihm. Er lief dem Sohn entgegen, fiel ihm um den Hals und küsste ihn. Da sagte der Sohn: Vater, ich habe mich gegen den Himmel und gegen dich versündigt; ich bin nicht mehr wert, dein Sohn zu sein. Der Vater aber sagte zu seinen Knechten: Holt schnell das beste Gewand, und zieht es ihm an, steckt ihm einen Ring an die Hand, und zieht ihm Schuhe an. Bringt das Mastkalb her, und schlachtet es; wir wollen essen und fröhlich sein. Denn mein Sohn war tot und lebt wieder; er war verloren und ist wieder gefunden worden. Und sie begannen, ein fröhliches Fest zu feiern.«

Was will uns dieses Gleichnis – sehen wir von der Person des eifersüchtigen Bruders, der später in Erscheinung tritt, einmal ab – sagen? Meines Erachtens dies: Gott liebt uns Menschen unabhängig von unserem Verhalten, unabhängig von unseren Verdiensten oder unseren Missetaten. Als der Sohn sein Erbteil fordert und seinen eigenen Weg gehen will, entbrennt nicht sein glühender Zorn, so dass er ihm mit Strafe und Vernichtung droht. Er verlegt sich auch nicht aufs Bitten, um ihn zu halten, erinnert ihn nicht daran, dass er ihm und seiner Mutter sein Leben und seine Stellung in der Familie verdankt. Er respektiert seinen Willen und gibt ihm das verlangte Erbteil. Als der Sohn schließlich auf Grund durchaus eigennütziger Überlegungen, wenn auch mit echter Reue zurückkehrt, feiert er ein großes Fest und setzt ihn wieder in die vollen Rechte eines Sohnes ein. Ich verstehe das Gleichnis so: Gott straft nicht, sondern der

Mensch, der sich von ihm abwendet, um frei und autonom zu sein, straft sich selbst. Gott belohnt auch nicht, sondern der Mensch, der sich ihm zuwendet, »belohnt« sich selbst. Doch sind selbst die Begriffe Lohn und Strafe in diesem Zusammenhang fehl am Platz, denn sie setzen eine Person voraus, die bestraft oder belohnt. Es handelt sich vielmehr um eine Art Naturgesetz, etwa von der Art, dass, wer seine Hand ins Feuer hält, sie verbrennt. Niemand käme auf die Idee, in der Verbrennung eine »Strafe« zu erblicken, selbst wenn die Person, die das tut, es als Selbstbestrafung interpretiert. Es handelt sich vielmehr um die absehbare Folge dieser Handlung.

Wer dagegen sein Leben bedingungslos in die Hand Gottes legt, wird frei von (egoistischer) Liebe und Hass, von Zuneigung und Abneigung, Furcht und Gier. Er weiß, dass man seinen Körper vernichten kann, nicht aber seine Seele, die Teil an der Weltseele (Atman), und seinen Geist, der Teil am Weltgeist (Brahman) bzw. am unvergänglichen, unzerstörbaren Sein Gottes hat. Sobald er sich jedoch von Gott unabhängig macht, sobald er sich selbst Gesetz (autonom) sein will, beginnt er, spirituell zu sterben. Er muss nun für sich selbst sorgen und sich selbst behaupten. Indem er sich aus Gier oder aus Furcht vor künftigem Mangel mehr nimmt als er wirklich braucht, nimmt er es anderen weg, die nun auf Grund dieser Erfahrung ihrerseits beginnen, sich mehr zu nehmen, als sie wirklich brauchen. Die Gesellschaft beginnt sich in Reiche und Arme, Mächtige und Machtlose, Hohe und Niedrige, mit einem Wort in Gewinner und Verlierer zu teilen. Es beginnt der gnadenlose Konkurrenzkampf um Reichtum und Macht, Ansehen und Genuss. Das Land der Freiheit, Unabhängigkeit und Selbstständigkeit, das so verführerisch und verlockend erschien, erweist sich, sobald man es betritt, als sumpfiges Gelände, bei dem man mit jedem Schritt tiefer einsinkt. Der Mensch, der sich von Gott emanzipiert, wird zwangsläufig zum Feind Gottes und zum

Feind der Menschen, denn er muss nun für sich selbst und seine Angehörigen sorgen und sich selbst behaupten. Diese Feindschaft projiziert er auf Gott und die Menschen, die er als seine Gegner oder Konkurrenten betrachtet. Der zornige, eifernde, vergeltende, richtende und vernichtende Gott, der uns in Teilen des Ersten Testaments begegnet, ist demzufolge eine *Projektion* des Menschen auf Gott. Mit anderen Worten, er unterstellt Gott seine eigenen Gefühle, die er Gott gegenüber hegt. Die Propheten verwendeten wiederum dieses düstere Gottesbild, um mit seiner Hilfe das Volk in den Gehorsam gegenüber Jahwe zurückzuzwingen. Das konnte nicht gut gehen, sondern machte die Sache nur schlimmer. Je zorniger Jahwe in der Strafpredigt der Propheten über den Ungehorsam Israels wurde, desto ungehorsamer und halsstarriger wurde das Volk. Es entstand jener Teufelskreis wechselseitiger Kränkungen und Verletzungen, den Psychotherapeuten aus unzähligen gescheiterten Beziehungen kennen.

Gott ist anders. Er reagiert nicht auf unsere guten oder bösen Taten; er belohnt und bestraft nicht. Wir belohnen und bestrafen uns selbst, sofern diese Kategorien überhaupt noch sinnvoll angewendet werden können.

Gott ist keine Person und ist eine Person

In der Bibel erscheint Gott als absoluter Herrscher, der über dem Naturgesetz und über dem ethischen Gesetz, das er selbst am Sinai erlassen hat, steht. Er kann daher jederzeit und überall machtvoll in das Naturgeschehen und in die Geschichte eingreifen. Gandhi widerspricht dieser Vorstellung. Auch Gott hält sich an sein Gesetz, denn er ist identisch mit diesem Gesetz. Würde er gegen das Gesetz handeln, so wäre das ein »*Selbstwiderspruch*«. Deshalb kann Gandhi sagen: »Er und sein Gesetz sind eins. Das Gesetz ist Gott. Was man ihm zuschreibt ist nicht bloß eine Eigenschaft, sondern er ist diese Eigenschaft. Er ist Wahrheit, Liebe und Gesetz und eine Million anderer Dinge, die der gewandte Menschenverstand aufzuzählen vermag.«[172] »Ich betrachte Gott nicht als Person. Für mich ist die Wahrheit Gott, und Gottes Gesetze und Gott selbst sind für mich nicht in der Art verschieden, wie ein irdischer König von seinen Gesetzen verschieden ist. Denn Gott ist eine Idee. Er ist das Gesetz selbst. Daher ist es unmöglich, sich vorzustellen, dass Gott das Gesetz bricht. Ebenso kommt es nicht vor, dass er bestimmte Handlungen verbietet und sich dann zurückzieht.«[173]

Gott ist für Gandhi identisch mit seinem Gesetz. Aber er ist noch mehr: »Gott ist keine Person. Er ist jenseits dessen, was wir beschreiben können. Er ist zugleich der, der das Gesetz macht, das Gesetz und dessen Vollstrecker. Kein menschliches Wesen kann diese Machtfülle für sich in Anspruch nehmen. Und würde es einer tun, dann würde man in ihm einen unumschränkten Diktator sehen. Gesetzesmacher, Gesetz und Vollstrecker werden eins in ihm, den wir als Gott anbeten.«[174]

Gott ist keine Person in dem Sinn, wie wir Menschen Personen sind. Er ist Macht, Energie, »alles durchdringender, allmächtiger Geist«.[175] Andererseits wäre es falsch, Gott das Personsein schlechthin abzusprechen. Das klingt wie ein Widerspruch und ist doch keiner. Gott ist *sowohl* eine Person, *als auch* Geist oder Kraft und er ist *weder* das eine, *noch* das andere, soweit es sich um Begriffe handelt, die aus unserer Erfahrungswelt hergeleitet sind. Die »magische Formel« des *Sowohl-als auch* und *Weder-noch* bezeichnet die äußerste Grenze dessen, was dem Verstand zugänglich ist. Gandhi beschreibt

---

172 Harijan, 16.2.1934.
173 Harijan, 23.3.1940.
174 Harijan, 24.2.1946.
175 Harijan, 14.7.1946.

diesen komplizierten Sachverhalt mit einfachen Worten, wenn er sagt: »Der Mensch kann Gott nur in den Grenzen seines eigenen Geistes wahrnehmen. Was spielt es dann für eine Rolle, wenn ein Mensch Gott als Person und ein anderer ihn als eine Macht anbetet? Beide haben recht von ihrem jeweiligen Standpunkt aus. Man muss nur bedenken, dass Gott die eine Macht hinter allen Mächten ist. Denn alle anderen Mächte gehören der Materie zu. Aber Gott ist die lebendige Macht, der Geist, der allgegenwärtig ist, allumfassend und deshalb jenseits der Existenz als menschliche Persönlichkeit.«[176]

Gott ist weder männlich noch weiblich noch sächlich

Diese Feststellung folgt im Grunde bereits aus dem Vorigen. Dessen ungeachtet trägt der Gott der Bibel betont männliche Züge und besitzt männliche Eigenschaften. Er neigt zur Gewalttätigkeit, ist zornig, eifersüchtig, rachsüchtig, richtend und vernichtend, wenn seine Gebote nicht strikt befolgt werden. Kein Wunder, dass dieser männliche Gott die Männer bevorzugt, und dass die Männer diesen Gott nach ihrem Bilde formten. Hinter dieser Haltung stand die Auffassung: Frauen und Kinder gehörten mit den Sklaven und dem Vieh zum Besitztum des Mannes.[177] Damit bekommen wir die Wurzel der Diskriminierung der Frau in den abrahamitischen Religionen zu fassen, um sie hoffentlich ein für alle Mal auszureißen. Es ist kaum zu glauben, dass die Frauen sich diese Benachteiligung über die Jahrhunderte haben gefallen lassen.

Die feministische Theologie, gleichgültig, ob sie von Frauen oder Männern vertreten wird, hat darum jedes Recht, das Göt-

---

176 Harijan, 18.8.1946.
177 Ex 20,18.

zenbild des männlichen Gottes vom Thron zu stoßen und eine weibliche Gottheit an seine Stelle zu setzen. Sie hat das Recht, das nicht nur vorübergehend, sondern jahrhundertelang zu tun, so lange jedenfalls, als der männliche Gott im Himmel und auf Erden regierte und die Welt ins Unglück stürzte. In einer fernen Zukunft aber könnte sich die Erkenntnis Bahn brechen, dass Gott weder männlich noch weiblich noch sächlich ist. Diese Einsicht steht meines Erachtens auch hinter der folgenden Äußerung Gandhis: »Gott ist bestimmt einer, es gibt keinen zweiten. Er ist unerschöpflich, unbegreiflich und der großen Mehrzahl der Menschen unbekannt. Er ist überall. Er sieht ohne Augen und hört ohne Ohren. Er ist formlos und unteilbar, er wurde nicht erschaffen. Er hat keinen Vater, keine Mutter und kein Kind, und doch erlaubt er uns, dass wir ihn als Vater, als Mutter, als Frau und als Kind anbeten. Er erlaubt uns, dass wir ihn in Darstellungen und Bildern anbeten, obwohl er mit diesen nicht identisch ist. Und doch entzieht er sich unserem Zugriff mehr als irgendein anderer. Aber er ist uns der Nächste, wenn wir das nur wüssten. Er aber ist uns der Entfernteste, wenn wir es nicht wahrhaben wollen, dass er allgegenwärtig ist.«[178]

Gott ist Existenz, Wissen und Glückseligkeit (Sat, Chit, Ananda)

Nachdem nun klar geworden ist, dass Gott mit den Begriffen, die aus unserer Erfahrungs- und Gedankenwelt stammen, nicht angemessen beschrieben werden kann – ein Sachverhalt, der auch als negative Theologie bezeichnet wird –, können wir uns im Wissen um ihre Unangemessenheit den positiven Aussagen über Gott zuwenden.

---

178 Young India, 25.9.1924.

Gott ist Sat bedeutet, er ist Existenz, erste und letzte Wirklichkeit, unzerstörbares, unsichtbares und ewiges Sein, Urgrund alles Seienden. Er ist die Macht, die alles, was ist, erschafft, auflöst und neu erschafft. Sofern wir uns darüber im Klaren sind, dass es sich bei den drei in der Überschrift genannten Begriffen jeweils um ein Sein jenseits des Gegensatzes von Seiendem und Nichtseiendem, eines Wissens jenseits des Gegensatzes von Wissen und Nichtwissen und von Glückseligkeit jenseits des Gegensatzes von Glück und Unglück handelt, kommt diesen Bezeichnungen ein begrenzter Aussagewert zu: »Wo Wahrheit ist, dort ist auch das Wissen um die Wahrheit. Wo aber keine Wahrheit ist, dort gibt es auch kein wahres Wissen. Darum wird das Sanskritwort Chit, das Wissen bedeutet, mit dem Namen Gottes in Verbindung gebracht. Und wo wahres Wissen ist, dort ist Glückseligkeit (Ananda). Dort hat die Sorge keinen Platz, und so wie die Wahrheit ewig ist, so ist die Glückseligkeit ewig, die sich von ihr ableitet. Daher kennen wir Gott als Sat-Chit-Ananda, als den Einen, der die Wahrheit, das Wissen und die Glückseligkeit in sich vereinigt.«[179]

Gott ist allgegenwärtig, allwissend und allmächtig

Allgegenwärtig: Wird dieser Gedanke konsequent zu Ende gedacht, so heißt das, Gott ist in allem, sei es belebt oder unbelebt, gegenwärtig. Er ist kleiner als ein Atom und zugleich größer als das Universum oder, wie Gandhi in seiner bildhaften Sprache sagt: »Er ist sogar in einem einzigen Tropfen des Ozeans enthalten und doch können ihn auch die sieben Meere zusammen nicht fassen.«[180]

179 Mahatma Gandhi: From Yeravda Mandir, Ahmedabad 1957, S. 1 f.
180 Young India, 21.1.1926.

Aus dem Grundsatz der Allgegenwart Gottes folgt, dass er auch in der sinnlich wahrnehmbaren Welt gegenwärtig ist, wenn auch verborgen. Die Welt ist gewissermaßen die sichtbare Oberfläche des unsichtbaren Leibes Gottes. Diese Vorstellung steht im Widerspruch zur Vorstellung der Bibel, der zufolge die Welt eine Schöpfung Gottes ist und als solche von ihm getrennt gedacht werden muss. Wenn wir diese Auffassung zu Grunde legen, spielt es letztlich keine Rolle, ob im Schöpfungsakt Gott als Handwerker erscheint, der die Welt gleichsam mit seiner Hände Arbeit erschafft und den Menschen aus »Erde vom Ackerboden«[181] formt, oder ob er sie durch sein Wort ins Dasein ruft.[182] Gott und seine Schöpfung werden stets getrennt gedacht. Selbst im Neuen Testament ist diese Vorstellung präsent, wenn es beispielsweise im Vaterunser heißt: »Vater unser im Himmel ...« Diese Vorstellung eines von der Welt getrennten Gottes, der im Himmel residiert, nennt man theistisch. Dabei spielt es letztlich keine Rolle, ob Gott, wie in der Bibel, als machtvoll in das Weltgeschehen eingreifender Herrscher oder, wie zur Zeit der Aufklärung, als genialer Konstrukteur gesehen wird, der die Welt wie der Uhrmacher das Uhrwerk geschaffen hat, als ein Uhrwerk, das fortan nach ewigen Naturgesetzen abläuft.

Die Gegenposition zum Theismus ist der Pantheismus, der Gott und Welt als Einheit betrachtet. So war beispielsweise für den holländischen Philosophen Baruch Spinoza (1632–1677) die Natur nur ein anderer Name für Gott. Gandhi denkt als Hindu weder theistisch noch pantheistisch. Für ihn ist Gott in der Welt, aber er geht in ihr nicht auf. Man nennt diese Lehre *panentheistisch*.[183] Wenn Gott in der Natur gegenwärtig ist, wenn auch verborgen, dann ist sie heilig. Im Judentum und

---

181 Gen 2,7.
182 Gen 1.
183 Panentheismus ist die Lehre, dass das All in Gott ruhe.

Christentum wurde der Mensch zum Herrscher über die Pflanzen- und Tierwelt mit den Worten eingesetzt: »Seid fruchtbar und vermehrt euch, bevölkert die Erde, unterwerft sie euch, und herrscht über die Vögel des Himmels und über alle Tiere, die sich auf dem Land regen.«[184] Das bedeutet die Entheiligung der Natur. Sie wird damit dem Menschen zur Nutzung überlassen. Wohl spricht der zweite Schöpfungsbericht von einem Bebauen und Hüten des Gartens Eden, doch hat sich dieses Gebot, das auf ein eher gewaltloses und fürsorgliches Verhalten zur außermenschlichen Schöpfung abzielt, dem erstgenannten gegenüber nicht behaupten können.

Aus der Bestimmung der Allgegenwart Gottes folgt aber auch, Gott ist nicht nur in den Heiligen, er ist auch in den größten Verbrechern und Menschenschlächtern, in einem Dschingis Khan, Stalin und Hitler, gegenwärtig. Der Unterschied zwischen den Heiligen und den Massenmördern kann freilich kaum größer sein, insofern Gott sich in den Ersteren zunehmend offenbart und in den Letzteren zunehmend verbirgt. Das bedeutet aber auch, selbst für die Letzteren ist, solange sie leben, eine Umkehr zum Leben möglich, wenn auch höchst unwahrscheinlich, denn unser Lebensvollzug im Denken, Reden und Tun entwickelt eine positive oder negative Dynamik, die nicht leicht umzukehren ist. Dennoch gilt: »Kein Mensch ist so schlecht, dass er außerhalb jeder Möglichkeit der Erlösung stünde. Auf der andern Seite ist aber auch kein Mensch so vollkommen, dass er das Recht hätte, den vorgeblich Unverbesserlichen zu vernichten.«[185]

Allwissend: Über die Allwissenheit Gottes brauche ich mich nicht zu verbreiten, denn damit ist die Allgegenwart Gottes in der Zeit gemeint. Gott verfügt souverän über die Zeit. »Wir

---

184 Gen 1,28, anders im zweiten Schöpfungsbericht Gen 2,15.
185 Young India, 26.3.1931.

ahmen Gott nach, aber er ahmt uns nicht nach. Wir können seine Zeit nicht einteilen, denn seine Zeit ist Ewigkeit. Für uns gibt es Vergangenheit, Gegenwart und Zukunft. Aber was ist ein menschliches Leben von 100 Jahren mehr als ein bloßer Funke in der Ewigkeit der Zeit?«[186] Gandhi fühlte die Allgegenwart und Allwissenheit Gottes ganz unmittelbar: »In jedem Augenblick fühle ich die Gegenwart eines großen Zeugen, dessen Augen nichts entgeht und mit dem übereinzustimmen ich mich ständig bemühe.«[187]

Allmächtig: Es gehört zur Allmacht Gottes, dass er sie uns Menschen gegenüber zurücknehmen kann, um uns die Freiheit der Entscheidung für ihn oder gegen ihn zu gewähren. Den Autoren der Bibel ist diese Vorstellung fremd. Allmacht heißt für sie unbegrenzte Macht, die selbst die Macht eines absoluten Herrschers übersteigt und keinen Widerspruch oder gar Widerstand zulässt. Sie gelangen infolgedessen zu der absurden Vorstellung, dass der Ungehorsam des Menschen gegenüber dem Willen Jahwes von Jahwe selbst bewirkt werden muss. Folglich ist es nicht Pharao, der sein Herz verhärtet und das Volk Israel nicht ziehen lässt, sondern Jahwe verhärtet sein Herz, um seine Macht an ihm und seinem Volk zu erweisen.[188] Nur so wird auch die Verstockung verständlich, die Jahwe als Strafe für den Ungehorsam über das Volk verhängt. Den Propheten Jesaja schickt er mit folgender Botschaft zum Volk: »Hören sollt ihr, hören, aber nicht verstehen. Sehen sollt ihr, sehen, aber nicht erkennen. Verhärte das Herz dieses Volkes, stopf ihm die Ohren, verkleb ihm die Augen, damit es mit seinen Augen nicht sieht und mit seinen Ohren nicht hört, damit sein Herz nicht zur Einsicht kommt und sich nicht bekehrt und nicht

---

186 Harijan, 17.4.1937.
187 Harijan, 24.12.1938.
188 Ex 10,1 f.; 4,21; 7,4 f.; 9,12; Ri 2,3.

geheilt wird.«[189] Für diese Verstockung, an der das Volk ja zumindest teilweise unschuldig ist, wird es in den darauffolgenden Versen mit der totalen Vernichtung bedroht. Die biblischen Autoren können offensichtlich den Widerspruch nicht auflösen zwischen der Allmacht Jahwes und seiner Ohnmacht im Hinblick auf den Ungehorsam seines auserwählten Volkes. Diese Ohnmacht und Hilflosigkeit ist es, die ihn zu Straf- und Vernichtungsdrohungen gegen es reizt.

Gott ist einer, es gibt keinen zweiten

Gott ist, so haben wir im Anschluss an Nikolaus von Kues festgestellt, das *Zusammenfallen der Gegensätze.* Daraus folgt aber nicht, dass er eine homogene Einheit ist. Er ist vielmehr Einheit in Verschiedenheit oder, wie die Hindus sagen »*Adwaita*«, Nicht-Zweiheit, Ungeteiltheit. Mit diesem Wort soll zum Ausdruck gebracht werden, was ich an anderer Stelle mit der magischen Formel des Sowohl-als auch und Weder-noch zu fassen versuchte. Er ist sowohl Einheit, als auch Zweiheit (Vielheit) und zugleich weder Einheit noch Zweiheit (Vielheit). Mit den Worten Gandhis: »Ich beschreibe Gott genau so, wie ich glaube, dass er ist. Ich glaube, dass er sowohl schöpferisch als auch untätig ist. Das kommt daher, dass ich die Lehre von der Vielheit in der Wirklichkeit für mich angenommen habe. Vom Standpunkt der Dschainas kann ich den untätigen Aspekt Gottes beweisen und vom Standpunkt der Ramnudschas den schöpferischen Aspekt. Tatsächlich denken wir alle immer wieder nach über den Undenkbaren und wir beschreiben den Unbeschreiblichen. Wir versuchen, den uns

---

189 Jes 6,9 f., siehe auch Mt 13,14 f.; Joh 12,39–41; Apg 28,25–27; Röm 9,14–18; 11,7–10; S. 25–27.

Unbekannten zu erkennen, und darum tut sich unsere Sprache schwer.«[190]

Weil das so ist, ist es möglich, einander widersprechende Aussagen über Gott zu machen, die doch alle eine relative Wahrheit für sich haben. Gandhi hat in diesem Zusammenhang gelegentlich das Gleichnis von den Personen, die mit verbundenen Augen einen Elefanten betasten, herangezogen. Wer den Rüssel zu fassen bekommt, wird behaupten, die Wirklichkeit sei weich und rund. Ein anderer, der die Stoßzähne befühlt, wird sagen, sie sei hart und spitz. Ein dritter, der die Haut des Elefanten betastet, wird sagen, sie sei rauh und rissig. Ein vierter, der das Ohr zu fassen bekommt, wird sagen, sie sei glatt und biegsam. Sobald den Versuchspersonen die Binden abgenommen werden, erkennen sie, dass die einander widersprechenden Aussagen in Wahrheit gar keine Widersprüche sind, da sie alle auf die Wirklichkeit des Elefanten zutreffen.

Gott ist Wahrheit und Liebe (Satja und Ahimsa)

Wahrheit und Liebe bilden bei Gandhi eine untrennbare Einheit. Sie sind wie die Vorder- und die Rückseite ein und derselben Münze: »Ahimsa ist mein Gott und Wahrheit ist mein Gott. Wenn ich nach Ahimsa Ausschau halte, sagt die Wahrheit: ›Finde sie durch mich‹, und wenn ich nach der Wahrheit Ausschau halte, sagt die Ahimsa: ›Finde sie durch mich‹.«[191] »Ich sehne mich ungeduldig danach, die Gegenwart meines Schöpfers zu erkennen, der für mich die Wahrheit verkörpert. Aber schon in der ersten Zeit meiner Tätigkeit habe ich erkannt, dass ich, wenn ich die Wahrheit erkennen will, dem Gesetz der Liebe folgen

---

190 Young India, 21.1.1926.
191 Young India, 4.6.1925.

muss, auch wenn es mein Leben kostet.«[192] »Meine ständige Erfahrung hat mich davon überzeugt, dass es keinen anderen Gott gibt als die Wahrheit. Die kleinen flüchtigen Lichtblicke, die ich von der Wahrheit bis jetzt erhalten habe, können kaum eine Idee vom unbeschreiblichen Glanz der Wahrheit liefern, einem Glanz, der eine Million Mal intensiver ist als der der Sonne, die wir täglich mit unseren Augen sehen. Tatsächlich ist das, was ich gesehen habe, nur ein winziger Abglanz dieses mächtigen Glanzes. Aber so viel kann ich aus Erfahrung mit Sicherheit sagen, nämlich dass die vollkommene Schau der Wahrheit nur zu dem kommt, der die Ahimsa vollständig verwirklicht hat.«[193]

Wir berühren hier den innersten Kern von Gandhis Leben und Lehre. Wenn er die Worte Wahrheit (Satja) und Liebe oder Nicht-Gewalt (Ahimsa) gebraucht, so decken sie sich nur teilweise mit den Begriffen, die wir im christlichen Kulturkreis gebrauchen. Wird die innige Verbindung zwischen Wahrheit und Liebe aufgelöst, so erfahren beide Begriffe einen grundlegenden Bedeutungswandel: *Wahrheit ohne Liebe wird zur Unwahrheit und Liebe ohne Wahrheit hört auf, Liebe im Sinne von Ahimsa zu sein.* Sie wird, wie wir bereits gesehen haben, zum einfachen oder erweiterten Egoismus.

Die Geschichte des jüdisch-christlichen Kulturkreises ist, von wenigen Ausnahmen abgesehen, die Geschichte des Verrats an der Wahrheit, wie Gandhi sie versteht. Im Namen der Religion, im Namen Gottes wurden die Menschenrechte mit Füßen getreten, wurde gedemütigt, gefoltert und getötet. Das gilt nicht allein für Zwangsbekehrungen, Ketzerverfolgungen, Hexenverbrennungen und Religionskriege, sondern auch für die säkularisierten Formen der Gewalt in Form von Sklaverei, Kolonialismus, Imperialismus, Faschismus, Kommunismus so-

---

192 Mahatma Gandhi: The Nations Voice, Ahmedabad 1954, S. 224 f.
193 Young India, 7.2.1929.

wie den globalisierten Kapitalismus unserer Tage, denn sie sind Teil der Geschichte des jüdisch-christlichen Kulturkreises. *Wir sind nicht nur verantwortlich für das, was wir tun, wir sind auch verantwortlich für das, was wir zulassen.* Christen haben das alles zugelassen, sofern sie nicht gar aktiv daran beteiligt waren. Damit will ich nicht behaupten, die übrigen Weltreligionen hätten nicht auch ein gerütteltes Maß an Schuld auf sich geladen, dennoch, so fürchte ich, übertrifft das Christentum, die Religion der Liebe, als die sie sich selbst gerne beschreibt, alle anderen bei Weitem, denn es ist dafür verantwortlich, dass die Welt heute am Abgrund der Selbstvernichtung steht.

Das Schuldkonto des Islam im Hinblick auf Eroberungskriege, die Benachteiligung von Frauen und Andersgläubigen,[194] die Zwangsbekehrung oder Ausrottung der »Ungläubigen«, die Anwendung eines mittelalterlich-grausamen Strafrechts (Scharia) in den islamischen Staaten sowie eines äußerst virulenten Terrorismus ist ebenfalls beträchtlich, doch wird es von dem des Christentums bei Weitem übertroffen.

Kurzum, wer im Namen der Wahrheit, im Namen Gottes Zwang und Gewalt anwendet, lästert Gott. Er dient nicht der Wahrheit, sondern der Unwahrheit. Ich möchte nicht missverstanden werden. Es geht mir an dieser Stelle ausschließlich um die religiöse Rechtfertigung von Unrecht, Zwang und Gewalt. Wenn es so etwas gibt wie eine Sünde wider den Heiligen Geist,[195] dann besteht sie darin, im Namen Gottes Untaten zu begehen, die Gott in den Augen der Opfer als einen finsteren, blutrünstigen und ungerechten Dämon erscheinen lassen. Wie kann, um ein Beispiel zu nennen, ein Palästinenser, dessen Vorfahren seit Generationen in Palästina gelebt haben und der selbst oder dessen Eltern im Namen Jahwes aus ihrer Heimat

---

194 Das sind die Angehörigen der »Buchreligionen« Judentum und Christentum.
195 Mt 12,31 f.

vertrieben wurden, weil er dieses Land angeblich seinem auserwählten Volk gegeben hat, diesen Gott anders erfahren als
einen Gott des Unrechts, der Gewalt und der Erniedrigung?
Das Gleiche gilt, um ein anderes Beispiel zu wählen, für die
unzähligen Opfer der »Heiligen Inquisition«, auf deren Betrei-
ben »Ketzer« gefoltert und auf dem Scheiterhaufen verbrannt
wurden. Es ist ja nur allzu begreiflich, wenn sie in der Stunde
ihres Todes ihre Peiniger, die Kirche und Gott verfluchten. Dass
das keine Rechtfertigung von Zwang und Gewalt aus anderen
als religiösen Motiven bedeutet, braucht nicht eigens betont zu
werden. Gandhi: »Jeder Mord und jede andere Gewalttätigkeit,
egal aus welcher Ursache man sie begeht, ist ein Verbrechen
gegen die Menschlichkeit.«[196]

Welche verheerenden Folgen die Trennung von Wahrheit
und Liebe (Nicht-Gewalt) zur Folge hatte, haben wir am Beispiel des absoluten Wahrheitsanspruchs der abrahamitischen
Religionen bereits gesehen. Der Streit um die Wahrheit, der
Hass und Hader der Theologen, Konfessionen und Religionen
haben die religiöse Wahrheit am Ende in Verruf gebracht und
zum Aufstieg des naturwissenschaftlichen Wahrheitsbegriffs
(wahr ist, was durch das Experiment bewiesen werden kann
im Gegensatz zur Glaubenswahrheit) beigetragen.

Was ich hier im Hinblick auf die Wahrheit ausgeführt habe,
gilt gleichermaßen für die Liebe (Ahimsa). Auch sie verändert
ihren Charakter ins Gegenteil, sobald die innige Verbindung
zur Wahrheit gelöst wird. Sie wird dann, wie wir bereits gesehen haben, zur Selbstliebe oder zum erweiterten Egoismus des
Liebes- oder Ehepaares, der Familie, Gruppe, Nation oder Welt-
anschauungsgemeinschaft. Gandhi meint denn auch: »Ohne
Wahrheit gibt es keine Liebe. Ohne Wahrheit gibt es vielleicht
Zuneigung, z. B. zum eigenen Land, die dann aber gegen das

---

196 Harijan, 20.7.1935.

Wohl anderer, in diesem Fall anderer Nationen, gerichtet ist. Oder es gibt die Verliebtheit eines jungen Mannes in ein Mädchen. Aber die wahre Liebe geht über alles Körperliche hinaus und ist niemals parteiisch.«[197] Oder kurz und knapp: »Wo Liebe ist, dort ist auch Gott.«[198]

Wie die meisten Hindus und Buddhisten ist auch Gandhi von der Heiligkeit des Lebens – und zwar allen Lebens – überzeugt. Er hält das Gebot der Ahimsa, des Nichtverletzens von Lebewesen, für den »vornehmsten Ruhmestitel des Hinduismus«.[199] Im jüdisch-christlichen Kulturkreis findet diese Lehre wenig Beachtung, obwohl so bedeutende Persönlichkeiten wie Franz von Assisi (1181/82–1226) und Albert Schweitzer (1875–1965) sie gelehrt und gelebt haben. Schweitzer: »Ethisch ist der Mensch nur, wenn ihm das Leben als solches, das der Pflanze und des Tieres wie das des Menschen, heilig ist und er sich dem Leben, das in Not ist, helfend hingibt.«[200]

Selbstverständlich wissen auch Schweitzer und Gandhi, dass wir Menschen auf die Zerstörung zumindest pflanzlichen Lebens nicht verzichten können, um unser Leben zu fristen. Bodenbearbeitung ist zwangsläufig mit der Tötung von pflanzlichem und tierischem Leben verbunden, ja, selbst ein erholsamer Waldspaziergang kostet Kleintieren, die wir unbeabsichtigt zertreten, das Leben. Insofern gilt der Grundsatz: *Leben lebt von Leben.* Das gilt nicht nur für das Verhältnis des tierischen zum pflanzlichen Leben, es gilt auch jeweils innerhalb der Pflanzen- und Tierwelt. Selbst ein idyllisch anmutender Wald oder eine Wiese sind Schauplatz eines rücksichtslosen Kampfes ums Überleben, um Nährstoffe, Wasser und Licht, in dem die Starken siegen und die Schwachen untergehen.

197 Young India, 20.9.1928.
198 Mahatma Gandhi: Satyagraha in South Africa, Ahmedabad 1928, S, 36.
199 Young India, 11.8.1920.
200 Albert Schweitzer: Worte über das Leben, Freiburg o.J., S. 71.

Das Ergebnis dieses über die Jahrmillionen andauernden Kampfes ums Dasein ist die Wunderwelt der Pflanzen und Tiere in ihrer überwältigenden Schönheit, Fülle und Vielfalt. Allein wir Menschen besitzen die Fähigkeit und die Pflicht, aus diesem natürlichen Konkurrenzkampf herauszutreten und dem Gesetz der Liebe und des Mitleids zu folgen. Gandhi: »Die Welt ist voll von Himsa (Gewalttätigkeit) und die Natur ist an Zähnen und Klauen mit Blut befleckt. Aber wenn wir nicht vergessen, dass der Mensch höher steht als das Tier, dann ist der Mensch der Natur überlegen. Wenn der Mensch eine göttliche Mission zu erfüllen hat, eine Mission, die seiner würdig ist, dann ist es die der Ahimsa. Ich bin kein Visionär. Ich behaupte, ein praktischer Idealist zu sein. Die Religion der Gewaltfreiheit ist nicht nur für Rischis[201] und Heilige gemacht, sondern auch für alle anderen Menschen. Gewaltfreiheit ist das Gesetz der menschlichen Art, während die Gewalttätigkeit das Gesetz der Tiere ist. Die Würde des Menschen erfordert den Gehorsam einem höheren Gesetz gegenüber, durch das der Geist gestärkt wird.«[202]

Obwohl wir, wie die Genetik bewiesen hat, physisch betrachtet den Tieren nahe verwandt sind, gelten in der Menschenwelt andere Gesetze. Schweitzer hebt auf den fundamentalen Unterschied zwischen der Menschenwelt und der Tierwelt ab, wenn er meint, Gott erscheine in der Natur rätselhaft, in uns Menschen aber erscheine er als Liebe. Es gibt gewissermaßen drei aufsteigende Stufen der Offenbarung Gottes in der Welt: die unbelebte Natur, die belebte Natur und schließlich der Mensch, soweit er dem ewigen Gesetz, das Gott selbst ist, folgt.

Werden die Gesetze, die in der Gesellschaft gelten, auf die außermenschliche Natur oder die Gesetze der außermensch-

---

201 Sanskritwort für Propheten.
202 Young India, 24.6.1926.

lichen Natur auf die Gesellschaft übertragen, so kann daraus nur Unheil erwachsen. Der Löwe, der die Gazelle schlägt, der Bär, der sein Revier verteidigt oder der Hirsch, der einen Nebenbuhler aus dem Felde schlägt, handeln nicht böse, sie folgen ihrem natürlichen Trieb der Selbst- und Arterhaltung. Der Verhaltensforscher Konrad Lorenz (1903–1989) hat bereits in seinem 1963 erschienenen Buch: »Das sogenannte Böse. Zur Naturgeschichte der Aggression«,[203] den Nachweis erbracht, dass der Urtrieb der Aggression in der außermenschlichen Natur eine positive, weil Art erhaltende Rolle spielt. Das gilt selbst für den Menschen. Wenn er nicht zur Destruktivität entartet, ist der Aggressionstrieb die Wurzel für seine aufbauenden und schöpferischen Fähigkeiten, für Spiel und Sport.

Andererseits wirkt sich die Übertragung des Konkurrenzprinzips auf die menschliche Gesellschaft, wie sie von Sozialdarwinisten, Rassisten und Wirtschaftsliberalen vorgenommen wird, verheerend auf das menschliche Zusammenleben und das Verhältnis des Menschen zur außermenschlichen Natur aus, denn es führt zur rücksichtslosen Ausbeutung von Mensch und Natur. Es verschärft die sozialen Gegensätze und bereitet damit den Boden für Gewalt und Krieg. Das Konkurrenzprinzip, der Kampf ums Dasein, der in der Natur so überaus positiv und kreativ wirkt, indem er die Wunderwelt der Pflanzen- und Tierwelt hervorgebracht hat, wirkt in der Welt des Menschen negativ und destruktiv. In letzter Konsequenz führt er zur völligen Vernichtung der Menschheit und allen höheren Lebens auf der Erde.

Es ist das Privileg, aber auch die Pflicht des Menschen, diesen Kampf ums Dasein, diesen unbedingten Willen zum Leben, der die ganze Natur durchwaltet, zu erkennen und in Richtung auf ein Bewusstsein, das in allem, was lebt sich selbst erkennt,

---

203 Wien 1963.

zu überschreiten. »Tat twam asi!« (Das bist du!) lautet das heilige Mantra, durch das der Mensch im Tier – auch im schädlichen oder gefährlichen – den Bruder und in der Pflanze – auch in der giftigen oder als »Unkraut« lästigen – die Schwester erkennt. So fremdartig uns als moderne, von der westlichen Industriegesellschaft mit ihrer rücksichtslosen Ausbeutung von Mensch und Natur geprägte Menschen solche Gedanken auch anmuten, so beweist das doch keineswegs, dass sie falsch sind.

Albert Schweitzer hat den elementaren Lebenstrieb, jenen unbedingten »Willen zum Leben«, dem auch wir Menschen als Naturwesen unterworfen sind und den wir doch, indem wir ihn als solchen erkennen, überschreiten können, in die zeitlos gültigen Worte gefasst: »Die unmittelbare Grundgegebenheit unseres Bewusstseins, auf die wir jedesmal wieder zurückgeleitet werden, wenn wir zu einem Verständnis unserer selbst und unserer Situation in der Welt vordringen wollen, ist: *Ich bin Leben, das leben will, inmitten von Leben, das leben will …* Wenn ich über das Leben nachdenke, empfinde ich die Verpflichtung, jeglichen Willen zum Leben in meiner Umwelt dem meinen gleich zu achten.«[204] Als ethisches Grundprinzip statuiert er: »Die Grundidee des Guten besteht also darin, dass sie gebietet, das Leben zu erhalten, zu fördern und zu seinem höchsten Wert zu steigern; und das Böse bedeutet: Leben vernichten, schädigen, an seiner Entwicklung hindern.«[205]

Die Gegenposition hat Friedrich Nietzsche (1844–1900) in seiner Schrift »Der Antichrist« bezogen:

»*Was ist gut?* – Alles, was das Gefühl der Macht, des Willens zur Macht, die Macht selbst im Menschen erhöht.

---

204 Albert Schweitzer: Die Ehrfurcht vor dem Leben, München 1982, S. 111.
205 Ebenda.

Was ist schlecht? – Alles, was aus der Schwäche stammt.
Was ist Glück? – Das Gefühl davon, dass *die Macht wächst*, dass
ein Widerstand überwunden wird.
Nicht Zufriedenheit, sondern mehr *Macht;*
nicht Friede überhaupt, sondern Krieg,
nicht Tugend, sondern Tüchtigkeit (Tugend im Renaissance-
Stile, virtù, moralinfreie Tugend).
Die Schwachen und Missratenen sollen zu Grunde gehen: erster Satz *unserer* Menschenliebe, *und man soll ihnen noch dazu
helfen.*
Was ist schädlicher als irgendein Laster? Das Mitleiden der Tat
mit allen Missratenen und Schwachen – das Christentum.«[206]

Adolf Hitler (1889–1945), der Zeitgenosse Gandhis, dachte,
sprach und handelte aus diesem Geist. Wie Schweitzer und
Gandhi verkörpern auch Nietzsche und Hitler extreme menschliche Möglichkeiten. Gandhi ist indes kein Dogmatiker, der
absolute Wahrheiten verkündet. Es gibt Situationen, in denen
das Mitleid von uns fordert, die Kreatur von ihrem Leiden zu
erlösen. Gandhi selbst schildert einen solchen Fall. Als gläubiger Hindu verehrte er die Kuh als heilig. Sie zu töten, hielt er
für eine Sünde, denn für ihn ist sie das Sinnbild der nährenden,
Leben schenkenden Natur. Als jedoch im Ashram ein missge-
bildetes Kalb geboren wurde, das nicht lebensfähig war und
unsäglich litt, ließ er Gift einspritzen, um das Tier von seinem
Leiden zu erlösen. Er hätte, so schrieb er, auch seinem eigenen
Kind gegenüber nicht anders gehandelt.[207] Hier zeigt sich zum
ersten Mal ein Sachverhalt, der uns noch mehrmals begegnen
wird, dass nämlich eine Sache als das Gegenteil dessen erscheinen kann, was sie ist. Die Tötung eines leidenden, nicht lebens-

206 Friedrich Nietzsche: Der Antichrist, Werke, Bd. 5, Hg. von A. Bäumler,
S. 192.
207 Mahatma Gandhi: Freiheit ohne Gewalt, Köln 1968, S. 156.

fähigen Geschöpfes ist gewaltfrei, weil sie ein Akt der Liebe ist, während das passive Verhalten, obwohl es gewaltlos zu sein scheint, in Wahrheit gewalttätig ist.

Es gibt aber auch Situationen, in denen zwischen dem Lebensrecht von Menschen und Tieren abgewogen werden muss. Als Affen, die wie die Kühe in Indien als heilig verehrt werden, die Ernte des Ashram zu vernichten drohten und sich durch nichts vertreiben ließen, erlaubte Gandhi, einige von ihnen zu töten, um sie zu verscheuchen und den Rest der Ernte zu retten.

Fazit: Ahimsa kann folglich als *allumfassende Liebe beschrieben werden, als Liebe zu Gott, zu den Menschen und zur außermenschlichen Natur.* Sie ist letztlich nichts anderes als der Widerschein der Liebe Gottes. Dem Menschen, der in der Gemeinschaft mit Gott lebt, ist solches Verhalten natürlich. Es ist kein Verdienst, sondern lediglich die Weitergabe der Gottesliebe an die Umwelt, so wie ja auch der Mond nicht selbst leuchtet, sondern lediglich das Sonnenlicht, das er empfängt, an die Erde weitergibt.

Die drei Filter

Nachdem nun geklärt ist, was Gandhi unter Wahrheit und Liebe (Satja und Ahimsa) versteht, komme ich noch einmal auf die drei »Filter«: Wahrheit, Liebe und Verstand, soweit die Dinge dem Verstand zugänglich sind, zurück. Lesen wir die Bibel unter Vorschaltung dieser Filter, so ergibt sich, grob gesprochen, das folgende Bild: Die Filter lassen ungefähr ein Drittel des biblischen Textbestandes als Elemente von Offenbarung enthaltend passieren, ein weiteres Drittel erweist sich als neutral, da es geschichtliche Ereignisse, Lebensweisheit oder Dichtung überliefert, und das letzte Drittel filtern sie als unrichtig, unmoralisch und unheilig aus. Diese Filter schaltet Gandhi selbstverständlich auch bei der Lektüre der heiligen Schriften seiner eigenen Religion vor: »Ich weiß nicht, ob der Krischna des Mahabharata jemals gelebt hat. Mein Krischna hat mit keiner historischen Person etwas zu tun. Ich würde es ablehnen, mich vor jenem Krischna zu verbeugen, der andere tötet, weil sein Stolz verletzt wurde oder jenem Krischna, den einige Nicht-Hindus als einen zügellosen jungen Mann darstellen. Ich glaube an den Krischna meiner Vorstellung als eine vollkommene Inkarnation Gottes, der makellos ist in jedem Sinne des Wortes, der die Bhagwadgita inspiriert hat ebenso wie die Leben von Millionen von Menschen. Aber wenn man mir beweisen würde, dass das Mahabharata eine wahre Geschichte ist, im gleichen Sinn wie es die modernen Geschichtsbücher sind, dass jedes Wort des Mahabharata authentisch ist, und dass der Krischna des Mahabharata tatsächlich einiges von dem getan hat, was man ihm zuschreibt, dann würde ich nicht zögern, zu behaupten, dass dieser Krischna keine Inkarnation Gottes ist, auch wenn ich damit riskieren würde, aus dem Hinduismus überhaupt ausgeschlossen zu werden.«[208]

Noch einmal: Wer oder was ist Gott?

Kehren wir noch einmal zu Gandhis Wahrheitsverständnis zurück. Auf die Frage: Wer oder was ist Gott?, antwortet er kurz und bündig: *Gott ist die Wahrheit* (Satja). Die Sprachwurzel von Satja ist sat, was Sein bedeutet.[209] Der Satz: Gott ist die Wahrheit, bedeutet folglich auch, Gott ist das, was existiert; er ist das einzig Wirkliche. Die Welt, die uns umgibt, ist nur insoweit wirklich, als sie Teil hat am ewigen, unzerstörbaren Sein Gottes.

---

208 Young India, 1.10.1925.
209 Sat ist die etymologische Wurzel des Wortes Sein in allen indoeuropäischen Sprachen.

Im Begriff des Seins berühren sich Religion und Philosophie, denn dieses Wort steht, sofern es Gott bedeutet, im Mittelpunkt der Religion und, sofern es Sein oder Existenz bedeutet, im Zentrum der Philosophie, soweit sie eine metaphysische Dimension anerkennt. Mit »Sein« ist allerdings nicht das mit den Sinnen wahrnehmbar Seiende gemeint, sondern die ungeborene und unvergängliche, unzerstörbare und ewige Wirklichkeit, die der vergänglichen, zeitlichen Wirklichkeit zu Grunde liegt. Daraus folgt: Bei Gandhi, wie auch im Hinduismus überhaupt, *schließen Religion und Philosophie einander nicht aus,* sie stehen nebeneinander, nicht gegeneinander.

Gott und nur Gott ist die absolute Wahrheit. Sobald die absolute Wahrheit jedoch in die Welt unserer Wahrnehmung eintritt, wird sie relativ, erscheint sie in der Gestalt von Gegensätzen, die uns zur Entscheidung herausfordern: Für das Gute und gegen das Böse, für die Wahrheit und gegen die Unwahrheit, für Gott und gegen Satan oder Mammon. Das Ziel unserer Bemühungen um die Wahrheit aber sollte jenes absolut Gute und Wahre sein, das jenseits des Gegensatzes von Gut und Böse, Wahrheit und Unwahrheit liegt. In den Worten Gandhis: »Für mich ist die Wahrheit ein souverän herrschendes Prinzip, das zahlreiche andere Prinzipien in sich enthält. Diese Wahrheit besteht nicht nur darin, dass man wahrhaftig ist im Wort, sondern zu ihr gehört auch die Wahrhaftigkeit im Denken, nicht nur im Bezug auf die relative Wahrheit unserer eigenen Vorstellungen, sondern im Bezug auf die absolute Wahrheit, das ewige Prinzip, welches Gott ist … Aber so lange ich die absolute Wahrheit noch nicht erkannt und verwirklicht habe, so lange muss ich mich an die relative Wahrheit halten, wie ich sie erkennen kann. Diese relative Wahrheit muss vorläufig mein Licht sein, mein Schild und mein Schutz. Obwohl dieser Weg kantig ist und so schmal wie die Schneide eines Rasiermessers, ist er für mich immer der schnellste und der leichteste gewesen.

Die Fehler, die ich gemacht habe, sind groß wie der Himalaja, aber sie erscheinen mir geringfügig, weil ich mich immer genau an diesen Weg gehalten habe. Denn dieser Weg hat mich vor Schmerzen bewahrt, und ich bin immer vorangeschritten wie dieses Licht es mir gezeigt hat. Oft habe ich beim Vorwärtsschreiten kurze Lichtblicke von Gott, der absoluten Wahrheit, erhalten, und jeden Tag wächst die Überzeugung in mir, dass er allein wirklich und alles andere unwirklich ist.«[210]

---

210 Mahatma Gandhi: Autobiographie, Gütersloh o.J, S. 10.

VI. Die Wahrheit ist Gott

Die Wahrheit ist hart wie Diamant und zart wie eine Blüte.
Mahatma Gandhi

Der Satz: »Die Wahrheit ist Gott« wirkt auf den ersten Blick wie eine schlichte Umkehrung des Satzes: »Gott ist die Wahrheit.« Für Gandhi ist er das aber keineswegs der Fall: »Wenn es überhaupt möglich ist, in menschlicher Sprache eine volle Beschreibung Gottes zu geben, dann bin ich zu dem Schluss gekommen, dass für mich selbst Gott die Wahrheit ist. Aber vor zwei Jahren bin ich noch einen Schritt weitergegangen und habe gesagt, die Wahrheit ist Gott. Sie werden den feinen Unterschied zwischen diesen beiden Sätzen erkennen. Ich bin nach einer unaufhörlichen und skrupellosen Wahrheitssuche, die vor fast 50 Jahren begonnen hat, zu diesem Schluss gekommen. Damals habe ich gefunden, dass der kürzeste Weg zur Wahrheit der durch die Liebe ist. Aber ich habe auch gefunden, dass mindestens in der englischen Sprache das Wort ›love‹ viele Bedeutungen hat und dass menschliche Liebe im Sinne von Leidenschaft auch etwas Abwertendes sein kann. Ich habe auch gefunden, dass Liebe im Sinne von Ahimsa nur eine begrenzte Zahl von Anhängern hat. Aber ich habe niemals mehr als eine Bedeutung des Wortes Wahrheit gefunden, und sogar Atheisten haben die Notwendigkeit und die Macht der Wahrheit niemals bestritten. Auf ihrer leidenschaftlichen Suche nach der Wahrheit haben die Atheisten nicht gezögert, sogar die Existenz Gottes abzuleugnen, was von ihrem Standpunkt aus richtig war. Diese Gedanken waren für mich der Anlass, den Satz ›Gott ist die Wahrheit‹ durch den Satz ›Die Wahrheit ist Gott‹ zu ersetzen.«[211]

---

211 Young India, 31.12.1931.

Ob Gandhi mit der Behauptung, er habe nur eine Bedeutung des Wortes Wahrheit gefunden, das Problem, dass unter Wahrheit alles Mögliche und häufig einander Widersprechendes verstanden wird, löst, scheint mir doch mehr als zweifelhaft. Vielleicht denkt er eher daran, dass die Hochschätzung der Wahrheit bei Atheisten und Agnostikern eine formale Grundlage schafft, auf der eine inhaltliche Klärung des Wortes Wahrheit versucht werden kann. Wiederholt kommt er in diesem Zusammenhang auf den englischen Freidenker und humanistischen Atheisten Charles Bradlaugh (1833–1891)[212] zu sprechen, den er verehrte und an dessen Beerdigung im Jahre 1891 er als Jurastudent in London teilgenommen hatte. Er schreibt: »Ich erinnere mich an Charles Bradlaugh, der sich selbst einen Atheisten nennt, den ich aber nach allem, was ich über ihn weiß, niemals als einen Atheisten ansehen würde. Ich würde ihn einen gottesfürchtigen Menschen nennen, obwohl ich weiß, dass er diese Beschreibung zurückweisen würde. Er würde im Gesicht rot vor Zorn werden, wenn ich zu ihm sagen würde: ›Mister Bradlaugh, Sie sind ein wahrheitsfürchtiger Mensch und daher ein gottesfürchtiger Mensch.‹ Aber ich würde seine Kritik dadurch entwaffnen, dass ich sage, die Wahrheit ist Gott, und so habe ich die Kritik vieler junger Menschen entwaffnet.«[213]

Gandhi sieht klar, dass es nicht selten die im Namen Gottes begangenen Verbrechen und Menschenrechtsverletzungen sind, die Menschen zu Atheisten werden lassen. »Bradlaughs Leugnung Gottes war die Leugnung der Gottesvorstellung, die er kannte. Sie war ein beredter und empörter Protest gegen die damals geläufige Theologie und den schrecklichen Kontrast zwischen Gebot und Wirklichkeit.«[214]

---

212 Näheres zur Person Bradlaughs in der Internet-Enzyklopädie Wikipedia unter dem Stichwort Charles Bradlaugh.
213 Young India, 31.12.1931.
214 Young India, 5.3.1925.

Das Gleiche gilt für die atheistischen Religionen des Buddhismus und Dschainismus. Über Gotama Buddha schreibt er 1927 in seiner Zeitschrift »Young India«: »An erster Stelle steht [bei Buddha, Anm. d. Verf.] der Glaube an eine alles durchdringende Vorsehung mit Namen Gott. Ich habe unzählige Male die Behauptung gehört und in Büchern, die den Anspruch erheben, den Geist des Buddhismus auszudrücken, gelesen, dass Buddha nicht an Gott glaube. Nach meiner unmaßgeblichen Meinung steht ein solcher Glaube im Widerspruch zu der zentralen Tatsache von Buddhas Lehre. Nach meiner Meinung entstand die Verwirrung dadurch, dass er mit Recht all die falschen Vorstellungen zurückwies, die in seiner Generation unter dem Namen Gott umliefen. Er wandte sich gegen die Vorstellung, dass ein Wesen, genannt Gott, durch Bosheit zum Zorn gereizt werde, seine Handlungen bereuen und wie die irdischen Könige durch Versuchungen und Verlockungen verführt werden und womöglich sogar Günstlinge haben kann. Seine ganze Seele erhob sich in heftiger Empörung gegen den Glauben, dass ein Gott genanntes Wesen das Lebensblut von Tieren braucht, um zufrieden gestellt zu werden, von Tieren, die er selbst geschaffen hat. Er setzte deshalb Gott wieder an seinen rechten Platz und entthronte den Usurpator, der zeitweilig jenen weißen Thron besetzt zu haben schien. Er verkündigte erneut nachdrücklich die ewige und unveränderliche Existenz einer moralischen Regierung dieses Universums. Er erklärte ohne Zögern, dass das Gesetz selbst Gott ist.«[215]

Gandhi sieht in Gotama Buddha, der ja selbst Inder war und unter Indern lebte, einen großen Reformator des Hinduismus, dessen Ziel es war, den Hinduismus von vielen Entstellungen und Überwucherungen, die sich im Laufe der Jahrhunderte eingestellt hatten, zu reinigen. Er widerspricht denn auch der

---

215 Young India, 24.11.1927.

verbreiteten Definition des Begriffs Nirwana: »Nirwana ist zweifellos nicht die äußerste Auslöschung. Soweit ich die zentrale Tatsache in Buddhas Leben verstanden habe, ist Nirwana die äußerste Auslöschung von allem, was in uns niedrig ist, von allem, was in uns verwerflich, verdorben und verderblich ist. Nirwana ist nicht der schwarze, tote Friede des Grabes, sondern der lebendige Friede, die lebendige Glückseligkeit einer Seele, die ihrer selbst bewusst ist und die weiß, dass sie ihren Aufenthaltsort im Herzen des Ewigen gefunden hat.«[216]

Ob Gandhi Gotama Buddha richtig interpretierte, oder, was nicht selten geschah, schöpferisch verarbeitete, kann ich nicht beurteilen. Wenn er die Anhänger atheistischer Religionen und des atheistischen Humanismus mit der Formel »Die Wahrheit ist Gott« in den Kreis der Wahrheitssucher einbezieht, so wäre es doch falsch, daraus auf eine allgemeine Toleranz gegenüber jedweder Weltanschauung zu schließen. Er wandte sich entschieden gegen jede Form von Ungerechtigkeit, gleichgültig ob sie religiös oder weltlich begründet wurde. Ein Mensch, der im Namen Gottes anderen Menschen Unrecht und Gewalt zufügt, hat seiner Meinung nach keine Religion, während ein anderer, der die Existenz Gottes leugnet, aber für Gerechtigkeit und Frieden, Demokratie und Menschenrechte eintritt, religiös ist.

Die vier Dimensionen der Wahrheit

Es gibt vier Dimensionen der Wahrheit: eine faktische, eine ästhetische, eine ethische und eine existenzielle.

In ihrer *faktischen* Dimension bedeutet Wahrheit die Übereinstimmung eines Satzes mit den Tatsachen. Sie beruht auf

---

216 Ebenda.

dem Gegensatz von richtig und falsch. Zwei mal zwei ist vier und nicht drei oder fünf. Hierher gehört auch alles, was im Hinblick auf die Wunder, soweit sie den Naturgesetzen widersprechen, ausgeführt wurde.

Die *ästhetische* Dimension der Wahrheit beruht auf der Übereinstimmung von Inhalt und Form. Das gilt nicht nur für die Kunst, sondern für alle Lebensbereiche. Ihr liegt der Gegensatz: schön – hässlich zu Grunde. Für Gandhi gibt es allerdings keine Trennung von Kunst und Leben. Das Ästhetische geht vielmehr in das Leben ein. Es ist die Schönheit, die von der Übereinstimmung von Inhalt und Form im Denken, Sprechen, Handeln und Sein ausstrahlt. In diesem Sinn ist ein Mensch, der die Wahrheit verkörpert, schön, mag er auch, äußerlich betrachtet, noch so hässlich sein. Diese Art von »Schönheit« wird im Leben und Wirken Gandhis in hohem Maße deutlich, ungeachtet dessen, dass er in seinen späten Jahren als alter, zahnloser Greis ungewöhnlich hässlich aussah.

Die *ethische* Dimension der Wahrheit zeigt sich in der Übereinstimmung des Verhaltens mit ethischen Normen. Der ihr zu Grunde liegende Gegensatz ist gut und böse. Der Kampfplatz zwischen dem Guten und dem Bösen liegt in unserer Seele. Sie ist nach Gandhis Überzeugung das Feld Kurukschetra, auf dem im altindischen Epos Mahabharata die Heere der Pandawa und der Kaurawa zur Schlacht antreten. Ein erfolgreich bestandener Kampf in der eigenen Brust führt zwangsläufig auf das Schlachtfeld der Welt, in den Kampf gegen das Böse und der aufbauenden Arbeit für das Gute.

Die *existenzielle* Dimension der Wahrheit manifestiert sich in der relativen Übereinstimmung unseres Lebens mit Gottes großem Gesetz, das er selbst ist. Der Gegensatz, der ihm zu Grunde liegt, ist der zwischen Gott und Satan, Gott und Mammon. In unserer Welt, die eine Welt der Gegensätze (Polaritäten) und Widersprüche (Antagonismen) ist, herrscht Kampf.

In ihr triumphieren oftmals Unrecht und Gewalt, Mammon und Satan. Unter dem Gesichtspunkt der Ewigkeit betrachtet gibt es diesen Kampf, in dem wir uns bewähren müssen, aber nicht, da die Unwahrheit nichtig ist. Ihr Sieg ist daher von vornherein ausgeschlossen.

Gott und Satan

Es gibt, wie ich zu zeigen versuchte, zweierlei Gutes, eines, das definiert ist durch seinen Gegensatz, das Böse, und eines, das frei ist von jedem Gegensatz. Auch wenn das Letztere für uns nicht mit den Sinnen wahrnehmbar ist, so existiert es doch, genauer, es allein existiert.

Das Gleiche gilt für den Gegensatz von Gott und Satan. Auch hier gibt es zweierlei Gottesvorstellungen, eine, die definiert ist durch ihren Gegensatz, den Satan, und eine, die frei ist von jedem Gegensatz. Die erstere macht Gott zu einem Götzen; die letztere kommt ihm so nahe, wie menschliches Denken überhaupt kommen kann. Gott hat keinen Gegenspieler. Er allein existiert. Nur vor diesem Hintergrund werden die folgenden Zitate aus Gandhis Schriften verständlich: »Es ist schwer, die Frage zu beantworten, warum es in der Welt Böses gibt. Ich kann auf die Frage nur Antwort geben wie ein sehr einfacher Mensch. Wenn es Gutes gibt, muss es auch Böses geben, denn wo es Licht gibt, dort muss es auch Dunkelheit geben. Aber das stimmt nur, was uns sterbliche Menschen betrifft. Vor Gott ist nichts gut und nichts böse. Wir können von seinen Fähigkeiten in menschlicher Sprache sprechen, aber nicht in seiner eigenen Sprache.«[217]

Gandhi ist sich der Schwierigkeit bewusst, einerseits die Realität des Bösen und seine dämonische Macht in der Welt anzu-

---

217 Harijan, 7.9.1935.

erkennen, es aber andererseits als nichtig zu erkennen, sobald wir uns jener Sphäre nähern, in der die Gegensätze zusammenfallen. Fragt man Konfliktparteien, was gut und was böse ist, so erhält man gewöhnlich die schlichte Antwort: Gut sind wir, böse sind die anderen. Fragt man die jeweils andere Konfliktpartei, so erhält man die gleiche Antwort, nur mit dem Unterschied, dass die Guten jetzt die Bösen und die Bösen die Guten sind. Die Unterscheidung zwischen Guten und Bösen, Freunden und Feinden ist für gewaltsam ausgetragene Konflikte charakteristisch. Religiöse Fundamentalisten erweitern diese Zweiteilung ins Metaphysische. Sie begreifen die Weltgeschichte als Heilsgeschichte, als Kampf zwischen den Mächten des Guten und des Bösen, Gott und Satan. In diesem Kampf wird Satan durch Gott besiegt und vernichtet oder ewiger Höllenpein ausgeliefert. Der Mensch ist in die Entscheidung gerufen für Gott oder Satan. Entscheidet er sich für Gott, so wählt er das ewige Leben, entscheidet er sich für Satan, so teilt er dessen Schicksal.

Messianische Apokalyptiker sind überzeugt, der Weltuntergang stehe nahe bevor. Sie deuten die politischen Ereignisse der Gegenwart im Lichte biblischer Prophezeiungen. Danach ist die irdische Geschichte Ausdruck eines kosmischen Krieges zwischen Gut und Böse, Licht und Finsternis, Gott und Satan. Die gegenwärtige Welt, so glauben sie, sei so hoffnungslos verdorben, dass ein göttliches Strafgericht in naher Zukunft bevorstehe. Sie sind, da sie sich selbst für gut und rechtgläubig halten, überzeugt, vor dem Ausbruch der in der Bibel vorausgesagten endzeitlichen Katastrophe entrückt zu werden, sobald der auf den Wolken einher schreitende Jesus als endzeitlicher Messias erscheint. Ihr Kronzeuge ist der Apostel Paulus, der im Brief an die Thessalonicher schrieb: »Denn dies sagen wir euch nach einem Wort des Herrn: Wir, die Lebenden, die noch übrig sind, wenn der Herr kommt, werden den Verstorbenen nichts

voraus haben. Denn der Herr selbst wird vom Himmel herab-
kommen, wenn der Befehl ergeht, der Erzengel ruft und die
Posaune erschallt. Zuerst werden die in Christus Verstorbenen
auferstehen; dann werden wir, die Lebenden, die noch übrig
sind, zugleich mit ihnen auf den Wolken in die Luft entrückt,
dem Herrn entgegen. Dann werden wir immer beim Herrn
sein.«[218]

Großer Beliebtheit erfreut sich auch die Offenbarung des
Johannes bei den christlichen Apokalyptikern, da sie als letzte
Schrift der Bibel gleichsam den Blick in die Zukunft der
Menschheitsgeschichte öffnet. Im islamischen Kulturkreis sind
ähnliche Vorstellungen verbreitet mit der Besonderheit, dass
Muslime, die im heiligen Krieg gegen die Ungläubigen fallen,
augenblicklich ins Paradies versetzt werden, wo sie sinnliche
Freuden ohne Ende genießen. Selbstmordattentäter werden
von vielen (nicht von allen!) Muslimen ebenfalls als heilige
Krieger betrachtet, da sie für die Ausbreitung des Islam ihr Leben opfern. Der Begriff Märtyrer sollte meines Erachtens jedoch Menschen vorbehalten bleiben, die ihr Leben für ihre
Überzeugung opfern, nicht aber Menschen, die bereit sind zu
sterben, indem sie andere töten. Die islamischen Apokalyptiker
berufen sich auf den Koran und die Hadithe (Sprüche des Propheten). Ihr Messias trägt den Namen Mehdi bzw. Isa (die ara-
bisierte Form von Jesus). Für sie ist, wie bei den jüdischen und
christlichen Apokalyptikern, Palästina der Austragungsort der
endzeitlichen Ereignisse, nur eben mit umgekehrtem Vorzeichen.[219]

Die jüdischen, christlichen und muslimischen Apokalyptiker
können auf eine lange Tradition endzeitlicher Prophezeiungen
zurückblicken. Der Wiener Schriftsteller und Philosoph

---

218 1 Thes 4,15–17.
219 Näheres bei Viktor und Viktoria Trimondi: Krieg der Religionen, München
2006, Kapitel 12.

Günther Anders (1902–1992) betont mit Recht, dass vornehmlich vom Untergang bedrohte Völker, wie zum Beispiel das Volk Israel, oder verfolgte Minderheiten, wie die Christen der ersten nachchristlichen Jahrhunderte oder die Schiiten im Islam, apokalyptische Endzeitvorstellungen entwickelten: »Apokalypse-Erwartungen treten durchaus nicht unter beliebigen geschichtlichen Umständen auf. Und ebensowenig in beliebigen sozialen Gruppen. Jede ›Soziologie der Endzeiten‹ würde zeigen, dass es niemals Apokalypse-Erwartungen gegeben hat, die ihren Ursprung herrschenden Mächten verdankt hätten. Vermutlich noch nicht einmal solche, die von herrschenden Mächten intakt überliefert worden wären. Wer herrscht, der insistiert auf seinem eigenen Bleiben, und damit auf dem Bleiben der Welt. Ans Ende denkt, aufs Ende hofft, mit dem Ende tröstet sich allein derjenige, der ›am Ende‹ ist. Positiv formuliert: Apokalypse-Konzeptionen verdanken ihr Dasein stets Gruppen, die durch einen nahezu absoluten, mindestens durch einen extrem absolutistischen Druck einer weltlichen Macht zur Ohnmacht verurteilt sind. Nur diese benötigen … den Endgedanken, denn mit dessen Hilfe konnten sie sich über die Entwürdigung, die sie in dieser Welt zu erleiden hatten, hinwegbringen. Und zwar dadurch, dass sie die absolute Gewalt, der sie unterworfen waren, mit einer noch ›absoluteren‹ überboten, eben mit der Gewalt des absoluten Endes, vor der jede weltliche Gewalt vergehen musste.«[220]

Günther Anders wundert sich über das Ausbleiben eines apokalyptischen Bewusstseins in der Nachkriegszeit. Er konstatiert in den 50er-, 60er- und 70er-Jahren geradezu eine »Apokalypseblindheit«, ja sogar eine »Apokalypsestumpfheit«,[221] da die atomare Bedrohung der Existenz der Menschheit, von

---

220 Günther Anders: Die atomare Drohung, München 1983, S. 110 f.
221 Ebenda, S. IX.

wenigen Ausnahmen abgesehen, nicht wahrgenommen werde und selbst da, wo sie wahrgenommen werde, folgenlos bleibe. Heutzutage würde er sich nicht mehr wundern. Im Gegenteil, vieles spricht dafür, dass die bewusste oder unbewusste Wahrnehmung der Existenzbedrohung der Menschheit eine der Hauptursachen für die allenthalben grassierenden Endzeiterwartungen darstellt. Als ein durch den Holocaust an den Juden und durch die Atombombenabwürfe auf Hiroshima und Nagasaki sensibilisierter Jude erkannte Anders schon früh die epochale Bedeutung des Jahres 1945. Seitdem, so lautete seine nüchterne Feststellung, leben wir in der Endzeit, gleichgültig, wie kurz oder lang sie noch andauern mag. Weil das Wissen um die Herstellung dieser Waffen nicht mehr rückgängig gemacht werden kann, weil die Wahrscheinlichkeit ihrer Abschaffung mit jedem Jahr geringer wird, weil der Prozess ihrer Verbreitung fortschreitet, und weil sich die Krisen der modernen Industriegesellschaft zu einer einzigen Megakrise summieren, ja potenzieren, muss früher oder später mit dem massenhaften Einsatz von Atomwaffen gerechnet werden, der die Vernichtung allen höheren Lebens auf der Erde zur Folge haben kann.

Für den atheistischen Humanisten Anders schreitet freilich am Ende der Tage kein Messias auf den Wolken einher, um die, die an ihn glauben, zu retten. Vielmehr wird ein von radioaktiven Wolken eingehüllter blauer Planet still die Sonne umkreisen. Anders fühlte sich wie der einsamer Rufer in der Wüste. Was er nicht ahnte, war, dass nach dem Ende des Kalten Krieges weltweit eine Flucht in religiöse Endzeiterwartungen einsetzen würde. Statt sich mit aller Kraft gegen die atomare Gefahr zu wehren, suchen viele Menschen ihr Heil in der Flucht aus der Realität in religiöse Endzeitfantasien. Der politische Einfluss der messianisch-apokalyptischen Bewegungen in den abrahamitischen Religionen ist enorm, und er wird aller Voraussicht nach weiter wachsen. Nach einer Umfrage von TIME/CNN aus dem Jahre 2002 sind 59 Prozent der US-Amerikaner überzeugt, in der Endzeit zu leben.[222] Die »christliche Rechte« in den USA verfügt offenbar über 50 bis 60 Millionen Wählerstimmen und kann somit die Präsidentschaftswahlen entscheidend beeinflussen. Die Präsidenten Ronald Reagan und George W. Bush standen diesen Bewegungen nahe, wie die Äußerungen Reagans über das Sowjetimperium als »Reich des Bösen« und die Bushs über die Staaten Irak, Iran und Nordkorea als der »Achse des Bösen« nahelegen. Beide Präsidenten betrachteten bzw. betrachten sich als »wiedergeborene Christen«. Das Gleiche gilt für die messianischen Apokalyptiker in Israel und in der jüdischen Diaspora, welche die Politik Israels gegenüber den Palästinensern maßgeblich bestimmen. Und es gilt auch für die islamistischen Strömungen in den Ländern des Islam, namentlich des Iran. Man ist geneigt, derartige Vorstellungen als krankhaften Wahn von Sektierern abzutun. Ihre weite Verbreitung und ihre Militanz geben jedoch zur Besorgnis Anlass. Der politische Einfluss dieser Bewegungen in den abrahamitischen Religionen kann schwerlich überschätzt werden, da sie sich wie im Kalten Krieg wechselseitig zum Feindbild aufschaukeln. Im Zuge sich verschärfender Konflikte um Rohstoffe, Märkte und Transportwege können sie einem »Krieg der Religionen« den Weg bahnen und den Weltuntergang in Form einer sich selbst erfüllenden Prophezeiung auslösen.

Die Nachricht, dass die blutige Endzeitschlacht, in der das Gute das Böse, Gott den Satan endgültig vernichtet oder der ewigen Verdammnis ausliefert, nicht stattfindet, wird die Apokalyptiker jeglicher Couleur nicht von ihrem Glauben abbringen. Sie argumentieren: »Das steht doch in der Bibel! Wollen Sie etwa behaupten, dass die Bibel lügt, dass Gott lügt?« Wer

---

222 Viktor und Viktoria Trimondi: Krieg der Religionen, München 2006, S. 9.

politische Wahnvorstellungen wie die vom Tausendjährigen Reich der Germanen bei den Nationalsozialisten oder die der klassenlosen Gesellschaft als Endergebnis einer geschichtsimmanenten Dialetik bei den Marxisten aus eigener Anschauung kennt, weiß um die Gefährlichkeit derartiger Utopien. Sie können durchaus zu einem Kampf der Kulturen, einem Krieg der Religionen führen, der mit dem Untergang allen höheren Lebens auf der Erde endet. Obwohl beide Seiten in dieser endzeitlichen Schlacht überzeugt sind, das Gute zu verkörpern, merken sie nicht, dass das Böse längst von ihnen Besitz ergriffen hat. Mögen ihre erklärten Ziele auch noch so edel sein, sei es die Ausbreitung von Freiheit, Demokratie und Menschenrechten, von Frieden und Sozialismus oder die Errichtung der Gottesherrschaft auf Erden, so werden sie doch bis zur Unkenntlichkeit pervertiert, sobald sie durch Zwang, Gewalt und Krieg verwirklicht werden sollen.

Ergebnis: Dem apokalyptischen Messianismus liegt, gleichgültig in welcher Variante, die Vorstellung vom zornigen, vergeltenden, strafenden, richtenden und vernichtenden Gott, der am Ende der Tage die Bösen und das Böse vernichtet oder zu ewiger Höllenpein verurteilt, die Guten aber errettet und mit ewiger Seligkeit beschenkt, zu Grunde. Angesichts solcher Wahnvorstellungen ist man versucht, Sigmund Freuds Diagnose der Religion als einer »kollektiven Zwangsneurose« zuzustimmen. Das gilt auch für die Gottesvorstellung, bei der Gott als Gegenspieler des Satans erscheint. Diese Vorstellung gilt es in Richtung auf ein Gottesbild, das ohne Gegensatz ist, zu überschreiten: »Im exakten wissenschaftlichen Sinn liegt Gott allem Guten und Bösen zu Grunde. Er leitet das Schwert des Mörders ebenso wie das Skalpell des Chirurgen. Aber für alles, was das Gute und das Böse für menschliche Zwecke bedeuten, sind sie untereinander verschieden und miteinander unvereinbar, sind sie symbolisch für das Licht und die Dunkelheit, für Gott und für den Satan. Gottes Hand ist hinter dem Guten. Aber in Gottes Hand ist nicht nur das Gute, seine Hand ist auch hinter dem Bösen. Aber das Böse ist dann nicht länger von Übel. Die Worte gut und böse kommen aus unserer eigenen unvollkommenen Sprache. Gott ist jenseits von Gut und Böse.«[223]

War Gandhi ein Mystiker?

Meine Antwort lautet: Ja, obwohl das Wort bei ihm nicht vorkommt. Zumindest hat er sich selbst meines Wissens nie als Mystiker bezeichnet. Wie so oft, kommt es auch in diesem Fall darauf an, wie wir Mystik definieren. Das Wort Mystik wird hergeleitet vom griechischen Verb myein = verschließen. Der Mystiker verschließt sich vor der Welt und ihrem Getriebe. Er verschließt die Augen, die Ohren, den Mund und tritt den Weg nach innen an. Dieser Weg, der auch als Meditation oder Versenkung beschrieben wird, erschließt ihm eine neue Welt: Die Erfahrung der Einheit allen Seins im Sinn von Adwaita, die als Gott, Gottheit, Leerheit, Brahman, Atman oder Nirwana beschrieben wird. Zu den wenigen Gegenständen aus Gandhis persönlichem Besitz gehören die »drei weisen Affen«, von denen einer die Augen, einer die Ohren und einer den Mund mit beiden Händen verschließt. So gesehen war Gandhi zweifellos ein Mystiker. Er beschrieb jenes Eintauchen in das ewige Sein der Wahrheit oder Gottes mit dem wunderbaren Gleichnis vom Wassertropfen, der in den Ozean fällt und darin aufgeht: »Wenn Gott so riesig und grenzenlos ist wie der Ozean, kann dann ein kleiner Tropfen wie der Mensch sich vorstellen, wie er ist? Er kann nur wahrnehmen, wie ihm der Ozean erscheint, sich für ihn anfühlt, wenn er hineinfällt und darin untertaucht. Und

---

223 Harijan, 20.2.1937.

schon dieses Erlebnis ist jenseits aller Beschreibung.«[224] »Mag sein, dass wir nicht Gott sind, aber wir sind von Gott, so wie jeder kleine Wassertropfen aus dem Ozean von ihm ist. Stell Dir vor, dass dieser Tropfen aus dem Ozean genommen und Millionen Meilen weit wegbewegt wird. Dann wird er hilflos und kann die Macht und die Majestät des Ozeans nicht mehr fühlen. Aber wenn ihm jemand zeigen könnte, dass er in Wahrheit der Ozean ist, dann würde sein Glaube dadurch wieder belebt, und er würde vor Freude tanzen und die ganze Macht und Majestät des Ozeans würde sich dabei in ihm spiegeln.«[225]

Problematisch wird Mystik, wenn der Weg nach innen zur bloßen Reaktion auf den »Weg nach außen«, der Verfallenheit an die Sinnenwelt, wird. Das geschieht im Hinduismus mit seinem Sannjasa-Ideal[226] häufig. So wie es eine Wendung nach innen gibt, an deren Ende die mystische Erfahrung der Einheit mit allem Sein steht, so sollte es am Ende dieses Weges eine Wende und einen Weg nach außen geben, an dessen Ende die Kraft der Wahrheit, die Kraft Gottes in der Welt wirksam wird. Man könnte auch sagen: Gott wird am Ende dieses Weges im Mystiker und durch den Mystiker in der Welt sichtbar und erfahrbar. Beides, der Weg nach innen und der Weg nach außen, gehören nach Gandhis Überzeugung zusammen. Sie verstärken sich wechselseitig.

Karma und Wiedergeburt

Gandhi ist als Hindu mit der Lehre von Karma und Wiedergeburt ebenso selbstverständlich aufgewachsen, wie ein Christ

---

224 Harijan, 18.8.1946.
225 Harijan, 3.6.1939.
226 Entsagung von allem weltlichen Leben, das letzte Stadium im religiösen Leben eines Angehörigen der höheren Kasten.

mit der Vorstellung vom Himmel, in dem die Erlösten ewige Seligkeit genießen, und der Hölle, in der die Verdammten in alle Ewigkeit gequält werden. Das Sanskritwort Karma heißt, wörtlich übersetzt, das Tun. Es bezeichnet das Gesetz der Gerechtigkeit, nach dem Gutes mit Gutem, Böses mit Bösem vergolten wird. Durch unsere guten oder bösen Gedanken, Worte und Taten formen wir in dem engen Rahmen, den Veranlagung und Umwelt unserem freien Willen lassen, unser künftiges Schicksal und das nicht nur in dieser Welt, sondern auch in jener Welt der Seele und des Geistes, in die wir nach Auffassung von Hindus und Buddhisten nach unserem Tod eingehen, um schließlich wiedergeboren zu werden. Wer positives Karma ansammelt, wird in einem höheren Status, wer negatives Karma ansammelt, in einem niederen Status wiedergeboren. Das heißt, unsere guten und bösen Gedanken, Gefühle, Worte und Taten binden uns an diese Welt. Sie halten uns fest im ewig sich drehenden Rad von Geburt, Tod und Wiedergeburt. Daher wird die Lehre von Karma und Wiedergeburt im Hinduismus und Buddhismus keineswegs als Segen, sondern vielmehr als Fluch betrachtet. Denn das sich ewig drehende Rad von Geburt, Tod und Wiedergeburt, von Aufstieg durch gutes und Abstieg durch schlechtes Karma kennt als solches keine Erlösung. Befreiung, Erlösung (Mokscha) findet der Mensch erst durch Entsagung; Entsagung nicht nur von seinem schlechten, sondern auch von seinem guten Karma. Gelingt ihm das, so geht er in Gott (Hinduismus) oder in das Nirwana (Buddhismus) ein. Die Bhagwadgita lehrt daher den Verzicht auf die »Früchte des Handelns«, das heißt den Genuss des Erfolgs.

Es sind also unsere Zuneigungen und Abneigungen, unsere (sinnliche) Liebe und unser Hass, unsere Angst und unsere Gier, die gleichsam mit magnetischer Kraft von der materiellen Welt angezogen und erneut in einen Körper gebannt werden. Alles Sein, so lehrte der Buddha, ist die Folge eines Begehrens.

Mit dem Tod hört der Körper zwar auf zu existieren, doch die Seele, die teilhat an der Weltseele und der Geist, der teilhat am Weltgeist, leben und wachsen weiter, bis sie erneut in einen Körper eingehen, ohne dass sich der Mensch seiner vergangenen Verkörperungen bewusst erinnert.

Die Lehre von Karma und Wiedergeburt gilt als Kennzeichen der östlichen Religionen. Sie findet sich aber auch in den Naturreligionen und im gnostisch beeinflussten Christentum, zum Beispiel im Johannesevangelium. Sie beschreibt letztlich nichts anderes als ein ins Metaphysische ausgeweitetes Vergeltungsprinzip. Die Karmalehre kann einem engstirnigen Egoismus Vorschub leisten. Sie kann blind machen für das Leid und die Not anderer Menschen, denn sie liefert dafür eine simple Erklärung: Leid, Elend und Erniedrigung sind das Ergebnis früherer Verfehlungen. Wenn der Leidende sein Schicksal geduldig erträgt, sammelt er gutes Karma und wird im nächsten Leben in einem höheren Status, einer höheren Kaste geboren. Die Lehre vom Karma hat folglich ganz konkrete gesellschaftliche und politische Auswirkungen. Sie erschwert die liebende und helfende Zuwendung zum Nächsten, denn er ist an seinem Schicksal ja selbst schuld. Sie erschwert aber auch die Rebellion gegen unerträgliche Verhältnisse, denn dadurch würde das schlechte Karma ja nur noch vermehrt. Sie stabilisiert folglich eine sozial ungerechte Gesellschaftsordnung.

Es war der große Reformator des Hinduismus, Gotama Buddha, der sich gegen diesen Aspekt des Hinduismus auflehnte und das starre Kastensystem grundsätzlich in Frage stellte. Der Weg zur Erlösung steht, lehrte er, jedem Menschen offen, sobald er sich entschließt, den Weg der Entsagung, des Nichtanhaftens, der zur Erleuchtung (buddha), zum rechten Leben (dharma) und zur religiösen Gemeinschaft (sangha) führt, zu beschreiten. An die Stelle der Unachtsamkeit gegenüber dem Schicksal des Nächsten tritt die Achtsamkeit ihm gegenüber und das Mitleid mit allem, was lebt, denn Leben ist nach buddhistischer Lehre wesentlich Leiden und Mitleiden.

Gandhi hat als Hindu den Gedanken des sich Lösens von Karma und Wiedergeburt mit der Bhagwadgita als Verzicht auf die »Früchte des Handelns« (den Erfolg) begriffen. Erst wenn unser Denken und Fühlen, unser Sprechen und Handeln vom Geist der Wahrheit (Satja) und der Liebe (Ahimsa), das heißt vom Geist Gottes, erfüllt ist, werden wir frei von den Bindungen an die Welt. Der Prozess der Erlösung aus dem sich ewig drehenden Rad von Geburt, Tod und Wiedergeburt beginnt in dem Augenblick, wo wir das Prinzip der Vergeltung im Guten wie im Bösen außer Kraft setzen, indem wir Böses mit Gutem vergelten, um es auf diese Weise zu überwinden. Das geschieht, indem wir dem Bösen gewaltfrei widerstehen oder indem wir am Leid anderer Menschen Anteil nehmen und es zu lindern versuchen. »Der menschliche Körper ist nur zum Dienen gedacht, nicht zum Genießen. Das Geheimnis des glücklichen Lebens liegt in der Entsagung. Entsagung ist Leben. Genießen ist der Tod. Darum hat ein jeder ein Recht darauf und sollte sich wünschen, 125 Jahre alt zu werden, um zu dienen, ohne ein Auge auf den Lohn zu werfen. Ein solches Leben muss einzig und allein dem Dienen gewidmet sein. Entsagung, die man übt, um zu dienen, ist eine unaussprechliche Freude, die einem niemand wegnehmen kann, denn dieser Nektar kommt von innen her und erhält das Leben. In einem solchen Leben gibt es keinen Platz für Sorgen oder Ungeduld. Ohne diese Freude ist es unmöglich, lange zu leben, und es wäre nicht lohnend, selbst wenn es möglich wäre.«[227] »Was ich erlangen möchte, worum ich mich in all diesen 30 Jahren bemühe, das ist die Selbstverwirklichung. Ich möchte Gott von Angesicht zu Angesicht sehen, ich möchte Mokscha, die Befreiung, erlangen. In

---

227 Harijan, 24.2.1946.

der Verfolgung dieses Zieles lebe ich, bewege ich mich und habe ich mein ganzes Sein. Alles, was ich tue, alles, was ich spreche und schreibe, alles, was ich politisch unternehme, dient diesem einen Ziel.«[228]

---

228 Mahatma Gandhi: Autobiographie, Gütersloh o.J., S. 8 f.

VII. Satjagraha

> Das einzige unbedingt notwendige Mittel, um die Wahr-
> heit als Gott zu erkennen, ist die Liebe, das heißt die Ge-
> waltfreiheit, und da ich glaube, dass Mittel und Ziel letztlich
> relative Begriffe sind, würde ich nicht zögern, zu sagen, dass
> Gott Liebe ist. *Mahatma Gandhi*

Es ist hier nicht der Ort, auf Gandhis Satjagraha-Lehre und
-Praxis im Einzelnen einzugehen. Sie soll nur so weit zur Sprache kommen, als sie zum Verständnis seiner Religion und der
praktischen Schlussfolgerungen, die er daraus ableitet, unverzichtbar ist.

Sat > Satja > Satjagraha ist nicht die einzige, aber doch eine
der wichtigsten Begriffskaskaden, durch die Gandhi gleichsam
den Himmel auf die Erde bringt. Was meint er mit Satjagraha?
Wörtlich übersetzt bedeutet Satjagraha: *Festhalten an der Wahrheit*, dem Sinne nach *Kraft der Wahrheit, der Liebe oder der
Seele*, im Unterschied zu Körperkraft. Und da die Wahrheit für
Gandhi gleichbedeutend ist mit Gott, bedeutet Satjagraha zugleich die *Kraft Gottes*, die in uns und durch uns wirkt. Es ist
die Kraft, die uns befähigt, Böses mit Gutem, Hass mit Liebe
und Gewalt mit Gewaltfreiheit zu vergelten und dadurch zu
überwinden: »Immer und immer wieder habe ich die Erfahrung gemacht, dass das Gute Gutes hervorruft, das Böse aber
Böses erzeugt. Wenn daher dem Ruf des Bösen kein Echo folgt,
so büßt es aus Mangel an Nahrung seine Kraft ein und geht zu
Grunde. Das Übel nährt sich nur von seinesgleichen. Weise
Menschen, denen diese Tatsache klar geworden ist, vergalten
daher nicht Böses mit Bösem, sondern immer nur mit Gutem
und brachten dadurch das Böse zu Fall. Gleichwohl lebt das

Böse weiter. Denn nicht viele befolgen diese Lehre, obwohl das Gesetz, das ihr zu Grunde liegt, mit wissenschaftlicher Genauigkeit arbeitet.«[229]

Jesus von Nazareth spricht von eben dieser Kraft, wenn er auf die Frage des Petrus: »Wie oft muss ich meinem Bruder vergeben, wenn er sich gegen mich versündigt? Siebenmal?«, antwortet:»Nicht siebenmal, sondern siebenundsiebzigmal«.[230] Siebenundsiebzigmal ist eine poetische Umschreibung für immer. Aus eigener Kraft sind wir dazu außer Stande. Jede und jeder kann das im Selbstversuch leicht feststellen. Einmal Böses mit Gutem zu vergelten, mag noch angehen. Glücklich, wer es zweimal hintereinander schafft. Doch dreimal ist nahezu unmöglich, ganz zu schweigen von jedem weiteren Mal. Für Gandhi steht daher fest, dass Satjagraha ohne Religion nicht möglich ist: »Ein lebendiger Glaube an Gewaltfreiheit ist unmöglich ohne einen lebendigen Glauben an Gott. Ein gewaltfreier Mensch kann nichts tun ohne die Kraft und Gnade Gottes. Ohne sie hätte er nicht den Mut, ohne Zorn zu sterben, ohne Furcht und ohne Rachegefühle. Ein solcher Mut erwächst aus dem Glauben, dass Gott im Herzen aller wohnt und dass es in der Gegenwart Gottes keine Furcht geben darf. Das Wissen um die Allgegenwart Gottes bedeutet auch Respekt vor dem Leben derer, die man ›Gegner‹ nennt.«[231]

Satjagraha ist mit anderen Worten die Fähigkeit (nicht nur der Wunsch), Gewalt hinzunehmen, ohne in Hass oder Vergeltung *zurückzuschlagen*, aber auch ohne *zurückzuweichen, um sie auf diese Weise zu überwinden*. Der Nachsatz ist wichtig, denn die zu Grunde liegende Vorstellung ist, dass Gewalt, selbst da, wo sie in der Absicht, sich gegen einen unrechtmäßigen Angriff zu verteidigen oder ungerechte gesellschaftliche Verhältnisse zu

---

229 Fritz Kraus (Hg.): Vom Geist des Mahatma, Zürich o.J., S. 134.
230 Mt 18,21 f.
231 Mahatma Gandhi: Freiheit ohne Gewalt, Köln 1968, S. 166.

überwinden, angewandt wird, ihr Ziel verfehlt, da sie das Problem, das sie lösen will, letztlich nur verschlimmert. Sie erweist sich als ein untaugliches Mittel der Konfliktlösung, sofern das Ziel darin besteht, den Konflikt dauerhaft und im Interesse aller Beteiligten zu lösen. Ein Satjagrahi (gewaltfreier Kämpfer) wirft daher die Waffe, so er eine hat, als untauglich weg.

Satjagraha, das kann gar nicht nachdrücklich genug betont werden, ist mehr als bloßer Gewaltverzicht. Es ist die Anwendung einer *positiven, aktiven, aufbauenden und befreienden, ja einer schöpferischen und heilenden Kraft.* In letzter Konsequenz schließt sie bewusst auf sich genommenes Leiden ein, ohne sich dem Willen des Angreifers zu unterwerfen: »Leiden ist das Gesetz der menschlichen Wesen; Krieg ist das Gesetz des Dschungels. Aber Leiden ist unendlich mächtiger als das Gesetz des Dschungels, denn es bekehrt den Gegner und öffnet seine sonst verschlossenen Ohren der Stimme der Vernunft. Vielleicht hat niemand mehr Bittschriften aufgesetzt und mehr verlorene Prozesse übernommen als ich, und ich bin dabei zu dem fundamentalen Schluss gekommen: Wenn man etwas wirklich Wichtiges bewirken will, muss man nicht nur die Vernunft befriedigen, sondern zugleich das Herz rühren. Der Appell an die Vernunft ist mehr eine Kopfangelegenheit, doch die Rührung des Herzens geschieht durch Leiden. Das erschließt das innere Verständnis im Menschen. Leiden ist das Kennzeichen des Menschengeschlechtes, nicht das Schwert.«[232]

Man kann Satjagraha auch als Gegengift beschreiben, welches das Gift der Gewalt, das in unsere gesellschaftlichen Beziehungen eingedrungen ist und sie zersetzt, wieder aus der Welt schafft, während Gegengewalt es nur vermehrt. Der Berliner Politologe Theodor Ebert hat dafür den Begriff *Gewalt-*

---

232 Fritz Kraus (Hg.): Vom Geist des Mahatma, Zürich o.J., S. 172, siehe auch S. 279 f. und S. 224 f.

freiheit geprägt. Damit ist ein prinzipieller und strategischer Gewaltverzicht gemeint auf Grund der Einsicht, dass Gewalt ein untaugliches Mittel der Konfliktaustragung darstellt, sofern der Konflikt im Interesse aller Beteiligten gelöst werden soll. Gewaltlosigkeit meint dagegen einen nur pragmatisch oder taktisch begründeten Gewaltverzicht, sei es, weil der Gegner weit überlegen ist, keine Waffen zur Verfügung stehen oder gewaltsamer Widerstand aus anderen Gründen unzweckmäßig erscheint. Gandhi bezeichnete das Erstere auch gelegentlich als *Gewaltlosigkeit der Starken* oder Satjagraha und das Letztere als *Gewaltlosigkeit der Schwachen* oder passiven Widerstand. Leider hat sich die Unterscheidung Eberts im deutschen Sprachraum nicht durchgesetzt. Gewaltfreiheit wird heute mit Gewaltlosigkeit im Sinne eines pragmatischen Gewaltverzichts gleichgesetzt. Martin Arnold[233] hat deshalb für Satjagraha das Wort Gütekraft vorgeschlagen. Mir scheint jedoch das Wort Wahrheitskraft zutreffender, denn es kommt dem Begriff Satjagraha, der ja auch ein von Gandhi geprägtes Kunstwort ist, weil er den Begriff passiver Widerstand für unzutreffend hielt, am nächsten.

Satjagraha oder Wahrheitskraft ist nach Gandhis Überzeugung, eine universale Methode der Konfliktaustragung, das heißt, sie ist auf allen gesellschaftlichen Ebenen anwendbar, beginnend mit den persönlichen Konflikten, die jeder von uns hat, über lokale, regionale, nationale, internationale und am Ende selbst globale Konflikte. Sie muss aber zunächst auf der persönlichen Ebene gelernt und eingeübt werden, so wie man den Bau eines Hauses nicht mit dem Dach, sondern mit dem Fundament beginnt.

Der universale Charakter der Gewaltfreiheit wird von vielen

---

233 Martin Arnold, Gudrun Knittel (Hg.): Gütekraft erforschen. Sondernummer der Zeitschrift: gewaltfreie aktion. Vierteljahreshefte für Frieden und Gerechtigkeit, Heft 121, S. 6 f.

Menschen mit dem Argument bestritten, gegen einen Diktator oder gar einen Hitler sei gewaltfreier Widerstand nutzlos, ja selbstmörderisch. Gandhi widerspricht dieser Behauptung entschieden. Für ihn handelt es sich geradezu um eine Art Naturgesetz: Um eine gegebene Menge Gewalt zu überwinden, ist eine ebenso große Menge Wahrheitskraft nötig, so wie eine gegebene Menge Säure durch eine ebenso große Menge Lauge neutralisiert werden kann. Wo wenig Gewalt ist, genügt wenig Gewaltfreiheit, wo viel Gewalt ist, bedarf es vieler Gewaltfreiheit und wo sehr viel Gewalt ist, ist auch sehr viel Gewaltfreiheit nötig, um sie zu überwinden und gleichsam wieder aus der Welt zu schaffen. Das heißt konkret, es müssen viele Satjagrahis bereit sein, Nachteile und Strafen, unter Umständen sogar Leiden und Tod hinzunehmen, um eine Diktatur oder ein totalitäres Regime zu überwinden.

Die Waffe des Satjagraha »verkehrt die Gewalt ... in ihr Gegenteil. Gewalt ist irgendwo aufgekommen zwischen jemandem, der seinen Willen aufzwingt, und dem anderen, der ihn annimmt. Durch die Weigerung, sich dem Willen des Tyrannen zu beugen, wird die Gewalt zerstört. Es ist eine Art von Jiu-Jitsu-Taktik, wobei man den angreifenden Gegner dadurch aus dem Gleichgewicht bringt, dass man ihn aus seinem Weg herauswirft ... Das höchste Unrecht rührt nicht nur vom Unterdrücker her, sondern auch vom Unterdrückten. Der Tyrann vermag nämlich nur das aufzuzwingen, dem zu widerstehen das Opfer nicht die Kraft besitzt. Unsere eigene Schwäche und Bosheit zu überwinden, ist daher schon der halbe Sieg, und das ist der Weg des Leidens und der Selbstläuterung. Es ist jedoch unmöglich, diese zu vollbringen, ohne die eingeborene Güte der menschlichen Natur, die Einheit des Menschengeschlechtes und die allumfassende Macht der Liebe zu realisieren.«[234]

---

234 Fritz Kraus (Hg.): Vom Geist des Mahatma, Zürich o.J., S. 164 f.

Gewaltfreier Widerstand gegen eine Diktatur oder ein totalitäres Regime hat seinen Preis. Doch sollte sich niemand der Illusion hingeben, ein gewaltsamer Widerstand gegen sie sei ohne Leiden und Opfer möglich. Im Gegenteil, sie sind unvergleichlich viel größer, da gewaltsame Auseinandersetzungen dazu neigen, sich aufzuschaukeln. Sodann gilt es zu bedenken, beide kriegführenden Seiten sinken gewöhnlich im Fortgang der Auseinandersetzung moralisch immer tiefer, während sie bei einer gewaltfreien Auseinandersetzung moralisch emporsteigen. Gewaltfreiheit ist für Gandhi der Gewalt als Mittel der Konfliktaustragung nicht nur vorzuziehen, sie ist sogar das einzig taugliche Mittel, vorausgesetzt, es geht darum, den Konflikt im Interesse aller Beteiligten zu lösen. »Die Selbstaufopferung eines unschuldigen Menschen ist millionenmal mächtiger als das Selbstopfer von einer Million Menschen, die dabei sterben, während sie andere töten. Das freiwillige Opfer des Unschuldigen ist die machtvollste Antwort auf eine rücksichtslose Tyrannei.«[235]

Als Zeitgenosse Hitlers musste sich Gandhi bereits mit der kritischen Anfrage auseinandersetzen, ob Wahrheitskraft einem Hitler gegenüber, beispielsweise in der Frage der Judenverfolgung, nicht von vornherein zum Scheitern verurteilt sei. Er räumt ein: »Ein ‹jüdischer Gandhi›, sollte er in Deutschland aufstehen, könnte höchstwahrscheinlich nicht länger als fünf Minuten wirken, ehe er unverzüglich zur Guillotine geschleift würde. Doch das widerlegt meinen Standpunkt nicht, noch erschüttert es meinen Glauben an die Wirksamkeit der Ahimsa. Ich kann mir vorstellen, dass Hunderte, ja Tausende geopfert werden müssen, um den Hunger von Diktatoren zu stillen, die nicht an Ahimsa glauben. Es gilt sogar der Grundsatz, dass Ahimsa angesichts der größten Himsa am wirksamsten ist. Nur

---

235 Mahatma Gandhi: Freiheit ohne Gewalt, Köln 168, S. 23.

in solchen Fällen wird ihre Qualität wirklich geprüft. Für die Leidenden ist es nicht nötig, das Ergebnis zu ihren Lebzeiten zu sehen. Sie müssen den Glauben haben, dass, falls ihr religiös begründetes Vorgehen weiterlebt, das Ergebnis mit Sicherheit folgen wird. Die Methode der Gewalt bietet keine größere Erfolgsgarantie als die der Gewaltfreiheit. Sie bietet eine unendlich geringere, denn ihr fehlt der Glaube des Anhängers von Ahimsa.«[236]

Ob ein gewaltfreier Widerstand gegen Hitler erfolgreich gewesen wäre und welchen Preis er gekostet hätte, wissen wir nicht, denn es hat ihn nicht gegeben, abgesehen von kleinen, aber durchaus vielversprechenden Ansätzen.[237] Was es aber gegeben hat, ist ein Krieg gegen die »Achsenmächte« Deutschland, Italien und Japan. Er hat mindestens 50 Millionen Menschen das Leben gekostet, von den körperlichen und seelischen Schäden, den Sachschäden, der Ressourcenverschwendung und Umweltzerstörung gar nicht zu reden. Und was war das Ergebnis? Wohl errangen die Alliierten den Sieg über die Kriegsgegner, doch um welchen Preis? Abgesehen von den bereits genannten Kosten haben die Weltkriege die militärtechnische Entwicklung treibhausmäßig vorangetrieben, den aberwitzigen Rüstungswettlauf des Kalten Krieges mit verursacht und die Bühne bereitgestellt für den dritten Weltkrieg, der als Atomkrieg das Schlussglied in der Kette der Weltkriege sein wird. So gesehen, endete der Versuch, den Krieg durch Krieg zu bekämpfen, mit einem totalen Fiasko. Mit Recht hat Gandhi den Alliierten vorgeworfen, sie hätten Hitler überhitlert, das heißt die Gewalt Hitlers durch größere Gewalt überboten: »Wenn England Gerechtigkeit sucht, muss es vor Gottes oberstem

---

236 Mahatma Gandhi: Für Pazifisten, Münster 1996, S. 70.
237 Zu den gewaltlosen Widerstandsbewegungen gegen die Nazis in Deutschland, Dänemark, Norwegen und Frankreich gibt es umfangreiche Literatur (Nathan Stolzfus, Gene Sharp, Theodor Ebert, Jaques Semelin u.a.).

Richterstuhl mit reinen Händen erscheinen. Es kann Freiheit und Demokratie nicht dadurch verteidigen, dass es, soweit der Krieg in Betracht kommt, die totalitäre Methode nachahmt. Es wird davon nicht wieder loskommen, nachdem es im Kriege Hitler überhitzelt hat. Sein Sieg, wenn erreicht, wird sich als Falle und Täuschung erweisen. Ich weiß, meine Stimme ist die eines Predigers in der Wüste. Doch eines Tages wird man die Wahrheit einsehen, die sie verkündet. Sollen Freiheit und Demokratie wahrhaft gerettet werden, so können sie das nur durch gewaltfreien Widerstand, der nicht weniger Tapferkeit fordert, nicht weniger Ruhm einträgt als der gewaltsame. Ja, er wird sogar viel tapferer und ruhmreicher sein, weil er Leben hingibt, ohne welches zu nehmen.«[238]

Gandhis Glaube an die Macht der Wahrheitskraft war unbegrenzt: »Die Macht der Liebe und des Mitleids ist unendlich stärker als die Macht der Waffen.«[239] »Gewaltfreiheit ist die größte Kraft, die der Menschheit zur Verfügung steht. Sie ist mächtiger als das wirksamste Vernichtungsmittel, das des Menschen Erfindergeist ersonnen hat. Zerstörung ist nicht das Lebensgesetz des Menschen. Der Mensch lebt frei auf Grund seiner Bereitschaft zu sterben, wenn es sein muss auch durch die Hand seines Bruders, nicht auf Grund seines Tötens. Jeder Mord und jede Verletzung, die einem anderen zugefügt wird, gleich aus welchem Grunde, ist ein Verbrechen an der Menschheit.«[240]

Gleichwohl tat das seinem Realismus keinen Abbruch. So trivial es auch klingen mag, ohne Soldaten, ohne Waffen, ohne Organisation, Logistik und Geld kann man keinen Krieg führen. Das Gleiche gilt für den gewaltfreien Kampf. Ohne Satjagrahis, ohne Organisation und ohne Geld kann man keinen gewaltfreien Kampf ausfechten. Da es in den europäischen Staa-

---

238 Fritz Kraus: Vom Geist des Mahatma, Zürich o.J., S. 306.
239 CWMG 10, S. 289.
240 Mahatma Gandhi: Freiheit ohne Gewalt, Köln 1968, S. 163.

ten des 20. Jahrhunderts keine gewaltfreie Armee gab, ja nicht einmal das Wissen, wie eine solche geschaffen werden könnte, blieb gar nichts anderes übrig als der bewaffnete Kampf. Das ist aber, wie jedermann leicht einsehen wird, kein Argument gegen die Gewaltfreiheit als Methode der Konfliktaustragung. Im Gegenteil, es ist das denkbar stärkste Argument dafür, so schnell wie möglich mit dem Aufbau einer Organisation und der Ausbildung gewaltfreier Kämpfer zu beginnen. Der europäische Pazifismus hat sich im Wesentlichen auf das Nein zu Krieg und Kriegsdienst beschränkt. Mit Gewaltfreiheit im Sinne Gandhis hat das nur wenig zu tun, denn ihm geht es um die Entwicklung und Anwendung der gewaltfreien Aktion als einer *konstruktiven Alternative* zur Gewalt als Mittel der Konfliktlösung. Der Weg vom Pazifisten zum Satjagrahi (gewaltfreien Kämpfer) ist deshalb nicht weniger weit als der Weg vom Soldaten zum Satjagrahi. Der gewaltfreie Kämpfer vereinigt die positiven Eigenschaften des Pazifisten und des Soldaten in sich und er vermeidet ihre negativen.

Gandhis Behauptung, die gewaltfreie Aktion sei eine universale Methode der Konfliktlösung bedeutet nicht, sie sei unbegrenzt einsetzbar. Sie hat durchaus ihre Grenzen, nur liegen sie ganz woanders, als gewöhnlich angenommen wird. Sie ist zum Beispiel völlig ungeeignet, Besitz und Macht zu erwerben oder fremde Märkte und Länder zu erobern oder Rohstoffquellen und Transportwege zu sichern. Wer diese Ziele erreichen will, muss zu direkter oder indirekter Gewalt greifen. Andererseits ist Gewalt das denkbar ungeeignetste Mittel, um Frieden, Freiheit, soziale Gerechtigkeit, Demokratie und Menschenrechte zu erkämpfen oder zu verteidigen. Solche Ziele können letztlich nur durch gewaltlose und gewaltfreie Mittel erreicht werden. Es besteht folglich ein *untrennbarer Zusammenhang zwischen Mittel und Zweck, Weg und Ziel.* Sie müssen übereinstimmen, wenn der Zweck erfüllt, das Ziel erreicht werden soll. Wir müssen uns folglich Rechenschaft abgeben über das, was wir wirklich wollen. Aus den angestrebten Zielen ergeben sich zwangsläufig die anzuwendenden Mittel. Alles andere ist Betrug und Selbstbetrug. Nirgends wird freilich soviel gelogen und betrogen – auch sich selbst belogen und betrogen – wie in diesem Bereich.

Eine zweite Grenze der Wahrheitskraft besteht darin, dass sie eine lange und intensive Ausbildung erfordert, welche die ganze Person erfasst und umgestaltet. Wir Mitteleuropäer sind alle in einem mehr oder weniger gewaltgesättigten sozialen Umfeld aufgewachsen und haben die Gewaltstrukturen unserer Umgebung verinnerlicht. Die erste und wichtigste Aufgabe besteht folglich darin, unseren Anteil an den Gewaltstrukturen dieser Welt zu erkennen und einen Reinigungsprozess zu durchlaufen, um von dieser Gewalt frei, das heißt wahrhaft gewaltfrei zu werden. Zugegeben, Menschen, die in diesem Sinne gewaltfrei geworden sind, sind extrem selten. Auch in dieser Hinsicht können wir von Gandhi lernen. Er verstand seinen Ashram als Ausbildungsstätte für gewaltfreie Kämpfer und nannte ihn deshalb Satjagraha-Ashram. Er umfasste nie mehr als einige dutzend Personen, also nur einen verschwindend kleinen Teil des indischen Volkes. Hätte er solange gewartet, bis ihm eine Armee ausgebildeter gewaltfreier Kämpfer zur Verfügung gestanden hätte, um den Kampf gegen die britische Kolonialherrschaft aufzunehmen, wäre er wohl nie zum Zug gekommen. Er sah sich daher gezwungen, Kompromisse zu schließen und eine Massenkampagne ins Leben zu rufen, die aus einer gewaltfreien Führerschaft und einer gewaltlosen Gefolgschaft, die nur aus taktischen Gründen auf Gewalt verzichtete, bestand. Die Schwäche einer Kampagne mit einer derart gemischten Teilnehmerschaft liegt auf der Hand. Da sich nach dem Tod des gewaltfreien Führers meist kein geeigneter Nachfolger findet, geht vieles von dem, was unter seiner Leitung erkämpft wurde, wieder verloren. Das war sowohl bei Gandhi in Südafrika und in Indien als auch bei Martin Luther King in den USA der Fall.

Heißt das, sich lieber einem Angreifer zu unterwerfen als gewaltsamen Widerstand zu leisten? Gandhi war nicht dieser Meinung. Selbstverständlich ist gewaltsamer Widerstand gegen Unrecht und Gewalt der feigen Unterwerfung unter den Angreifer vorzuziehen. Gandhi unterschied verschiedene Entwicklungsstufen auf dem Weg zum gewaltfreien Kämpfer, denn ein Satjagrahi fällt selbstverständlich nicht vom Himmel. Die unterste Ebene ist die feige Flucht oder das Wegschauen, wenn man Zeuge von Gewalttaten wird. Die erste Stufe ist der gewaltsame Widerstand gegen Unrecht und Gewalt. Die zweite ist der gewaltlose oder passive Widerstand und die dritte schließlich die gewaltfreie Aktion. »Meine Gewaltfreiheit erlaubt es nicht, vor der Gefahr wegzulaufen und seine Lieben ohne Schutz zu lassen. Wenn die Wahl zwischen Gewalttätigkeit und feiger Flucht zu treffen ist, dann ziehe ich Gewalttätigkeit vor. Ich kann einem Feigling nicht mehr Gewaltfreiheit predigen als ich einen Blinden dazu verführen kann, schöne Gegenden anzusehen. Gewaltfreiheit ist der Gipfel der Tapferkeit. Ich hatte keine Schwierigkeit, Leuten, die in der Schule der Gewalt aufgewachsen waren, die Überlegenheit der Gewaltfreiheit zu beweisen. Als Feigling, der ich jahrelang war, hielt ich mich an Gewalt. Ich begann Gewaltfreiheit erst dann zu schätzen, als ich meine Feigheit aufgab.«[241]

Wer von der Feigheit zum gewaltsamen Widerstand übergeht, tut demnach einen Schritt in die richtige Richtung. Er sollte nur nicht dabei stehen bleiben. Gandhi sagt selbst von sich, er habe diese Stufenfolge abgeschritten. Deshalb hat er sich auch, was wenig bekannt ist, mehrmals am Krieg beteiligt,

---

241 Ebenda, S. 164.

wenn auch nicht mit der Waffe in der Hand, sondern als Sanitäter, Leiter eines indischen Sanitätskorps oder Werber indischer Rekruten für die britische Armee.[242]

Dem Argument, Gewalt könne niemals durch Gewalt überwunden oder durch die Androhung von Gewalt dauerhaft in Schranken gehalten werden, wird gelegentlich mit dem Hinweis auf die deutsche Geschichte widersprochen. Das ist in der Tat ein starkes Argument. Es lautet: Obwohl Deutschland seine nationale Einheit dem Krieg von 1870/71 verdanke, aus dem sich beinahe zwangsläufig der Erste und der Zweite Weltkrieg entwickelten mit ihren entsetzlichen Gewaltorgien und Verbrechen, habe sich Nachkriegsdeutschland zu einem Staat entwickelt, der sich nach innen wie nach außen friedfertig zeige. Das ist leider nur die halbe Wahrheit. Die ganze ist, dass sich die beiden aggressivsten und expansivsten Mächte des 20. Jahrhunderts, Deutschland und Japan, als gelehrige Schüler der Westmächte erwiesen haben. Statt fremde Länder zu erobern und fremde Völker zu unterjochen, verlegten sie sich darauf, fremde Märkte zu erobern und ihren Wohlstand auf »friedliche« Weise zu mehren. Die Folgen sind im Wesentlichen die gleichen, nur sieht man sie nicht, und was noch wichtiger ist, sie werden von der »Völkergemeinschaft« nicht missbilligt, sondern ignoriert: Es sind die Leichenberge der Verhungerten, an Mangelernährung und vermeidbaren Krankheiten Zugrundegegangenen statt Leichenberge der Erschlagenen.

Es ist unbestritten, dass das Weltwirtschaftssystem auf der einen Seite Reichtum und Überfluss und auf der anderen Seite Armut und Mangel erzeugt. Daran ändert auch der Aufstieg der Schwellenländer China und Indien nichts, denn deren erstaunliches Wirtschaftswachstum betrifft nur verhältnismäßig kleine Bereiche ihrer Volkswirtschaften. Letzten Endes handelt

---

242 Mahatma Gandhi: Für Pazifisten, Münster 1996, S. 43.

es sich nur um eine Verschiebung der Auswirkungen der Industrialisierung, die sich nun nicht mehr auf die Länder der Dritten Welt beschränkt, sondern in Gestalt von Arbeitslosigkeit und relativer Verelendung auch die alten Industrieländer ergreift. Deutschland und Japan gehören heute zu dem Wolfsrudel, mit dem sie sich im 20. Jahrhundert erbitterte Kämpfe um die Weltherrschaft geliefert haben. An ihre Stelle sind gegenwärtig China und Indien getreten.

Ich bleibe dabei, Gewalt löst keine Konflikte, sondern produziert nur neue und schlimmere. Dass das nicht für jeden offenkundig ist, liegt am »Proteuscharakter«[243] der Gewalt. Damit meine ich ihre Eigenschaft, gleichsam von einem Aggregatzustand in einen anderen überzugehen und auf diese Weise scheinbar zu verschwinden. So wie Eis, das zu Wasser oder Wasser, das zu Dampf wird, scheinbar verschwindet, obwohl es doch als Wasserstoff-Sauerstoff-Verbindung fortbesteht, so kann auch Gewalt aus dem festen »Aggregatzustand« in einen flüssigen und schließlich in einen gasförmigen übergehen und umgekehrt. Der norwegische Friedensforscher Johan Galtung hat für den »festen« Aggregatzustand den Begriff strukturelle Gewalt, für den »flüssigen« den Begriff personelle Gewalt und für den »gasförmigen« den Begriff kulturelle Gewalt eingeführt. Unter struktureller Gewalt versteht er die in den Eigentums- und Machtverhältnissen gleichsam geronnene Gewalt, unter personeller Gewalt die sichtbaren Formen der Gewalt in Form von körperlicher Gewaltanwendung oder Waffeneinsatz, unter kultureller Gewalt schließlich die sublimen Formen geistiger Gewaltanwendung in Gestalt von Gewalt rechtfertigenden oder verherrlichenden Ideologien wie Rassismus, Faschismus, Nationalsozialismus, Kommunismus, Fundamentalismus usw.

---

243 Proteus ist ein weissagender Meergreis in der griechischen Mythologie, der die Fähigkeit besitzt, sich in allerlei Gestalten zu verwandeln.

Wird ein Land erobert und ein Volk unterjocht und ausgebeutet, so geht die personelle Gewalt in strukturelle über. Entschließt sich das unterworfene Volk zum Aufstand gegen die Unterdrücker, so geht die strukturelle Gewalt wiederum in personelle über. Desgleichen kann kulturelle Gewalt Rechtfertigungsgründe für personelle und strukturelle Gewalt liefern usw.

Nach meiner Überzeugung, die sich in dieser Form bei Gandhi meines Wissens nicht findet, fügt jede Gewalttat, gleichgültig ob im Angriff oder Verteidigung, dem im Laufe der Jahrtausende durch die Menschheit aufgehäuften himalajahohen Gewaltgebirge neue Gewalt hinzu, während jede gewaltfreie Aktion einen Stein, vielleicht sogar einen Felsbrocken von diesem Gebirge wegnimmt. Damit soll nicht behauptet werden, es sei gleichgültig, ob Gewalt im Angriff oder in Verteidigung angewandt wird. Selbstverständlich ist die Gewalt der Verteidiger gegen einen unrechtmäßigen Angriff der Gewalt der Angreifer vorzuziehen. Ich will damit nur sagen: Auch die in Selbstverteidigung oder Verteidigung von Angehörigen oder des eigenen Landes angewandte Gewalt führt nicht aus dem Labyrinth, in dessen Mitte nicht der Menschen mordende Minotaurus, sondern der Menschheitstod in Gestalt des atomaren Holocaust lauert, heraus. Satjagraha, Gewaltfreiheit, Wahrheitskraft ist der Ariadnefaden, der aus dem Labyrinth der Gewalt heraus und in eine Welt des Friedens, der Freiheit und der sozialen Gerechtigkeit führt.

Wir müssen uns folglich der Allgegenwart der Gewalt in der Welt bewusst werden. Wir sind, da wir in mehr oder weniger ausgeprägten Gewaltverhältnissen aufgewachsen sind, der alltäglichen und allgegenwärtigen Gewalt gegenüber abgestumpft. Wir haben uns ihr angepasst, so wie Tiefseefische sich dem enormen Wasserdruck in der Tiefsee angepasst haben. Unsere erste und wichtigste Aufgabe besteht folglich darin, die Gewalt in uns selbst abzubauen und das geschieht durch Selbstreinigung. Selbstreinigung schließt die Überwindung von Hass, Gier und Furcht ein: »Dieser gewaltfreie Kampf kann mit anderen Worten als ein Vorgang der Reinigung beschrieben werden; denn die zu Grunde liegende Vorstellung ist, dass eine Nation ihre Freiheit durch ihre eigene Schwäche verliert und wir finden, dass wir unsere Freiheit wiedergewinnen, sobald wir unsere Schwächeanwandlungen abschütteln. Schließlich kann kein Volk auf Erden unterjocht werden, ohne dass es freiwillig oder unfreiwillig daran mitwirkt. Es bedeutet unfreiwillige Mitwirkung, wenn man sich aus Furcht vor physischen Schaden einem Tyrannen oder Despoten unterwirft.«[244]

Bei nüchterner Betrachtung mag es sogar einleuchten, dass das Vergeltungsprinzip, selbst wenn es nach dem Grundsatz des »Auge um Auge, Zahn um Zahn«[245] auf Mäßigung bedacht ist, zu einer Verdoppelung des Unrechts führt, nicht aber zu seiner Verminderung oder Beseitigung. In der Konfliktsituation selbst ist diese Einsicht allerdings wie weggeblasen. Da regiert meist nicht nur das Prinzip Gleiches mit Gleichem zu vergelten, vielmehr verlangen Hass, Zorn und Rachsucht nach einer Verdoppelung und Verdreifachung der Vergeltung. Man kann sich nicht genug darüber wundern, dass die große Mehrzahl der Menschen seit Jahrtausenden dem Prinzip der Vergeltung folgt, obwohl es sich als völlig untauglich erwiesen hat, Konflikte dauerhaft und für alle Beteiligten befriedigend zu lösen. Darum ist die Welt so, wie sie ist. Für diejenigen aber, die die Schwelle zur Einsicht in die Wirkungsweise der Gewaltfreiheit überschritten haben, werden die folgenden »fünf einfachen Axiome der Ahimsa« Gandhis zu selbstverständlichen Wahrheiten:

---

244 Fritz Kraus (Hg.): Vom Geist des Mahatma, Zürich o.J., S. 270.
245 Ex 21,24 f.

a) »Ahimsa schließt in sich eine so völlige Selbstläuterung, wie sie nur menschenmöglich ist.

b) Mann für Mann steht die Stärke der Ahimsa in genauem Verhältnis zu der Fähigkeit – nicht dem Willen – des Gewaltfreien, Gewalt anzutun.

c) Ahimsa ist ausnahmslos der Gewalt überlegen. Das heißt, die einem Gewaltfreien zu Gebot stehende Macht ist stets größer als jene, die er besäße, wenn er Gewalt anwendete.

d) Bei Ahimsa gibt es nicht so etwas wie Niederlage. Das Ende der Gewalt ist ganz gewiss die Niederlage.

e) Das Endergebnis der Ahimsa ist mit Sicherheit der Sieg – wenn sich ein solcher Begriff bei Ahimsa anwenden lässt. In Wirklichkeit gibt es da, wo es den Begriff der Niederlage nicht gibt, auch nicht den Begriff des Sieges.«[246]

Satjagrah ist nicht die Endstufe in der Begriffskaskade Sat > Satja > Satjagrah, es schließen sich vielmehr weitere Stufen in Gestalt des konstruktiven Programms und der gewaltfreien Aktion an, die sich wiederum jeweils in zahlreiche noch tiefer liegende Wasserbecken ergießen. Das konstruktive Programm richtet sich nach den Gegebenheiten des Landes, für das es entwickelt wird. Gandhi nennt als die drei wichtigsten Punkte des konstruktiven Programms, das er für Indien ausarbeitete: Handspinnen und Handweben als konstruktive Ergänzung des Boykotts britischer Textilprodukte, Beseitigung der Unberührbarkeit, die er als Schandfleck des Hinduismus betrachtete, und drittens Versöhnung der Religionsgemeinschaften des Subkontinents, namentlich der Hindus und Moslems. Jedes dieser Ziele trug für ihn seinen Wert in sich, zugleich war ihre Verwirklichung aber auch ein wichtiger Beitrag zu Erlangung der Unabhängigkeit. Die zu Grunde liegende Vorstellung war nämlich,

---

246 Fritz Kraus (Hg.): Vom Geist des Mahatma, Zürich o.J., S. 293.

dass die Engländer die zahlreichen Spaltungen und Feindschaften innerhalb der indischen Gesellschaft ausnutzten, um ihre Herrschaft nach der Maxime: »Teile und herrsche« zu errichten und aufrecht zu erhalten. Die Überwindung dieser Spaltungen und Feindschaften würde demzufolge die Voraussetzung schaffen für einen erfolgreichen Kampf gegen das britische Kolonialregime. Gandhi betrachtete das konstruktive Programm geradezu als eine Konkretion Gottes in dieser Welt: »Mein Gott hat Myriaden Formen. Manchmal sehe ich ihn im Spinnrad, manchmal in der Einigkeit der Religionsgemeinschaften und dann wieder in der Überwindung der Unberührbarkeit, und so komme ich zur Verständigung mit ihm, wie der Geist es mir eingibt.«[247]

Im Jahre 1941 erweiterte er das konstruktive Programm zu einem Achtzehn-Punkte-Programm,[248] zu dem unter anderem die Förderung der Elementarbildung, des Dorfhandwerks, der Erziehung in Gesundheit und Hygiene, der Gleichberechtigung der Frauen sowie die Bekämpfung der Tabak-, Alkohol- und Drogensucht gehörten.

Die gewaltfreie Aktion als das zweite Bein von Satjagraha fächert sich wiederum auf in legale und illegale Aktionsformen. Zu den legalen gehören in Staaten mit demokratischer Verfassung Versammlungen, Märsche, Mahnwachen, Petitionen, Streiks, Boykotte usw. Zu den illegalen gehören der zivile Ungehorsam und die Methoden der gewaltfreien Konfrontation.[249] Wer mehr über die Planung und Durchführung von Aktionen und Kampagnen erfahren will, sei auf die umfangreiche Literatur zu diesem Thema verwiesen.

247 Harijan, 8.5.1937.
248 Mahatma Gandhi: Constructive Programme. Its Meaning and its Place, Navajivan Press 1941.
249 Theodor Ebert: Gewaltfreier Aufstand. Alternative zum Bürgerkrieg, Frankfurt 1970.

So wie ein Mensch beide Beine braucht, um voranzukommen, so braucht auch ein gewaltfreier Aktivist beides, das konstruktive Programm und die gewaltfreie Aktion, um in Richtung auf das angestrebte Ziel voranzukommen. In Deutschland würde das konstruktive Programm natürlich anders aussehen als in Indien. Es würde sich aber auch hier an den allgemeinen Grundsätzen der Einfachheit, Selbstbeschränkung, Nachhaltigkeit und Umweltverträglichkeit ausrichten.

Gandhis Kampf gegen das britische Kolonialregime in Indien ist weltweit bekannt geworden. Doch umfasst er eigentlich nur einen Bruchteil seiner Aktivitäten auf diesem Feld. Nicht weniger wichtig war ihm der Kampf gegen die Rassendiskriminierung und die wirtschaftliche Ausbeutung der indischen Minderheit in Südafrika, dem er 20 Jahre seines Lebens widmete. Nach seiner Rückkehr nach Indien unternahm er im Jahre 1917 seine erste gewaltfreie Kampagne gegen die englischen Grundbesitzer in Tschamparan in der Provinz Bihar, welche die Bauern mit hohen Pachtforderungen in den Ruin trieben. Ein Jahr später vermittelte er bei einem Textilarbeiterstreik in Ahmedabad zu Gunsten der Arbeiter. Wichtiger noch als die Befreiung Indiens vom Joch des Kolonialismus war ihm die Abschaffung der Unberührbarkeit. Auf diesem Gebiet hatte er zumindest teilweise Erfolg im Gegensatz zur seinem Bemühungen um die Einheit der Religionsgemeinschaften, insbesondere die der Hindus und der Muslime. Die Folge davon waren Massaker und Vertreibungen bei der Spaltung des Landes in Indien und Pakistan im Jahre 1947.

Fazit: Satjagraha, Wahrheitskraft bringt den Himmel auf die Erde. Sie ist die Quelle, welche die Wüste unserer gesellschaftlichen Verhältnisse in eine fruchtbare Oase, in einen Garten Eden verwandeln könnte, vorausgesetzt wir verstünden es, sie zu erschließen. Satjagraha bedeutet die Fähigkeit, Böses mit Gutem zu vergelten, um es dadurch zu überwinden. Es bedeutet konkret: Leiden um der Wahrheit willen. Diesem Leiden wohnt eine befreiende, ja erlösende Kraft inne, die sowohl auf den, der das Leiden verursacht, als auch auf den, der es auf sich nimmt, wirkt.

Zum Abschluss möchte ich noch einmal Gandhi zu Wort kommen lassen, der in dem folgenden Zitat alles, was ich in diesem Abschnitt ausgeführt habe, zusammenfasst: »Die Welt ruht auf dem Felsgrund von Satja oder Wahrheit. Asatja, was Unwahrheit bedeutet, hat auch die Bedeutung von ›nicht-seiend‹, und Satja oder Wahrheit bedeutet auch das, was ›ist‹. Wenn Unwahrheit somit als nicht existent gilt, kommt ihr Sieg nicht in Frage. Und da Wahrheit das ist, was ›ist‹, kann sie nie zerstört werden. Das ist die Satjagraha-Lehre in nuce.«[250]

---

250 Fritz Kraus: Vom Geist des Mahatma, Zürich o.J., S. 171.

VIII. Sarwodaja

Vergegenwärtige dir das Angesicht des ärmsten und
schwächsten Menschen, den du je in deinem Leben gesehen hast, und frage dich, ob der Schritt, den du vorhast,
ihm in irgendeiner Weise von Nutzen ist.

Mahatma Gandhi

Neben der Satjagraha-Kaskade gibt es bei Gandhi noch weitere
Kaskaden im Bereich der Wirtschaft, der Gesellschaft und der
Kultur (Erziehung, Lebensreform, Naturheilverfahren usw.) In
der Tat gibt es kaum einen Lebensbereich, zu dem er sich nicht
unter dem Aspekt der Wahrheit, die Gott ist, geäußert hat. Von
den genannten behandle ich wegen ihrer herausragenden Bedeutung nur noch das Wirtschaftskonzept, dem er den Namen
Sarwodaja (Wohlfahrt für alle) gegeben hat.

Die Kaskade lautet in diesem Fall Sat > Satja > Sarwodaja,
wobei sich Sarwodaja ähnlich wie Satjagraha in eine Vielzahl
von Konkretionen auffächert. Dazu gehören die Aufhebung der
Gegensätze von Kapital und Arbeit, Reich und Arm, Stadt und
Land, geistiger und körperlicher Tätigkeit sowie Kritik des Industrialismus, Bevorzugung heimischer Produkte (Swadeschi),
sparsamer Umgang mit Ressourcen, Umweltschutz, Nachhaltigkeit u. a.

Gandhi nennt sein Wirtschaftskonzept bewusst »Wohlfahrt
für alle« in Abgrenzung zu Jeremy Benthams (1748–1832) und
John Stuart Mills (1806–1873) utilitaristischem Konzept des
»größten Glücks der größten Zahl«. Es sind die Ärmsten der
Armen, deren Los es zuerst und am meisten zu verbessern gilt:
»Sprich zu ihnen vom modernen Fortschritt! Beleidige sie damit, dass du vor ihnen den Namen Gottes erwähnst! Sie werden

dich und mich einen Teufel nennen, wenn wir zu ihnen über Gott sprechen. Wenn sie irgendeinen Gott kennen, dann kennen sie nur einen Gott des Schreckens, der Rache, einen erbarmungslosen Tyrannen.«[251]

Gandhi ist überzeugt, bei gerechter Verteilung der Güter der Erde sei genug für alle da. Gott stelle genug bereit, um die Grundbedürfnisse aller Menschen zu befriedigen, aber nicht genug für die Befriedigung der Habgier auch nur eines einzigen. Wer sich mehr nimmt, als er zum Leben wirklich braucht, nämlich zur Befriedigung seiner Grundbedürfnisse, welche sind: Nahrung, Kleidung, Wohnung, Bildung und medizinische Versorgung, nimmt es anderen weg. Er macht sich des Diebstahls schuldig. So gesehen sind wir, die Bewohner der Industrieländer, allesamt Diebe. Diese Feststellung erinnert an den berühmten Satz des französischen Sozialisten und Anarchisten Pierre Proudhon (1809–1865): »Eigentum ist Diebstahl.« Nicht jedes Eigentum, würde Gandhi sagen, wohl aber jenes Eigentum, das wir zur Erfüllung unserer Grundbedürfnisse nicht brauchen: »Der Hunger der Menschen in verschiedenen Teilen der Welt rührt daher, dass viele von uns viel mehr nehmen als sie brauchen. Wir mögen die Geschenke der Natur benützen wie wir wollen, aber in ihren Büchern gleichen sich Soll und Haben immer aus. Es gibt in keiner Spalte einen Überhang. Dieses Gesetz verliert seine Gültigkeit nicht durch die Tatsache, dass man durch Mechanisierung der Landwirtschaft und durch Kunstdünger höhere Ernteerträge erzielt und so auch die Industrieproduktion steigert. Das bedeutet nur eine Umwandlung der natürlichen Energie.«[252]

Er selbst hat diesen Grundsatz in seinem Leben soweit als irgend möglich zu verwirklichen gesucht. Seine für Europäer

---

251 Ebenda, S. 176.
252 Mahatma Gandhi: Freiheit ohne Gewalt, Köln 1968, S. 179 f.

höchst seltsame, ja skurrile Erscheinung entsprang dem Wunsch, so einfach wie möglich zu leben, damit andere leben können. Jeder arbeitsfähige Mensch hat auch die Pflicht zu arbeiten und zwar körperlich zu arbeiten: »Könnten die Menschen ihr Brot nicht auch durch geistige Arbeit verdienen? Nein! Die Notwendigkeiten des Körpers müssen durch den Körper erfüllt werden. Reine Geistesarbeit ist für die Seele und ist in sich selbst Befriedigung. Man sollte nie Bezahlung dafür fordern. Im idealen Staat würden Ärzte, Rechtsanwälte und ähnliche Berufe einzig zur Wohlfahrt der Gemeinschaft arbeiten, nicht für sich selbst. Eine Befolgung dieses Gesetzes der Brot-Arbeit wird eine Revolution in der Struktur der Gesellschaft hervorrufen. Der Triumph des Menschen wird darin bestehen, dass an die Stelle des Existenzkampfes ein Wettbewerb des gegenseitigen Dienens gesetzt wird. Das Gesetz des wilden Tieres wird durch das Gesetz des Menschen ersetzt werden. Eine Rückkehr zu den Dörfern bedeutet eine endgültige, freiwillige Anerkennung der Pflicht der Brot-Arbeit und aller anderen Dinge, die sie beinhaltet.«[253] Die Lehre der Brotarbeit übernahm Gandhi von Tolstoi (1828–1910) und John Ruskin und machte sie zu einer Grundregel des Ashram. Er selbst spann täglich vier Stunden, außer wenn er krank oder auf Reisen war. Seinem gewaltigen geistigen Œuvre, das etwa hundert dickleibige Bände umfasst, tat das keinen Abbruch.

Arbeit ist aber nicht nur eine Pflicht, sie ist auch ein Recht der arbeitsfähigen Menschen, denn sie schafft überhaupt erst das Recht auf die Befriedigung ihrer Grundbedürfnisse. Der Ganges der Rechte, so meinte er, entspringe im Himalaja der Pflichten. Auf Grund solcher Überlegungen gelangte er zu einer radikalen Kritik des *Industrialismus*. Unter diesem Begriff fasste er den westlichen Kapitalismus und den östlichen Kom-

---

253 Ebenda, S. 175 f.

munismus zusammen. Als Folge des Industrialismus erkannte er: Erstens eine ständig wachsende Arbeitslosigkeit mit ihren verheerenden politischen, gesellschaftlichen, seelischen und geistigen Folgen. Zweitens die Verschärfung der sozialen Gegensätze in den nationalen Gesellschaften und in der Weltgesellschaft. Nach Auskunft des Nachrichtenmagazins »Der Spiegel« verdienten die Menschen in den reichsten Ländern der Erde vor 50 Jahren fünfzigmal so viel wie jene in den ärmsten; heute verdienen sie hundertdreißigmal so viel.[254]

Man braucht nur einen Blick in den Maschinensaal einer vollautomatisierten Fabrik zu werfen und man weiß, wo die Arbeitsplätze geblieben sind. Die These, die freigesetzten Arbeitskräfte wanderten in andere Wirtschaftssektoren ab, ist längst widerlegt, weil die Rationalisierung auch im Dienstleistungssektor Einzug hält und massenhaft Arbeitsplätze vernichtet. Die Folge: massenhafte Arbeitslosigkeit, relative und schließlich absolute Verelendung der Betroffenen. Doch sind selbst die Besitzenden nicht glücklich, denn sowohl der Überfluss als auch der Mangel machen den Menschen auf lange Sicht körperlich, seelisch und geistig krank. In der Welt tobt ein stiller, von den meisten Menschen überhaupt nicht wahrgenommener Weltkrieg. Fünfzehn Millionen Menschen verhungern oder sterben an vermeidbaren Krankheiten jedes Jahr. Das sind eineinhalbmal so viel wie der Zweite Weltkrieg jährlich an Todesopfern forderte.

Gandhis Sarwodaja-Konzept zielt auf den Ausgleich der sozialen Gegensätze. Sein Augenmerk galt daher der Hebung des Lebensstandards der unterdrückten und ausgebeuteten Klassen, die die große Mehrheit der indischen Bevölkerung stellten und auch heute noch stellen.[255] Gandhi ist wegen seiner Pro-

---

254 Der Spiegel 26/2006, S. 70.
255 Der Spiegel 9/2007, S. 144.

paganda des Spinnrades, das zu seiner in westlichen Augen überaus skurrilen Erscheinung wunderbar zu passen schien, als hoffnungsloser Sozialromantiker, Reaktionär, Utopist, ja als Technikfeind und Maschinenstürmer, der das Rad der Geschichte zurückdrehen wolle, verlacht worden. Denkt man jedoch länger darüber nach, so erweisen sich seine Überlegungen als durchaus vernünftig und bedenkenswert. Die wirtschaftliche Expansion allein der Schwellenländer China und Indien sollte jedem denkenden Menschen die Augen dafür öffnen, dass die Erde weder genügend Rohstoffe besitzt noch die Biosphäre genügend belastbar ist, um die Wünsche der Milliardenbevölkerung in diesen Ländern zu befriedigen.

Noch zu Beginn des 19. Jahrhunderts besaß Indien eine hoch entwickelte Textilindustrie auf handwerklicher Basis, die zahllosen Bauern, Spinnern, Webern, Färbern, Werkzeugmachern, Künstlern und Händlern Arbeit und Einkommen gab. Diese Industrie wurde von den Engländern durch den Export britischer Fabrikware innerhalb weniger Jahrzehnte vernichtet. Die arbeitslos gewordenen Textilhandwerker gingen entweder zu Grunde oder wanderten in den ohnehin personell überbesetzten landwirtschaftlichen Sektor ab. Das, so erkannte Gandhi, war eine der Hauptursachen für die Verelendung der indischen Landbevölkerung. Er wollte diese verhängnisvolle Entwicklung rückgängig machen, nicht durch den Aufbau einer modernen indischen Textilindustrie, denn was nützt es der Landbevölkerung, wenn ein brauner Kapitalist an die Stelle des weißen tritt, sondern durch die Wiederbelebung der handwerklichen Textilproduktion im ganzen Land zum Zweck der Selbstversorgung. Durch den Absatz der Überschussproduktion auf den lokalen Märkten könnten die Bauern sogar ein kleines Zusatzeinkommen erwirtschaften. Statt (industrieller) *Massenproduktion* wollte er *Produktion durch die Massen.*

Die Wiederbelebung der indischen Textilindustrie auf handwerklicher Basis war nur ein Teil seines Programms zur Wiederbelebung des Dorfhandwerks, denn Indien bestand für ihn nicht aus den wenigen Großstädten, die das Land aussaugten, sondern aus den über das ganze Land verstreuten siebenhunderttausend Dörfern. Ihren verelendeten Bewohnern galt es zu helfen, nicht durch Almosen, sondern dadurch, dass man ihnen Arbeit und Einkommen verschaffte. Gegen technische Verbesserungen, die den Menschen die Arbeit *erleichtern*, hatte er nichts einzuwenden. Er wandte sich nur gegen Maschinen, welche die menschliche Arbeitskraft ersetzen mit der Folge von massenhafter Arbeitslosigkeit. Den Vorwand der Maschinenstürmerei wies er zurück: »Ich bin nicht gegen die Maschine als solche, sondern gegen die Verrücktheit der Maschine. Die Verrücktheit besteht in dem, was sie ›arbeitsparende Maschinen‹ nennen. Die Leute ›sparen‹ Arbeit, bis Tausende arbeitslos sind und auf die Straße geworfen werden und vor Hunger sterben. Ich möchte Zeit und Arbeit sparen, nicht nur für einen Bruchteil der Menschen, sondern für alle. Ich möchte keine Konzentration des Reichtums in den Händen einiger weniger, sondern Reichtum in den Händen aller. Heute hilft die Maschine einigen wenigen, auf dem Rücken von Millionen zu reiten. Das treibende Motiv ist nicht Arbeitersparnis, sondern Habsucht. – Der oberste Gesichtspunkt muss der Mensch sein. Die Maschine soll die Glieder des Menschen nicht verkümmern lassen.«[256]

Die Frage, ob eine derartige Politik, wenn sie denn in die Tat umgesetzt würde, uns nicht ins Mittelalter, vielleicht sogar in die Steinzeit zurückbrächte, ist berechtigt. Ich sehe diese Gefahr nicht. Einiges von der modernen Technik mag bestehen bleiben. Wie viel, ist schwer zu sagen. Vielleicht sollte man diese

---

256 Mahatma Gandhi: Freiheit ohne Gewalt, Köln 1968, S. 194.

Frage pragmatisch angehen. Erste Priorität hat die Politik des Ausgleichs. Wenn der Ausgleich im Wesentlichen erreicht ist, wird man ja sehen, was von der modernen Technik und Industrie übrig bleibt.

Ein weiterer Aspekt von Gandhis Sarwodaja-Konzept ist das Swadeschi-Prinzip. Damit ist die Bevorzugung heimischer Produkte gemeint. Satt Waren aus aller Herren Länder, die auf dem Weltmarkt angeboten werden, zu kaufen, sollten wir Produkte aus unserer nächsten Umgebung kaufen, selbst wenn sie von etwas geringerer Qualität und etwas teurer sein sollten, denn damit sichern wir Arbeitsplätze in unserer Nachbarschaft und vermeiden den Ressourcen verschwendenden sowie Mensch und Umwelt zerstörenden Fernverkehr. Der Ökonom E. F. Schumacher (1911–1977) hat mit Recht den Aberwitz angeprangert, dass Lastwagenladungen von Keksen einer Firma von A nach B und Kekse einer anderen Firma mit minimalen Unterschieden in Preis und Qualität von B nach A transportiert werden.

Gandhi hat seine Landsleute und insbesondere die Führer des Indischen Nationalkongresses beschworen, sich nicht dem Tanz der Nationen ums goldene Kalb des Industrialismus anzuschließen. Der Versuch, Indien nach westlichem oder östlichem Muster zu industrialisieren, könne nur mit dem Untergang enden: »Ich fürchte, die Industrialisierung ist im Begriff, zu einem Fluch für die Menschheit zu werden. Die Ausbeutung einer Nation durch eine andere kann nicht unbegrenzt so weitergehen. Der Industrialismus beruht vollständig auf der Fähigkeit auszubeuten, auf dem Zugang zu fremden Märkten und dem Fehlen von Konkurrenz … Wenn Indien andere Nationen auszubeuten beginnt und das muss es tun, wenn es sich industrialisiert, wird es zum Fluch für andere Nationen werden, zu einer Bedrohung für die Welt.«[257]

---

257 Young India, 11.12.1931.

Das gilt noch mehr für Indiens großen Nachbarn China. Beide sind gezwungen, als Neuankömmlinge auf dem Weltmarkt die weltbeherrschenden Nationen herauszufordern, wie das Deutschland und Japan in der ersten Hälfte des 20. Jahrhunderts tun mussten, um ihren Industrialisierungsprozess fortsetzen zu können. Die Folgen sind bekannt und sie sind auch im Fall von China und Indien absehbar, handelt es sich doch bei den Hauptbeteiligten an diesem Konflikt um Atommächte.

Hätte Indien, statt Nehrus Sozialismusvorstellungen zu folgen, Gandhis Sarwodaja-Konzept angenommen, so hätten wir heute, nach dem Zusammenbruch des Sowjetkommunismus, womöglich eine funktionierende und faszinierende Alternative zum globalisierten Kapitalismus. Zweifellos hätte es eine weitgehende Abschottung Indiens gegenüber dem Weltmarkt erfordert. Es versteht sich, dass die imperialen Mächte sie nicht hingenommen hätten. Vermutlich hätten sie versucht, sie aufzubrechen, so wie sie das ja auch im 19. Jahrhundert mit Japan und China gemacht haben. Dann wäre die Stunde der »Sozialen Verteidigung«[258] gekommen.

In den 70er- und 80er-Jahren des vergangenen Jahrhunderts gab es bereits gut durchdachte und weitreichende Vorschläge für eine derartige Alternativökonomie. Ein dauerhafter Erfolg war ihnen nicht beschieden. Im Gegenteil, was damals entwickelt wurde, klingt heute wie ein Märchen aus alten Zeiten. Die Hoffnung Gandhis, Europa, das den Prozess der weltweiten Industrialisierung eingeleitet hatte, werde zur Besinnung kommen, hat sich als Illusion erwiesen: »Man kann nur hoffen, dass Europa auf Grund seines feinen und wissenschaftlichen Verstandes das Offenkundige sehen, seine eigenen Fußstapfen zu-

---

258 Darunter versteht man ein Verteidigungskonzept, das auf den Methoden der gewaltfreien Aktion und des konstruktiven Programms beruht.

rückverfolgen und aus der demoralisierenden Industrialisierung einen Ausweg finden wird. Es wird nicht unbedingt eine Rückkehr zur alten absoluten Einfachheit sein. Aber es wird eine Neuordnung sein, in der das Dorfleben vorherrschend sein wird und in der brutale materielle Kraft der geistigen Kraft untergeordnet sein wird.«[259]

Es sieht nicht danach aus, als könne das Rattenrennen der Menschheit in den Abgrund der Selbstvernichtung noch aufgehalten werden. Wenn überhaupt, dann wäre eine Wendung um 180 Grad im Sinne von Gandhis Satjagraha- und Sarwodajakonzept nötig. Sie ist aber nicht in Sicht. Im Gegenteil, der Ehrgeiz, dem Vorbild der reichen und mächtigen Industriestaaten des Westens nachzueifern, ist in der Welt mächtiger denn je. Das entwertet die Umkehr von Einzelnen und Gemeinschaften jedoch keineswegs. Selbst wenn wir das Verhängnis nicht mehr aufhalten können, so ist doch nichts von dem, was aus dem Geist der Wahrheit heraus geschieht, vergeblich, denn es trägt seinen Sinn und seinen Wert in sich.

Mag die Beschäftigung mit Gandhis alternativem Wirtschaftskonzept zur Zeit auch akademisch anmuten, so lohnt es sich doch, ein paar Gedanken darauf zu verschwenden. Der erste Schritt müsste in einer Analyse der Weltsituation bestehen, die konsequent auf illusionäre Heilserwartungen à la Bibel, Koran, Hegel, Marx, Lenin oder Mao verzichtet. Als zweiten Schritt müssten die Prioritäten neu gesetzt werden. An die Stelle des globalisierten Kapitalismus mit seiner Verschärfung der sozialen Gegensätze müsste als Ziel der *Ausgleich* zwischen Reich und Arm, Mächtig und Machtlos, Hoch und Niedrig in den Gesellschaften und zwischen den Gesellschaften treten. Als dritter Schritt müsste dieses Ziel von Einzelnen und Gruppen, Organisationen und Nationen in die Tat umgesetzt werden.

---

259 Mahatma Gandhi: Freiheit ohne Gewalt, Köln 1968, S. 194 f.

Jeder Schritt, und sei er auch noch so klein, in Richtung auf einen Ausgleich der sozialen Gegensätze ist nicht verloren. Wenn es wahr ist, dass – unter dem Gesichtspunkt der Ewigkeit betrachtet – alles verloren ist, was Böses in der Welt geschieht, weil ihm kein Sein zukommt, und nichts verloren ist von dem, was Gutes geschieht, weil es allein existiert, dann lohnt sich jede Anstrengung auf diesem Feld. Gandhi hat sein Leben an diesem Grundsatz ausgerichtet. Deshalb nennt er sich auch mit Recht einen gewaltfreien Sozialisten: »Ich habe den Anspruch erhoben, ein Sozialist gewesen zu sein, lange bevor die Sozialisten in Indien ihr Credo angenommen hatten. Mein Sozialismus war für mich natürlich und nicht aus einem Buch genommen. Er erwuchs aus meinem unerschütterlichen Glauben an Gewaltfreiheit. Kein Mensch kann aktiv gewaltfrei sein und nicht gegen soziale Ungerechtigkeit aufstehen, wo immer sie ist. Unglücklicherweise haben die westlichen Sozialisten an die Notwendigkeit von Gewaltanwendung geglaubt, um sozialistische Lehren aufzuzwingen. Ich war immer der Meinung, dass soziale Gerechtigkeit, bis hinab zum Letzen und Niedrigsten, durch Gewaltanwendung unmöglich erreicht werden kann.«[260]

Die Zahl derer, die Gandhis Sarwodaja-Konzept mit einem müden Lächeln als utopisch oder einem verärgerten »Blödsinn« abtun, ist mit Sicherheit nicht klein. Eines der beliebtesten Gegenargumente ist: Würde man sein Konzept in die Tat umsetzen, bräche die Weltwirtschaft schon nach ein paar Tagen zusammen. Ich bezweifle, ob hinter diesem Argument mehr steckt als der Versuch, ein ernst zu nehmendes Konzept lächerlich zu machen. Selbstverständlich kann ein derartiges Konzept nicht von heute auf morgen verwirklicht werden. Wie sollte es auch anders sein bei einer Entwicklung, die seit mehr als 200

---

260 Ebenda, S. 196.

Jahren nur in einer Richtung verlief: mehr Reichtum für die Wenigen und mehr Armut für die Vielen. Selbst wenn sich die »Menschheit« – was geradezu abenteuerlich utopisch klingt – darauf verständigen könnte, eine neue wirtschaftspolitische Priorität zu setzen, nämlich Ausgleich zwischen Reich und Arm, würde es mehrere Jahrhunderte dauern, bis ein Zustand erreicht ist, bei dem die sozialen Gegensätze auf der Grundlage einer sanften, angepassten und mittleren Technologie halbwegs ausgeglichen wären – vorausgesetzt, wir hätten so viel Zeit. Dass es unzählige Zeitgenossen gibt, die das Konzept verwerfen, weil sie, mit Erich Fromm gesprochen, mehr haben als sein[261] wollen, ist verständlich. Nur sollten sie sich über die Folgen ihrer Habgier keine Illusionen machen.

Fazit: Mehr als eine flüchtige Skizze von Gandhis Sarwodaja-Konzept konnte ich im Rahmen dieses Buches nicht bieten. Auch bin ich mir darüber im Klaren, dass es dem intellektuellen Mainstream zuwiderläuft. Dieser geht von einer Unumkehrbarkeit des technisch-industriellen »Fortschritts« aus, der sich mehr und mehr als ein Fortschritt in die Katastrophe erweist. Das beweist freilich nicht, dass Gandhis Konzept falsch ist. Im Gegenteil, sollte die Analyse des Weltwirtschaftssystems als eines Systems struktureller Gewalt, wie im vorangehenden Abschnitt dargelegt, richtig sein, so erweist es sich als eine, vielleicht sogar die einzige konstruktive Alternative zum Kapitalismus. Es hat, im Unterschied zu Marxens Vision der klassenlosen Gesellschaft – zumal für Intellektuelle – kein großes Sex-Appeal, da es auf der körperlichen Arbeit aller Arbeitsfähigen und einem einfachen Lebensstil beruht. Körperliche Arbeit ist aber nicht nur die Grundlage unserer leiblichen, seelischen und geistigen Gesundheit, sie ist auch die Grundlage für das Recht auf die Befriedigung unserer Grundbedürfnisse.

---

261 Erich Fromm: Haben oder Sein, Stuttgart 1976.

Ungeachtet ihres relativ bescheidenen Lebensstandards, wäre sie eine Gesellschaft mit hoher Kultur, weil in ihr Frieden und Freiheit, soziale Gerechtigkeit und ein Leben im Einklang mit der Natur weitgehend verwirklicht sind. Das Konzept hat darüber hinaus den Vorzug, realisierbar zu sein. Um das zu demonstrieren, genügt eine einfache Überlegung: Wollten wir der Weltbevölkerung auch nur den Lebensstandard eines durchschnittlichen Deutschen garantieren, die Biosphäre der Erde wäre schon nach wenigen Jahren ruiniert. *Es liegt folglich an uns, Sozialisten im Sinne Gandhis zu werden.*

Der Lebensbaum als Symbol des Gottesreiches

Wir können die Gesamtheit von Gandhis Reformkonzepten auch im Symbol des Lebensbaumes fassen. *Sat*, das, was ist, das unvergängliche und unzerstörbare Sein, der Grundbegriff von Religion und Philosophie, bildet die gemeinsame Wurzel dieses zweistämmigen Baumes. *Satja*, die religiöse Wahrheit oder Gott, ist einer der beiden Stämme, die philosophische Wahrheit oder das Sein ist der andere. Die fünf Mönchsgelübde *(Wahrhaftigkeit, Nichtgewalt, Enthaltsamkeit, Nichtbesitzen und Nichtstehlen)* sind die Hauptäste, die sich wiederum in die Nebenäste *Satjagraha, Sarwodaja, Abschaffung der Unberührbarkeit, Reform des Kastenwesens, Harmonie der Religionsgemeinschaften, Gleichberechtigung der Geschlechter und Dorfentwicklung durch Handwerk, Elementarbildung, Hygiene, Naturheilverfahren usw.* verzweigen. Dieser Lebensbaum mit seinen mächtigen Stämmen, seinen starken Ästen und seiner ausladenden Krone ist zugleich ein Symbol für das Reich Gottes, Ram Radsch oder Khudai Radsch,[262] dem wir bei Jesus wieder

---

262 Ram ist ein hinduistischer, Khudai ein islamischer Gottesname.

begegnen werden. Es ist ein Symbol für das wiedergewonnene Paradies: »Es ist wahr genug, dass die niedrige Natur in uns so oft zu einem leichten Sieg kommt. Warum kann dann nicht auch ein Gesetz siegen, das so groß ist wie die Wahrheit selbst? Wenn dieses große Gesetz universell befolgt wird, dann wird Gott auf Erden regieren, so wie er im Himmel regiert. Man muss mich nicht erst daran erinnern, dass die Erde und der Himmel in uns sind. Wir kennen die Erde, aber der Himmel in uns ist uns fremd.«[263]

Nur wer Gandhis Vision des Gottesreiches, das sich auf Wahrheit gründet und in Satjagraha und Sarwodaja konkrete Gestalt annimmt, bildhaft vor Augen hat, kann den Abstand zwischen dieser »konkreten Utopie«[264] und der Welt, in der wir leben, voll ermessen.

263 Harijan, 26.9.1936.
264 Der Begriff »konkrete Utopie« stammt von Ernst Bloch (1885–1977). Er bezeichnete damit einen Gesellschaftsentwurf, der, im Unterschied zu der aus bloßem Wunschdenken geborenen »abstrakten Utopie«, grundsätzlich realisierbar ist.

ZWEITER TEIL

Jesus von Nazareth

IX. Historisch-kritische Theologie

> Aus ihrer inneren Wahrheit müssen die christlichen Über-
> lieferungen erklärt werden, und alle schriftlichen Überlie-
> ferungen können ihr keine Wahrheit geben, wenn sie keine
> hat. *Gotthold Ephraim Lessing*

Vorbemerkung zur Methode

Für Gandhi war Jesus, wie wir gesehen haben, einer der großen
Menschheitslehrer, auch wenn er ihn nicht als den einzigen und
eingeborenen Sohn Gottes im Sinne des Dogmas anerkannte.
Er betrachtete die Bergpredigt, die er sehr ernst nahm, als einen
der bedeutendsten religiösen Texte überhaupt und stellte sie
der Bhagwadgita, zu der er ein inniges Verhältnis wie zu seiner
geliebten Mutter pflegte, als nahezu gleichwertig zur Seite. Bei
der Beschäftigung mit Jesus und Gandhi, diesen beiden großen
Gestalten der Religionsgeschichte fiel mir ihre nahe Geistes-
verwandtschaft auf, ungeachtet der großen Entfernung in Zeit,
Raum und Kulturkreis, die sie trennt. Sie sind gewissermaßen
»Brüder im Geist« und hätten sich, wären sie einander im Leben begegnet, ohne viele Worte verstanden.

Die historisch-kritische Bibelforschung hat erkannt, dass wir
über Jesus von Nazareth, den Menschen aus Fleisch und Blut,
der zu Beginn unserer Zeitrechnung in Palästina lebte und
wirkte, trotz der Evangelienberichte nur noch wenig wissen. Das
kommt daher, weil Jesus im Unterschied zu Paulus keine Schriftzeugnisse hinterlassen hat und auch die Männer und Frauen,
die mit ihm durch Galiläa und nach Jerusalem zogen, keine
Aufzeichnungen machten. Was wir über Jesus wissen, beruht
ausschließlich auf mündlicher Überlieferung und die ist be-

kanntlich nicht sehr zuverlässig. Hinzu kommt ein Weiteres: Die kleine Gemeinschaft, die Jesus begleitete, erlebte wenige Tage nach seinem Tod am Kreuz seine »Auferstehung« oder »Auferweckung«, die sie als Heilsbotschaft der Welt verkündigte. Diese Verkündigung überlagerte und veränderte die Überlieferung vom historischen Jesus so sehr, dass sein Bild durch das Bild des auferstandenen Jesus Christus fast ganz verdeckt wurde.

Im Unterschied zu Jesus sind wir bei Gandhi in einer weitaus glücklicheren Lage. Gandhi hat unzählige Schriftdokumente hinterlassen. Sie füllen nahezu 100 dickleibige Bände. Darüber hinaus gibt es eine Fülle schriftlicher Aufzeichnungen von Mitarbeitern und Journalisten, sodass wir über sein Leben und sein Wirken bestens unterrichtet sind. Schließlich ist zu bedenken: Jesus hat nach Meinung der historisch-kritischen Theologen nur ein bis zwei, höchstens drei Jahre öffentlich gewirkt. Sein Leben, von dem wir Kunde haben, war gewissermaßen nur ein kurzes Aufleuchten in der Geschichte, wie bei einem Meteor, der eine kurze Leuchtspur über den Nachthimmel zieht und dann erlischt. Ganz anders dagegen Gandhi, der 79 Jahre alt wurde und dessen Leben in einer unabsehbaren Fülle von Zeugnissen und Selbstzeugnissen vor uns liegt. Sein Leben zieht daher eine lange Leuchtspur über den Nachthimmel der Menschheitsgeschichte.

Die nahe Verwandtschaft ihres Lebens und ihrer Lehre ruft förmlich nach einer wechselseitigen Erhellung durch den Vergleich. Ich bin mir der Gefahr eines solchen Vorgehens durchaus bewusst, nämlich auch da Parallelen zu sehen, wo keine sind. Gleichwohl halte ich das Unternehmen für sinnvoll. Ob es sich als fruchtbar erweist, können letztlich nur die Ergebnisse zeigen.

Was versteht man unter historisch-kritischer Theologie? Kurz gesagt, handelt es sich um die Untersuchung der Bibeltexte und ihrer Überlieferungsgeschichte mit den Methoden moderner Wissenschaft. Sie wertet außerbiblische Quellen aus, analysiert die Bibeltexte unter verschiedenen Gesichtspunkten, deckt Widersprüche in ihnen und zwischen ihnen auf, prüft ihre Glaubwürdigkeit und ordnet sie nach Entstehungszeit und -ort, um Abhängigkeiten zu ermitteln. Auf Grund dieser Forschung wissen wir heute über den historischen Jesus weit mehr als alle Generationen zwischen ihm und uns, ja mehr sogar als seine Zeitgenossen, vom kleinen Kreis seiner Gefolgschaft abgesehen. Wie ist ein solches »Wunder« zu erklären?

Die Reden Jesu und der Bericht über seine Taten wurden zunächst mündlich weitergegeben, meist in kleinen Erzähleinheiten (Perikopen), die man erst nach Jahren sammelte und aufzeichnete. Bei der Weitergabe wurden sie zum Teil erheblich verändert und durch Wundergeschichten und allerhand Legenden, die in der Antike verbreitet waren, ergänzt. Auch legte man ihm Worte in den Mund, die der historische Jesus mit Sicherheit nicht gesprochen hat. Die historisch-kritische Methode stellt ein Subtraktionsverfahren bereit, das es erlaubt, diejenigen Worte und Taten, die Jesus nach seinem Tod zugeschrieben wurden, auszuscheiden. Was übrig bleibt, kann, wenn auch im Einzelfall umstritten, als authentisch gelten. Die moderne Technik erlaubt es, mit Hilfe von Röntgenstrahlen die tiefer liegenden Farbschichten eines Gemäldes sichtbar zu machen, um auf diese Weise Aufschluss über seinen Entstehungsprozess zu erhalten. Ähnlich verfährt die historisch-kritische Theologie. Sie versucht, durch methodischen Ausschluss späterer »Übermalungen« des Jesusbildes das ursprüngliche Bild aus dem Textmaterial des Neuen Testaments zu rekonstruieren. Dabei zeigt sich aber, dass das Bild nur noch teilweise rekonstruierbar ist. Vieles fehlt ganz, anderes ist nur bruchstückhaft oder unscharf überliefert.

Die im Neuen Testament gesammelten Schriften sind zum größten Teil in der zweiten Hälfte des ersten Jahrhunderts entstanden. Ort und Zeit ihrer Entstehung muss aus Indizien erschlossen werden. Ihre Autoren sind größtenteils unbekannt. Das gilt selbst für die Evangelien. Nur Paulus tritt als Heidenmissionar und Autor der echten Paulusbriefe[265] deutlich in Erscheinung. Die Paulusbriefe bilden den ältesten Textbestand des Neuen Testaments. Ihre Entstehungszeit wird mit 49–58 n. Chr. angenommen. Zwischen Jesu Tod und den ersten Paulusbriefen liegen demnach etwa 20 Jahre. Leider geben die Paulusbriefe über Leben und Lehre Jesu nur spärlich Auskunft. Auf sie folgt als erstes Evangelium das des »Markus«. Als Entstehungszeit dieses ursprünglich anonymen Evangeliums werden die Jahre nach der Eroberung Jerusalems und der Zerstörung des Tempels angenommen, als Ort der Entstehung Syrien.[266] Daraus folgt: 40 Jahre nach Jesu Tod ist die Übermalung des Jesusbildes bereits weit fortgeschritten. Das ebenfalls ursprünglich anonyme Matthäusevangelium wird in die 80er- oder 90er-Jahre des ersten Jahrhunderts datiert. Es soll ebenfalls im syrischen Raum entstanden sein. Die Frage, ob der Arzt Lukas, ein Begleiter des Paulus, der Verfasser des gleichnamigen Evangeliums ist, wird von der historisch-kritischen Forschung heute ebenfalls verneint. Als Entstehungszeit wird 85–90 n. Chr. angenommen. Es ist wahrscheinlich von einem Heidenchristen für Heidenchristen geschrieben worden. Der Entstehungsort ist unbekannt. Für das Johannesevangelium wird als Entstehungszeit 100–110 n. Chr. und als Entstehungsort Syrien oder Kleinasien, genauer Ephesus, angenommen. Es ist folglich das jüngste der vier Evangelien. Von den drei übrigen Evangelien unterscheidet es sich in Inhalt und Aufbau deutlich. Diese werden wegen der vielen Gemeinsamkeiten, die sie aufweisen, und ihrer ähnlichen »Blickrichtung« auch Synoptiker genannt.

---

265 1 Thess, 1 und 2 Kor, Phil, Gal, Röm und Phlm.
266 Katharina Ceming, Jürgen Werlitz: Die verbotenen Evangelien, Wiesbaden 2004, S. 17–29.

In der historisch-kritischen Forschung hat sich die Zwei-Quellen-Theorie allgemein durchgesetzt. Man nimmt an, dass die Autoren des Matthäus- und des Lukasevangeliums vornehmlich aus zwei Quellen schöpften: dem Markusevangelium und einer verloren gegangenen Sammlung von Jesusworten, Spruchquelle oder kurz Q genannt. Neben dem Text des Markusevangeliums und der Spruchquelle bieten die späteren Evangelisten noch so genanntes Sondergut. Das sind Gleichnisse, Erzählungen und Jesusworte, die sich jeweils nur bei einem Evangelisten finden.

Die Apostelgeschichte des Lukas dürfte, wie das gleichnamige Evangelium, in den Jahren 85–90 n. Chr. entstanden sein. Die restliche Briefliteratur und die Offenbarung des Johannes werden in das letzte Jahrzehnt des ersten Jahrhunderts datiert.

Ein flüchtiger Blick auf die Geschichte der Leben-Jesu-Forschung

Die Frage nach dem historischen Jesus ist ein Kind der Aufklärung. Bis dahin galten die Evangelien als zuverlässige Berichte über das Leben, den Tod und die Auferstehung Jesu. Bezeichnend für diese Einstellung ist die Äußerung Martin Luthers (1483–1546) im Hinblick auf die allenthalben anzutreffenden Widersprüche und Unstimmigkeiten in den Schriften des Zweiten Testaments: »Die Evangelien halten in den Mirakeln und Taten Jesu keine Ordnung, liegt auch nicht viel daran. Wenn ein Streit über die Heilige Schrift entsteht, und man kann's nicht vergleichen, so lasse man's fahren.«[267]

---

267 Zitiert bei Albert Schweitzer: Geschichte der Leben-Jesu-Forschung, Tübingen 1926, S. 13.

Die Geschichte der Leben-Jesu-Forschung beginnt mit dem Jahre 1778 und zwar gleich mit einem Paukenschlag. In diesem Jahr veröffentlichte Lessing unter dem Titel: »Vom Zwecke Jesu und seiner Jünger. Noch ein Fragment des Wolfenbütteler Ungenannten« eine Schrift aus dem Nachlass des zehn Jahre zuvor verstorbenen Hamburger Orientalisten Hermann Samuel Reimarus (1694–1768). Es handelt sich um das letzte von sieben Fragmenten, die Lessing in den Jahren 1774–1778 herausgab. Reimarus vertrat darin die Auffassung, Jesus von Nazareth sei ein ganz anderer gewesen, als der, den die Evangelien uns schildern. Er habe als politisch-religiöser Anführer das jüdische Volk sammeln und in einen Aufstand gegen die römische Besetzungsmacht führen wollen, sei aber gescheitert und als Rebell von den Römern hingerichtet worden. Er selbst habe am Kreuz mit den Worten: »Mein Gott, mein Gott, warum hast du mich verlassen!«[268] sein Scheitern bekannt. Seine Jünger hätten sich mit diesem furchtbaren Ende der Bewegung nicht abfinden wollen, wohl auch keine Lust gehabt, zu ihrer früheren Hantierung zurückzukehren. Sie stahlen deshalb den Leichnam Jesu, begruben ihn heimlich und erfanden die Legende seiner leiblichen Auferstehung. Da sie mit Recht fürchteten, das Schicksal Jesu zu teilen, hätten sie aus dem Zeloten Jesus, der den gewaltsamen Aufstand gegen die Römer plante, den friedlichen Bergprediger gemacht, den wir aus den Evangelien kennen. Das Christentum gründe sich folglich auf Lüge und Betrug und sei im weiteren Verlauf seiner Geschichte diesem Anfang treu geblieben.

Die Theorie des Reimarus gilt unter Theologen als widerlegt. Sie steht aber am Beginn einer unabsehbaren Reihe von Schriften, die es sich zum Ziel gesetzt haben, den historischen Jesus, das heißt den lebendigen Menschen zu entdecken, um

---

268 Mt 27,46.

ihn dem zum Dogma erstarrten Jesus Christus der kirchlichen Lehre entgegen oder zur Seite zu stellen. Albert Schweitzer (1875–1965) hat diese Literatur in seinem 1913 in erweiterter Auflage erschienenen monumentalen Werk »Geschichte der Leben-Jesu-Forschung« zusammenfassend dargestellt.[269] Darin würdigt er die Leistung der Leben-Jesu-Forscher mit den Worten: »Die Erforschung des Lebens Jesu war für die Theologie die Schule der Wahrhaftigkeit. Ein so schmerzliches und entsagungsvolles Ringen um die Wahrheit, wie es in den Leben-Jesu der letzten 100 Jahre beschlossen liegt, hatte die Welt noch nie gesehen und wird sie nie mehr sehen.«[270] Schweitzer war es auch, der das Scheitern der Leben-Jesu-Forschung des 19. Jahrhunderts klar erkannte. Die Puzzle-Teile, die uns die neutestamentlichen Schriften liefern, lassen sich nicht zu einem widerspruchsfreien Bild des historischen Jesus zusammenfügen. Der Versuch, sie durch Psychologie und Fantasie zu einem vollständigen Bild zu ergänzen, führte lediglich dazu, dass die Jesusdarstellungen mehr über ihre Verfasser und ihre Zeit als über den historischen Jesus aussagten. »Die Rationalisten«, schrieb der Göttinger Neutestamentler Joachim Jeremias (1900–1979), »schildern Jesus als Moralprediger, die Idealisten als Inbegriff der Humanität, die Ästheten preisen ihn als den genialen Künstler der Rede, die Sozialisten als den Armenfreund und sozialen Reformer, und die ungezählten Pseudowissenschaftler machen aus ihm eine Romanfigur ... Diese Leben Jesu sind lauter Wunschbilder.«[271]

Es ist tragisch, dass auch Schweitzer am Ende der Versuchung erlag, aus dem vorhandenen Material ein Leben-Jesu zu konstruieren. Er meinte, Jesus habe aus Enttäuschung über das

269 Die erste Auflage erschien 1906 mit dem Untertitel: Von Reimarus zu Wrede.
270 Albert Schweitzer: Geschichte der Leben-Jesu-Forschung, Tübingen 1926, S. 5.
271 Joachim Jeremias: Das Problem des historischen Jesus, Stuttgart 1961, S. 8.

Ausbleiben des von ihm und seinen Zeitgenossen erwarteten endzeitlichen Messias' und Menschensohnes[272] den Anbruch der Gottesherrschaft herbeizuzwingen versucht, indem er den Leidensweg ans Kreuz auf sich nahm. Diese Theorie, die Leben und Lehre Jesu von der Endzeiterwartung Jesu, der Urgemeinde und des Paulus her erklärte, nannte er »konsequente Eschatologie«.[273] Sie gilt heute als überholt.

Die theologische Forschung hat seit Schweitzer eine nicht minder dramatische Fortsetzung gefunden. Der bedeutende Theologe Rudolf Bultmann (1884–1976) sah in Jesus einen jüdischen Propheten und Rabbi,[274] die Befreiungstheologen Lateinamerikas proklamierten ihn zum Befreier von Armut, Unterdrückung und Ausbeutung, die Theologin und Psychologin Hanna Wolf nennt ihn den »ersten anima-integrierten Mann der Weltgeschichte«,[275] von den neueren romanhaften Jesus-Biografien ganz zu schweigen. Jeder Autor und jede Zeit produzierten und produzieren gewissermaßen ein Jesusbild, in dem sie sich wiederfinden. Hanna Wolf nennt Jesus denn auch die »größte Projektionswand der Weltgeschichte. Er musste allzeit alles sein«.[276]

Zunächst verteidigten sich die konservativen Theologen, die am Christusdogma festhielten, unter dem Begriff einer »positiven Theologie« gegen die Angriffe der Leben-Jesu-Forscher. Erst gegen Ende des 19. Jahrhunderts gingen sie zum Gegenangriff über mit dem 1892 erschienenen Buch Martin Kählers (1835–1912), das den programmatischen Titel trug: »Der so

---

272 Mt 10,23.
273 Eschatologie ist die Lehre von den Letzten Dingen, d.h. dem Abschluss der Heilsgeschichte. »Dieses heilsgeschichtliche Denken umfasst von alters her zwei Themenkomplexe: Die Frage nach der Bewahrung und dem Ergehen des Einzelnen nach seinem Tode sowie die Frage nach der Zukunft der Geschichte insgesamt.« Wörterbuch des Christentums. Stichwort: Eschatologie
274 Rudolf Bultmann: Jesus, Tübingen 1961, S. 52–56.
275 Hanna Wolff: Jesus der Mann, Stuttgart 1979, S. 70.
276 Ebenda, S. 71.

genannte historische Jesus und der geschichtliche, biblische Christus«. Joachim Jeremias (1900–1973) fasst den Inhalt von Kählers Buch wie folgt zusammen: »Man muss den Titel dieser Schrift sehr sorgfältig in sich aufnehmen, wenn man Kählers Anliegen verstehen will. Kähler unterscheidet einerseits zwischen ›Jesus‹ und ›Christus‹, andererseits zwischen ›historisch‹ und ›geschichtlich‹. Unter ›Jesus‹ versteht er den Mann von Nazareth, wie ihn die Leben-Jesu-Forschung geschildert hatte und schilderte, unter ›Christus‹ den von der Kirche verkündigten Heiland. Mit ›historisch‹ bezeichnet er die reinen Fakten der Vergangenheit, mit ›geschichtlich‹ das, was bleibende Bedeutung besitzt. Und nun stellt er gegenüber den so genannten ›historischen Jesus‹, wie ihn die Leben-Jesu-Forschung zu rekonstruieren versucht hatte, und den geschichtlichen, biblischen Christus, wie ihn die Apostel verkündigt haben. Seine These lautet: Lediglich der biblische Christus ist für uns fassbar, und er allein ist von bleibender Bedeutung für den Glauben. Nur so, wie ihn uns die Evangelien schildern, und nicht so, wie ihn angeblich wissenschaftliche Rekonstruktionen darstellen, ruft er ›den unabweislichen Eindruck vollster Wirklichkeit hervor‹. Zunächst jedoch verhallte Kählers Ruf; erst in unseren Tagen kam er zur vollen Auswirkung, als Rudolf Bultmann ihn aufnahm.«[277] Unter dem maßgeblichen Einfluss Bultmanns geht die kritische Theologie nach 150 Jahren Leben-Jesu-Forschung »mit fliegenden Fahnen«, wie Jeremias es ausdrückte, ins gegnerische Lager über: »Sie sagt Nein zu ihrer ganzen Geschichte; sie gibt Kähler recht und erklärt die Bemühungen um den historischen Jesus für ein unlösbares und unfruchtbares Unternehmen; sie zieht sich in die sturmfreie Festung des Kerygma, der Christusverkündigung, zurück.«[278]

---

277 Joachim Jeremias: Das Problem des historischen Jesus, Stuttgart 1961, S. 9.
278 Ebenda.

Bultmann erklärt, der historische Jesus, soweit er aus den Quellen überhaupt rekonstruiert werden könne, sei für den christlichen Glauben letztlich bedeutungslos. Für ihn beginnt die Theologie des Zweiten Testaments erst mit Ostern, mit der Verkündigung des Auferstandenen als des Messias und Heilands der Welt durch die Urgemeinde in Jerusalem. Der erste Satz seiner »Theologie des Neuen Testaments« lautet infolgedessen: »Die Verkündigung Jesu gehört zu den Voraussetzungen der Theologie des Neuen Testaments und ist nicht ein Teil dieser selbst.«[279] Es ist, so kommentiert Jeremias diesen Satz, als würde man die Geschichte des Buddhismus erst nach Buddhas Tod oder die Geschichte des Islam erst nach Mohammeds Tod beginnen lassen. Da Bultmann von den Voraussetzungen spreche, gebe es offenbar auch noch andere: »Die Ostererlebnisse der Jünger, der Messiasglaube des Judentums und der Mythus der heidnischen Umwelt, der das Gewand lieferte, mit dem Jesus von Nazareth bekleidet wurde.«[280] Das heißt im Klartext: Der historische Jesus und seine Verkündigung ist letztlich für den Glauben ohne Bedeutung. Damit hat das Pendel der theologischen Auseinandersetzung um den historischen Jesus seine äußerste Gegenposition erreicht. Bultmann nimmt in gewisser Weise den Standpunkt des Paulus ein, der sich für den »Christus dem Fleische nach« nicht interessierte, weil dieser seiner Verkündigung des »Christus dem Geiste nach« nur im Wege stand.

Eine derartige Extremposition rief bereits bei den Schülern und Kritikern Bultmanns eine Gegenbewegung hervor. Der *historische Jesus* der Leben-Jesu-Forschung und der *Jesus Christus* der Glaubensbekenntnisse, so lautete fortan die magische Formel, die sich auch Joachim Jeremias zu eigen machte, gehö-

---

279 Zitiert ebenda, S. 11.
280 Ebenda.

ren untrennbar zusammen. Wer den historischen Jesus preisgebe, gerate in Gefahr, dem *Doketismus*, einer gnostischen[281] »Irrlehre«, die Jesus Christus für Gott hält, der nur zum Schein eine menschliche Gestalt angenommen habe, anheimzufallen. Wer dagegen den Christus des Glaubens preisgebe, gerate in Gefahr, dem *Ebionitismus* zu erliegen, ebenfalls eine antike »Irrlehre«, die in Jesus Christus lediglich einen vom Geist Gottes erfüllten Menschen sah. Gegen ein Abgleiten in die eine oder andere Richtung sieht er die Theologie durch fünf Dämme geschützt: die Literarkritik, die Formgeschichte, die Zeitgeschichte, welche die Umwelt erforscht, in der Jesus wirkte, die Erschließung der Muttersprache Jesu, des Aramäischen, und schließlich die Wiederentdeckung des eschatologischen Charakters seiner Botschaft.[282] Jeremias fasst seine theologische Position in dem Satz zusammen: »Die Frohbotschaft Jesu und das Glaubenszeugnis der Urkirche gehören unlöslich zusammen.«[283]

Gleichwohl bleiben Fragen: Erweist sich die magische Formel, die im Namen »Jesus Christus« den Jesus der historisch-kritischen Forschung und den Christus des Glaubens zusammenbringt oder besser zusammenzwingt, am Ende nicht doch als ein Formelkompromiss, der das Unvereinbare scheinbar vereinigt? Handelt es sich bei dem »Ringen um Wahrheit« (Albert Schweitzer), das ganze Theologengenerationen in seinen Bann schlug, wirklich nur um Scheingefechte? Können wir heute noch das Apostolische Glaubensbekenntnis sprechen, in dem es heißt: »Ich glaube … an Jesus Christus, seinen [Gottes, Anm. d. Verf.] eingeborenen Sohn, unsern Herrn, empfangen durch den Heiligen Geist, geboren von der Jungfrau Maria, gelitten unter Pontius Pilatus, gekreuzigt, gestorben und begraben,

---

281 Zur Gnosis siehe S. 214 f.
282 Joachim Jeremias: Das Problem des historischen Jesus, Stuttgart 1961, S. 13–19.
283 Ebenda, S. 22.

hinabgestiegen in das Reich des Todes, am dritten Tage auferstanden von den Toten, aufgefahren in den Himmel; er sitzt zur Rechten Gottes, des allmächtigen Vaters; von dort wird er kommen, zu richten die Lebenden und die Toten ...« Was heißt das in einer Welt, in der das antike und mittelalterliche Weltbild unwiederbringlich der Vergangenheit angehört, in der kein aufgeklärter Mensch mehr an die Jungfrauengeburt, die leibliche Auferstehung oder die Himmelfahrt Jesu glaubt? Was denken wir uns, wenn wir solche Sätze sprechen? Und weiter, wie soll die Einheit von Gott und Mensch in Jesus Christus gedacht werden, obwohl das eine das andere ausschließt? Gott ist unendlich, allgegenwärtig, allwissend, allmächtig und unsterblich; der Mensch Jesus aber endlich, sterblich und alles andere als allgegenwärtig, allwissend und allmächtig. Wie soll das zusammengehen? Verlangt denn das Bekenntnis zu diesem Widerspruch das Opfer unseres Verstandes auf dem Altar des Glaubens (sacrificium intellectus)?

Die Fragen, die der christliche Glaube an die Leben-Jesu-Forschung richtet, sind freilich kaum weniger prekär. Was wissen wir wirklich über den historischen Jesus und ist dieses Wissen, wenn wir es denn hätten, wirklich relevant? Hilft uns das Wissen um den historischen Jesus in Situationen, in denen wir mit Gewalt, Unterdrückung, Grausamkeit, Not, Leiden und Tod konfrontiert sind? Reicht das Wissen um den historischen Jesus wirklich aus, um Menschen zur Nächstenliebe oder gar zur Feindesliebe zu befähigen? Kurzum, ist der Vorwurf gläubiger Christen, die moderne Wissenschaft ende zwangsläufig im Unglauben, nicht berechtigt, wie auch der Vorwurf aufgeklärter Humanisten, der christliche Glaube ende zwangsläufig in Intoleranz und finsterem Aberglauben? Nichtsdestoweniger meine ich, es gibt eine Lösung dieses scheinbar unlösbaren Problems. Es gibt einen Weg, die abgrundtiefe Kluft zwischen dem *historischen Jesus* und dem *Christus des Glaubens* zu überwinden. Denjenigen, der uns diesen Weg zeigen kann, kennen wir bereits: Es ist Mahatma Gandhi.

X. Tendenzen

Wir können es kaum mehr begreifen, in welch langen We-
hen die historische Anschauung des Lebens Jesu geboren
wurde.   *Albert Schweitzer*

Die historisch-kritische Forschung hat eine Vielzahl von Einflüssen erkannt, denen die mündliche Überlieferung des Lebens
und der Lehre Jesu unterlag. Ohne sie lassen sich die zweittestamentlichen Texte in ihrer heute vorliegenden Gestalt nicht
wirklich verstehen. Ich kann den Fleiß und den kriminalisti-
schen Scharfsinn, mit dem die Forscher die biblischen Texte
analysierten, nur bewundern. Ihre Ergebnisse darzustellen,
würde ein dickes Buch füllen. Ich muss mich folglich darauf
beschränken, die wichtigsten Einflussfaktoren zu benennen
und durch Beispiele zu erläutern. Es sind:

- Die Vergegenwärtigungstendenz
- Die Überlagerungstendenz
- Die Erfüllungstendenz
- Die Anpassungstendenz
- Die Steigerungstendenz
- Die Abschwächungstendenz
- Die Harmonisierungstendenz

Die Vergegenwärtigungstendenz

Wir sind über das religiöse Leben der urchristlichen Gemeinden durch die Apostelgeschichte und Paulus recht gut unterrichtet. Der auferstandene Jesus wurde in den frühchristlichen

Gemeinden ekstatisch gefeiert, seine Gegenwart, ja seine leibhaftige Anwesenheit unmittelbar und überwältigend erfahren. Gemeindemitglieder erlebten sich als vom Geist Christi erfüllt, fielen in Trance, brachen in Freudenschreie aus, sprachen in prophetischer Rede oder stießen unverständliche Worte und Sätze hervor. Paulus beschreibt diese von ihm Charismen (»Geistesgaben«) genannten Erscheinungen im ersten Korintherbrief: »Jagt der Liebe nach! Strebt aber auch nach den Geistesgaben, vor allem nach der prophetischen Rede! Denn wer in Zungen redet, redet nicht zu Menschen, sondern zu Gott; keiner versteht ihn: Im Geist redet er geheimnisvolle Dinge. Wer aber prophetisch redet, redet zu Menschen. Er baut auf, ermutigt, spendet Trost. Wer in Zungen redet, erbaut sich selbst; wer aber prophetisch redet, baut die Gemeinde auf. Ich wünschte, ihr alle würdet in Zungen reden, weit mehr aber, ihr würdet prophetisch reden. Der Prophet steht höher als der, der in Zungen redet, es sei denn, dieser legt sein Reden aus; dann baut auch er die Gemeinde auf.«[284]

Wenn in der Apostelgeschichte die Ausgießung des Heiligen Geistes über die versammelte Gemeinde beschrieben wird, so handelt es sich offenbar um Zungenreden in aller Öffentlichkeit. Die herbeiströmende Menschenmenge befand, die Leute müssten wohl betrunken sein. In gewisser Weise waren sie es auch. Sie waren trunken vom Geist Jesu, vom Heiligen Geist. Die Behauptung, die in Jerusalem anwesenden Pilger hätten die Jesusleute in ihrer eigenen Sprache reden gehört, ist spätere legendenhafte Ausgestaltung des Berichts über das Ereignis. Wohl möglich, dass Petrus bei diesem Anlass seine erste Rede an die umstehende Menschenmenge hielt. Ihr Inhalt dürfte von Lukas aber frei erfunden sein.[285]

---

284 1 Kor 14,1–5.
285 Apg 2,1–13.

Die frühen Christen hatten keine Hemmungen, Worte des auferstandenen Jesus, dessen lebendige Gegenwart sie erfahren hatten, dem historischen Jesus in den Mund zu legen. Auf diese Weise sind eine ganze Reihe »unechter« Jesusworte entstanden, ohne dass man den Autoren vorwerfen könnte, bewusst gelogen oder manipuliert zu haben. Drei Beispiele mögen das verdeutlichen: Erstens, die Ankündigung der Zerstörung des Tempels in den Evangelien[286] wird von der Forschung nicht für jesuanisch gehalten, da der Tempel erst im Jahre 70 n. Chr. durch die Römer zerstört wurde. Das Jesuswort gilt vielmehr als Indiz dafür, dass das Markusevangelium erst nach 70 entstanden sein kann. Zweitens, der Dank Jesu an den Vater in Matthäus 11,25–27 setzt eine Beziehung zwischen Gottvater und Gottsohn voraus, die theologiegeschichtlich erst viel später anzunehmen ist. Dieses Wort ist folglich eine Gemeindebildung, die Jesus nachträglich in den Mund gelegt wurde. Das gilt auch, drittens, für die bekannten Ich-bin-Worte des Johannesevangeliums. Jesus hat solche Worte nach allem, was wir heute wissen, niemals gesprochen.

Ergebnis: Obwohl Jesus am »Rüsttag« vor dem Passafest am Kreuz gestorben war, lebte er als Auferstandener in der Jerusalemer Urgemeinde und den frühchristlichen Gemeinden fort.

Die Überlagerungstendenz

Ein wichtiges, vielleicht das wichtigste Ergebnis der historisch-kritischen Forschung besteht in der Erkenntnis, dass das Bild Jesu, wie es in den zweittestamentlichen Schriften erscheint, vom Glauben an den auferstandenen Jesus Christus gestaltet wurde. Weil der Auferstandene im Glauben der Gemeinde Gott

---

286 Mk 13,1–2.

gleich geworden war, erscheint er nun in seiner irdischen Existenz, über die uns die Evangelien unterrichten wollen, als der mit übernatürlichen Kräften ausgestattete Gottessohn. Er erscheint als

- Herr über die Natur (Naturwunder)
- Herr über die Krankheit (Heilungswunder)
- Herr über die Dämonen (Dämonenaustreibungen)
- Herr über den Satan (Versuchungslegende)
- Herr über den Tod (Totenauferweckungen)
- Herr über die Sünde (Sündenvergebung)
- Herr über die Zeit (Leidensankündigungen, Zukunftswissen über die Apokalypse)
- Herr über die Gedanken (er konnte Gedanken lesen Mt 9,4; 11,25)
- Herr über die Mächte dieser Welt (so bei Mt 26,53 und Joh 19,11)

Wir müssen folglich Abschied nehmen von vielem, das die Evangelien über Jesus berichten. Er ist nicht auf dem Wasser gewandelt.[287] Er hat den Sturm nicht gestillt.[288] Er hat keine fünftausend[289] oder viertausend[290] Menschen gespeist. Er hat den Lazarus, dessen Leichnam schon stank, nicht von den Toten auferweckt.[291] Er hat keine Krüppel geheilt. Er hat keine Sünden vergeben. Er wusste nicht, was ihn in Jerusalem erwartete, hat folglich sein Leiden den Jüngern gegenüber nicht dreimal angekündigt. Er konnte keine Gedanken lesen und hatte keine Macht über die Mächtigen dieser Welt, die ihn zu Folter und Tod verurteilten. Vieles spricht allerdings dafür, dass er ein

287 Mk 6,45–52.
288 Lk 8,22–25.
289 Mk 6,35–44.
290 Mk 8,1–10.
291 Joh 11,17–44.

Heiler war. Das gilt insbesondere für psychosomatische Erkrankungen, die zu seiner Zeit sicherlich nicht weniger verbreitet waren als heute. Seine Botschaft muss für viele seiner Zuhörerinnen und Zuhörer etwas Befreiendes, Ermutigendes und Tröstendes gehabt haben. Wenn das Matthäusevangelium berichtet, er habe gelehrt wie einer, der (göttliche) Vollmacht hat und nicht wie die Schriftgelehrten,[292] so klingt das glaubhaft.

Bringen wir die Wundererzählungen und die Erweise göttlicher Macht in Abzug, so schrumpfen die Evangelien, was ihren historischen Gehalt anbelangt, schon ganz beträchtlich. Das gilt gleichermaßen für die Legenden, die sich um Jesu Geburt, seine Kindheit und Jugend sowie um seine »Auferweckung« oder »Auferstehung« und das leere Grab ranken. Das heißt, wir müssen Abschied nehmen von manchen liebgewordenen Texten, etwa der lukanischen Weihnachtserzählung. Sie erweist sich als Legende. Sie hat, ich bestreite es nicht, auch als Legende ihre eigene Wärme, Kraft und »Wahrheit«. Es ist ja kein Zufall, wenn der Mythos erzählt, der allmächtige Gott habe die Gestalt eines hilflosen Kindes angenommen, noch dazu nicht etwa eines Königskindes, sondern armer Leute Kind, die auf ihrer Reise in einem Stall Zuflucht suchten.

Deutlich legendenhafte Züge trägt auch die Erzählung von der Berufung der Jünger. Sie erweckt den Eindruck, als träte Jesus in der Rolle des unbedingten Gehorsam fordernden Gottes auf, vor dessen gebieterischem Anruf selbst die Kindespflicht gegenüber den Eltern,[293] ja selbst die Pietät gegenüber dem verstorbenen Vater erlischt.[294]

---

292 Mt 7,29.
293 Mk 1,16–20.
294 Mt 5,22.

Die Erfüllungstendenz (Schriftbeweis)

Wenn Jesus der in den alttestamentlichen Schriften verheißene Messias (Christus) aus dem Hause Davids war – und daran zweifelten die frühen Christen nicht –, dann musste alles, was in den Schriften über den Messias ausgesagt war, auf Jesus zutreffen. Da man über sein Leben zur Zeit der Entstehung der Evangelien nur noch lückenhafte Kenntnisse besaß, füllte man die Lücken mit den Weissagungen der Propheten. Ich nenne drei Beispiele:

Erstes Beispiel: Den genauen Geburtsort Jesu kennen wir nicht. Wahrscheinlich ist es Nazareth. Beim Propheten Micha lesen wir jedoch: »Aber du, Bethlehem-Efrata, so klein unter den Gauen Judas, aus dir wird mir einer hervorgehen, der über Israel herrschen soll.«[295] Micha denkt bei dieser Prophezeiung an einen messianischen Herrscher, der aus Bethlehem, dem Heimatort Davids, an dem Samuel ihn auf Jahwes Geheiß angeblich heimlich zum König salbte,[296] kommen soll. War Jesus der Messias Israels, so musste er in Bethlehem geboren sein.

Zweites Beispiel: Da der Evangelist Matthäus über den Einzug Jesu und seiner Jünger in Jerusalem nichts Näheres wusste, füllte er die Lücke mit der Beschreibung des Einzugs des messianischen Königs in Jerusalem, die er beim Propheten Sacharja fand. Der Evangelist stellt selbst den Bezug zur ersttestamentlichen Prophetie her. War Jesus der Messias, so musste er, wie bei Sacharja geschildert, in Jerusalem eingezogen sein. Für die Leser des Matthäusevangeliums wiederum wurde die Parallele von Sacharja 9,9–10 und Mt 21,1–11 zum Beweis für die Messianität Jesu.

Drittes Beispiel: Geradezu als Schlüsseltexte für die Deutung des Schicksals Jesu dürfen die Gottesknechtslieder des

---

295 Mi 5,1.
296 1 Sam 16,1–4.

zweiten Jesaja gelten. Im Gottesknecht erkannte die frühe Christenheit den Erwählten Jahwes, der stellvertretend für Israel, ja für alle Menschen Verfolgung, Folter und Tod erlitt, um Gott zu versöhnen. So lesen wir im ersten Gottesknechtslied: »Seht, das ist mein Knecht, den ich stütze; das ist mein Erwählter, an ihm finde ich Gefallen. Ich habe meinen Geist auf ihn gelegt, er bringt den Völkern das Recht. Er schreit nicht und lärmt nicht, und lässt seine Stimme nicht auf der Straße erschallen. Das geknickte Rohr zerbricht er nicht, und den glimmenden Docht löscht er nicht aus; ja, er bringt wirklich das Recht. Er wird nicht müde und bricht nicht zusammen, bis er auf der Erde das Recht begründet hat. Auf sein Gesetz warten die Inseln.«[297]

Kein Wunder, dass sich in den zweittestamentlichen Texten allenthalben Anspielungen auf und Zitate aus den Gottesknechtsliedern finden. Das erste Lied wird von Matthäus und Lukas zitiert. Das zweite von der Apostelgeschichte und Paulus. Das dritte von Matthäus und das vierte von Paulus, Johannes, Matthäus, Lukas, der Apostelgeschichte, dem Hebräerbrief, der Offenbarung des Johannes und dem ersten Petrusbrief. Der folgende Text aus dem vierten Lied liest sich in der Tat wie eine Prophezeiung des Sühneopfers Jesu für die Sünden der Menschen: »… er hat unsere Krankheit getragen und unsere Schmerzen auf sich geladen. Wir meinten, er sei von Gott geschlagen, von ihm getroffen und gebeugt. Doch er wurde durchbohrt wegen unserer Verbrechen, wegen unserer Sünden zermalmt. Zu unserem Heil lag die Strafe auf ihm, durch seine Wunden sind wir geheilt. Wir hatten uns alle verirrt wie Schafe, jeder ging für sich seinen Weg. Doch der Herr lud auf ihn die Schuld von uns allen. Er wurde misshandelt und niedergedrückt, aber er tat seinen Mund nicht auf. Wie ein Lamm, das

---

297 Jes 42,1–4.

man zum Schlachten führt, und wie ein Schaf angesichts seiner Scherer, so tat auch er seinen Mund nicht auf. Durch Haft und Gericht wurde er dahin gerafft, doch wen kümmerte sein Geschick? Er wurde vom Land der Lebenden abgeschnitten und wegen der Verbrechen seines Volkes zu Tode getroffen. Bei den Ruchlosen gab man ihm sein Grab, bei den Verbrechern seine Ruhestätte, obwohl er kein Unrecht getan hat und kein trügerisches Wort in seinem Munde war. Doch der Herr fand Gefallen an seinem zerschlagenen (Knecht), er rettete den, der sein Leben als Sühneopfer hingab.«[298]

Für den nüchternen Blick des historisch-kritischen Wissenschaftlers ist der zirkuläre Charakter dieses »Schriftbeweises« klar erkennbar. Der ersttestamentliche Text liefert das Deutungsmuster für das Schicksal Jesu. Für Leser in späteren Zeiten ergab sich aus der frappanten Übereinstimmung der Texte ein »Schriftbeweis«, obwohl die ersttestamentliche Prophetie sich durchaus nicht auf Jesus bezog. Es ist auch ganz unwahrscheinlich, dass er selbst sie auf sich bezogen hat.

Die Anpassungstendenz

Kein Zweifel, Jesus war Jude und wuchs in einem durch das Judentum geprägten Milieu auf. Da Galiläa, das Land am See Gennesaret, seit der Eroberung des Nordreiches durch die Assyrer im Jahre 722 v. Chr. und der Verschleppung großer Teile seiner einheimischen Bevölkerung von einem Völkergemisch aus Juden und Heiden bewohnt war, lernte der junge Jesus schon bald heidnische Religionen und Gebräuche kennen. Inwieweit sie seine Lehre in Richtung auf eine universale Religion beeinflussten, lässt sich nicht mit Sicherheit sagen, ist aber

---

298 Jes 53,4–10, siehe auch Sach 12,10.

wahrscheinlich. Auf seine Lehre soll später eingegangen werden. Hier interessiert lediglich ihre Anpassung an das Milieu, in dem sie sich ausbreitete. Das geschah in zwei Richtungen: In Richtung einer Integration ins orthodoxe Judentum einerseits und andererseits in Richtung auf eine Anpassung an die religiösen Vorstellungen des Hellenismus, einer Mischkultur aus orientalischen, griechischen und römischen Elementen, die seit den Eroberungszügen Alexanders (356–323 v. Chr.) den östlichen Teil des Mittelmeerraumes prägte.

In der Apostelgeschichte beschreibt Lukas einen Konflikt zwischen den »Hebräern« und den »Hellenisten«, der angeblich wegen der Vernachlässigung der Witwen der Hellenisten bei der »täglichen Versorgung« entstanden sei.[299] Er wurde nach Lukas durch die Wahl von sieben Diakonen gelöst, die sich fortan dieser Aufgabe widmen sollten. Lukas, der ohnehin zu Harmonisierung und Schönfärberei neigt, berichtet in dieser Angelegenheit bestenfalls die halbe Wahrheit. Es handelte sich bei diesem Konflikt nämlich um die erste innergemeindliche Auseinandersetzung um die Verkündigung des auferstandenen Jesus. Die »Hebräer« waren vornehmlich aramäisch sprechende, gesetzestreue Juden aus der Jesusgemeinde, die, wie Lukas vermerkt, durch eine »große Anzahl von Priestern«,[300] die gehorsam den Glauben angenommen hatte, verstärkt wurden. Die »Hellenisten« dagegen waren griechisch sprechende Diasporajuden, die in der religiösen Welt des Hellenismus mit ihren Göttermythen und Mysterienkulten aufgewachsen und – aus welchen Gründen auch immer – nach Jerusalem zurückgekehrt waren.

Die »Hebräer«, fromme, gesetzestreue Juden, trachteten danach, den »Ausreißer« Jesus gewissermaßen ins Judentum zu-

---

299 Apg 6,1–7.
300 Apg 6,7.

rückzuholen, wie seine Familie ihn nach Hause zurückholen wollte, weil sie glaubte, er sei »von Sinnen«.[301] Für sie stand fest: Jesus sah sich ausschließlich zu den verlorenen Schafen Israels gesandt, seine Botschaft galt ausschließlich dem Volk Israel, das er zu sammeln und in den Gehorsam gegenüber Jahwe zurückzuführen suchte.[302] Der Bericht über die Berufung der zwölf Jünger und ihre herausgehobene Stellung als Richter der zwölf Stämme Israels geht vermutlich ebenfalls auf ihr Konto.[303]

Den extremsten Ausdruck dieser Tendenz stellt meines Erachtens die Erzählung von der Erhörung der Bitte einer heidnischen Frau dar.[304] Eine Syrophönizierin kommt zu Jesus, fällt ihm zu Füßen und bittet ihn um die Heilung ihrer Tochter, die von einem »unreinen Geist besessen« sei. Jesus wehrt sie ab mit den Worten: »Lasst zuerst die Kinder satt werden; denn es ist nicht recht, das Brot den Kindern wegzunehmen und den Hunden vorzuwerfen.« Die demütige Beharrlichkeit der Frau überwältigt ihn, sodass er ihre Bitte schließlich erhört und ihre Tochter heilt. In der Erzählung werden die Heiden mit dem bei frommen Juden zur Zeit Jesu durchaus nicht seltenen Ausdruck höchster Verachtung als Hunde, die Juden aber als Kinder (Gottes) bezeichnet. Ich halte die Erzählung für eine »Gemeindebildung« aus dem Kreis der »Hebräer« in der Jerusalemer Urgemeinde. Schon allein die »Fernheilung« ist ein Indiz dafür, dass es sich um eine Legende handelt. Ich kann nicht glauben, dass der historische Jesus, der gerade den Armen und Unterdrückten, den Erniedrigten und Verachteten die frohe Botschaft von der grenzenlosen Liebe Gottes zu den Menschen verkündigte, zwischen dem »auserwählten Volk« und den »Heiden« unterschieden haben soll. Die Evangelien berichten über-

---

301 Mk 3,21.
302 Mt 5,17–20; 10,5–6.
303 Mt 19,28.
304 Mk 7,24–30.

einstimmend, Jesus habe nicht nur in Synagogen, sondern vornehmlich unter freiem Himmel gepredigt. Im überwiegend von Heiden bevölkerten Galiläa bedeutete das, auch Heiden strömten herbei, um ihn zu hören. Nirgends wird auch nur mit einem Wort erwähnt, Jesus oder seine Jünger hätten sie abgewiesen. Auch hat er zweimal die von orthodoxen Juden verachteten Samariter seinen Glaubensgenossen als Vorbild hingestellt.[305] Jesus hat, daran besteht für mich kein Zweifel, die Fessel des Auserwähltheitsglaubens gesprengt und ist zu einer universalen Religion vorgedrungen.[306] Soviel zur Hebräisierungstendenz. Nun zur Hellenisierungstendenz.

Die »Hellenisten« um Stephanus, dem ersten Märtyrer der Christenheit, waren, wie wir bereits erfahren haben, keineswegs nur Diakone, sondern traten als Evangelisten auf, welche die Botschaft vom Auferstandenen in die religiöse Sprache des Hellenismus »übersetzten«. Jesus wurde für sie zum Erlöser, Heiland und Gottessohn, wie er später bei Paulus und Johannes noch deutlicher in Erscheinung tritt. Der Einfluss der antiken Mythen vom sterbenden und auferstehenden Gott auf die Lehre von Christus (Christologie) ist nicht zu bestreiten. Der griechische Herakles, der babylonische Tammuz, der syrische Adonis, der phrygische Attis, der ägyptische Osiris, der thrakische Dionysos u.a. liefern das Deutungsmuster für den Mythos von Tod und Auferstehung Jesu.[307] Über den babylonischen Gott Bel Marduk, dessen Geschick zahlreiche Parallelen zum biblischen Christus aufweist, schreibt Karlheinz Deschner: »Auffallend sind gewisse Ähnlichkeiten zwischen dem christlichen Kultobjekt und dem gleichfalls wieder auferstehenden Bel-Mar-

---

305 Lk 10,25–37 und Lk 17,11–19. Ob diese Texte auf den historischen Jesus zurückgehen, ist freilich fraglich.
306 Im Unterschied dazu betont Gerhard Lohfink: Wie hat Jesus Gemeinde gewollt? Freiburg 1993, S. 38–41, hier S. 38: »Der einzige Sinn der gesamten Wirksamkeit Jesu ist die Sammlung des endzeitlichen Gottesvolkes.«
307 Karlheinz Deschner: Abermals krähte der Hahn, Reinbek 1972, S. 98.

duk. Die schließlich meistverehrte Gottheit Babylons galt als Weltschöpfer, Gott der Weisheit, der Heilkunst und des Beschwörungswesens, als vom Vater gesandter Erlöser, Erwecker der Toten, Herr aller Herren und König der Könige, als der gute Hirte. Wie der Christus der Bibel wurde Bel-Marduk gefangen genommen, verhört, zum Tod verurteilt, gegeißelt und mit einem Verbrecher hingerichtet, während man einen anderen Verbrecher freiließ.«[308]

Nicht weniger bestimmend erwies sich der Einfluss der hellenistischen Mysterienkulte bei der Ausgestaltung von Taufe und Abendmahl. Das Abschiedsmahl Jesu mit seinen Jüngern wurde zum heiligen Mahl umgeformt, bei dem der Gott gleichsam von den Adepten gegessen, das heißt inkorporiert wird, um auf diese Weise seiner Unsterblichkeit teilhaftig zu werden.[309]

Schließlich hat die in der hellenistischen Welt weit verbreitete religiös-philosophische Lehre der *Gnosis* die Verkündigung der Botschaft vom auferstandenen Heiland tiefgreifend geformt. Unter Gnosis (altgriechisch: Wissen, Erkenntnis) versteht man das philosophische Erfassen religiöser Wahrheiten. Sie ist eine vieldeutige und vielgestaltige Erscheinung, die im Rahmen dieser Studie nur gestreift werden kann. Die Gnosis entstand etwa gleichzeitig mit dem Christentum. Ihre Ursprünge weisen indes weit zurück in das Persien der Zeit Zoroasters (um 600 v. Chr.). Dieser unterschied bereits einen »bösen« Weltschöpfer Ahriman und einen »guten« Gott Ahura Mazda. Später nahmen gnostische Denker jüdische, christliche, ägyptische, griechische u.a. Traditionen auf. Wie die Apokalyptik ging die Gnosis ursprünglich von Kreisen aus, die von der Mitgestaltung des gesellschaftlichen Lebens ausgeschlossen waren,

---

308 Ebenda, S. 99.
309 Ebenda, S. 95–98. Das »Gott essen« als Mysterium tritt bei Joh 6,35–58 besonders deutlich in Erscheinung.

folglich gegen diese Welt protestierten und ihr Heil in einem weltflüchtigen Glauben suchten. Daher ihr weltverneinender Grundcharakter.

Kennzeichnend für die Gnosis ist ein radikal dualistisches Weltbild, das auf den Gegensätzen guter Gott und böser Weltschöpfer (Demiurg), Geist und Materie oder Geist und Fleisch, Licht und Finsternis, Leben und Tod beruht: »Nach der gnostischen Mythologie kam es infolge des Fehlverhaltens eines Lichtwesens bzw. durch den Angriff der Finsternismächte auf die Lichtwelt ... zur Vermischung von Licht und Finsternis (Geist und Materie) und zur Erschaffung von Welt und Menschen, in deren leiblichen Hüllen Lichtteile eingeschlossen sind. Ziel der Lichtmächte ist es, das zerstreute und in der Materie gefangene Licht wieder zu sammeln und in die Lichtwelt zurückzuführen. Dem entspricht die Erlösungslehre, wonach der ›Lichtfunke‹ ... im Menschen aus der Versklavung durch die Finsternismächte und dem körperlichen Gefängnis befreit werden muss. Das geschieht durch die Erweckung von außen durch ein erlösendes Wesen ... damit der geistbegabte Mensch ... zur Erkenntnis seines wahren, göttlichen Wesens, also zur Erlösung aus der Unwissenheit und zur Befreiung aus der Macht der Finsternismächte gelangt.«[310] Gnostische Einflüsse sind im Zweiten Testament an vielen Stellen mit Händen zu greifen, namentlich bei Paulus und dem Evangelisten Johannes. Typisch gnostisch ist bei Paulus der Gegensatz von Geist und Fleisch, Licht und Finsternis sowie die Umformung des Propheten und Rabbi Jesus von Nazareth in einen präexistenten Erlöser, der sich in Jesus inkarnierte, den Tod am Kreuz erlitt, um alle, die an ihn glauben, aus dem Reich Satans oder Beliars, des »Gottes dieser Weltzeit«[311] zu erlösen.

---

310 Wörterbuch des Christentums, Stichwort: Gnosis, Gnostizismus.
311 2 Kor 4,3–6.

Im Johannesevangelium tritt der Einfluss der Gnosis noch deutlicher zu Tage, so z. B. in der Licht- und Finsternismetaphorik des Prologs, im präexistenten Christus (Logos), der von Gott in die Welt gesandt wird, um diejenigen zur erlösen, die an ihn als den Weg, die Wahrheit und das Leben[312] glauben. Es erübrigt sich, weitere Belegstellen anzuhäufen. Jede und jeder kann sie selbst finden.

Ergebnis: Das Urchristentum wandelte sich in den ersten Jahrhunderten unserer Zeitrechnung zu einer synkretistischen Religion, die Elemente aus verschiedenen Religionen und Kulten der Antike in sich aufnahm und dabei tiefgreifend umgestaltet wurde. Die Anpassung der spezifisch jüdischen Messiaserwartung an die religiöse Welt des Hellenismus war eine unerlässliche Bedingung für die rasche Ausbreitung der neuen Lehre im Römischen Reich. Seinem jüdischen Ursprung verdankt das junge Christentum den Herrschaftsanspruch, den es für den Messias Jesus Christus erhob, und die »schneidende Intoleranz« gegenüber den konkurrierenden Religionen, die es, kaum zur Staatsreligion aufgestiegen, grausam verfolgte und ausrottete. Diese »Nachtseite« der jungen Religion war an ihrer unaufhaltsamen Ausbreitung im Römischen Reich kaum weniger beteiligt als ihre »Tagseite« in Gestalt der Bereitschaft mancher Christen, für ihren Glauben Verfolgung und Martyrium zu erleiden.

Die Steigerungstendenz

Bei mündlicher Überlieferung gilt die Regel, dass die berichteten Ereignisse im Laufe der Zeit dramatisiert und gesteigert werden. Ein typisches Beispiel für diese Tendenz ist die Schil-

---

312 Joh 14,6.

derung des Endes des Jüngers und »Verräters« Judas Iskariot. Paulus weiß gar nichts von ihm. Bei Markus findet sich nur die knappe Notiz, er sei zu den Hohepriestern gegangen und habe angeboten, Jesus auszuliefern. »Als sie das hörten, freuten sie sich und versprachen, ihm Geld dafür zu geben.«[313] Über seinen Tod erfahren wir nichts. Bei Matthäus bereut Judas seine Tat und erhängt sich.[314] Johannes sagt ihm nach, er habe als Kassenwart der Jesusgemeinde Einkünfte veruntreut.[315] In der Apostelgeschichte wird schließlich sein Ende dramatisch ausgestaltet. Petrus berichtet den Jüngern: »Mit dem Lohn für seine Untat kaufte er sich ein Grundstück. Dann aber stürzte er vornüber zu Boden, sein Leib barst auseinander, und alle Eingeweide fielen heraus.«[316]

Aufschlussreich ist auch die Steigerungstendenz bei der Auferstehung Jesu. Das älteste Auferstehungszeugnis im Zweiten Testament findet sich im ersten Korintherbrief des Paulus. Die »Auferweckung« Jesu ist darin noch deutlich als Vision des Petrus, der Jünger und des Paulus zu erkennen.[317] Selbst das rund 20 Jahre später entstandene Markusevangelium kennt nur das leere Grab.[318] Die übrigen Evangelisten bringen mehr oder weniger ausführliche Auferstehungsberichte. Um kritischen Anfragen zu begegnen, wird die Leiblichkeit Jesu immer stärker betont, nicht ohne sich in Widersprüche zu verwickeln. Einerseits ist der Auferstandene ein Geistwesen, das durch verschlossene Türen gehen kann,[319] andererseits ist er so leibhaftig, dass der ungläubige Thomas seinen Finger in die Nägelmale und

---

313 Mk 14,10.43.
314 Mt 27,3–10.
315 Joh 12,6.
316 Apg 1,18.
317 1 Kor 15,3–8.
318 Mk 16,9–20 ist eine aus dem zweiten Jahrhundert stammende Ergänzung.
319 Joh 20,19.

seine Hand in die Seitenwunde legen kann[320] und dass der Auferstandene sogar mit den Jüngern isst und trinkt.[321] Bei Matthäus umfassen die Frauen die Füße des Auferstandenen, bei Johannes wehrt Jesus dagegen die Umarmung Maria Magdalenas mit den Worten ab: »Halte mich nicht fest, denn ich bin noch nicht zum Vater hinaufgegangen.«[322] Ohnedies setzt die Entdeckung des leeren Grabes, von dem Paulus noch nichts weiß, die leibliche Auferstehung Jesu voraus.

Die für das Christentum folgenreichste Ausprägung der Steigerungstendenz war die Ausrufung des historischen Jesus zum Messias und seine schrittweise Erhöhung zum Gottmenschen und präexistenten Gottessohn, die im Christusdogma von Chalkedon (451 n. Chr.) ihren Abschluss fand. Darauf soll aber noch ausführlich eingegangen werden.

Eine kaum weniger bedeutsame Steigerungstendenz haben wir in der Rückverlagerung der Gottessohnschaft Jesu vor uns. Zunächst wird Jesus durch die Auferweckung gleichsam von Gott adoptiert, später wird die Adoption zurückverlagert in die Verklärungsszene auf einem hohen Berg,[323] sodann in die Taufe durch Johannes, danach in die jungfräuliche Empfängnis, wie sie von Matthäus[324] und Lukas[325] geschildert wird und schließlich, als letzte Station, wird Jesus bei Johannes, wie auch schon bei Paulus, zum Logos, der im Anfang bei Gott war (Präexistenz).[326]

---

320 Joh 20,25–29.
321 Lk 24,41–43; Apg 1,4.
322 Joh 20,17.
323 Mk 9,2–10.
324 Mt 1,20.
325 Lk 1,35.
326 Joh 1,1.

Die Abschwächungstendenz

In den Evangelien begegnet uns Jesus oft als ethischer Rigorist. Man denke nur an die harten, ja unerfüllbar scheinenden Forderungen der Bergpredigt oder die Anweisungen für die Missionsreise der Jünger,[327] deren Echtheit allerdings bezweifelt werden muss. Kein Wunder also, dass sich schon bald eine Tendenz herausbildete, diese »Gebote« abzumildern. Sie sollte sich aber erst im dritten und vierten Jahrhundert, als Kaiser Konstantin (288–337) den Christen das Bündnis von Thron und Altar anbot, voll durchsetzen.

Ähnlich rigoros wie die »Gebote« der Bergpredigt, klingt die bekannte Sentenz Jesu: »Eher geht ein Kamel durch ein Nadelöhr, als dass ein Reicher ins Reich Gottes gelangt.« Auf die erschrockene Frage der Jünger, wer dann noch gerettet werden könne, antwortet er: »Für Menschen ist das unmöglich, aber nicht für Gott; denn für Gott ist alles möglich.«[328] Diese Äußerung kann als Trostwort für die Reichen verstanden werden und sie ist auch so verstanden worden. Sie kann als Berücksichtigung der göttlichen Allmacht verstanden werden, die alle menschlichen Maßstäbe übersteigt. Sie kann aber auch ein Hinweis sein, dass die Antwort auf die Frage: Wer ist ein Reicher? darüber entscheidet, ob das harte Urteil Jesu auf ihn zutrifft. Ein Reicher, der seinen Reichtum zum Wohl der Gemeinschaft einsetzt und selbst mit seiner Familie einfach, vielleicht sogar spartanisch lebt, fällt meines Erachtens nicht unter das Verdikt Jesu. Gandhi hat diesen Typus des Reichen als Treuhänder des ihm anvertrauten Reichtums beschrieben. Ob Jesus an diesen Typus des Reichen gedacht hat, ist freilich ungewiss.

---

327 Mk 6, 6–13.
328 Mt 19,24–25.

Die Harmonisierungstendenz

Bereits in der Jerusalemer Urgemeinde kam es, wie wir gesehen haben, zum Konflikt zwischen den »Hebräern« und »Hellenisten«. Lukas, der Autor der Apostelgeschichte, entschärft diesen Konflikt, indem er ihn zum Streit über die tägliche Versorgung der Witwen der »Hellenisten« verharmlost. Ganz ähnlich verfuhr der Evangelist Matthäus. Zu Beginn der Bergpredigt lässt er Jesus sagen: »Denkt nicht, ich sei gekommen, um das Gesetz und die Propheten aufzuheben. Ich bin nicht gekommen, um aufzuheben, sondern um zu erfüllen. Amen, das sage ich euch: Bis Himmel und Erde vergehen, wird auch nicht der kleinste Buchstabe des Gesetzes vergehen, bevor nicht alles geschehen ist. Wer auch nur eines von den kleinsten Geboten aufhebt und die Menschen entsprechend lehrt, der wird im Himmelreich der Kleinste sein. Wer sie aber hält und halten lehrt, der wird groß sein im Himmelreich.«[329] Zu den wichtigsten Bestandteilen des Mosaischen Gesetzes gehören die Beschneidung, die Sabbatheiligung, das Bilderverbot und die Reinheitsvorschriften, die von Jesus jedoch teilweise in Frage gestellt werden. Matthäus harmonisiert den scharfen Konflikt zwischen Paulus und dem orthodoxen Kreis der Jerusalemer Urgemeinde um den Herrenbruder Jakobus, indem er ihre Lehren ungeachtet der dadurch entstehenden Widersprüche einfach nebeneinanderstellt.

Fazit: Die von mir beschriebenen Tendenzen, die das Leben und die Lehre des historischen Jesus oftmals bis zur Unkenntlichkeit veränderten, lassen sich unter dem Begriff der *Mythologisierungstendenz* zusammenfassen. Der Begriff Mythologisierung stammt von Rudolf Bultmann, der aus diesem Befund die Forderung herleitete, die Texte des Zweiten Testaments zu

---

329 Mt 5,17–19.

»entmythologisieren«. Es gelte, die zeitbedingte Einkleidung der Botschaft Jesu zu erkennen und in die Sprache der neuzeitlichen Weltanschauung zu übersetzen, um ihren zeitlosen Gehalt zu retten. Bei einer konsequent durchgeführten Entmythologisierung gehen zahlreiche uns Christen lieb gewordene Vorstellungen und Glaubensinhalte verloren. Aber es hilft nichts. Wir dürfen nicht krampfhaft an unhaltbar gewordenen Glaubensinhalten festhalten und uns in eine heile Welt der Mythen und Legenden flüchten. Das Zweite Testament, ja die ganze Bibel muss in das Scheidewasser[330] der wissenschaftlichen Bibelkritik hinein, selbst auf die Gefahr, dass nichts davon übrig bleibt. Sollte aber etwas übrig bleiben, so ist es für die Kritik weit weniger angreifbar und erweist sich womöglich als wertvoller als alles, was wir bis dahin als unverzichtbare Bestandteile des Christentums betrachteten.

Nichts von dem, was an der Bibel wertvoll ist, soll aufgegeben werden, doch alles, was wertlos oder gar schädlich ist. Die Diskussion über die Frage, was in die erstere und was in die letztere Kategorie gehört, wird auch künftig Generationen von Theologen und Laien beschäftigen. Das ist gut so, denn ohne produktiven Streit gibt es keinen Erkenntnisfortschritt. Weit wichtiger als der Erkenntnisfortschritt ist allerdings der Glaubensfortschritt und der gelingt allein durch die Verwirklichung der erkannten Wahrheit in unserem Leben.

---

330 Gewöhnliche Salpetersäure, die alle Metalle außer Gold und Platin auflöst.

XI. Das Leben Jesu

> Die Kirche lebt davon, dass die Ergebnisse der wissen-
> schaftlichen Leben-Jesu-Forschung in ihr nicht publik sind.
>
> *Hans Conzelmann*

Das Ergebnis der historisch-kritischen Theologie kann, was die
Biografie Jesu anbetrifft, für Christen, die mit den Evangelien
vertraut sind, zunächst nur enttäuschend sein. Da gibt es keinen Stall mit Ochs und Esel, keinen Stern von Bethlehem, keine Weisen aus dem Morgenland usw. Auch für Jesus gilt vielmehr die nüchterne Feststellung Gandhis: »All die großen
Weltlehrer, das solltet ihr wissen, waren am Anfang bedeutungslos.«[331]

Über das Leben Jesu wissen wir, trotz der Evangelienberichte,
erstaunlich wenig. Die Wissenschaftler sind sich heute darüber
einig, dass der Verfasser des Markusevangeliums, von dem – was
den äußeren Ablauf der Ereignisse anbelangt – das Matthäus-
und das Lukasevangelium abhängig sind, lediglich die in den
jungen christlichen Gemeinden verbreiteten Jesusworte und Erzählungen sammelte und in einen fiktiven zeitlichen Rahmen
einordnete. Der bedeutende Bibelwissenschaftler Martin Dibe-
lius (1883–1947) meinte dazu, die frühesten christlichen Berichte
hätten keinerlei biografisches Material enthalten, das mit Recht
diesen Namen verdiente.[332] Dessen ungeachtet finden sich in den
Evangelien, vornehmlich bei den Synoptikern, einige Angaben,
die, wenn auch im Einzelfall umstritten, auf den historischen
Jesus zurückgehen könnten. Sie sind sozusagen als »jesuanisches

---

331 Harijan, 28.1.1939.
332 Zitiert bei Karlheinz Deschner: Abermals krähte der Hahn, Reinbek 1972,
S. 34.

Urgestein« unter den darüber liegenden Überlieferungsschichten erhalten geblieben. Versuchen wir, das wenige, das wir mit einiger Sicherheit wissen, zusammenzutragen.

Weder der Geburts- noch der Todestag Jesu sind bekannt, ja nicht einmal sein Geburts- und sein Todesjahr. Die Vermutungen liegen zum Teil weit auseinander. Sie fallen aber alle in den Zeitraum von 7 bis 0 »vor Christi Geburt«. Manche Forscher entscheiden sich für das Jahr 4 v. Chr. als wahrscheinlichstes Geburtsjahr. Da nach Lukas Jesus mit »etwa 30«[333] Jahren öffentlich zu wirken begann, fiele dieses Datum, vorausgesetzt die Hypothese des Geburtsjahres 4 v. Chr. und die Altersangabe des Lukas über den Beginn von Jesu öffentlichem Auftreten wären richtig, in die Jahre 26 oder 27 n. Chr. Der Zeitraum seines öffentlichen Wirkens wird von den Evangelisten unterschiedlich angegeben. Nach den Synoptikern sind es ein bis zwei Jahre, nach dem historisch am wenigsten verlässlichen Johannes sind es mindestens drei Jahre. Demnach fiele Jesu Tod in die Jahre 28–29 n. Chr. Die Mehrzahl der historisch-kritischen Theologen datiert Jesu Tod aber in die Jahre 30–33 n. Chr.

Über die Kindheit und Jugend Jesu erfahren wir fast nichts. Geboren wurde er, wie bereits ausgeführt, wahrscheinlich in Nazareth. Seine Mutter hieß Maria, sein Vater Joseph.[334] Dass er ein Nachkomme König Davids war, ist unwahrscheinlich, weil nur durch den Messiasanspruch, den die Urgemeinde für Jesus erhob, begründet. Jesus hatte zahlreiche Geschwister. Die Namen seiner Brüder – Jakobus, Joses, Judas und Simon – werden von Markus[335] überliefert, die Namen seiner Schwestern

---

333 Lk 3,23.

334 Von einigen Theologen wird die Auffassung vertreten, Jesus sei ein uneheliches Kind der Maria gewesen. Diese Annahme stützt sich vornehmlich auf die Darstellung von Mt 2,18–25. Sie erscheint mir jedoch zu legendenhaft, um ernst genommen zu werden.

335 Mk 6,1–6.

sind nicht bekannt. Der »Herrenbruder« Jakobus sollte nach Jesu Tod eine wichtige Rolle in der Jerusalemer Urgemeinde spielen.

Jesus wuchs demnach in einer kinderreichen Familie auf. Wahrscheinlich war er der Erstgeborene. Wie in kinderreichen Familien üblich, wird der junge Jesus schon früh für die Aufsicht und Versorgung der jüngeren Geschwister herangezogen worden sein. Auch hat er vermutlich bittere Armut kennen gelernt. Das könnte eine Erklärung für seine Zuwendung zu den Schwachen und Hilflosen sein.

Über den Vater wissen wir nur, dass er Zimmermann und Baumeister war. Baumeister klingt in unseren Ohren anspruchsvoller, als es war. Die Häuser in den Dörfern Palästinas bestanden oft nur aus einem einzigen Raum, dessen Dach mit Schilf, Heu und Zweigen gedeckt war. In diesem Raum lebte die ganze Familie.[336] Joseph war folglich eher ein Handwerker, der sich auf den Bau einfacher Häuser und allerhand Reparaturarbeiten verstand. Vermutlich hat Jesus schon in früher Jugend das Handwerk von ihm erlernt. Da er in den Evangelien später nicht mehr auftaucht, ist anzunehmen, dass er früh starb. Jesus scheint ihn sehr geliebt zu haben. Die Tatsache, dass er Gott in späteren Jahren mit dem kindlichen Abba (Papa) anredete, legt die Vermutung nahe, er habe in ihm die Züge des leiblichen Vaters wiedergefunden. Doch begeben wir uns damit bereits auf den unsicheren Boden der Spekulation. Der Tod des geliebten Vaters könnte den jungen Jesus in eine schwere Krise gestürzt haben, die er überwand, indem er den liebenden Vater durch den liebenden Vatergott, zu dem er ein inniges Verhältnis pflegte, ersetzte. Joachim Gnilka meint, Jesus habe bis zu seiner Begegnung mit Johannes dem Täufer bei seiner Familie

---

336 Joachim Gnilka: Jesus von Nazaret, Freiburg 1995, S. 72 und S. 77.

gelebt.[337] Das halte ich für unwahrscheinlich. Nach dem Tod des Vaters scheint es, wenn nicht zum Bruch, so doch zu einer Entfremdung zwischen ihm und der Familie gekommen zu sein. Es ist eher anzunehmen, dass er auf Wanderschaft ging, wobei er seinen Lebensunterhalt vermutlich als Zimmermann verdiente. Möglicherweise bewahrt die Erzählung von Jesu Zug mit seinen Jüngern durch den jüdisch-heidnischen Norden Palästinas nach Tyrus und Sidon[338] eine Erinnerung an die Zeit vor seinem öffentlichen Auftreten, denn davon könnte er den Jüngern erzählt haben. Denkbar ist aber auch, dass der Weg der Ausbreitung des Evangeliums nach seinem Tod in das Leben Jesu zurückverlegt wurde. Wo er im Übrigen seine Lehr- und Wanderjahre verbrachte, ob er Kontakt mit Essenern, Pharisäern, Schriftgelehrten und Zeloten hatte, bleibt im Dunkeln. Aus der Frische, Lebendigkeit und Bildhaftigkeit seiner Sprache können wir indes schließen, dass er beim Volk in die Schule ging. Ob er des Lesens und Schreibens überhaupt kundig war, ist ungewiss; jedenfalls hat er nach allem, was wir wissen, keine Schriftzeugnisse hinterlassen. Er war auch nicht der Typ des Gelehrten. Sein Charisma entfaltete sich in der freien Rede und der persönlichen Begegnung.

Die Begegnung mit Johannes dem Täufer nimmt in Jesu Biografie eine zentrale Stellung ein, denn sie markiert den Beginn seines öffentlichen Auftretens. Wie bedeutsam sie für ihn war, geht allein schon daraus hervor, dass der Täufer in den Evangelien 26 und in der Apostelgeschichte 6 Mal erwähnt wird. Sicher ist, dass Jesus von Johannes im Wasser des Jordan getauft wurde. Diese Tatsache bereitete den Christen der Frühzeit einige Schwierigkeiten, denn nach ihrer Auffassung war Jesus das fehlerlose und folglich sündlose Opferlamm, das den Zorn

337 Ebenda, S. 77 f.
338 Mt 15,21.

Jahwes über die sündige Menschheit besänftigte und sein Leben hingab als Lösegeld für viele.[339] Die Taufe des Johannes aber setzte ein Sündenbekenntnis und folglich die Sündigkeit des Täuflings voraus. Gut möglich, dass die legendenhaft ausgeschmückte Erzählung vom sich öffnenden Himmel, dem wie eine Taube herabfliegenden Heiligen Geist und der vom Himmel herabtönenden Stimme: »Du bist mein geliebter Sohn, an dir habe ich Gefallen gefunden«,[340] erfunden wurde, um diesen Widerspruch zu glätten. Vielleicht kann sie auch als Adoptionsritual nach Psalm 2,7 (»Mein Sohn bist du, heute habe ich dich gezeugt«) gedeutet werden. Das schließt nicht aus, dass Jesus im Zusammenhang mit seiner Taufe ein Berufungserlebnis hatte und davon später seinen Jüngern erzählte. Ob Jesus sich einige Zeit beim Täufer aufgehalten hat, ist nicht überliefert. Es ist aber anzunehmen, da die Botschaft des Täufers und seine eigene eine Reihe bedeutsamer Gemeinsamkeiten, aber auch wesentlicher Unterschiede, aufweisen. Auf sie soll noch eingegangen werden.

Nach seinem Aufenthalt beim Täufer begann Jesus öffentlich zu wirken. Er predigte in den Synagogen und unter freiem Himmel und er sammelte einen Kreis von Männern und Frauen um sich, die ihn als eine kleine Gemeinde begleiteten. Soweit ersichtlich, gehörten diesem Kreis einfache Leute an: Fischer, Handwerker, Bauern, vielleicht auch Tagelöhner und Obdachlose, und, nicht zu vergessen, einige begüterte Witwen, die den Lebensunterhalt der kleinen Gemeinschaft bestritten.

Markus berichtet, seine Familie habe sich, nachdem sie von seinem öffentlichen Auftreten erfahren habe, auf den Weg gemacht, »um ihn mit Gewalt zurückzuholen, denn sie sagten: Er ist von Sinnen«.[341] Viel spricht für die Echtheit dieser Über-

---

339 Mk 10,45.
340 Mk 1,11.
341 Mk 3,20 f.

lieferung, denn von einem Gottessohn erzählt man so etwas nicht gern. Jesus, so erzählt Markus weiter, reagierte äußerst kühl, ja abweisend auf den Wunsch seiner Angehörigen, mit ihm zu sprechen: »Wer ist meine Mutter und wer sind meine Brüder? Und er blickte auf die Menschen, die im Kreis um ihn herum saßen, und sagte: Das hier sind meine Mutter und meine Brüder. Wer den Willen Gottes erfüllt, der ist für mich Bruder und Schwester und Mutter«.[342] Hier begegnet uns ein wesentlicher Zug der Lehre Jesu, auf den später näher eingegangen werden soll. Jesus ersetzt die Familie, in die er hineingeboren wurde, ganz bewusst durch die Familie derer, die den Willen Gottes erfüllen. Auf einen Bruch mit der Familie lässt das gleichwohl nicht schließen, denn Jesus ist offensichtlich in sein Heimatdorf zurückgekehrt und hat in der dortigen Synagoge gepredigt. Die Reaktion der Dörfler, die Markus berichtet, ist bezeichnend: »Woher hat er das alles? Was ist das für eine Weisheit, die ihm gegeben ist! Und was sind das für Wunder, die durch ihn geschehen. Ist das nicht der Zimmermann, der Sohn der Maria und der Bruder von Jakobus, Joses, Judas und Simon? Leben nicht seine Schwestern hier unter uns?«[343] Jesus bemerkt dazu: »Nirgends hat ein Prophet so wenig Ansehen wie in seiner Heimat, bei seinen Verwandten und in seiner Familie.«[344]

Nach Jesu Tod haben sich seine Mutter und seine Brüder der Jerusalemer Urgemeinde angeschlossen.[345] Jakobus gehörte mit Petrus und Johannes zu den drei »Säulen« der Urgemeinde, die Paulus im Galaterbrief erwähnt.[346] In späteren Jahren scheint er sogar Petrus aus der Leitung der Gemeinde verdrängt zu haben.

---

342 Mk 3,33–35.
343 Mk 6,3–4.
344 Mk 6,5–6.
345 Apg 1,14.
346 Gal 1,19; 2,9.

Jesu Predigt von der Gottesherrschaft scheint eine heilende und befreiende Wirkung auf seine Zuhörer gehabt zu haben. Das gilt insbesondere für psychosomatische Erkrankungen, die damals nicht weniger verbreitet gewesen sein dürften als heute. So überrascht es nicht zu erfahren, dass ihm bald der Ruf eines Wundertäters, Dämonenaustreibers und Heilers vorauseilte. Die Menschen strömten in Scharen zu seinen Predigten. Sie brachten Besessene und Kranke zu ihm in der Hoffnung, er werde sie heilen, sodass er oftmals von einer großen Menschenmenge umlagert war. Dessen ungeachtet war sein Wirken in der fruchtbaren Landschaft am Nord- und Westufer des Sees Gennesaret zwiespältig. Einerseits strömte das Volk herbei, um ihn zu hören, zu sehen und Zeuge seiner Wundertaten zu werden. Andererseits findet sein Ruf zur Umkehr nur wenig Beachtung. Die Begeisterung blieb oberflächlich. Daher die Scheltworte über Bethsaida, Chorazin und Kafarnaum.[347]

Bei der Aussendung der zwölf Jünger[348] handelt es sich womöglich um eine Zurückverlegung der Missionstätigkeit der nachösterlichen Gemeinde in die Lebenszeit Jesu. Wir wissen einerseits aus den Paulusbriefen, dass es Wanderprediger gab, die als Missionare in der Art, wie sie bei Markus beschrieben werden, tätig waren. Andererseits ist die erschreckende, beinahe abstoßende Härte der Anweisungen durchaus jesuanisch.[349] Sollte er sie nicht bereits auf die Missionsreise geschickt haben, so hat er sie doch darauf vorbereitet. Er selbst führte ja das unstete Leben eines Wanderpredigers, der »keinen Ort [hat], wo er sein Haupt hinlegen kann«.[350]

---

347 Mt 11,20–24.
348 Mk 6,6–13, bei Lk 10,1 sind es auf Grund der Steigerungstendenz bereits 72.
349 Keine Vorratstasche, kein Geld im Gürtel, kein zweites Hemd und an den Füßen nur Sandalen, bei Matthäus nicht einmal ein Wanderstab, den Jesus bei Markus noch zulässt.
350 Mt 8,20.

Ob Jesus durch sein Wirken bereits in Galiläa mit den Herrschenden in Konflikt geriet, ist ungewiss. Das Schicksal des
Täufers lässt darauf schließen, dass Männer, welche die Volks-
massen anzogen, sich verdächtig machten, Aufrührer zu sein,
zumal, wenn sie nicht mit Kritik an den Herrschenden sparten.

Die Frage, weshalb Jesus mit seiner kleinen Gemeinde nach
Jerusalem zum Passafest zog, lässt sich nicht mit Sicherheit beantworten. Vermutlich lag ihm daran, seine Botschaft im Zentrum des religiösen Judentums zu verkünden. Dass er wusste
oder auch nur ahnte, welches Schicksal ihn dort erwartete, ist
ganz unwahrscheinlich. Es ist eher anzunehmen, dass er und
seine Gemeinde mit großen Erwartungen nach Jerusalem zogen, wo ihnen durch die in Jerusalem versammelten Pilger wohl
ein begeisterter Empfang bereitet wurde, denn sein Ruf als
Wundertäter, Heiler und Prophet hatte sich mittlerweile weit
verbreitet. Für Jesus und seine Bewegung gilt, was Walter Nigg
über Franz von Assisi und seine Minderbrüder schrieb: »Die
erste Zeit der Minderbrüder war von einem beispiellosen En-
thusiasmus erfüllt, der gleich einem Pfingststurm durch Italien
brauste. Eine hinreißende Beschwingtheit und eine Reinheit
der Absicht war dieser Epoche eigen, wie man sie tatsächlich
immer nur in den ersten Anfängen einer Bewegung feststellen
kann. Ihre Wucht und ihren Zauber kann man sich nicht groß
genug denken. Ein ganz eigenartiger Glanz liegt über dieser
Entstehungszeit.«[351]

Was sich in Jerusalem im Einzelnen ereignete, ist trotz der
verhältnismäßig ausführlichen Berichte der Evangelien unge-
klärt. Jesus scheint von dem religiösen Massenbetrieb in und
um den Tempel zutiefst enttäuscht und abgestoßen gewesen zu
sein. Er sah im Opferkult lediglich eine religiöse Geschäftema-

---

351 Walter Nigg: Große Heilige, Zürich o.J., S. 71.

cherei, an der Tempelpriesterschaft, Händler, Viehzüchter, Wirte und andere verdienten. Von den Reichen erwartete man einen Stier, von Wohlhabenden einen Hammel und von den Armen zwei Tauben als Opfer, von Geldopfern und Tempelsteuer nicht zu reden. Jesus hat den veräußerlichten Opferkult im Tempel und den Rummel der Pilgerfeste in seinen Predigten wohl scharf angegriffen. Es kam wohl auch zu einer prophetischen Zeichenhandlung, die uns als »Tempelreinigung«[352] überliefert ist. Der historische Kern dürfte darin bestanden haben, dass Jesus die Händler und Geldwechsler aufforderte, den Vorhof des Tempels zu verlassen. Womöglich hat er dabei auch einige »Tische der Geldwechsler und Stände der Taubenhändler« umgestürzt. Mehr als ein örtlich begrenzter Vorfall dürfte das wohl kaum gewesen sein, weil andernfalls die Tempelwache eingegriffen und den »Störenfried« festgenommen hätte. Auf Grund der Steigerungstendenz wird das Ereignis bei Johannes dramatisiert: Jesus macht nun eine Geißel aus Stricken und treibt die Verkäufer von Rindern, Schafen und Tauben und die Geldwechsler, die dort saßen, alle (!) aus dem Tempel hinaus.[353] Festzuhalten aber bleibt, er hatte sich durch seine Predigt und die Zeichenhandlung nicht nur die Tempelpriesterschaft, sondern all jene, die vom Geschäft mit der Religion lebten, zu Feinden gemacht. Der Beschluss, ihn aus dem Weg zu räumen, indem man ihn bei den Römern als Aufrührer denunzierte, fiel im Hohen Rat,[354] möglicherweise aber auch in einem kleineren Kreis, dem neben dem Hohepriester die einflussreichsten Mitglieder des Gremiums angehörten.

---

352 Mk 11,15–19.

353 Joh 2,13–22.

354 Der Hohe Rat (Synedrium) war das oberste religiöse Leitungsgremium der Juden, das zugleich eine wichtige politische Mittlerrolle zwischen den Römern und dem Volk wahrnahm. Es bestand aus Sadduzäern, Schriftgelehrten, Pharisäern und Ältesten und wurde vom Hohepriester geleitet. Ihm gehörten 72 Mitglieder an; 27 genügten, um beschlussfähig zu sein.

Jesus mag geahnt haben, welche dunklen Wolken sich über seinem Haupte zusammenzogen. Jedenfalls feierte er mit seinen Jüngern ein Abschiedsmahl, das ihnen unvergesslich in Erinnerung blieb. Dabei wird er, wie sonst auch, Brot und Wein gesegnet und es an seine Jünger weitergegeben haben. Möglich, dass unter seinen Jüngern ein Verräter namens Judas war. Über dessen Motive wissen wir nichts.[355] Jesus wäre zweifellos auch ohne seine Mitwirkung festgenommen worden. Die Festnahme erfolgte durch die mit Schwertern und Knüppeln bewaffnete Tempelwache. Dass daran, wie Johannes berichtet, auch Hilfstruppen der Römer beteiligt gewesen sein sollen, ist ganz unwahrscheinlich. Auf Grund der Steigerungstendenz müssen es schon ganze Heerscharen sein, die Jesus verhaften, und dennoch bei seinem Anblick zurückweichen und zu Boden stürzen.[356] Die Jünger flohen Hals über Kopf bis auf Petrus, der den Schergen bis in den Vorhof des Palastes des Hohepriesters folgte. Die Verleugnung Jesu durch Petrus hat mit großer Wahrscheinlichkeit einen historischen Kern, denn ein so zutiefst beschämendes, ja schuldhaftes Verhalten erfindet man nicht. Das Verhör Jesu vor dem Hohen Rat könnte durchaus in einem Verhör vor einigen eilig zusammengerufenen Mitgliedern des Synedriums bestanden haben. Welche Anklagen gegen Jesus vorgebracht wurden, wissen wir nicht. Sicher ist nur, dass Jesus schuldig gesprochen wurde. Ein Messiasbekenntnis Jesu vor dem Hohen Rat hat es nach dem Urteil der meisten historisch-kritischen Theologen nicht gegeben. »Gleich in der Frühe des folgenden Tages«, erfahren wir bei Markus, »fassten die Ho-

---

355 Der Name Judas Iskariot wird von einigen Theologen als Judas der Sikarier gedeutet. Sikarier (Dolchmänner) war die Bezeichnung für Rebellen, die sich wie die Zeloten für den bewaffneten Aufstand gegen die Römer einsetzten und Terroranschläge verübten. Mag sein, dass er aus Enttäuschung über Jesu striktes Nein zur Gewalt ihn seinen Gegnern »preisgab«, wie es im Markusevangelium heißt.

356 Joh 18,6.

henpriester, die Ältesten und die Schriftgelehrten, also der ganze Hohe Rat, über Jesus einen Beschluss: Sie ließen ihn fesseln und abführen und lieferten ihn Pilatus aus.«[357]

Der für seine Rücksichtslosigkeit und Grausamkeit berüchtigte Pilatus machte mit Jesus kurzen Prozess. Er verurteilte ihn als Aufrührer gegen die römische Herrschaft, wobei ihm die Botschaft Jesu vom Anbruch der Gottesherrschaft auf Grund eines Missverständnisses durchaus als todeswürdiges Verbrechen erschienen sein mag. Das Reich Gottes wollten ja auch die Zeloten in Palästina errichten, wenn auch nach einem gewaltsamen Aufstand gegen die römische Fremdherrschaft. Dazu kam es aber erst 40 Jahre später im jüdischen Krieg (66–70 n. Chr.). Welche Rolle die Kreuzesinschrift »König der Juden« (wenn es sie denn gab) spielte, wird wohl nie endgültig zu klären sein. Möglich, dass die Gegner Jesu ihn bei Pilatus mit der Behauptung denunzierten, er habe sich als »König der Juden« (Messias) ausgegeben.

Nach der Urteilsverkündung wurde Jesus von den Henkersknechten gegeißelt und verspottet. Dann führte man ihn vor die Stadt zur Hinrichtungsstätte Golgotha. Die Episode mit Simon von Cyrene, der von den Soldaten gezwungen wurde, das Kreuz oder zumindest den Kreuzbalken zu tragen, könnte historisch sein. An der Kreuzigung und dem Tod Jesu am Kreuz gibt es bei den historisch-kritischen Wissenschaftlern heute kaum noch Zweifel, obwohl sein Tod am Kreuz im romanhaft ausgestalteten Leben Jesu in Frage gestellt wurde. Da die Jünger geflohen waren, blieben nur die Frauen als Augenzeugen zurück. Sie sahen dem entsetzlichen Geschehen aus der Ferne zu.[358] Die Jesusworte am Kreuz sind zumeist den Psalmen entnommen und wurden Jesus nachträglich in den Mund gelegt.

---

357 Mk 15,1.
358 Mk 15,40 f.

Das schließt nicht aus, dass Jesus am Kreuz gebetet hat. Mit einiger Sicherheit ist jedoch der Schrei überliefert, der sein Sterben einleitete. Möglich, dass Jesus mit der Bitte um Vergebung für seine Peiniger verschied. Es ist aber auch nicht ausgeschlossen, dass er in Verzweiflung starb. Ob mit ihm zwei weitere Delinquenten gekreuzigt wurden, ist ungewiss, desgleichen die Erzählung von der Begnadigung des Barrabas.[359] Auch kann es sein, dass diejenigen unter den Bewohnern Jerusalems, die Jesus sich zu Feinden gemacht hatte, als Volksmenge beim Prozess seinen Tod forderten, doch war das gewiss nicht das ganze Volk.

Jesu Leichnam ist zweifellos noch am Freitagabend vom Kreuz abgenommen und begraben worden, da andernfalls der Sabbat geschändet worden wäre. Ohnedies verlangte schon eine Vorschrift des Ersten Testaments, am Pfahl Hingerichtete noch am gleichen Tag zu bestatten, da sonst das Land verunreinigt würde.[360] Die Erzählungen, die sich um das Begräbnis durch Josef von Arimathäa[361] und Nikodemus[362] sowie die Auffindung des leeren Grabes ranken, tragen mehr oder weniger legendenhafte Züge.

Es ist von Theologen viel bedrucktes Papier produziert worden, um den genauen Ablauf der Ereignisse in Jerusalem zu rekonstruieren. Meines Erachtens ist das verlorene Liebesmüh', denn sie lagen zur Zeit ihrer schriftlichen Fixierung schon so weit zurück, dass der genaue Hergang nicht mehr rekonstruierbar war. Daher finden sich in den Evangelien eine Vielzahl ungenauer und einander widersprechender Angaben. Ich bin auch nicht sicher, ob der Aufwand, der in dieser Hinsicht getrieben wurde, zu den guten Früchten zählt, auf die Jesus so

---

359 Mk 15,6–15.
360 Deut 21,23.
361 Mk 15,43; Mt 27,57; Lk 23,50 f.
362 Joh 19,38 f.

großen Wert legte. Letztlich kommt es auf die exakte Rekonstruktion der Vorgänge in Jerusalem, die zur Kreuzigung Jesu führten, gar nicht an. Es genügt völlig, sich darüber klar zu werden, dass Jesus erstens vom römischen Präfekten Pontius Pilatus nach einer Gerichtsverhandlung zum Tode verurteilt und noch am selben Tag gekreuzigt wurde, und zweitens, dass der Hohepriester und zumindest ein Teil des Synedriums an der Festnahme Jesu und seiner Auslieferung an die Römer beteiligt war.

XII. Die Botschaft Jesu von der Gottesherrschaft

Wir werden Gott in dem Ausmaß ähnlich, in dem wir die Gewaltfreiheit verwirklichen, aber wir werden nicht Gott selbst.
Mahatma Gandhi

Das Ergebnis der historisch-kritischen Forschung hinsichtlich der Biografie Jesu ist mager. Das liegt nicht zuletzt daran, weil die frühe Christenheit von der Erwartung der Wiederkehr Jesu als Messias-Menschensohn beherrscht war. Sie rechnete täglich mit dem Hereinbrechen einer endzeitlichen Katastrophe, in der Jahwe die rettungslos verdorbene alte Welt vernichten und durch eine neue ersetzen würde. Solche Vorstellungen waren zur Zeit Jesu weit verbreitet, denn sie standen in der Tradition ersttestamentlicher Prophetie. In dem Maße, wie die Wiederkehr Jesu als Messias und Menschensohn sich verzögerte beziehungsweise ganz ausblieb, erwachte das Interesse am Leben und der Lehre Jesu. Seine Lehre stand dabei von Anfang an im Vordergrund, denn ihre strikte Befolgung entschied darüber, wer beim Endgericht errettet und wer zur ewigen Höllenqual verdammt werden würde.

Was wir heute über den historischen Jesus und seine Lehre wissen, geht im Wesentlichen auf die Überlieferung der Synoptiker zurück. Aus dem zehnten Kapitel wissen wir, wie vielfältig diese Überlieferung durch Mythen und Legenden sowie durch Gemeindeprophetie und -theologie überlagert wurde. Trotzdem lohnt sich der Versuch, aus dem vorhandenen Textmaterial die Lehre Jesu zu rekonstruieren, selbst wenn wir letzte Gewissheit über das, was Jesus lehrte, wohl nie werden erlangen können.

Der Kirchenkritiker Karlheinz Deschner fasst Jesu Lehre in wenigen Sätzen wie folgt zusammen: »Neben der Proklamation des nahen Gottesreiches stand offenbar im Mittelpunkt der Predigt Jesu das Gebot der Liebe, Liebe zu Gott und zum Nächsten, auch zum Feind. Eine Tendenz zur äußersten Radikalität scheint ihn beherrscht zu haben: Kampf gegen Kult und zur Schau gestellte Frömmigkeit, gegen die Selbstgerechten und Richtenden, gegen die Unterdrückung der Schwachen, die Ausbeutung der Armen, gegen Gewalt, Wiedervergeltung und Mord. Dies dürften die wesentlichen Züge seiner Verkündigung gewesen sein.«[363] An diesem Maßstab misst er die Kirchengeschichte von der Antike bis zur Gegenwart und kommt zu einem vernichtenden Urteil.

Jesus und Johannes der Täufer

Die Begegnung mit dem Täufer war für Jesus, wie bereits erwähnt, von entscheidender Bedeutung. Von ihm scheint er wichtige Anregungen für seine Lehre empfangen zu haben. Johannes wird in den Evangelien als Asket geschildert. Er trug ein Gewand aus Kamelhaaren, einen ledernen Gürtel um die Hüften und lebte von Heuschrecken und wildem Honig. Er trat als Prophet auf, der das nahe bevorstehende Gericht Jahwes über die Welt ankündigte. Er rief das Volk zur Umkehr und zur Buße auf und taufte die Bußfertigen im Wasser des Jordan zur Reinigung von ihren Sünden. Er war überzeugt, das Endgericht Jahwes, bei dem die Gerechten mit dem heiligen Geist getauft, die Sünder aber ins ewige Feuer geworfen würden, stehe unmittelbar bevor, sodass es möglich sei, die rituelle Reinheit durch ein gesetzestreues Leben zu bewahren und somit ge-

---

363 Karlheinz Deschner: Abermals krähte der Hahn, Reinbek 1972, S. 135.

rechtfertigt vor Jahwes Richterstuhl zu erscheinen. Die Leute, die ihn fragten, was sie tun sollten, forderte er auf, ihren Besitz mit den Armen zu teilen. Von Zöllnern und Soldaten verlangte er, sofern wir dem Lukasevangelium glauben dürfen, nicht die Aufgabe ihrer unehrenhaften Berufe. Von den Ersteren forderte er nur, nicht mehr zu verlangen, als festgesetzt sei, und von den Letzteren, niemanden zu misshandeln oder zu erpressen und sich mit ihrem Sold zu begnügen.[364] Es ist unwahrscheinlich, dass Pharisäer und Sadduzäer zu ihm gekommen sind, um sich taufen zu lassen. Ihnen rief er angeblich zu: »Ihr Schlangenbrut, wer hat euch denn gelehrt, dass ihr dem kommenden Gericht entrinnen könnt? Bringt Frucht hervor, die eure Umkehr zeigt, und meint nicht, ihr könntet sagen: Wir haben ja Abraham zum Vater. Denn ich sage euch: Gott kann aus diesen Steinen Kinder Abrahams machen. Schon ist die Axt an die Wurzel der Bäume gelegt; jeder Baum, der keine gute Frucht trägt, wird umgehauen und ins Feuer geworfen.«[365] Der historische Hintergrund dieser Bibelstelle dürfte sein, dass Johannes mit den Reichen und Mächtigen sowie mit der Tempelpriesterschaft, die alle mit den römischen Besatzern zusammenarbeiteten, scharf ins Gericht ging.

In den synoptischen Evangelien erscheint der Täufer als Vorläufer Jesu. Übereinstimmend berichten sie, Jesus habe sich von Johannes taufen lassen. Das ist erklärungsbedürftig, denn Jesus hatte die Taufe ja nicht nötig, da er nach Auffassung der frühen Christen sündlos war. Nach Matthäus wollte Johannes es nicht zulassen, dass Jesus von ihm getauft würde. Er sagt zu ihm: »Ich müsste von dir getauft werden, und du kommst zu mir?« und erhält die Antwort: »Lass es nur zu, denn nur so können wir die Gerechtigkeit (die Gott fordert) ganz erfüllen«.[366] Die Sy-

---

364 Lk 3,10–13.
365 Mt 3,7–10.
366 Mt 3,13–15.

noptiker berichten übereinstimmend, nach der Taufe Jesu habe sich der Himmel geöffnet, der Geist Gottes sei wie eine Taube auf ihn herabgekommen und eine Stimme aus dem Himmel habe gesprochen: »Das ist mein geliebter Sohn, an dem ich Gefallen gefunden habe.«[367] Dem Evangelisten Johannes scheint die Taufe Jesu denn doch zu anstößig gewesen zu sein. Bei ihm wird die Szene ganz ins Mythische überhöht. Der Täufer sieht Jesus auf sich zukommen und spricht zu den Umstehenden: »Seht, das Lamm Gottes, das die Sünde der Welt hinweg nimmt.«[368] In Wirklichkeit wird die Begegnung zwischen Jesus und dem Täufer wohl ganz anders verlaufen sein. Jesus kommt als unbeschriebenes Blatt zu Johannes, dessen Ruf in ganz Israel verbreitet ist, um sich von ihm taufen zu lassen. Wohl möglich, dass er dabei eine Berufungsvision hatte, doch die Umstehenden merkten davon sicherlich nichts.

Wie lange Jesus sich beim Täufer aufhielt, wissen wir nicht. Vieles spricht aber dafür, dass er sich den Johannesjüngern anschloss und einige Zeit bei ihnen verweilte. Doch schon bald trennten sich ihre Wege. Jesus begann öffentlich aufzutreten und eine eigene Gemeinde um sich zu sammeln. Einige Johannesjünger scheinen regelrecht zu ihm übergewechselt zu sein,[369] ja es scheint sich geradezu ein Konkurrenzverhältnis zwischen den Johannes- und den Jesusjüngern entwickelt zu haben, obwohl die Zuverlässigkeit dieser Nachrichten zweifelhaft ist.[370]

Die Wege von Johannes und Jesus trennten sich nicht nur äußerlich, sondern auch hinsichtlich ihrer Verkündigung. An die Stelle der *Droh*botschaft vom nahe bevorstehenden Endgericht des zornigen, richtenden, strafenden und vernichtenden

---

367 Mt 3,17.
368 Joh 1,29.
369 Joh 1,35–51.
370 Joh 3,22–36.

Gottes, die bei Johannes im Zentrum seiner Verkündigung steht, tritt bei Jesus die *Froh*botschaft vom liebenden, barmherzigen und gütigen Gott, der sich allen Menschen, insbesondere aber den Armen und Rechtlosen, den Verachteten und Gedemütigten zuwendet, in den Vordergrund. Wie für Gandhi gilt aber auch für Jesus, sein Gott ist ein liebender, aber kein lieblicher Gott. Er ist auch schrecklich, da er gerade denen, die ihn am meisten lieben, die härtesten Prüfungen auferlegt. Diese Erfahrung sollte auch Jesus nicht erspart bleiben.

Gottesherrschaft oder Messiasherrschaft?

Nach Ansicht der großen Mehrheit der historisch-kritischen Theologen steht die Königsherrschaft Gottes im Zentrum der Verkündigung Jesu.[371] Was aber meint er mit diesem Begriff? Da er ihn nirgends erklärt, müssen wir annehmen, dass er ihn bei seinen Zuhörern als bekannt voraussetzen konnte. Der Begriff Gottesherrschaft ist missverständlich, denn unwillkürlich denken wir dabei an ein Herrschaftsverhältnis von der Art, wie es zwischen Sklavenhalter und Sklave, Herr und Knecht, Bourgeois und Proletarier, Vorgesetzter und Untergebener besteht. Das ist aber nicht gemeint. Es handelt sich vielmehr um die Aufhebung aller Herrschaftsverhältnisse von Menschen über Menschen und über die außermenschliche Natur, wie wir sie bei der »Sklaverei« Gandhis im Verhältnis zu Gott kennen gelernt haben. So paradox es auch klingen mag, in dieser Herrschaft fallen äußerste Freiheit und äußerste Unfreiheit zusammen. Während die Aufkündigung der Herrschaft zwischen Menschen in aller Regel Sanktionsdrohungen und, im Fall der

---

371 Im Gegensatz dazu behauptet Joseph Ratzinger/Benedikt XVI. in seinem Jesusbuch unter Berufung auf den Evangelisten Johannes, im Zentrum von Jesu Botschaft habe seine Selbstoffenbarung als Gottessohn gestanden.

Weigerung, sich zu unterwerfen, schmerzhafte Sanktionen zur Folge hat, die auf die Wiederherstellung des Herrschaftsverhältnisses abzielen, fehlen solche Sanktionsdrohungen und Sanktionen im Gottesverhältnis des Menschen ganz. Insofern bedarf der Sündenfall-Mythos der Bibel, in dem Jahwe schwere Strafen gegen Eva und Adam verhängt, der Korrektur; desgleichen die ständigen Drohungen der Priester und Propheten mit dem glühenden Zorn Jahwes gegenüber dem ungehorsamen und halsstarrigen Volk. Gott gewährt uns Menschen die Freiheit der Wahl, uns für oder gegen ihn zu entscheiden und zeichnet uns damit gegenüber der übrigen Schöpfung, die diese Freiheit nicht kennt, aus. Wer sich Gott zuwendet und dem großen Gesetz, das er selbst ist, folgt, tut es aus freien Stücken. Wer sich von Gott abwendet, um seiner Wege zu gehen und sein Leben selbst zu gestalten, tut das ebenfalls in voller Freiheit. Wählt er das letztere, wie Adam und Eva es taten, so zürnt Gott nicht, er droht nicht mit Strafe und Vernichtung, um seine Herrschaft wiederherzustellen. Er bleibt, wie er immer war und immer sein wird. Die Menschen, die den Weg in die Freiheit von der Gottesherrschaft wählen, »bestrafen« sich vielmehr selbst, sofern dieses Wort in diesem Zusammenhang überhaupt sinnvoll gebraucht werden kann, denn der Weg in die Freiheit führt schon bald in die Abhängigkeit von Menschen, von der Natur und den eigenen Leidenschaften. Mehr noch, indem sie die Verbindung zu Gott, der das ewige Leben ist, lösen, wählen sie zugleich den Tod, und zwar nicht nur den ersten, den biologischen Tod, dem alles biologische Leben unterworfen ist, sondern auch den zweiten, den geistlichen[372] Tod. Sie fallen ins Nichts.

Der Begriff Gottesherrschaft war frommen Israeliten also durchaus vertraut. Gleichwohl müssen in der Bibel zwei Tra-

---

372 Ich wähle bewusst das Wort geistlich statt geistig, um den religiösen Charakter dieses Phänomens zu betonen, das gewöhnlich mit dem Begriff *Sünde* beschrieben wird.

ditionslinien unterschieden werden: die *Gottesherrschaft* und
die *Messiasherrschaft*. Beide nehmen Bezug auf die Geschichte
Israels, die Gottesherrschaft auf die Vorkönigszeit, die Messiasherrschaft auf die Königszeit.[373]

Die Messiasherrschaft

Im achten Kapitel des ersten Samuelbuches findet sich die Weg-
scheide, an der die beiden Traditionslinien sich trennen. Das
Volk kommt zum Richter Samuel und fordert ihn auf, einen
König einzusetzen, der es regieren soll, wie es bei allen Völkern
der Brauch ist. Samuel betet deshalb zum Herrn, und der Herr
sagt zu ihm: »Hör auf die Stimme des Volkes in allem, was sie
zu dir sagen. Denn nicht dich haben sie verworfen, sondern
mich haben sie verworfen: Ich soll nicht mehr ihr König sein …
Warne sie aber eindringlich und mach ihnen bekannt, welche
Rechte der König hat, der über sie herrschen wird.«[374] Samuel
stellt dem Volk plastisch vor Augen, was die Rechte eines Königs sein werden, der über sie herrschen wird: »Er wird eure
Söhne holen und sie für sich bei seinen Wagen und seinen Pfer-
den verwenden, und sie werden vor seinem Wagen herlaufen.
Er wird sie zu Obersten über (Abteilungen von) Tausend und
zu Führern über (Abteilungen von) Fünfzig machen. Sie müssen sein Ackerland pflügen und seine Ernte einbringen. Sie
müssen seine Kriegsgeräte und die Ausrüstung seiner Streitwagen anfertigen. Eure Töchter wird er holen, damit sie ihm
Salben zubereiten und kochen und backen. Eure besten Felder,
Weinberge und Ölbäume wird er euch wegnehmen und seinen

---

373 Ich folge hier der Darstellung, die Egon Spiegel in seinem Buch: Gewaltverzicht. Grundlagen einer biblischen Friedenstheologie, Kassel 1987, S. 190 ff.
gibt.
374 1 Sam 8,7–9.

Beamten geben. Von euren Äckern und euren Weinbergen wird er den Zehnten erheben und ihn seinen Höflingen und Beamten geben. Eure Knechte und Mägde, eure besten jungen Leute und eure Esel wird er holen und für sich arbeiten lassen. Von euren Schafherden wird er den Zehnten erheben. Ihr selber werdet seine Sklaven sein. An jenem Tag werdet ihr wegen des Königs, den ihr euch erwählt habt, um Hilfe schreien, aber der Herr wird euch an jenem Tag nicht antworten.«[375]

Das Volk aber hörte nicht auf die Warnungen Samuels. Es wollte sein wie andere Völker. Es wollte einen König haben, der ihm Recht spricht und vor ihm herzieht und seine Kriege führt. Samuel erfüllte die Forderung des Volkes und salbte Saul zum König. Es folgte die Blütezeit unter Saul, David und Salomon, in der Israel angeblich zu einer Mittelmacht aufstieg, die sich inmitten der umliegenden Großmächte Assur-Babylon, Persien und Ägypten behaupten konnte.

Nach Salomons Tod kam es 931 v. Chr. zur Spaltung des davidischen Reiches in ein Nord- und ein Südreich. Das Nordreich ging nach einer Zeit des Niedergangs unter. Es wurde von den Assyrern im Jahre 722 v. Chr. erobert. Das Südreich verlor seine Selbstständigkeit nach der Eroberung durch die Babylonier im Jahre 586 v. Chr. Die Oberschicht des Südreiches wurde nach Babylon in die Verbannung geführt. Spätestens nach der Rückkehr der Verbannten aus der babylonischen Gefangenschaft im Jahre 538 v. Chr. erwachte im Volk die Sehnsucht nach der Wiederherstellung, mehr noch, der Überbietung des davidischen Reiches durch das machtvolle Eingreifen Jahwes und seines Gesalbten aus dem Stamm Davids. In diesem Zusammenhang spielte die Nathanweissagung, deren Kernsätze lauten: »Dein [Davids] Haus und dein Königtum sollen durch mich [Jahwe] auf ewig bestehen bleiben; dein Thron soll auf

---

375 1 Sam 8,11–18, siehe auch die Fabel vom König der Bäume: Ri 9,7–21.

ewig Bestand haben«,[376] eine große Rolle. Diese Prophezeiung hat sich, wie so viele, als falsch erwiesen, denn Davids Thron hatte nicht auf ewig Bestand. Doch wie so oft, entbindet gerade die Widerlegung einer Prophezeiung den Glauben an ihre künftige Erfüllung. Im Volk glaubte man, Jahwe und sein Gesalbter werde die unter die Völker zerstreuten Söhne Israels heimholen, die getrennten Reiche wieder vereinigen und in neuem Glanz erstrahlen lassen.[377]

War die Erwartung des messianischen Reiches anfangs noch ganz auf das Diesseits orientiert, so nahm sie unter dem Einfluss apokalyptischer[378] Vorstellungen aus Babylon, Persien und Ägypten immer fantastischere Züge an. Die alte Welt, so verkündigten die Propheten, werde, weil rettungslos verdorben, von Jahwe in einer furchtbaren Naturkatastrophe vernichtet und durch eine neue ersetzt, in welcher der Messias als endzeitlicher Herrscher in Ewigkeit über die Völker herrscht: »Da kam mit den Wolken des Himmels einer wie ein Menschensohn.[379] Er gelangte bis zu dem Hochbetagten und wurde vor ihn geführt. Ihm wurden Herrschaft, Würde und Königtum gegeben. Alle Völker, Nationen und Sprachen müssen ihm dienen. Seine Herrschaft ist eine ewige, unvergängliche Herrschaft. Sein Reich geht niemals unter.«[380] Dieses Wort des Propheten Daniel aus dem zweiten Jahrhundert v. Chr. sollte zum Deutungsmuster für die Wiederkehr des auferstandenen Jesus als endzeitlicher Messias und Menschensohn werden.[381]

---

376 2 Sam 6,16, siehe auch Ps 89,4–5.28–38; Ps 132.
377 Jer 23,5–8; 33,14–26; Ez 34,23–31; 37,15–28.
378 »Apokalyptik nennt man eine geistige Strömung, die die Gegenwart als Endzeit vor einem transzendenten Heil begreift … Sie äußert sich literarisch vor allem in Apokalypsen, d. h. prophetisch-visionären Beschreibungen von Geschichte und Jenseits.« (Wörterbuch des Christentums, Stichwort: Apokalyptik).
379 Das heißt, er war wie ein Mensch gestaltet.
380 Dan 7,13 f.
381 Mt 24,30; 26,64; Mk 14,62; Lk 21,27; Offb 1,7, siehe auch 1 Thess 4,17.

Kein Zweifel, die Urgemeinde in Jerusalem sah Jesus durchaus in dieser religiös-nationalistischen Tradition, die gerade in der Zeit nationaler Demütigung durch die Römerherrschaft über Palästina äußerst virulent war. »Auf jeden Fall«, so schreibt Rudolf Bultmann in seinem Jesus-Buch, »war das jüdische Volk zur Zeit Jesu aufs stärkste von den messianischen Hoffnungen bewegt.«[382] In der Emmaus-Erzählung des Lukas berichten die beiden Jünger dem auferstandenen Jesus, den sie nicht erkennen: »Er [Jesus] war ein Prophet, mächtig in Wort und Tat vor Gott und dem ganzen Volk. Doch unsere Hohepriester und Führer haben ihn zum Tod verurteilen und ans Kreuz schlagen lassen. Wir aber hatten gehofft, dass er der sei, *der Israel erlösen werde*.«[383] Und in der Apostelgeschichte fragen die Jünger den Auferstandenen: »Herr, stellst du in dieser Zeit *das Reich für Israel* wieder her?« und erhalten die Antwort: »Euch steht es nicht zu, Zeiten und Fristen zu erfahren, die der Vater in seiner Macht festgesetzt hat.«[384]

In der Offenbarung des Johannes erreicht die jüdisch-christliche Traditionslinie des von Jahwe gesalbten endzeitlichen Herrschers einen Höhepunkt. In ihr wird der Weltuntergang, der bereits in den Endzeitreden des biblischen Christus der synoptischen Evangelien eine herausragende Rolle spielt, in den grellsten Farben ausgemalt. Am Ende dieser Gewalt- und Folterorgie wird der Satan mit einer schweren Kette für tausend Jahre gefesselt und in einen Abgrund geworfen. Die christlichen Märtyrer aber werden auferweckt und leben unter der Herrschaft Christi für tausend Jahre im messianischen Reich.[385]

Das Bild, das die Bibel vom Messias zeichnet, wäre unvollständig, wollten wir in ihm nur den Gewaltherrscher sehen, zu

---

382 Rudolf Bultmann: Jesus, Tübingen 1961, S. 21 f., siehe auch S. 22–24.
383 Lk 24,19–21.
384 Apg 1,6 f.
385 Offb 20,1–6.

dem Jahwe im zweiten Psalm spricht: »Mein Sohn bist du. Heute habe ich dich gezeugt. Fordere von mir, und ich gebe dir die Völker zum Erbe, die Enden der Erde zum Eigentum. Du wirst sie zerschlagen mit eiserner Keule, wie Krüge aus Ton wirst du sie zertrümmern.«[386] Er wird in der Bibel auch als Friedenskönig dargestellt, so zum Beispiel bei Jesaja[387] und Sacharja.[388] Dennoch, der Friede des messianischen Reiches ist ein durch Krieg und Gewalt hergestellter Friede. Selbst bei Jesaja und Sacharja wechseln höchst kriegerische und friedvolle Töne in Bezug auf den Messias in rascher Folge.

Die Gottesherrschaft

Die Tradition der Gottesherrschaft geht, wie bereits erwähnt, auf die Vorkönigszeit zurück, als Jahwe noch der König Israels war. Es war jene Zeit, in der der Zwölf-Stämme-Bund der Israeliten eine sozial gerechte Gesellschaft unter der Herrschaft Jahwes zu verwirklichen suchte, mit allen Unzulänglichkeiten und Schwächen gewiss, aber auch mit einer Reihe institutioneller Vorkehrungen, die eine Spaltung der Gesellschaft in Reiche und Arme, Mächtige und Machtlose, Hohe und Niedrige verhindern, zumindest aber vermindern sollte. Sie sind uns im 25. Kapitel des Buches Levitikus und, in verschärfter Form, im 15. Kapitel des Buches Deuteronomium überliefert. Der Schutz der Schwachen, das heißt der Witwen und Waisen, der Fremden und der Armen war die Aufgabe der Richter Israels, die später in der Königszeit immer wieder durch die Propheten eingefordert wurde. *Soziale Gerechtigkeit wurde als*

---

386 Ps 2,7–9, siehe auch Ps 110.
387 Jes 9,1–6; 11,1–16; 61,1–11.
388 Sach 9,9 f.

Grundlage des sozialen Friedens begriffen.[389] Zumindest ansatz-
weise findet sich bei den Propheten auch die Forderung, sich
nicht auf Waffen, auf Streitwagen und Pferde, sondern auf den
Schutz Jahwes gegenüber äußeren Feinden zu verlassen.[390] Immer wieder wenden sich die Propheten im Auftrag Jahwes gegen den Götzendienst sowie den Machtmissbrauch der Könige
und Priester, und sie nehmen dafür Verfolgung, Leiden und
Tod in Kauf. Einen Höhepunkt erreicht die ersttestamentliche
Botschaft vom Gottesreich in den Kapiteln 60 bis 66 des dritten
Jesaja.[391] Das Gericht über die rettungslos verdorbene Welt und
die Herrlichkeit des Neuen Jerusalem werden in scharfem Kontrast ausgemalt.

Die *Apokalyptik* war wie der *Messianismus* eine einflussreiche
Geistesströmung in den Jahrhunderten vor und nach der Zei-
tenwende. Sie drang auch massiv in die Verkündigung des biblischen Christus ein, etwa in die Endzeitreden Jesu in den
synoptischen Evangelien wie auch schon zuvor in die Verkündigung der frühchristlichen Gemeinden und des Paulus. Bis
heute ist sie ein »Dauerbrenner« bei den Fundamentalisten in
den abrahamitischen Religionen. Eine große Rolle spielt in diesem Zusammenhang die Offenbarung des Johannes. Sie führt
die beiden Traditionslinien des Messiasreiches und des Gottesreiches zusammen, indem sie sie hintereinanderschaltet. Zuerst
kommt das Tausendjährige Reich, in dem der Messias über die
christlichen Märtyrer herrscht.[392] Darauf folgt der endgültige
Sieg über den Satan und den Tod, gefolgt vom Gericht über alle
Toten. Den gloriosen Abschluss der Schrift bildet das Gottesreich in Gestalt des Neuen Jerusalem.

---

389 Jes 32,17 f.; 58,1–14.
390 Ps 20,8; Jes 31,1; Mi 5,9.
391 Siehe auch Jes 11; 35; 54.
392 Offb 20,1–6.

In Zeiten der Krise ist die apokalyptische Erwartung des Messias- und Gottesreiches immer wieder virulent geworden, so zum Beispiel um das Jahr 1000 n. Chr., in der Zeit der großen Pest im 14. Jahrhundert oder zur Zeit der Reformation im 16. Jahrhundert. In säkularisierter Gestalt finden wir die Vision des Gottesreiches als *klassenlose* Gesellschaft bei Marx (1818–1883) und den Marxisten sowie als *herrschaftsfreie* Gesellschaft bei Bakunin (1814–1876) und den Anarchisten. Wir finden sie ferner bei Gandhi als Ramradsch, Khudairadsch oder Pantschajat Radsch,[393] das heißt einer im Wesentlichen auf *dörflicher Selbstregierung* beruhenden Gesellschaftsordnung. Gandhi unterscheidet sich von den Marxisten und Anarchisten allerdings in einem wesentlichen Punkt: Gewalt, Lüge, Betrug und dergleichen scheidet für ihn beim Kampf um die Verwirklichung der Gottesherrschaft auf Erden aus.

Keine Frage, der *biblische Christus* steht ganz und gar in der apokalyptischen und messianischen Tradition des Ersten Testaments. Ob das auch für den *historischen Jesus* gilt, ist damit nicht bewiesen. Nach meiner Überzeugung lehnte er den Messianismus radikal und kompromisslos ab. Diese Auffassung widerspricht einer in Theologie und Kirche weit verbreiteten Auffassung. Sie bedarf deshalb einer sorgfältigen Begründung.

---

393 Ram ist ein hinduistisches, Khudai ein islamisches Wort für Gott, Pantschajat ist der aus fünf Personen bestehende Dorfrat. Radsch bedeutet Herrschaft, Regierung.

XIII. Was hat Jesus über die Gottesherrschaft gelehrt?

»Reich Gottes« – und nicht mehr »Christus« – muss zum Zentralbegriff kirchlicher Theologie werden.

Claus Petersen

Wann, wo und wie würde sie beginnen? Wo hat sie ihren Ort, im Diesseits oder im Jenseits, in der Gegenwart oder in der Zukunft? Hat sie in Jesus und seiner kleinen Gemeinde bereits keimhaft Gestalt angenommen und breitet sich machtvoll aus, oder steht ihr Kommen noch aus und wurde in den Wundertaten Jesu lediglich zeichenhaft vorweggenommen? Kommt sie im Anschluss an eine kosmische Katastrophe, durch die Gott die unrettbar verdorbene Welt vernichtet und durch einen »neuen Himmel und eine neue Erde«[394] ersetzt? Für jede dieser Deutungsmöglichkeiten lassen sich in den zweittestamentlichen Texten Belege finden. Erneut sehen wir uns, wie bei der Frage nach dem historischen Jesus, in der Situation, dass sich aus dem zweittestamentlichen Textmaterial kein eindeutiges, stimmiges und widerspruchsfreies Bild gewinnen lässt. Die Theologen haben im Laufe der Zeit verschiedene Interpretationen vorgelegt. Welche aber ist die richtige? Mit Gewissheit können wir das nicht sagen. Auch ist sie womöglich noch gar nicht gefunden. Letztlich muss jede und jeder selbst entscheiden, welche sie oder er für die richtige hält. Wir sollten allerdings der Versuchung widerstehen, eine davon für die *allein* richtige zu halten. Auf diese Gefahr hat bereits William Wrede (1859–1906), ein Zeitgenosse Albert Schweitzers, aufmerksam gemacht, als er

---

394 Jes 65,17; 66,22; Offb 21,1.

schrieb: »Jeder Forscher verfährt schließlich so, dass er von den überlieferten Worten dasjenige beibehält, was sich seiner Konstruktion der Tatsachen und seiner Auffassung von geschichtlicher Möglichkeit einfügen lässt, das übrige aber abstößt.«[395]

Auf die unterschiedlichen und teilweise einander widersprechenden Interpretationen der Reich-Gottes-Botschaft Jesu kann im Rahmen dieser Studie nicht eingegangen werden. Ich muss mich darauf beschränken darzulegen, weshalb Jesus meiner Meinung nach kein Apokalyptiker in dem Sinne war, dass er den nahe bevorstehenden Weltuntergang erwartete.

Die ganzheitliche Interpretation der Reich-Gottes-Botschaft Jesu

Für die These, Jesus habe die Gottesherrschaft nicht erst als Folge eines machtvollen Eingreifens Gottes in die Geschichte in naher Zukunft erwartet, sondern bereits in ihm und seiner kleinen Gemeinschaft als gegenwärtig erlebt, gibt es viele Argumente. Hier seien nur die wichtigsten genannt:

Jesus beantwortet die Frage der Pharisäer, wann das Gottesreich komme, unmissverständlich mit den Worten: »Das Reich Gottes kommt nicht so, dass man es an äußeren Zeichen erkennen könnte. Man kann auch nicht sagen: Seht, hier ist es!, oder: Dort ist es! Denn: Das Reich Gottes ist (schon) mitten unter euch.«[396] Er preist die Jünger selig, weil sie zu Augenzeugen des Anbruchs der Gottesherrschaft werden: »Selig sind die, deren Augen sehen, was ihr seht. Ich sage euch: Viele Propheten und Könige wollten sehen, was ihr seht, und haben es nicht gesehen, und wollten hören, was ihr hört, und haben es nicht

---

395 Zitiert nach Albert Schweitzer: Geschichte der Leben-Jesu-Forschung, Tübingen 1926, S. 371.
396 Lk 17,20–21.

gehört.«[397] »Amen, das sage ich euch: Unter allen Menschen hat es keinen größeren gegeben als Johannes den Täufer; doch der Kleinste im Himmelreich [gemeint ist Gottesreich, Anm. d. Verf.] ist größer als er.«[398] Jesus sieht im Täufer offenbar denjenigen, der den Anbruch der Gottesherrschaft in der nahen Zukunft ankündigt, vermutlich sogar den Elija, der im Volksglauben vor dem Anbruch der Gottesherrschaft wiederkehren werde, um das Volk darauf vorzubereiten. In seiner Person und seiner kleinen Gemeinde aber sieht er diejenigen, in denen es keimhaft Gestalt angenommen hat und von nun an wachsen werde, wie der »Senfbaum«.[399] Deshalb zieht er die Epochengrenze zwischen dem alten und dem neuen Äon zwischen dem Täufer und seiner Person. Das Wort zeigt einmal mehr seine radikale Abwendung von der Endzeiterwartung des Täufers, denn das Reich Gottes bricht sich nicht in naher Zukunft Bahn unter den Geburtswehen einer Naturkatastrophe, es vollendet sich auch nicht durch Katastrophe und Gericht, es ist vielmehr Gegenwart und jeder, der umkehrt, hat Anteil daran.

Der Schlüssel zum Verständnis von Jesu Frohbotschaft vom gegenwärtigen Anbruch der Gottesherrschaft könnte das bereits zitierte Jesuswort sein, sofern es denn tatsächlich auf den historischen Jesus zurückgeht: »Ich sah den Satan wie einen Blitz vom Himmel fallen.«[400] Jesus kommentiert mit diesem Satz den Bericht der erstaunten Jünger über die Wundertaten, die sie im Zuge der Verkündigung des Anbruchs der Gottesherrschaft vollbracht hatten. Ob das Jesuswort allerdings in diesen historisch fragwürdigen Kontext hineingehört, muss offen bleiben. Jesus selbst treibt die Dämonen mit dem »Finger Gottes« aus, da Gott den Satan als den obersten Herrn der Dä-

---

397 Lk 10,23–24.
398 Mt 11,11.
399 Mt 13,31–32.
400 Lk 10,18.

monen überwältigt und gefesselt hat, sodass das Haus des Starken [gemeint ist die Welt unter der Herrschaft Satans, Anm. d. Verf.] nun geplündert werden kann.[401]

Zu den stärksten Argumenten für die These vom *gegenwärtigen Anbruch* der Gottesherrschaft in der Jesusgemeinde und seiner *machtvollen Ausbreitung* in dieser Welt zählt das Doppelgleichnis vom Senfkorn und vom Sauerteig, denn es lässt keinen *apokalyptischen Zeitbruch* erkennen: »Mit dem Himmelreich ist es wie mit einem Senfkorn, das ein Mann auf seinen Acker säte. Es ist das kleinste von allen Samenkörnern; sobald es aber hochgewachsen ist, ist es größer als die anderen Gewächse und wird zu einem Baum, sodass die Vögel des Himmels kommen und in seinen Zweigen nisten. … Mit dem Himmelreich ist es wie mit dem Sauerteig, den eine Frau unter einen großen Trog Mehl mischte, bis das Ganze durchsäuert war.«[402] »Niemand setzt ein Stück neuen Stoff auf ein altes Kleid; denn der neue Stoff reißt doch wieder ab, und es entsteht ein noch größerer Riss. Auch füllt man nicht neuen Wein in alte Schläuche. Sonst reißen die Schläuche, der Wein läuft aus, und die Schläuche sind unbrauchbar. Neuen Wein füllt man in neue Schläuche, dann bleibt beides erhalten.«[403] Diese Jesusworte stehen isoliert und sind als solche schwer verständlich. Sie gewinnen aber einen Sinn, wenn wir sie auf das Gottesreich beziehen. Das Gottesreich ist das radikal Neue; es erzwingt, soll es nicht zu Grunde gehen, das *Neuwerden des Einzelnen und der Gesellschaft.* Nur so kann der neue Geist, der neue Stoff, der neue Wein vor dem Verderben bewahrt werden.

---

401 Lk 11,14–23.
402 Mt 13,31–33. Bultmann meldet verhalten Zweifel an der Echtheit dieser Jesusworte an, da er diese Auslegung nicht teilt: Jesus, Tübingen 1961, S. 36. In der »Theologie des NT« lehnt er eine Interpretation, die von einer »allmählichen Entwicklung des ›Reiches Gottes‹ in der Geschichte« (S. 7) ausgeht, sogar rundheraus ab.
403 Mt 9,16–17, weitere Belege bei Werner Zager: Bergpredigt und Reich Gottes, Neukirchen-Vluyn 2002, S. 51–54.

Als die Jünger sich mit der Frage an Jesus wenden, wer im Himmel der Größte sei, rief er ein Kind, stellte es in ihre Mitte und sagte: »Amen, das sage ich euch: Wenn ihr nicht umkehrt und wie die Kinder werdet, könnt ihr nicht in das Himmelreich kommen. Wer so klein sein kann wie dieses Kind, der ist im Himmelreich der Größte.«[404] Für Jesus waren die Kinder *Bürger im Gottesreich*, weil er sie für schuld- und sündlos hielt. Das Ziel der Umkehr ist es demnach, zu werden wie die Kinder. Damit ist gemeint, wir sollten dankbar alles, was wir wirklich brauchen, aus Gottes Hand in Empfang nehmen und nicht mehr haben wollen aus Furcht vor künftigem Mangel, womit selbstverständlich nicht gemeint ist, wir sollten aufhören zu arbeiten. So ist denn auch Jesu wunderbar poetische Rede von den Blumen auf dem Feld und den Vögeln unter dem Himmel zu verstehen.[405] Die Kinder werden für Jesus auch deshalb zum Vorbild für die Erwachsenen, weil sie in einem Liebes- und Abhängigkeitsverhältnis zu den Eltern stehen, vorausgesetzt natürlich, es handelt sich um liebende und fürsorgliche Eltern, die das Wohl ihrer Kinder im Auge haben und nicht ihr eigenes. Kinder nehmen das, was sie zum Leben brauchen, aus der Hand der Eltern ganz selbstverständlich an und spiegeln die Liebe, die ihnen zuteil wird, zurück. Ich vermute, Jesus dachte dabei an seine eigene geglückte Vaterbeziehung, die er nach dem Tod des Vaters in eine Beziehung zum Vatergott transformierte. Man kann sich keinen größeren Gegensatz denken, als den zwischen Jesu Haltung gegenüber den Kindern und der Erbsündenlehre Augustinus' (354–430), die in den Kindern, weil »in Sünde« empfangen und geboren, Sünder sieht, die nur durch das von der Kirche gespendete Sakrament der Taufe gerettet werden können. Es bleibt unfassbar, wie ein Einzelner

---

404 Mt 18,3, siehe auch Mk 10,13–16 und Parallelen.
405 Mt 6,25–34.

seine Sexualneurose einem ganzen Kulturkreis aufprägen konnte.

Wenn es denn wahr ist, dass Jesus die Kinder zu Bürgern des Gottesreiches erklärte und den Erwachsenen als Vorbild vor Augen stellte, statt, wie allgemein üblich, die Erwachsenen den Kindern, so ist nicht einzusehen, weshalb sie in der Endzeitkatastrophe zu Grunde gehen sollen. Gerade für sie gilt doch das Jesuswort: Die Letzten werden die Ersten und die Ersten die Letzten sein. Kurzum, die *apokalyptischen Texte in der Bibel müssen dem zornigen, eifernden, richtenden, strafenden und vernichtenden Gott zugeordnet werden.* Die Frage ist aber, wie dieses Gottesbild mit der Vorstellung Jesu von einem liebenden, gütigen, barmherzigen Vater-Mutter-Gott, wie er uns in der Erzählung vom verlorenen Sohn entgegentritt, in Einklang gebracht werden kann.[406]

Ich sehe die Gefahr, durch die Anhäufung von Jesusworten, welche die These vom *gegenwärtigen* Anbruch der Gottesherrschaft stützen, die Worte, die ihr widersprechen, in den Schatten zu rücken, vielleicht sogar zu unterschlagen. Es ist daher unumgänglich, sich gerade mit ihnen zu befassen. Was die große Endzeitrede Jesu,[407] die sich bei allen Synoptikern findet, anbelangt, so sind sich die historisch-kritischen Theologen darin einig, dass sie sich nicht auf den historischen Jesus zurückführen lässt. Das Gleiche gilt für die Rede vom Weltgericht,[408] die Matthäus überliefert.

Zukunftsbezogen scheint indes das Wort, mit dem das Markusevangelium die frohe Botschaft Jesu zusammenfasst: »Die Zeit *ist* erfüllt, das Reich Gottes ist nahe. Kehrt um, und glaubt

---

406 Weitere Belege in Werner Zager: Bergpredigt und Reich Gottes, Neukirchen-Vluyn, S. 51–54.
407 Mk 13; Mt 24,1–42; Lk 21,5–36.
408 Mt 25,31–46.

an das Evangelium!«[409] Der Satz: »Die Zeit ist erfüllt.«, verweist aber keineswegs auf die Zukunft, sondern auf die Gegenwart. Das Wort lässt folglich durchaus die Deutung zu: *Es beginnt jetzt, es ist keimhaft schon da und entfaltet sich in naher Zukunft.* Eindeutig zukunftsbezogen im Hinblick auf das Reich Gottes scheint freilich das folgende Jesuswort zu sein: »Amen, ich sage euch: Von denen, die hier stehen, werden einige den Tod nicht erleiden, bis sie gesehen haben, dass das Reich Gottes in (seiner ganzen) Macht gekommen ist.«[410] Legen wir indes das Wort vom Senfkorn und Sauerteig zu Grunde, so spricht nichts dagegen, es so auszulegen, dass genau dieses machtvolle Wachsen des »Senfbaumes«, das Jesus noch in seiner Generation erwartete, gemeint ist.

Bleibt zum Schluss die Vaterunser-Bitte: »Dein Reich komme.«[411] Sie legt zweifellos eine futurische Deutung nahe, lässt sie aber nicht als zwingend notwendig erscheinen. Das Senfkorn-Gleichnis hebt ja gerade auf den unscheinbaren Anfang des Gottesreiches in Gestalt der Jesusgemeinde ab und sagt ihm eine glänzende Zukunft voraus, die aber nicht durch Gottes direktes Eingreifen in die Geschichte in Form der Apokalypse, sondern durch das von Gott inspirierte Wirken Jesu und seiner wachsenden Gemeinde Wirklichkeit werden wird. Es liegt deshalb nahe, um das Kommen des Gottesreiches *im Sinne seiner weiteren Ausbreitung* zu bitten. Die Bitte: »Dein Wille geschehe, wie im Himmel, so auf Erden«, meint im Grunde dasselbe, denn die Gottesherrschaft kann auch dadurch definiert werden, dass in ihr der Wille Gottes geschieht. Das war aber im Handeln Jesu und seiner Gemeinde zumindest annähernd der Fall.

Ergebnis: Der historische Jesus wendet sich *radikal* von der zeitgenössischen messianisch-apokalyptischen Bewegung, der

---

409 Mk 1,15.
410 Mk 9,1; Lk 9,27.
411 Mt 6,10.

ja auch der Täufer angehörte, ab. *Jesus widerspricht nachdrücklich der Entwertung dieser Welt,* die angeblich auf Grund ihrer Verdorbenheit dem Untergang geweiht ist. Das Reich Gottes ist zwar nicht *von* dieser Welt, wie all die anderen Reiche, es ist aber *in* dieser Welt. Die Apokalypse liefe folglich auf die *Vernichtung des sich entfaltenden Gottesreiches* hinaus.

Daraus ergibt sich zwingend: Jesus war *kein Apokalyptiker* in dem Sinn, dass er den nahe bevorstehenden Untergang der Welt erwartete.[412] Wie aber kam es dazu, dass die frühe Christenheit ihn zum Apokalyptiker machte? Das hat meiner Meinung nach mit der Katastrophe vom Karfreitag zu tun. Durch sie wurde die enthusiastische Erwartung, die ihn und seine Gefolgschaft erfüllte, buchstäblich gekreuzigt. Das »Senfkorn« wurde, so schien es, vom Satan zertreten, bevor es wachsen und sich entfalten konnte. Wenn das Gottesreich trotzdem kommt, dann *nicht durch das Wirken von Gott inspirierter Menschen,* sondern durch das *machtvolle Eingreifen Gottes in die Geschichte,* das für die dem Satan verfallene Welt zum Gericht werde. Mit der »Auferweckung« Jesu von den Toten kündige Gott sein machtvolles Eingreifen an. Mit der Auferstehung Jesu beginne die Auferstehung der Toten. Er sei der erste Auferstandene, dem in Kürze alle anderen folgen würden, die einen zur ewigen Seligkeit, die anderen zur ewigen Verdammnis.

Während die Apokalyptiker die Welt als gänzlich verdorben betrachten und ihren nahen Untergang durch ein göttliches Strafgericht erwarten, vertritt Claus Petersen die entgegengesetzte Auffassung: »Reich Gottes: das ist das Wesen der Welt – von Anfang an und für immer!«[413] Damit lässt er jedoch die drohende Vernichtung der Welt durch die vom Menschen selbst gemachte Apokalypse außer Acht. Für ihn war die Welt Reich

---

412 So auch Joachim Gnilka: Jesus von Nazareth, Freiburg 1995, S. 154–156.
413 Claus Petersen: Die Botschaft Jesu vom Reich Gottes, Stuttgart o.J. (2005), S. 75.

Gottes, sie ist es heute und wird es immer sein: »Nicht hereingebrochen also wäre das Reich Gottes an einem ganz bestimmten Punkt der Weltgeschichte, um sich von da an unaufhaltsam zu entfalten. Vielmehr eignete der Welt immer schon Reich-Gottes-Qualität, und sie wird sie auch für alle Zeit behalten.«[414] Damit wird er aber der Realität und der Macht des Bösen in der Welt nicht gerecht.

Ich habe meine Interpretation der Reich-Gottes-Botschaft Jesu eine umfassende genannt, weil sie *sowohl diesseitig als auch jenseitig, sowohl vergangen als auch gegenwärtig und zukünftig ist.* Sie leugnet auch das Böse in dieser Welt, das nur durch die Kraft des bereitwillig hingenommenen Leidens überwunden werden kann, nicht.

War Jesus bei Verstand?

Selbst wenn Jesus, wie ich meine, kein Apokalyptiker war, so müssen wir doch fragen, ob er nicht gänzlich realitätsblind gewesen ist. Wie konnte er angesichts der überwältigenden Macht des Bösen, zu seiner Zeit handgreiflich verkörpert in der grausamen Herrschaft der Römer, an das unaufhaltsame Wachsen der Gottesherrschaft in dieser Welt glauben? Ist ihm dieser Glaube nicht spätestens am Kreuz zerbrochen? Hat er nicht die ganze Macht des Bösen erkennen und anerkennen müssen und die Bitternis des Todes geschmeckt? In der Tat, wir können nicht mit Gewissheit sagen, ob er nicht in Verzweiflung gestorben ist. Ebensowenig können wir aber mit Gewissheit sagen, ob er diese schwerste aller Prüfungen nicht doch bestanden hat.

---

414 Ebenda.

Der Vergleich mit Gandhi könnte sich auch in dieser Hinsicht als fruchtbar erweisen. Beide, Jesus und Gandhi, waren offenbar von der unwiderstehlichen Macht der Gewaltfreiheit über die Gewalt, der Wahrheit über die Unwahrheit, der Liebe über den Hass und Gottes über den »Satan« überzeugt. Gandhi: »Die Macht der Liebe und des Mitleids ist unendlich stärker als die Macht der Waffen.«[415] »Gewaltfreiheit ist eine aktive wirksame Kraft der höchsten Form. Sie ist die Kraft der Seele oder des Göttlichen in uns. Sie ist die Kraft Gottes in uns. Der Mensch kann in seiner Unvollkommenheit das innerste Wesen dieser Kraft nicht erfassen. Er könnte ihr Feuer als Ganzes nicht ertragen, aber auch schon ein unendlich kleiner Bruchteil von ihr kann Wunder wirken, wenn er in uns tätig wird. Die Sonne am Himmel erfüllt das ganze Universum mit ihrer lebensspendenden Wärme. Aber wer ihr zu nahe kommt, würde zu Asche verbrannt. Und so ist es mit dem Göttlichen. Wir werden Gott in dem Ausmaß ähnlich, in dem wir die Gewaltfreiheit verwirklichen, aber wir werden nicht Gott selbst.«[416]

Selbst angesichts der überwältigenden Zerstörungskraft der Atombombe hält er am Glauben an die Macht der Gewaltfreiheit fest. Am 10. Februar 1946 schrieb er in seiner Zeitschrift »Haridschan«: »Es haben sich in der Welt katastrophale Veränderungen vollzogen. Bleibe ich noch meinem Glauben an Wahrheit und Gewaltfreiheit treu? Hat die Atombombe nicht diesen Glauben in die Luft gesprengt? Das hat sie nicht nur nicht getan, sondern sie hat mir klar bewiesen, dass diese beiden [gemeint sind Wahrheit und Gewaltfreiheit, Anm. d. Verf.] die mächtigste Kraft auf der Welt ausmachen, weit mächtiger als die der Atombombe. Die beiden einander entgegengesetzten Kräfte sind völlig verschieden in ihrer Art: die eine moralisch

---

415 Mahatma Gandhi: Hind Swaraj, Ahmedabad 1946, S. 75.
416 Harijan, 12.11.1938.

und spirituell, die andere physikalisch und materiell. Die eine ist der anderen unendlich überlegen, da diese durch ihre Natur selbst begrenzt ist. Die Kraft des Geistes ist stets progressiv und endlos. Ihre vollkommene Bekundung macht sie in der Welt unüberwindlich ... Und was noch hinzukommt: Diese Kraft wohnt in jedem, Mann, Frau und Kind, ohne Rücksicht auf ihre Hautfarbe. Nur schlummert sie in manchen, kann aber durch sorgsames Training geweckt werden.«[417]

Woher rührt dieser Glaube? Er kommt aus der Überzeugung, dass die Unwahrheit, unter dem Blickwinkel der Ewigkeit betrachtet, nicht existent ist und folglich auch nicht siegen kann. Ich erinnere an Gandhis Feststellung, die wir auch sein »Glaubensbekenntnis« nennen könnten: »Die Welt ruht auf dem Felsgrund von Satja oder Wahrheit. Asatja, was Unwahrheit bedeutet, hat auch die Bedeutung ›nicht-seiend‹, und Satja oder Wahrheit bedeutet auch das, was ›ist‹. Wenn Unwahrheit somit nicht als existent gilt, kommt ihr Sieg nicht in Frage. Und da Wahrheit das ist, was ›ist‹, kann sie nie zerstört werden. Das ist die Sajagraha-Lehre in nuce.«[418]

Im kulturellen Kontext des Judentums konnte diese Einsicht durchaus die Gestalt einer Vision annehmen, wie sie in dem Wort Jesu: »Ich sah den Satan wie einen Blitz vom Himmel fallen« zum Ausdruck kommt. Was ist von diesem Glauben angesichts des täglichen Triumphes des Bösen in der Welt zu halten, was angesichts einer Entwicklung, die uns täglich näher an den Abgrund der atomaren, ökologischen, ökonomischen und spirituellen Selbstvernichtung führt, von dem uns nur noch wenige Schritte trennen? Für die Welt als Ganzes habe ich keine Hoffnung mehr, es sei denn, wir machen den Wunsch zum Vater und die Fantasie zur Mutter des Gedankens. Wahr ist aber

---

417 Harijan, 10.2.1946.
418 Fritz Kraus (Hg.): Vom Geist des Mahatma, Zürich o.J., S. 171.

auch, dass überall, wo Böses mit Gutem vergolten und auf diese Weise überwunden wird, die Gottesherrschaft keimhaft Wirklichkeit zu werden beginnt.

Womöglich handelt es sich bei Jesus wie bei Gandhi um eine unvermeidliche Täuschung. Sie lebten beide in so hohem Maße in der Wahrheit, dass ihr Blick für die Realität dieser Welt getrübt wurde. So glaubte Gandhi, Indien sei auf Grund seines 30-jährigen und schließlich erfolgreichen gewaltlosen und teilweise gewaltfreien Kampfes um die Unabhängigkeit wie kein anderes Land befähigt, der Welt den Weg in das Land der Freiheit, der Gerechtigkeit und des Friedens zu zeigen. Die Teilung des Subkontinents in Indien und Pakistan, die damit verbundenen blutigen Auseinandersetzungen und die Abkehr der Kongresspolitiker von den Grundsätzen der Wahrheit und der Gewaltfreiheit haben ihn eines Besseren belehrt. Er verlor zwar nie den Glauben an die unbegrenzte Macht der Wahrheit und der Gewaltfreiheit, aber er erkannte, dass er sich getäuscht hatte. Sein letztes Lebensjahr war überschattet von dem, was er die »Agonie seiner Seele« nannte. Ganz ähnlich mag es Jesus ergangen sein. Sein Traum von der unaufhaltsamen Ausbreitung des Gottesreiches zerbrach angesichts der brutalen Gewalt, der er zum Opfer fiel. Und doch hat er diese Gewalt durch sein Leiden überwunden und den Tod besiegt, indem er ihn erlitt.

Die Gerichtspredigt Jesu

Heißt das, beim historischen Jesus gibt es keine Gerichtspredigt? Keineswegs. So wie Jesus die Reich-Gottes-Erwartung des Frühjudentums aktualisierte, so aktualisierte er auch seine Gerichtserwartung. Das Gericht steht nicht mehr am Ende der Tage, sondern beginnt mit der Verweigerung der Umkehr. Das Gericht, das Jesus, nicht selten mit harten Worten, den Reichen, den Mächtigen und den frommen Heuchlern ansagt, besteht im *Ausschluss vom Gottesreich*.[419] Es ist aber nicht Gott und schon gar nicht Jesus, der sie ausschließt, sondern die Unbußfertigen schließen sich durch ihre Verweigerung der Umkehr selbst aus. Sie kündigen die Beziehung auf zur Wahrheit, die Gott ist, und damit für den Gläubigen Quelle nicht nur des zeitlichen, sondern auch des ewigen Lebens. Am Ende ihres Lebens sterben sie nicht nur den *biologischen*, den ersten Tod, der unser aller Schicksal ist, sie erleiden auch den *geistlichen*,[420] den zweiten Tod. Sie fallen ins Nichts. Die hektische Lebensgier und Sinnenlust, die uns in unserer Gesellschaft allenthalben begegnen, könnten ihre Ursache durchaus im bewussten oder unbewussten Wissen um diesen Sachverhalt haben. Solange wir leben, ist die Verweigerung der Umkehr aber noch revidierbar, kann die Umkehr noch vollzogen werden. Das ist meines Erachtens der Sinn des Gleichnisses vom unfruchtbaren Feigenbaum[421] und der Erzählung von den ungleichen Söhnen.[422]

Sollte diese Auslegung zutreffen, so ist damit die Lehre von den ewigen Höllenstrafen, die ja mit der Gerichtsverkündigung des biblischen Christus eng verbunden ist, erledigt. Ich kann nicht glauben, dass Jesus, der die frohe Botschaft vom gegenwärtigen Anbruch der Gottesherrschaft, die gute Nachricht von der unerschöpflichen Liebe Gottes zu den Menschen und, so dürfen wir hinzufügen, zur außermenschlichen Natur verkündigte, ewige Höllenstrafen angedroht haben soll. In meinen Augen ist diese Lehre der Inbegriff des Sadismus, untrennbar verbunden mit dem richtenden, verurteilenden und strafenden

---

419 So argumentiert auch Joachim Gnilka: Jesus von Nazaret, Freiburg 1995, S. 157.
420 Ich verwende bewusst das Wort *geistlich* statt geistig, um anzudeuten, dass es sich um den Verlust des *ewigen* Lebens handelt.
421 Lk 13,6–9.
422 Mt 21,28–32.

Gott, dem wir in einigen Teilen des Ersten Testaments begegneten. Mehr noch, sie überbietet das finstere Bild dieses Gottes noch bei Weitem. Jahwe strafte doch lediglich durch die Vernichtung des Sünders, allenfalls mit der Bestrafung der Nachkommen bis ins dritte und vierte Glied, nicht aber mit ewiger Verdammnis. Geschichtlich betrachtet, hatte diese Lehre, wie die Erbsündenlehre des Augustinus, verheerende Folgen, denn die Drohung mit ewiger Höllenpein der Sünder hängt wie eine schwere dunkle Wolke über der Christenheit. Sie verbreitet Angst und Schrecken und bindet die Gläubigen an die die Heilsgaben spendende Kirche.[423] Wenn wir nicht annehmen wollen, dass Jesus schizophren war, dann müssen wir uns entscheiden zwischen dem Jesus, der die Botschaft der Gottes- und Menschenliebe verkündigte, und dem Christus, der die *ewigen Höllenstrafen* androhte.

Der Ernst der Entscheidungssituation, in die uns Jesus als Verkündiger der Gottesherrschaft stellt, darf aber nicht verharmlost werden. Schließlich geht es dabei ums Ganze, um Heil oder Unheil. Sie bezieht sich nicht nur auf die Zukunft, sondern gleichermaßen auf die Gegenwart. Christen erwarten das Heil in der *jenseitigen* Welt, dem Himmelreich, Juden erwarten es in der *zukünftigen* Welt, dem Messiasreich. Für Jesus aber beginnt es in *dieser* Welt, selbst wenn es über diese Welt hinausreicht. Diese Welt ist potenziell das Reich Gottes, so wie sie aktuell die Hölle ist. Es liegt also an uns Menschen, ob wir sie zum Himmel oder zur Hölle machen. Ich stimme dem Buddhisten Thich Nhat Hanh zu, wenn er erklärt: Wer seinem Bruder zürnt, wer Böses tut, kommt nicht in die Hölle, er *ist* in der Hölle.[424] Ebenso gilt: Wer Gutes tut, kommt nicht in den Himmel, er *ist* im Himmel. Die Grenze zwischen Diesseits und

---

423 Sie findet sich nicht nur im Katholizismus, sondern auch im Protestantismus, z. B. in der Augsburger Konfession, Artikel 17.
424 Thich Nhat Hanh: Lebendiger Buddha, lebendiger Christus, o. O. 1996, S. 98.

Jenseits, Zeit und Ewigkeit, Gegenwart und Zukunft ist aufgehoben. Gandhi: »Gewaltfreiheit in weltlichen Angelegenheiten anwenden, heißt ihren ganzen Wert erkennen. Es heißt den Himmel auf die Erde bringen. Es gibt nichts dergleichen wie die andere Welt. Alle Welten sind eine. Es gibt kein Hier und Nicht-Hier.«[425] Diese Deutung erschließt uns, denke ich, auch das Verständnis des Jesuswortes: »Jeder, der um des Reiches Gottes willen Haus oder Frau, Brüder, Eltern oder Kinder verlassen hat, wird dafür schon in dieser Zeit das Vielfache erhalten und in der kommenden Welt das ewige Leben.«[426]

Man könnte einwenden: Der zweite Tod ist am Ende doch die furchtbarste aller Strafen, gewissermaßen eine »metaphysische Exekution«. Auch wenn ein Mensch sich für ein Leben entscheidet, das diese Konsequenz in sich trägt, müsste Gott in seiner unerschöpflichen Gnade ihn am Ende vor sich selbst retten. Ich vermag das nicht so zu sehen. Es liefe ja darauf hinaus: Egal was wir tun, ob Hitler oder Jesus, Stalin oder Gandhi, am Ende landen wir doch alle in ein und demselben »Himmel«, wo sich Täter und Opfer begegnen. Ein solcher Gedanke scheint mir abwegig. Vielleicht kann man sogar sagen, dass für Menschen, die in der Hölle leben – und wer Böses tut, lebt ja in der Hölle – der zweite Tod, nachdem ihnen bewusst geworden ist, was sie angerichtet haben, eine Erlösung darstellt.

Für wen hielt sich Jesus?

Jesus fragt die Jünger auf dem Weg in die Dörfer bei Cäsarea Philippi: »Für wen halten mich die Menschen?« Sie antworten: »Einige für Johannes den Täufer, andere für Elija, wieder an-

---

425 Fritz Kraus (Hg.): Vom Geist des Mahatma, Zürich o.J., S. 174.
426 Lk 18,29 f.

dere für sonst einen von den Propheten.« Er fragt weiter: »Ihr aber, für wen haltet ihr mich?« und erhält von Simon Petrus die Antwort: »Du bist der Messias!« Der Abschnitt endet mit dem Satz: »Doch er verbot ihnen, mit jemand über ihn zu sprechen.«[427] Lukas übernimmt von Markus den Passus ohne tief greifende Änderungen. Matthäus aber geht mehrere Schritte darüber hinaus. Bei ihm antwortet Jesus auf das Bekenntnis des Petrus: »Du bist der Messias, der Sohn des lebendigen Gottes!«: »Selig bist du, Simon Barjona [Sohn des Jona]; denn nicht Fleisch und Blut haben dir das offenbart, sondern mein Vater im Himmel …«[428] Wir haben hier ein weiteres Beispiel für die Steigerungstendenz vor uns. Was bei Markus noch als Geheimnis behandelt wird, von dem angeblich nur Jesus selbst, die Dämonen und die Jünger wissen, und was erst in der Verhandlung vor dem Hohen Rat in Jerusalem[429] offenbar wird, ist bei Matthäus und Lukas von Anfang an klar. Sie hatten keine Hemmung mehr, Jesus als Messias darzustellen und ihm dieses Bewusstsein zuzuschreiben. Den vorläufigen Höhepunkt erreicht diese Entwicklung beim Evangelisten Johannes. Für ihn ist die Lebensgeschichte Jesu die Geschichte seiner Selbstoffenbarung als Messias und Gottessohn.

Die Frage, für wen Jesus sich selbst hielt, das heißt die Frage nach seinem Selbstverständnis oder, wie man früher zu sagen pflegte, nach seinem *Selbstbewusstsein*, hat die Theologen seit jeher beschäftigt. Es nimmt nicht wunder, dass die Antworten, wie sonst auch, höchst verschieden, ja gegensätzlich ausfielen. So zum Beispiel bei William Wrede und Albert Schweitzer. Im Jahre 1901 erschienen, noch dazu am selben Tag, zwei Bücher, deren Hauptthese kaum gegensätzlicher hätte sein können. Es waren Wredes Buch: »Das Messiasgeheimnis in den Evangelien.

427 Mk 8,27–30.
428 Mt 16,17.
429 Mk 14,61–62.

Zugleich ein Beitrag zum Verständnis des Markusevangeliums« und Schweitzers Schrift: »Das Messianitäts- und Leidensgeheimnis. Eine Skizze des Lebens Jesu«. Wrede versuchte in seinem Werk den Nachweis zu erbringen, dass der geschichtliche Jesus sich nicht als Messias betrachtet habe, dass vielmehr alles, was mit der Messianität Jesu zusammenhänge, von den Christen der ersten Generation in das Leben Jesu und später in das Markusevangelium eingetragen worden sei. Die Auferstehung, so berichtete Schweitzer in der »Geschichte der Leben-Jesu-Forschung«, sei für Wrede das wirkliche messianische Ereignis des Lebens Jesu gewesen. Letztlich sei die Markusdarstellung aus dem Triebe, das irdische Leben Jesu messianisch zu gestalten, hervorgegangen.[430]

Wredes Auffassung hat sich im Unterschied zu der Schweitzers, die Jesus das Wissen um seine (künftige) Messianität zuschrieb, in der Forschung durchgesetzt. Dem scheint das Messiasbekenntnis des Petrus fundamental zu widersprechen. Die Bibelstelle lässt indes auch noch eine ganz andere Deutung zu, sofern wir die darauffolgenden Verse einbeziehen: »Dann begann er, sie darüber zu belehren, der Menschensohn müsse vieles erleiden und von den Ältesten, den Hohenpriestern und den Schriftgelehrten verworfen werden; er werde getötet, aber nach drei Tagen werde er auferstehen. Und er redete ganz offen darüber. Da nahm ihn Petrus beiseite und machte ihm Vorwürfe. Jesus wandte sich um, sah seine Jünger an und wies Petrus mit den Worten zurecht: Weg mit dir, Satan, geh mir aus den Augen! Denn du hast nicht das im Sinn, was Gott will, sondern was die Menschen wollen.«[431] Warum diese harten Worte, wo doch Petrus der Jünger war, der Jesus besonders nahestand und noch kurz zuvor in ihm den Messias erkannt hat-

---

430 Albert Schweitzer: Geschichte der Leben-Jesu-Forschung, Tübingen 1926, S. 378.
431 Mk 8,31–33.

te? In ihm sieht er nun den Satan, der als Versucher an ihn herantritt. Warum diese schroffe Zurückweisung, wo doch, dem Anschein nach, die »Vorwürfe« des Petrus durch seine Sorge um den geliebten Anführer der Gruppe motiviert waren? Wenn Jesus, wie ich meine, kein Vorauswissen über das besaß, was ihn in Jerusalem erwartete, so fällt der Grund, den Markus angibt, weg. Die Vermutung liegt nahe, dass sich die scharfe Reaktion Jesu in Wahrheit auf das Messiasbekenntnis des Petrus bezog. Hat Petrus Jesus bedrängt, sich als Messias ausrufen zu lassen und als Anführer der apokalyptisch-messianischen Bewegung seiner Zeit »das Reich für Israel«[432] wieder herzustellen? Hat Jesus womöglich dieses Ansinnen als eine *satanische Versuchung* zurückgewiesen?

Und weiter, wir wissen heute, oder glauben doch zu wissen, dass Jesus keinen der Hoheitstitel, welche die Christenheit ihm zuspricht, für sich in Anspruch genommen hat. Er hätte sie vermutlich, falls sie ihm angetragen worden wären, mit nicht weniger scharfen Worten zurückgewiesen, wie er meiner Meinung nach das Messiasbekenntnis des Petrus zurückgewiesen hat. Das gilt für den Titel Davidsohn, Menschensohn im Sinne von Dan 7,13 und ganz besonders für den Titel Gottessohn im Sinne des Christusdogmas. Es gilt aber auch für die Titel Hohepriester,[433] Herr und Heiland. Möglich, dass er sich für einen Propheten hielt. Ob er sich Meister (Rabbi) nennen ließ, ist ungewiss.[434] Im Übrigen bin ich mit Claus Petersen der Meinung, der historische Jesus hat keine Privilegien für sich in Anspruch genommen: »›Reich Gottes‹ bedeutet eben unter anderem prinzipielle Gleichheit im Sinn der Gleichwertigkeit aller Menschen, und es widerspricht ihm vollkommen, eine

---

432 Apg 1,6.
433 Hebr 4,14–18; Joh 17,1–26.
434 Rudolf Bultmann hat die Argumente, die dafür sprechen, in seinem Jesusbuch zusammengetragen: Jesus, Tübingen 1961, S. 52–56.

Person, und sei es Jesus selbst, über alle anderen zu stellen, Hierarchien zuzulassen und aufzubauen.«[435]

Die einigermaßen schockierende Schlussfolgerung aus dieser Analyse lautet: *Der Titel Christus,* die griechische Version des jüdischen Hoheitstitels Messias, der im Laufe der Zeit zu seinem Nachnamen wurde, *ist Jesus gegen seinen Willen beigelegt worden.* Der historische Jesus heißt nicht Jesus Christus, sondern Jesus von Nazareth. Ob er den Titel Christus nicht trotzdem zurecht trägt, bleibt davon unberührt, denn das ist eine *Glaubensfrage.*

Die These, Jesus habe sich selbst keine Hoheitstitel beigelegt, lässt sich durch eine Reihe von Jesusworten untermauern. So hat Jesus jede Huldigung entschieden zurückgewiesen. Er rügt den Reichen, der mit den Worten: »Guter Meister, was muss ich tun, um das ewige Leben zu gewinnen?«, vor ihm auf die Knie fällt: »Warum nennst du mich gut? Niemand ist gut außer Gott, dem Einen.«[436] Lukas überliefert eine Erzählung, in der eine Frau im Hinblick auf die Mutter Jesu ausruft: »Selig die Frau, deren Leib dich getragen und deren Brust dich genährt hat«, worauf Jesus kühl erwidert: »Selig sind vielmehr die, die das Wort Gottes hören und es befolgen.«[437] Deutlicher noch wird Jesu Ablehnung gesellschaftlicher Rangunterschiede in der Erzählung vom Rangstreit der Jünger in Markus 9,33-37, selbst wenn ihre Ausgestaltung eine Gemeindebildung sein dürfte. Das darin eingegangene Jesuswort, das ihren historischen Kern bildet, dürfte so gelautet haben: Wer [im Reich Gottes] der Erste sein will, soll der Letzte von allen und der Diener aller sein.[438] Meines Erachtens will Jesus damit klarstel-

---

435 Claus Petersen: Die Botschaft Jesu vom Reich Gottes, Stuttgart o.J. (2005), S. 50.
436 Mk 10,17–18.
437 Lk 11,27–28.
438 Mk 9,35.

len: In den Reichen dieser Welt gibt es Rangunterschiede zwischen Reichen und Armen, Mächtigen und Machtlosen, Hohen und Niedrigen, Gebildeten und Ungebildeten. Im Gottesreich aber soll es nicht so sein. Dort herrschen Gleichwertigkeit und Gleichrangigkeit, weil die Starken den Schwachen, die Gesunden den Kranken und die Wissenden den Unwissenden dienen. Ganz ähnlich argumentiert Jesus in der wenig später folgenden Belehrung über das Herrschen und das Dienen. Auch hier geht es um einen Rangstreit der Jünger, diesmal um die Ehrenplätze im Gottesreich: »Ihr wisst, dass die, die als Herrscher gelten, ihre Völker unterdrücken und die Mächtigen ihre Macht über die Menschen missbrauchen. Bei euch aber soll es nicht so sein, sondern wer bei euch groß sein will, der soll euer Diener sein, und wer bei euch der Erste sein will, soll der Sklave aller sein.«[439] Das Gottesreich unterscheidet sich demnach von den Reichen dieser Welt durch das Prinzip des Dienens statt des Herrschens.[440]

Ob Jesus allerdings so weit ging wie Gandhi, der seinen Mitstreitern gegenüber sogar jede Führungsrolle ablehnte, muss offen bleiben: »Keiner soll sagen, dass er ein Nachfolger von Gandhi ist. Es ist genug, dass ich mein eigener Nachfolger bin. Ich weiß, was für ein unvollkommener Jünger meines Selbst ich bin, da ich in meinem Leben die Überzeugungen, für die ich eintrete, nicht ganz verwirklichen kann. Ihr seid keine Jünger, sondern Mit-Studenten, Mit-Pilger, Mit-Sucher, Mit-Arbeiter. Wir müssen Wahrheit und Gewaltfreiheit zu Angelegen-

---

439 Mk 10,42–44. Den abschließenden Vers halte ich für eine Gemeindebildung. Das Wort Sklave erinnert an Gandhis »Sklaverei« im Dienste Gottes und der Menschen.

440 Ganz anders Albert Schweitzer, der im Gottesreich eine Hierarchie zu erkennen glaubt, in der diejenigen, die am meisten gedient haben, an der Spitze stehen. Das würde bedeuten, dass diejenigen, die nicht dienen können, weil sie unmündig, alt, krank oder behindert sind, die unterste Schicht im Gottesreich bilden. (Geschichte der Leben-Jesu-Forschung, Tübingen 1926, S. 312).

heiten nicht nur der Praxis Einzelner machen, sondern zum Anliegen von Gruppen und Gemeinschaften und Völkern.«[441] Diese Äußerung ist freilich missverständlich. Sie gilt ausschließlich für den Kreis der Satjagrahis. Vom Indischen Nationalkongress verlangte Gandhi geradezu diktatorische Vollmachten. Sollte er als »Fachmann für gewaltfreie Aktion« die Leitung der Unabhängigkeitskampagne übernehmen, so verlangte er, seinen Anordnungen strikt Folge zu leisten. Man hat ihn deshalb nicht zu Unrecht einen »Kongressdiktator« genannt.

Selbst wenn der geschichtliche Jesus sich nicht für den Messias gehalten, diesen Titel vermutlich sogar mit scharfen Worten zurückgewiesen hat, bleibt die Frage, ob er es nicht trotzdem war oder wurde, davon unberührt. Soviel steht jedenfalls fest: Petrus und mit ihm die Jerusalemer Urgemeinde haben im Auferstandenen den Messias erkannt und bekannt. Es handelt sich hierbei um eine *Glaubensaussage*, die von dem, was Jesus über sich selbst dachte, unabhängig ist. Als Glaubensaussagen sind die Jesus zugesprochenen Hoheitstitel für die Kritik angeblich unangreifbar. Sie sind weder zu beweisen noch zu widerlegen. Eine Schwierigkeit aber bleibt: Wo beginnen die Glaubensaussagen und wo hören sie auf? Gehört das Wandeln Jesu auf dem Wasser oder die Speisung der Fünftausend dazu? Gehören die Mariendogmen und das Dogma der Ex-cathedra-Unfehlbarkeit des Papstes dazu? Gehören das Trinitätsdogma und das Christusdogma dazu? Diese Fragen werden uns noch beschäftigen.

Das Ergebnis unserer bisherigen Untersuchung über Jesu Lehre ist bescheiden. Wir wissen nun, oder besser, wir glauben zu wissen, was im Zentrum von Jesu Verkündigung stand: *Die frohe Botschaft vom gegenwärtigen Anbruch der Gottesherrschaft*. Wir glauben auch zu wissen, was er nicht lehrte: Dass

---

441 Mahatma Gandhi: Freiheit ohne Gewalt, Köln 1968, S. 234.

er der Messias,[442] der künftige Menschensohn oder gar der Gottessohn im Sinne des Christusdogmas sei. Auch lehrte er nicht das nahe bevorstehende Endgericht Gottes über eine rettungslos verdorbene Welt und ganz sicher nicht ewige Höllenstrafen für die Sünder. Nun aber wollen wir uns dem zuwenden, was er lehrte.

---

442 Insofern unterscheidet er sich grundlegend von den politischen Messiasanwärtern Judas Galiläus und Theudas zu seiner Zeit, des »Ägypters« zur Zeit des Paulus (Apg 21,38) oder Bar Kochbars zur Zeit des letzten Aufstands gegen die Römer in den Jahren 132–135 n. Chr.

XIV. Die Ethik Jesu:
Die Bergpredigt

Ihr sollt also vollkommen sein, wie es auch euer himm-
lischer Vater ist.
                                        Jesus von Nazareth

Die Ethik gibt Auskunft auf die Frage: Was sollen wir tun, was
sollen wir unterlassen? Aussagen zur Ethik finden sich in den
Evangelien in großer Zahl, ganz besonders aber in der Rede-
komposition des Matthäus,[443] die unter dem Namen »Bergpredigt« bekannt ist. Eine Art Kurzfassung der Bergpredigt findet
sich als »Feldrede« im Lukasevangelium.[444]

Die Bergpredigt hat zu zahlreichen Auslegungen Anlass gegeben. Ich nenne hier nur einige der wichtigsten: Die erste
stammt von Matthäus selbst. Der Name Bergpredigt ist Matthäus 5,1 entnommen und gilt als Anspielung auf den Berg
Sinai, auf dem Moses die Gesetzestafeln mit den Zehn Geboten
empfing. Jesus könnte folglich von Matthäus als eine Art zweiter Moses verstanden worden sein, der das Mosaische Gesetz
»aufhebt« im Hegel'schen Dreifachsinn des Wortes von aufkün-
digen, aufbewahren und aufnehmen im Sinne von emporheben
oder steigern.

In der katholischen Theologie ist die Auslegung weit verbreitet, welche die Bergpredigt als zweite Stufe einer Zwei-Stufen-
Ethik begreift. Die Zehn Gebote gelten als ethischer Maßstab
für die Laien, die Bergpredigt dagegen als Maßstab für Priester,
Mönche, Nonnen und Heilige, die ihr Leben ganz dem Dienst
an Gott und den Menschen weihen.

---

443 Mt 5,1–7,29.
444 Lk 6,20–49.

Der Zweittestamentler Gerhard Lohfink vertritt in seinem Buch: »Wem gilt die Bergpredigt? Zur Glaubwürdigkeit des Christlichen« die These, Adressat der Bergpredigt sei das Gottesvolk, zunächst das von Gott erwählte Volk Israel und dann, da Israel sich dem Ruf Gottes verweigert habe, das »Gottesvolk« der Christen. Sie könne folglich nicht zur verpflichtenden Ethik für eine Nation oder die Menschheit gemacht werden.[445]

Der Reformator Martin Luther (1483–1546) interpretierte sie im Rahmen seiner Rechtfertigungslehre als radikale Verschärfung der Zehn Gebote, um dem Menschen den falschen Stolz auf Werke, die ihn vor Gott gerechtfertigt erscheinen lassen könnten, aus der Hand zu schlagen, damit er im Bewusstsein seiner Verfallenheit an die Macht der Sünde allein zu der durch Jesus Christus vermittelten Gnade Gottes seine Zuflucht nehme (sola gratia, sola fide).

Albert Schweitzer interpretierte die Bergpredigt im Rahmen seiner konsequenten Eschatologie als »Interimsethik«. Sie gelte, da sie alles »normale« menschliche Verhalten außer Kraft setze, nur für die kurze Zeit zwischen seiner irdischen Verkündigung und seiner Wiederkehr als himmlischer Messias und Menschensohn. Durch ihr Ausbleiben sei sie im Grunde hinfällig geworden.

Franz von Assisi hingegen nahm sie wörtlich und richtete sein Leben vorbehaltlos an ihr aus. Mit Recht gilt er als das »Christussymbol« des Mittelalters.[446]

Welche dieser Interpretationen kommt dem, was der historische Jesus lehrte, am nächsten? Ich denke, es ist die des Franz von Assisi. Mit der Bergpredigt kann man die Welt nicht regieren, soll Reichskanzler Bismarck (1815–1898) gesagt haben. Er hat recht, mit der Bergpredigt kann man die Reiche dieser Welt

---

445 So bei Gerhard Lohfink: Wem gilt die Bergpredigt? Zur Glaubwürdigkeit des Christlichen, Freiburg 1993, S. 50–53.
446 Walter Nigg: Große Heilige, Zürich 1946, S. 35–102.

nicht regieren, denn sie ist die *Verfassungsurkunde des Gottes-reiches,* das sich von den Reichen dieser Welt fundamental unterscheidet. Die Bergpredigt gilt überall, wo Einzelne, Gemeinschaften und Völker sich daran machen, die Gottesherrschaft, deren gegenwärtigen Anbruch Jesus verkündigte, in ihrem Leben und durch ihr Leben Wirklichkeit werden zu lassen.

Es ist ein verhängnisvolles Missverständnis, dem Matthäus durch das sprachliche Gewand, in das er die Worte Jesu kleidete, Vorschub leistete, die Bergpredigt als *Forderung* Gottes an den Menschen zu verstehen. Wird sie so verstanden, ist das gänzliche Versagen des Menschen angesichts solcher Forderung in der Tat unausweichlich. Sie ist meiner Ansicht nach aber nicht als Forderung, sondern als *Verheißung* zu verstehen. Was als Forderung unerfüllbar ist, ist leicht zu erfüllen, wenn es aus der *Hingabe an Gott,* der die Wahrheit ist, getan wird. Es wird gleichsam zur zweiten Natur des Menschen. Deshalb kann Jesus auch sagen.»Kommt alle zu mir, die ihr euch plagt und schwere Lasten zu tragen habt. Ich werde euch Ruhe verschaffen. Nehmt mein Joch auf euch und lernt von mir; denn ich bin gütig und von Herzen demütig; so werdet ihr Ruhe finden für eure Seele. Denn mein Joch drückt nicht, und meine Last ist leicht.«[447] Der historische Jesus dürfte allerdings kaum von seinem Joch, sondern vom *Joch der Königsherrschaft Gottes* gesprochen haben.

Es gibt einen Generalschlüssel für das Verständnis der Bergpredigt. Es ist die *unerschöpfliche Liebe Gottes* zu den Menschen und nicht nur den Menschen, sondern zum ganzen Universum, in dem er ja auch, sofern wir an seine Allgegenwart glauben, gegenwärtig ist. Die Liebe, die wir Menschen Gott, den Mitmenschen und der außermenschlichen Kreatur zuwenden, ist letztlich nichts anderes als der *Widerschein* dieser Gottesliebe.

---

447 Mt 11,28–30.

Im Bild gesprochen: Wo Menschen dem Gesetz der Wahrheit und der Liebe folgen, werden sie zu einer Quelle, die die Wüste unserer sozialen Beziehungen in einen blühenden Garten Eden verwandelt. Es ist folglich überhaupt kein Verdienst, wenn Menschen in solcher Weise die Liebe Gottes weitergeben wie ein Brunnen, dessen Trog überfließt.

Einen deutlichen Fingerzeig zum Verständnis der Bergpredigt liefert die Frage des Petrus: »Wie oft muss ich meinem Bruder vergeben, wenn er sich gegen mich versündigt? Siebenmal?« Jesus antwortet: »Nicht siebenmal, sondern siebenundsiebzigmal.«[448] Siebenundsiebzigmal ist eine poetische Umschreibung für immer. Immer sollst du deinem Menschenbruder, nicht nur deinem leiblichen Bruder, deinem Stammesbruder oder Volksgenossen vergeben. Selbstverständlich gilt das gleichermaßen für die Menschenschwester. Es ist klar, das übersteigt die Fähigkeiten eines jeden Menschen, der das aus eigener Kraft zu tun versucht. Das kann jeder leicht experimentell selbst erkunden. Einmal zu vergeben, wenn einem Unrecht widerfährt, ist schon schwer genug, zweimal hintereinander noch schwerer, dreimal ist nahezu unmöglich. Wenn Petrus sagt: Ist's genug siebenmal?, so verlangt er bereits das Unmögliche. Wir können unser »Psychokonto« nicht ständig überziehen, ohne krank zu werden. Es verlangt wie die Bank gebieterisch nach einem Ausgleich. Wer aber wie Jesus oder Gandhi sich bedingungslos jener Wahrheit, die Gott ist, hingibt, erfährt das Wunder, dass sein Psychokonto nicht nur ausgeglichen, sondern so übervoll ist, dass er gar nicht anders kann, als diesen Überfluss weiterzugeben.

Daraus rührt auch die enorme geistige Macht, die von solchen Menschen ausgeht. Jesus war, wie wir erfahren haben, ständig von Menschenmassen umlagert, desgleichen Gandhi,

448 Mt 18,21–22.

dem das »Darschan geben«[449] über die Maßen lästig war. Und Bruder Masseo bestürmt Franz von Assisi mit der Frage: »Warum dir, warum dir?« Und auf die erstaunte Rückfrage Franz' erwidert er: »Ich frage, warum alle Welt dir nachläuft, warum jedermann dich sehen will und auf dich horchen und dir gehorchen. Du bist kein schöner Mann; du bist nicht sehr gelehrt, du bist nicht edel. Was ist es denn, dass alle Welt dir nachläuft?«[450] Diese geistige Macht, über die auch ein Gotama Buddha und ein Sokrates verfügten, erklärt sich aus der Fähigkeit, Böses mit Gutem zu vergelten. Erinnern wir uns an Gandhis Feststellung: »Immer und immer wieder habe ich die Erfahrung gemacht, dass das Gute Gutes hervorruft, das Böse aber Böses erzeugt. Wenn daher dem Ruf des Bösen kein Echo wird, so büßt es aus Mangel an Nahrung seine Kraft ein und geht zu Grunde.«[451] Leider gibt es diese Kraft auch im Negativen, als dämonische Macht, die an die niederen Instinkte des Menschen appelliert, nicht selten unter dem Deckmantel hoher und höchster Ideale. Menschen, die sie besitzen, sind gefährlich genug, katastrophal wird ihr Wirken jedoch, wenn es ihnen gelingt, in die Kommandozentrale eines Staatsapparats zu gelangen, wo jeder ihrer Befehle willige Vollstrecker findet.

Während die Nächstenliebe sich im Ersten Testament vornehmlich den Familienangehörigen, den Angehörigen des eigenen Stammes, des eigenen Volkes oder der eigenen Religionsgemeinschaft[452] zuwendet, erkennt Jesus den Nächsten in jedem uns begegnenden Menschen, der Hilfe braucht. Das wird deutlich in der, wenn nicht jesuanischen, so doch ganz aus dem Geiste Jesu geschaffenen Erzählung vom barmherzigen Samariter: »Wer ist mein Nächster?«, fragt ein Gesetzeslehrer am

---

449 Darschan ist der heilbringende Anblick eines Heiligen.
450 Walter Nigg: Große Heilige, Zürich 1946, S. 35.
451 Fritz Kraus: Vom Geist des Mahatma, Zürich o.J., S. 134.
452 Das Gebot, den Fremdling zu achten, findet sich in Lev 19,33–34.

Ende eines Zwiegespräches, das mit der Frage begonnen hatte: »Meister, was muss ich tun, um das ewige Leben zu gewinnen?« Jesus antwortet mit der Gegenfrage: »Was steht im Gesetz? Was liest du dort?«, worauf er die Antwort erhält: »Du sollst den Herrn, deinen Gott, lieben mit ganzem Herzen und mit ganzer Seele, mit all deiner Kraft und all deinen Gedanken, und: Deinen Nächsten sollst du lieben wie dich selbst.« Jesus lobt ihn mit den Worten: »Du hast recht geantwortet. Handle danach und du wirst leben«, die ihn ermutigen sollen, den Worten Taten folgen zu lassen. Nun erst fragt der Gesetzeslehrer: »Und wer ist mein Nächster?«[453] Jesus antwortet nicht mit einer Definition, sondern erzählt in orientalischer Manier eine Geschichte, die sich unvergesslich ins Gedächtnis einprägt, um die Wahrheit zu vermitteln: *Dein Nächster ist der dir begegnende Mensch, insbesondere aber der Mensch, der in Not ist und Hilfe braucht.*

Nach diesen Vorbemerkungen, die für das rechte Verständnis der Bergpredigt unerlässlich sind, nun zu einigen ausgewählten Passagen.

Die Seligpreisungen

Um sie richtig zu verstehen, muss man wissen, sie gelten denen, die den Weg der Umkehr und der Buße beschreiten, den Weg ins Gottesreich. Wir dürfen uns das durchaus bildlich als einen großen Heerzug vorstellen, der von einem Volk oder der Menschheit im Ganzen gebildet wird, einen Heerzug, an dessen Spitze die Superreichen, Supermächtigen und Superpromi-

---

453 Lk 10,25–37. Ein Samariter, der Angehörige eines von den Israeliten gehassten und verachteten Volkes, erwies sich dem Mann, der unter die Räuber gefallen war, gegenüber als der Nächste, nicht die frommen und angesehenen Angehörigen des eigenen Volkes.

nenten marschieren. Danach folgen die Reichen und Mächtigen und so weiter bis zu den Elendesten und Verachtetsten. Wenn nun der Ruf zur Umkehr ertönt, so ist es in der Tat so, dass bei denen, die umkehren, die Ersten die Letzten und die Letzten die Ersten auf dem Weg in das Gottesreich sind, denn die Reichen und Mächtigen müssen erst ihren Reichtum, ihre Macht und ihr Ansehen aufgeben, ehe sie in das Gottesreich eintreten können. Gemeinsam ist ihnen jedoch die Zumutung der Umkehr.

In der von mir benutzten Einheitsübersetzung lautet die erste Seligpreisung: »Selig, die arm sind vor Gott, denn ihnen gehört das Himmelreich.« Arm vor Gott meint wohl, die den Geist der Armut besitzen, das heißt, die einfach leben, damit andere leben können. Das trifft meines Erachtens das von Jesus Gemeinte besser als die umstandslose Seligpreisung der Armen bei Lukas.[454] Wer bettelarm ist, wer buchstäblich nichts besitzt, außer einer unbändigen Gier nach Geld, Reichtum, Macht, Luxus und Privilegien, gehört in Wahrheit zu den Reichen. Er oder sie ist mit der ersten Seligpreisung gerade nicht gemeint. Andererseits gehört ein Reicher, der seinen Reichtum ausschließlich zum Wohl der Gemeinschaft einsetzt und selbst mit seiner Familie einfach, vielleicht sogar spartanisch lebt, in Wahrheit zu den Armen. Das Gleiche gilt für die Seligpreisung der Hungernden und der Weinenden bei Lukas. Ohne die Umkehr verfallen sie ausnahmslos der Dialektik von Reichtum und Elend, Hunger und Sattheit, Weinen und Lachen.

Das Gleiche gilt übrigens für die Dialektik von Leistung und Lohn, Leiden und Glückseligkeit. Wer Unrecht oder Gewalt erleidet in dem Bewusstsein, dafür mit ewiger Seligkeit belohnt zu werden und im Himmel zu den Herrschenden zu gehören, hat seinen Lohn dahin, denn das Leiden um der Wahrheit wil-

---

454 Lk 6,20.

len ist Seligkeit, das Dienen aus Liebe ist der Lohn. Franz Kafka hat diesen Gedanken in den profunden Aphorismus gefasst: »Nur hier ist Leiden Leiden. Nicht so, als ob die, welche hier leiden, anderswo wegen dieses Leidens erhöht werden sollen, sondern so, dass das, was in dieser Welt Leiden heißt, in einer andern Welt, unverändert und nur befreit von seinem Gegensatz, Seligkeit ist.«[455]

Die Seligpreisungen der Friedensstifter, der Barmherzigen und der Herzensreinen bedürfen keines weiteren Kommentars. Jesus und Gandhi haben sie durch ihr Leben ausgelegt. Das trifft auch auf die Seligpreisung derer zu, die um der Gerechtigkeit willen verfolgt werden. Auch für sie gilt, sie werden nicht mit der Aufnahme in das »Himmelreich« belohnt, sie sind im Himmelreich. Die letzte Seligpreisung ist meines Erachtens nicht jesuanisch. Jede Reihung verführt dazu, der Kette weitere Glieder anzuhängen. Jesus hätte allenfalls gesagt: Selig seid ihr, wenn ihr um des Evangeliums willen beschimpft und verleumdet werdet. Freut euch und jubelt, denn euer ist das Gottesreich.

Vom Salz der Erde und vom Licht der Welt

Diese kraftvollen Worte illustrieren den bei Jesus immer wieder begegnenden Grundsatz: *An den Früchten werdet ihr sie erkennen.* Jesus betont nachdrücklich die Selbsterkenntnis und Selbstveränderung des Einzelnen. Er war allem Rituellen und Kultischen, allem Liturgischen und Sakramentalen, allem Institutionellen und Hierarchischen abhold. Ihm kam es auf die wirkliche, nicht auf die symbolische Verwandlung des Gläubigen an. Das Mysterium der Eucharistie, das schon bald nach

---

455 Franz Kafka: Hochzeitsvorbereitungen auf dem Lande, Frankfurt 1983, S. 39.

seinem Tod mit seinem Namen verbunden wurde, hätte er mit scharfen Worten als den Versuch, sich den Eintritt in das Gottesreich zu erschleichen, verurteilt. In diesem Sinne betont auch Gandhi, nachdem ihm ein frommer Christ erklärt hatte, er habe keine Hemmungen zu sündigen, da er sich durch den Glauben an Jesus Christus erlöst wisse: »Wenn dies das Christentum ist, das alle Christen anerkennen, so kann ich es nicht annehmen. Ich suche nicht Befreiung von den Folgen meiner Sünden, ich suche Erlösung von der Sünde selbst oder besser noch: selbst von sündhaften Gedanken.«[456]

Die nachdrückliche Betonung von Selbsterkenntnis und Selbstveränderung sollte nicht so verstanden werden, als ginge es Jesus ausschließlich oder auch nur vornehmlich um das Seelenheil des Einzelnen. Die Veränderung der Gesellschaft ist ihm nicht weniger wichtig als die Veränderung Einzelner. Es gibt folglich neben dem hermeneutischen Zirkel von *Selbsterkenntnis* und *Selbstveränderung* noch einen weiteren, der sich im Wechselspiel der Veränderung des *Einzelnen* und der *Gesellschaft*, der er angehört, entfaltet. Solche Veränderung geschieht aus dem Geist und aus der Wahrheit. Wer diese zirkulären und sich selbst verstärkenden Prozesse, die wir auch kybernetisch als positive Regelkreise beschreiben können, studieren will, sei auf die Jesusgemeinde, auf Gandhis Ashram oder auf Gotama Buddhas Sangha verwiesen.

Vom Gesetz und den Propheten

Jesus schafft das Gesetz nicht ab, er verschärft oder überbietet es auch nicht, sondern er löst es im *Glutstrom der Gottes- und Menschenliebe* auf. Daraus bezieht er seine radikale Kritik an

---

456 Mahatma Gandhi: Autobiographie, Gütersloh o.J., S. 135.

den veräußerlichten kultischen und rituellen Formen der jüdischen Religion, ihren oftmals unsinnigen und widersinnigen Reinheitsgeboten[457] oder einer übertriebenen Beobachtung der Sabbatruhe, die es schwer macht, am Sabbat Gutes zu tun, Notleidenden zu helfen oder elementare Bedürfnisse zu befriedigen.[458] Kaum vorstellbar, dass der historische Jesus gesagt hat: »Denkt nicht, ich sei gekommen, um das Gesetz und die Propheten aufzuheben. Ich bin nicht gekommen, um aufzuheben, sondern um zu erfüllen. Amen, das sage ich euch: Bis Himmel und Erde vergehen, wird auch nicht der kleinste Buchstabe des Gesetzes vergehen, bevor nicht alles geschehen ist. Wer auch nur eines von den kleinsten Geboten aufhebt und die Menschen entsprechend lehrt, der wird im Himmelreich der Kleinste sein. Wer sie aber hält und halten lehrt, der wird groß sein im Himmelreich.«[459] Der nachösterliche Charakter dieses Jesus in den Mund gelegten Wortes ist offensichtlich. Es dürfte im Kreis der »Hebräer« in der Urgemeinde entstanden sein, um die neuen Lehren der »Hellenisten« abzuwehren. Zu den Hauptstücken der Tora gehören die Beschneidung, die strenge Sabbatobservanz, das Bilderverbot und die Reinheitsvorschriften, alles Gebote, die Jesus relativierte. Denkbar ist indes, dass in diesen Text ein echtes Jesuswort eingegangen ist, welches gelautet haben könnte: Ich bin nicht gekommen, das Gesetz aufzuheben, sondern ich bin gekommen, es zu erfüllen.

Vom Töten und von der Versöhnung

Die Jesusworte, die mit der Formel: »Ihr habt gehört, dass zu den Alten gesagt worden ist: … Ich aber sage euch: …« einge-

---

457 Mt 15,1–20.
458 Mt 12,1–14.
459 Mt 5,17–19.

leitet werden, hat man als »Antithesen« bezeichnet. Die jüdische Theologin Ruth Lapide[460] meint jedoch mit Recht, es
handle sich nicht um Antithesen, sondern um Verschärfungen,
Vertiefungen oder, wie ich lieber sagen würde, um Radikalisie-
rungen. Die Antithese zu: »Du sollst nicht töten!« wäre: »Du
sollst töten!« Das ist aber mit Sicherheit nicht gemeint. Jesus
erklärt vielmehr: Nicht nur das Töten, bereits das beleidigende
Wort, ja der hasserfüllte Gedanke sind böse, denn aus dem Gedanken folgt das Wort und aus dem Wort die Tat. Wer sich
vorbehaltlos dem Willen Gottes anvertraut, wird im Laufe der
Zeit selbst von bösen Gedanken frei. Satja und Ahimsa werden
ihm zur zweiten Natur.

Mit den Worten: »Wenn du deine Opfergabe zum Altar
bringst und dir dabei einfällt, dass dein Bruder etwas gegen
dich hat, so lass deine Gabe dort vor dem Altar liegen; geh und
versöhne dich zuerst mit deinem Bruder, dann komm und op-
fere deine Gabe«,[461] will Jesus die Lehre einschärfen, dass jede
Art von Gottesdienst heuchlerisch ist, solange ihm nicht die
Versöhnung mit denen, die Grund haben, uns zu hassen, vor-
angegangen ist.

Vom Ehebruch

Es gilt nicht nur, den Ehebruch oder die Unzucht[462] zu vermeiden, sondern bereits den lüsternen Blick auf die Ehefrau eines
anderen, vielleicht sogar auf jede Frau. Was die Verse 29 und
30 anbelangt, so nehme ich gerne die Auslegung von Ruth Lapide an, die darin keinen Aufruf zur Selbstverstümmelung
sieht, sondern die drastische und zur Verdeutlichung übertrei-

460 Ruth Lapide, Henning Röhl: »Was glaubte Jesus?«, Stuttgart 2006, S. 35 f.
461 Mt 5,23 f.
462 Gemeint ist der außereheliche Geschlechtsverkehr.

bende Ausdrucksweise orientalischer Völker, wie sie uns ja auch in anderen Jesusworten, wie z. B. vom Kamel und vom Nadelöhr oder vom Balken im Auge begegnet.[463]

Von der Vergeltung und von der Liebe zu den Feinden

Was diese Abschnitte anbelangt, so gehören sie zum Kernbestand der Lehre Jesu. Erweitern wir sie um die Liebe zu Gott, so können wir sogar sagen, sie sind das Herz der Ethik Jesu, von dem alle übrigen Teile mit Blut versorgt werden. Es hat unzählige Versuche gegeben, diese Schriftstellen im Zuge der *Milderungstendenz* zu entschärfen. Ganze Generationen von Theologen haben mit unermüdlichem Fleiß und bewundernswertem Scharfsinn diese Bibeltexte »ausgelegt«, um sie »richtig« zu verstehen mit dem Ergebnis, dass sie das Herz der Lehre Jesu abgetötet haben. Wenn aber das Herz stillsteht, stirbt der Leib, und genau das ist mit dem Leib der christlichen Kirchen geschehen. Sie sind heute, von Einzelnen und kleinen Gruppen abgesehen, lebende Leichname. Das Salz ist geschmacklos oder, wie Martin Luther drastisch formulierte, »dumm« geworden.

»Ihr habt gehört, dass gesagt worden ist: Auge für Auge und Zahn für Zahn. Ich aber sage euch: Leistet dem, der euch etwas Böses antut, keinen Widerstand, sondern wenn dich einer auf deine rechte Wange schlägt, so halte ihm auch die andere hin. Und wenn dich einer vor Gericht bringen will, um dir das Hemd zu nehmen, dann lass ihm auch den Mantel. Und wenn dich einer zwingen will, eine Meile mit ihm zu gehen, dann geh zwei mit ihm. Wer dich bittet, dem gib, und wer von dir borgen will, den weise nicht ab.«[464] Ich gehe auf die zahlreichen Aus-

463 Ruth Lapide, Henning Röhl: »Was glaubte Jesus?«, Stuttgart 2006, S. 31.
464 Mt 5,38–42.

281

legungen dieses Textes nicht weiter ein, denn nach dem Vorigen ist klar, was gemeint ist. Der gemeinsame Nenner der von Jesus genannten Beispiele ist: Überwinde das Böse durch Gutes, und zwar nicht nur durch die gleiche Menge an Gutem, sondern durch einen *Überfluss* an Gutem. Nütze die gewaltige Macht des »Echoprinzips«, der auf Dauer kein Mensch standhalten kann.

An dieser Stelle scheint es mir unerlässlich, auf ein weit verbreitetes Missverständnis dieses Wortes einzugehen. Unzählige Christen haben es so verstanden: Leiste dem Bösen keinen Widerstand, verzichte auf Gegenwehr, unterwirf dich dem Angreifer, erleide willig Gewalt und Unrecht, die dir angetan werden und folge Jesus nach, der als Opferlamm willig alle Qualen erlitt, um Gott mit den Menschen zu versöhnen. Diese auf die Gottesknechtslieder des zweiten Jesaja zurückgehende Auslegung halte ich für *grundfalsch*. Jesus verhielt sich ganz anders denn als Opferlamm, »das man zum Schlachten führt und wie ein Schaf angesichts seiner Scherer«.[465] Es geht gerade nicht um den Verzicht auf Widerstand. Ganz im Gegenteil, Jesus meint: *Du sollst dem Bösen widerstreben, aber nicht durch das Böse. Du sollst der Gewalt widerstehen, aber nicht durch Gewalt, sondern durch Gewaltfreiheit. Du sollst an der Wahrheit festhalten, was auch immer kommen mag. Überwinde das Böse durch Gutes!*

»Ihr habt gehört, dass gesagt worden ist: Du sollst deinen Nächsten lieben und deinen Feind hassen. Ich aber sage euch: Liebt eure Feinde und betet für die, die euch verfolgen, damit ihr Söhne eures Vaters im Himmel werdet; denn er lässt seine Sonne aufgehen über Böse und Gute, und er lässt regnen über Gerechte und Ungerechte. Wenn ihr nämlich nur die liebt, die euch lieben, welchen Lohn könnt ihr dafür erwarten? Tun das nicht auch die Zöllner? Und wenn ihr nur eure Brüder grüßt,

---

465 Jes 52,7.

was tut ihr damit Besonderes? Tun das nicht auch die Heiden?«[466]

Die frühen Christen haben Jesus recht gut verstanden, als sie den Grundsatz praktizierten: *Überwinde das Böse durch Gutes, den Hass durch Liebe und die Gewalt durch Gewaltfreiheit.* Wohl gab es schon früh angesichts der gesellschaftlichen und staatlichen Verfolgung auch den Rückfall in den Gegenhass. Es gab den Rückfall in Gewalt- und Rachefantasien, da der Übermacht der Römer mit Gewalt nicht beizukommen war. Solche Gefühle fanden ihren verheerenden und bis heute nachwirkenden Niederschlag in der Apokalypse des Johannes. Im Großen und Ganzen aber bewährte sich die frühe Christenheit in der Verfolgung durch ihre Gegner in Staat und Gesellschaft. Sie vermied die »Vergeltungsfalle«, tappte aber in die »Umarmungsfalle«, die ein eiskalter, machtgieriger, rücksichts- und erbarmungsloser Stratege namens Konstantin (288–337), den die Christen später den Großen nennen sollten, aufgestellt hatte. Von dem Augenblick an verstanden die meisten Christen und insbesondere die Theologen Jesus nicht mehr. Klar, so wie es da stand, konnte Jesus es nicht gemeint haben! Das wäre ja eine Einladung zum Selbstmord. Diese Meinung vertritt auch die von mir geschätzte Theologin Ruth Lapide. Auf die Frage: »Ist denn eine Armee christlich zu rechtfertigen?«, antwortete sie: »In der Verteidigung: ja. Auf Verteidigung zu verzichten, käme einem Selbstmord gleich. Und nirgendwo steht: Du sollst ein Selbstmörder sein.«[467] Jesus hat nicht zum Selbstmord aufgerufen, aber er hätte Ruth Lapide meines Erachtens vehement widersprochen. Lebte er heute, würde er vermutlich sagen: Wer meint, sich mit

---

466 Mt 5,43–48.
467 Ruth Lapide, Henning Röhl: »Was glaubte Jesus?«, Stuttgart 2006, S. 147. Sie beruft sich in diesem Zusammenhang auf das Jesuswort vom Mantel, den man verkaufen soll, um ein Schwert zu kaufen (Lk 22,36–38), das nach Ansicht der meisten historisch-kritischen Theologen nicht jesuanisch ist. Siehe auch Pinchas Lapide: Er predigte in ihren Synagogen, Gütersloh 2004, S. 47

Gewalt verteidigen zu müssen, soll das tun. Ich will ihn nicht daran hindern. Wer an die Gewalt glaubt, soll von ihr Gebrauch machen, wenn er es zu seiner Verteidigung für nötig hält. Aber ich glaube nicht an die Gewalt. Eines aber sollte jeder wissen, der Gewalt zur Selbstverteidigung für notwendig und gerechtfertigt hält. Dieser Glaube schließt militärische Bewaffnung und in letzter Konsequenz auch die atomare Bewaffnung ein mit dem Risiko, dass die Menschheit in der selbstgemachten Apokalypse eines nuklearen Holocaust untergeht und womöglich alles höhere Leben auf der Erde mit sich in den Abgrund reißt. Wer A sagt, muss auch B sagen mit allem, was politisch, wirtschaftlich, menschlich, ethisch und religiös daraus folgt!

Es ist bemerkenswert, dass Martin Buber in einem Brief an Gandhi sich eines ähnlichen Arguments bediente. Er schrieb: »Ich möchte Ihnen … nicht verschweigen, dass ich zwar nicht unter den Kreuzigern Jesu, aber auch nicht unter seinen Anhängern gewesen wäre. Denn ich kann mir nicht verbieten lassen, dem Übel zu widerstreben, wo ich sehe, dass es daran ist, das Gute zu vernichten. Ich muss, wie dem Übel in mir, so dem Übel in der Welt widerstreben. Ich kann nur darum ringen, es nicht durch Gewalt tun zu müssen. Ich will die Gewalt nicht, aber wenn ich nicht anders als durch sie verhindern kann, dass das Übel das Gute vernichtet, werde ich hoffentlich Gewalt üben und mich in Gottes Hände geben.«[468] Dieser Brief hat seinen Adressaten leider nie erreicht. Was hätte Gandhi wohl geantwortet? Es ist nicht schwer zu erraten. Er hätte Buber geschrieben: Natürlich sollen Sie dem Übel widerstreben! Es fragt sich nur, wodurch. Ich plädiere für gewaltfreien Widerstand, der weit größere Tapferkeit erfordert als der gewaltsame, weil er Leben hingibt, ohne welches zu nehmen. Dem gewaltfreien

---

468 Christian Bartolf (Hg.): Der Atem meines Lebens, Berlin 1998, S. 22.

Widerstand gilt die Verheißung, in Zeit und Ewigkeit unbesiegbar zu sein, selbst wenn der gewaltfreie Kämpfer fällt, was beim gewaltsamen Kampf auf Grund der Eskalationstendenz gewaltsam ausgetragener Konflikte aber viel wahrscheinlicher ist. Im Übrigen gilt: *Das Gute, das glaubt, sich mit Gewalt verteidigen zu müssen, hat längst aufgehört, das Gute zu sein.*

Wer behauptet, es gäbe nur die Alternative: Unterwerfung unter den Willen des Angreifers oder gewaltsame Gegenwehr, »Selbstmord« oder »Mord«, irrt. Es gibt eine Alternative. Wir kennen sie bereits: *Widerstand ohne Gewalt, gewaltfreier Widerstand.* Er schließt selbstverständlich die Bereitschaft, die Gewalt hinzunehmen ohne Hass oder den Wunsch nach Vergeltung, ein. Wer daran festhält, kann nicht unterliegen, selbst wenn er im gewaltfreien Kampf den Tod findet. Andererseits kann, wer zur Gewalt greift, und sei es auch nur zum Zweck der Selbstverteidigung, niemals siegen, denn Gewalt ist – am Maßstab von Wahrheit und Gewaltfreiheit gemessen – Niederlage. Deshalb kann Gandhi auch sagen:»Die Selbstaufopferung eines unschuldigen Menschen ist millionenmal mächtiger als das Selbstopfer von einer Million Menschen, die dabei sterben, während sie andere töten. Das freiwillige Opfer des Unschuldigen ist die machtvollste Antwort auf eine rücksichtslose Tyrannei.«[469]

Es war diese Wahrheits-, Seelen- und Liebeskraft, die Kraft Gottes, die auch Verfolgung und Tod nicht scheut, welche die frühen Christen beseelte und auf diese Weise zur unaufhaltsamen Ausbreitung des Christentums in der Antike beitrug. Das Blut der Märtyrer, schrieb der Kirchenvater Tertullian (etwa 150–225), wurde zum Samen der Kirche. Auf die schon bald nach dem Tod Jesu einsetzende Verwässerung der Lehre Jesu soll später eingegangen werden.

---

469 Mahatma Gandhi: Freiheit ohne Gewalt, Köln 1968, S. 231.

Von der falschen und der rechten Sorge

Ein Wort noch zu dem wunderbaren Passus von der Sorge. Selbstverständlich darf er nicht als Aufforderung verstanden werden, nicht mehr tätig zu sein. Schließlich sind auch die Vögel unter dem Himmel den ganzen Tag tätig: Sie suchen Nahrung, bauen Nester, bebrüten die Eier und pflegen die Brut. Das »Sorget nicht!« will sagen: Habt keine Angst vor der Zukunft, habt keine Angst, in Not zu geraten, keine Furcht, man könnte euch betrügen, bestehlen oder berauben, habt keine Angst, im mörderischen Konkurrenzkampf unter die Räder zu kommen, fürchtet euch nicht, das, was ihr habt, mit denen zu teilen, die weniger haben als ihr! Zögert nicht, euch anderen gegenüber so zu verhalten, wie ihr euch wünscht, dass sie sich euch gegenüber verhalten! Verhaltet euch wie die Kinder, die die Eltern ja auch nicht fragen: Habt ihr dafür gesorgt, dass wir in Zukunft genug zu essen haben?

Die Sorge um die Zukunft, die Sorge um unseren Lebensunterhalt, um unsere Altersversorgung und um unsere Sicherheit ist es doch, die uns dazu zwingen will, uns mehr zu nehmen, als wir zum Leben wirklich brauchen. Wer sich aber mehr nimmt, als er braucht, nimmt es anderen weg. Die Jerusalemer Urgemeinde hat diese Lehre in die Tat umzusetzen versucht und einen »Kommunismus« praktiziert, der zweifellos auf den historischen Jesus zurückgeht.[470]

Wie zu erwarten, hat sich die Sorge auch innerhalb der Urgemeinde schon bald wieder eingenistet, wie die Geschichte von Ananias und Saphira zeigt.[471] Zu allem Unglück fügten sie dem »Vergehen« auch noch die Lüge hinzu, um es zu vertuschen. Nichtsdestoweniger ist die Strafe, von der die Apostel-

---

470 Apg 4,32–37.
471 Apg 5,1–11.

geschichte berichtet, durch nichts zu rechtfertigen. Statt auf Verständnis und Verzeihen im Geist der Nächstenliebe zu stoßen, wurden sie angeblich vom Heiligen Geist mit dem Tode bestraft. Gandhi hat sich in einer vergleichbaren Situation ein Bußfasten auferlegt. Petrus hätte weit besser daran getan, sich ein solches Fasten aufzuerlegen, statt Angst und Schrecken zu verbreiten durch den Ausschluss der beiden »Sünder« aus der Gemeinde, denn das dürfte wohl der historische Kern des von Lukas legendenhaft ausgeschmückten Berichts sein.

Die Gottesherrschaft, wie Jesus sie versteht, ist demnach als *Gemeinschaft der Freien und Gleichen* konzipiert, die durch das Band der Nächstenliebe verbunden sind, einer Nächstenliebe, die nicht nur den Gemeindemitgliedern, sondern auch den Außenstehenden gilt.[472] Darin besteht meines Erachtens der »Missionsauftrag« Jesu, nicht in dem längst als Fälschung erkannten Wort des Auferstandenen: »Mir ist alle Macht gegeben im Himmel und auf der Erde. Darum geht zu allen Völkern, und macht alle Menschen zu meinen Jüngern, tauft sie auf den Namen des Vaters und des Sohnes und des Heiligen Geistes, und lehrt sie, alles zu befolgen, was ich euch geboten habe. Seid gewiss: Ich bin bei euch alle Tage bis zum Ende der Welt.«[473] Leider hat sich dieser Betrug »zum höheren Lobe Gottes« als außerordentlich wirksam in der Geschichte der Christenheit erwiesen, statt vom Heiligen Geist, wie bei Ananias und Saphira, mit dem Tod seiner Urheber und der Aufdeckung als Lüge bestraft zu werden.

---

472 Diese Prinzipien begegnen uns wieder in der Triade der Französischen Revolution: Freiheit, Gleichheit, Brüderlichkeit.
473 Mt 28,16–20.

Richtet nicht …

»Richtet nicht, damit ihr nicht gerichtet werdet. Denn wie ihr richtet, so werdet ihr gerichtet werden, und nach dem Maß, mit dem ihr messt und zuteilt, wird euch zugeteilt werden. Warum siehst du den Splitter im Auge deines Bruders, aber den Balken in deinem Auge bemerkst du nicht? Wie kannst du zu deinem Bruder sagen: Lass mich den Splitter aus deinem Auge herausziehen! – und dabei steckt in deinem Auge ein Balken. Du Heuchler! Zieh zuerst den Balken aus deinem Auge, dann kannst du versuchen, den Splitter aus dem Auge deines Bruders herauszuziehen.«[474] Mit diesem Wort richtet Jesus den Scheinwerfer unserer Aufmerksamkeit auf unser eigenes Versagen und unsere eigene Schuld. Da ist bei nüchterner Betrachtung so vieles zu bekennen, zu bessern und wiedergutzumachen, dass wir überhaupt keine Zeit mehr finden, uns um die Fehler anderer zu kümmern. Zugleich setzt er damit das Lohn-Strafe-Schema völlig außer Kraft. Wer sich zum Richter über andere erhebt, maßt sich ein Urteil an über deren Taten, das allenfalls Gott zusteht. Aber selbst Gott richtet nicht. Wer das Gute tut, belohnt sich selbst, wer das Böse tut, bestraft sich selbst. Da ist kein Platz für ein menschliches oder auch göttliches Gericht, kein Platz für Strafen und schon gar kein Platz für ewige Höllenstrafen.

Fazit: Mit Recht wurde von jüdischen Theologen darauf aufmerksam gemacht, dass sich viele Aussagen der Bergpredigt auch in der hebräischen Bibel (dem Ersten Testament) und im Judentum zur Zeit Jesu finden. Kein Zweifel, Jesus war Jude und lebte in der Welt des Judentums. Er sah sich selbst in der Tradition der Propheten. Was er auch immer über sich selbst gedacht haben mag, er war ein großer *Reformator des Juden-*

---

474 Mt 7,1–5.

tums, so wie Gotama Buddha ein großer Reformator des Hinduismus und Martin Luther ein großer Reformator des Katholizismus. In ihrer Konzentration auf das Wesentliche, ihrer bildkräftigen Sprache und wegen ihres überragenden Gehalts gehört die Bergpredigt zu den bedeutendsten religiösen Texten der Weltliteratur.

Warum redete Jesus in Gleichnissen?

Die Frage ist scheinbar leicht zu beantworten, gibt der biblische Christus bei Matthäus doch selbst die Antwort: »Euch [den Jüngern, Anm. d. Verf.] ist es gegeben, die Geheimnisse des Himmelreichs zu erkennen; ihnen aber ist es nicht gegeben. Denn wer hat, dem wird gegeben, und er wird im Überfluss haben; wer aber nicht hat, dem wird auch noch weggenommen, was er hat. Deshalb rede ich zu ihnen in Gleichnissen, weil sie sehen und doch nicht sehen, weil sie hören und doch nicht hören und nichts verstehen. An ihnen erfüllt sich die Weissagung Jesajas: Hören sollt ihr, hören, aber nicht verstehen; sehen sollt ihr, sehen, aber nicht erkennen, denn das Herz dieses Volkes ist hart geworden, und mit ihren Ohren hören sie nur schwer, und ihre Augen halten sie geschlossen, damit sie mit ihren Augen nicht sehen und mit ihren Ohren nicht hören, damit sie mit ihrem Herzen nicht zur Einsicht kommen, damit sie sich nicht bekehren und ich sie nicht heile.«[475]

Das Schriftzitat ist bereits ein Anzeichen dafür, dass wir uns hier in der Gedankenwelt des Ersten Testament befinden und nicht in der Gedankenwelt Jesu. Die Autoren der biblischen Schriften hatten mit dem Problem zu kämpfen, wie sie die Allmacht Gottes einerseits mit seiner Ohnmacht gegenüber den

---

475 Mt 13,11–17.

ungehorsamen, störrischen und unbußfertigen Menschen andererseits vereinbaren konnten. Die einzige Lösung, die ihnen einfiel, war die »Verstockungstheorie«: Jahwe selbst ist es, der in der Allmacht seines unerforschlichen Ratschlusses beschlossen hat, die Menschen zu verstocken, so wie er beschlossen hat, ein bestimmtes Volk zu erwählen und die anderen Völker zu verwerfen beziehungsweise ihnen das Heil durch das erwählte Volk vermittelt zukommen zu lassen. Es bleibt das Rätsel, weshalb er dann über die ungehorsamen Menschen so zornig ist, dass er ihnen mit Vernichtung droht. Doch darüber wollen wir nicht weiter spekulieren. Am Ende landen wir doch bei der Zurechtweisung: Wie kannst du es wagen, Gott gegenüber solche Fragen zu stellen? Darf denn das Tongefäß den Töpfer fragen, weshalb es so und nicht anders gemacht hat?

Die Lösung liegt meines Erachtens ganz woanders. Derjenige, der in dem oben wiedergegebenen Schriftwort redet, ist gar nicht der historische Jesus, sondern Matthäus, dessen theologisches Interesse ihm die Feder führt.[476] Matthäus ist der Evangelist, der mehr als die anderen zum Sprachrohr der »Hebräer« in der Urgemeinde geworden ist. Jesus hätte auf die Frage: Warum redest du in Gleichnissen? vermutlich ganz anders geantwortet: Die Gleichnisse gehören wie die übertreibende Rede und die farbigen Bildworte zu unserer, der orientalischen Redeweise. Alles, was wir sagen, ist in Gefahr, rasch vergessen zu werden. Wenn etwas nicht vergessen werden soll, wenn es im Gedächtnis haften bleiben soll, bedarf es einer außergewöhnlichen Formulierung, einer drastischen Wendung, eines erhellenden Vergleichs. Das kann in einer Kultur, die sich weitgehend auf mündliche Überlieferung gründet, gar nicht anders sein. Soweit mein imaginärer Jesus. Wie man an den doch recht

---

476 Matthäus hat die Bezugnahme auf das Erste Testament allerdings bereits bei Markus vorgefunden.

zahlreichen Jesusworten, die auf uns gekommen sind, sieht, hat
es »funktioniert«.[477]

War Jesus politisch?

Manche Priester, Theologen und Christen beeilen sich zu ver-
sichern, Jesus sei unpolitisch gewesen. Wenn sie damit meinen,
er habe mit Parteipolitik oder Machtpolitik nichts im Sinn gehabt, so haben sie recht. Wenn sie aber politisch im allgemeinen
Sinn einer *Anteilnahme am Gemeinwesen* meinen, so haben sie
unrecht. Jedes Wort der Bergpredigt ist politisch, denn es betrifft die Art und Weise, wie wir zusammen leben sollten. So
gesehen sind Religion und Politik untrennbar verbunden, wie
auch Religion und Wirtschaft, Religion und Gesellschaft usw.
Das meint auch Gandhi, wenn er sagt: »Ich könnte keine einzige Sekunde ohne Religion leben. Viele meiner politischen
Freunde verzweifeln an mir, weil sie sagen, dass sogar meine
Politik von der Religion abgeleitet ist. Sie haben recht. Meine
Politik und alle meine anderen Aktivitäten sind von meiner
Religion abgeleitet. Ich gehe noch weiter und sage, dass jede
Tätigkeit eines religiösen Menschen von seiner Religion abgeleitet sein muss, weil Religion heißt, ›an Gott gebunden zu sein‹,
das heißt, dass Gott jeden Atemzug regiert.«[478]
    Dietrich Bonhoeffer plante in den 30er-Jahren eine Reise nach
Indien zu Gandhi, um dessen Theorie und Praxis der Gewaltfreiheit zu studieren. Es gehört zu den schmerzlichsten der an
tragischen Verwicklungen so reichen deutschen Geschichte, dass
diese Begegnung nicht zu Stande kam, zumal 1934 bereits eine

---

477 Ein erhellendes Beispiel für die geradezu lebensrettende Funktion der Gleich-
    nisrede bietet die Erzählung »Dabschalim und Bidpai«, übersetzt und her-
    ausgegeben von Saad Jehia, Berlin o. J.
478 Mahatma Gandhi: Freiheit ohne Gewalt, Köln 1968, S. 106.

Einladung Gandhis an ihn vorlag. Wäre die Begegnung zu Stande gekommen, so zweifle ich nicht, dass manches, was Gegenstand dieser Studie ist, mit weit größerer Kompetenz und Resonanz von ihm in Deutschland vertreten worden wäre.[479]

Jesus als religiöser »Weltlehrer«

Nicht nur Albert Schweitzer, auch Gerhard Lohfink[480] und andere Theologen sind der Auffassung, Jesus habe sich ausschließlich zu den verlorenen Schafen vom Hause Israel gesandt gewusst, sein Ziel sei die Sammlung der verstreuten Kinder Israels gewesen, um das Volk in den Gehorsam gegen Jahwe und sein Gebot zurückzuführen als Voraussetzung für den Anbruch der Heilszeit. Ich denke nicht so. Seine Frohbotschaft beschränkte sich keineswegs auf das »auserwählte Volk«, sie galt und gilt vielmehr allen Menschen, die bereit sind, den Weg der Umkehr und der Buße zu beschreiten. Er hat sich an alle Menschen gewandt, vornehmlich aber an die Armen und Entrechteten, die Gedemütigten und Verachteten. Es ist ganz unwahrscheinlich, dass er, der keine Rangunterschiede im Gottesreich zuließ, ausgerechnet den Rangunterschied zwischen dem auserwählten Volk und den übrigen Völkern anerkannt haben soll. Es gibt eine ganze Reihe von Jesusworten, die diese Auffassung stützen, ebenso viele aber, die ihr widerstreiten. Letztere halte ich für ein Produkt der *Anpassungstendenz* der »Hebräer«, der Mehrheitsfraktion in der Jerusalemer Urgemeinde, an das orthodoxe Judentum. Ihr ging es darum, Jesus wieder ins Judentum zurückzuholen, so wie seine Angehörigen den »Ausreißer« Jesus wieder heimzuholen trachteten.

---

479 Josef Ackermann: Dietrich Bonhoeffer – Freiheit hat offene Augen. Eine Biographie, Gütersloh 2003, S. 143–148.
480 Gerhard Lohfink: Wem gilt die Bergpredigt? Freiburg 1993, S. 49.

Als höchstwahrscheinlich authentisches Jesuswort darf Matthäus 11,20–24 gelten: »Weh dir, Chorazin! Weh dir, Betsaida! Wenn einst in Tyrus und Sidon die Wunder geschehen wären, die bei euch geschehen sind – man hätte dort in Sack und Asche Buße getan. Ja, das sage ich euch, Tyrus und Sidon wird es am Tag des Gerichts nicht so schlimm ergehen wie euch. Und du, Kafarnaum, meinst du etwa, du wirst in den Himmel erhoben? Nein, in die Unterwelt wirst du hinabgeworfen. Wenn in Sodom die Wunder geschehen wären, die bei dir geschehen sind, dann stünde es noch heute.« Die Heftigkeit dieser Worte mag der Enttäuschung Jesu über die ausgebliebene Resonanz auf seine Verkündigung geschuldet sein, es zeigt aber doch, Jesus kennt keine Vorzugsstellung der israelischen Städte im Hinblick auf das Gottesreich.

Ob allerdings die Wundererzählung über den Hauptmann von Kafarnaum[481] jesuanisch ist, mag mit Recht bestritten werden. Denkbar ist, dass sie gleichsam um den Kern eines echten Jesuswortes herum komponiert wurde, das gelautet haben könnte: Ich sage euch: Einen solchen Glauben (wie den des heidnischen Hauptmanns) habe ich in Israel noch bei niemandem gefunden. Ich sage euch: Viele werden von Osten und Westen kommen und mit Abraham, Isaak und Jakob im Himmelreich zu Tisch sitzen; die aber, für die das Reich bestimmt war, werden ausgeschlossen sein.

Deutlich jesuanische Färbung trägt indes der Text Lukas 13,1–9: Einige Leute berichten Jesus von Galiläern, »die Pilatus beim Opfern umbringen ließ, so dass sich ihr Blut mit dem ihrer Opfertiere vermischte«, worauf Jesus erklärt: »Meint ihr, dass nur diese Galiläer Sünder waren, weil das mit ihnen geschehen ist, alle anderen Galiläer aber nicht? Nein, im Gegenteil: Ihr alle werdet genauso umkommen, wenn ihr euch nicht

---

481 Mt 8,5–13.

bekehrt. Oder jene 18 Menschen, die beim Einsturz des Turmes von Schiloach erschlagen wurden – meint ihr, dass nur sie Schuld auf sich geladen hatten, alle anderen Einwohner von Jerusalem aber nicht? Nein, im Gegenteil: Ihr alle werdet genauso umkommen, wenn ihr euch nicht bekehrt.«[482] An diese Mahnung schließt er das Gleichnis vom Feigenbaum an, das die Zuhörer drängt, die Gnadenfrist zu nutzen, die ihnen von Gott gewährt wird, solange sie leben. Jesus weist mit diesem Wort den verbreiteten Volksglauben zurück, Krankheit, Behinderung und Unglück seien Strafe für begangene Sünden. Jesus hält dagegen: Nein, die auf Befehl des Pilatus und die vom Turm Erschlagenen sind nicht schlechter als ihr. Für sie ist lediglich die Gnadenfrist abgelaufen, die euch noch gewährt ist, solange ihr lebt! *Alle* Galiläer, ob Juden oder Heiden, *alle* Einwohner Jerusalems, ob Juden oder Heiden, sind zur Umkehr aufgerufen.

Ergebnis: Die drei bahnbrechenden Leistungen, die Jesus zu einem der großen Weltlehrer machen, sind:

Erstens: Er überwindet die Schranken des Judentums in Richtung auf eine *universale Religion*. Er bricht mit dem Auserwähltheitsanspruch Israels, mit der dogmatischen Fixierung auf die Tora, namentlich den übersteigerten Sabbat-, Essens- und Reinheitsgeboten, die nicht zuletzt der Absonderung des Volkes Israel von den Völkern der Welt dienen.

Zweitens: Er überwindet die ambivalente Gottesvorstellung des zornigen, eifernden, gewalttätigen, richtenden, strafenden und vernichtenden oder zu ewiger Höllenqual verurteilenden Gottes einerseits und des willkürlich auserwählenden, bevorzugenden, barmherzigen und gnädigen Gottes andererseits zu Gunsten eines Gottesbildes, das einen *Gott der Wahrheit und der Liebe, der Gerechtigkeit, des Friedens und der Freude* (Glückseligkeit) *für alle Menschen zeigt.*

---

482 Lk 13,2–5.

Drittens: Er verkündet den *gegenwärtigen* Anbruch einer Gottesherrschaft, die an die Gottesherrschaft der Vorkönigszeit anknüpft. Es ist ein Reich, in dem die Herrschaft von Menschen über Menschen und die Natur aufgehoben ist, weil in ihr Gottes Wille geschieht, doch nicht aus Furcht vor Strafe, sondern aus Liebe, die letztlich nur der Reflex der Gottesliebe zum Menschen und zum ganzen Universum ist.

Die Gottesherrschaft ist nicht eine mysteriöse Macht, die plötzlich über diese Welt hereinbricht oder nach einer kosmischen Katastrophe, die die alte Welt vernichtet, erscheint. Sie ist, das ist richtig, der Wille Gottes, der auf Erden geschieht, so wie es in der Vaterunser-Bitte heißt: »Dein Wille geschehe, wie im Himmel, so auf Erden«, aber – und das ist entscheidend – nicht *direkt* durch das machtvolle Eingreifen Gottes in die Natur und die Geschichte, sondern *indirekt* durch uns Menschen. Das bedeutet, es handelt sich um einen Wachstumsvorgang, sowohl im Innern des Einzelnen als auch im Äußeren, in der Gesellschaft. Dieser Wachstumsvorgang ist niemals abgeschlossen. In diesem Sinn bekannte auch Gandhi: »In meiner Suche nach der Wahrheit habe ich viele Ideen aufgegeben und viel Neues gelernt. Alt an Jahren, wie ich bin, habe ich doch nicht das Gefühl, dass ich aufgehört habe, innerlich zu wachsen, oder dass mein Wachstum mit der Auflösung des Fleisches aufhören wird. Mich interessiert einzig und allein meine Bereitschaft, jeden Augenblick dem Ruf der Wahrheit, meinem Gott, zu gehorchen.«[483]

Viele Christen, das weiß ich wohl, werden meiner Darstellung der Person und der Lehre Jesu mit guten Argumenten widersprechen. Deshalb sei an dieser Stelle noch einmal nachdrücklich betont: Ich halte meine Darstellung für wahrscheinlich, mehr aber auch nicht. Jesus war meines Erachtens ein

---

483 Harijan, 29.4.1933.

großer, aber nichtsdestotrotz ein fehlbarer und irrender Mensch. Vielleicht war er nicht der, für den ich ihn halte, doch das ändert nichts an der Wahrheit meiner Feststellungen im Hinblick auf eine universal gültige Religion. Sie gelten unabhängig von seiner Person.

XV. Die Auferstehung Jesu

> Die Frage nach der Auferstehung Jesu Christi stellt eine,
> vielleicht sogar die Schlüsselfrage des christlichen Glau-
> bens dar. In dieser Frage fallen, auch wenn dies dem durch-
> schnittlichen Christen kaum noch bewusst ist, Entschei-
> dungen für fast alle anderen Fragen des Glaubens und der
> Theologie. *Hans Kessler*

Ich kann bei der Erörterung der biblischen Auferstehungsbe-
richte[484] an das anknüpfen, was ich im Kapitel »Tendenzen«
bereits ausgeführt habe. Was hat sich in den Tagen nach der
Kreuzigung Jesu in Jerusalem und in Galiläa wirklich ereignet?
Wenn wir mit Hilfe des Subtraktionsverfahrens die Steigerungstendenz der zweittestamentlichen Schriften auf ihren realen Kern zurückführen, ergibt sich das folgende Bild: *Bei den
Auferstehungsberichten handelt es sich schlicht und einfach um
Visionen, denen keine objektive Realität im Sinne der modernen
Wissenschaft entspricht.* Der Leichnam Jesu ist, wo und von
wem auch immer er begraben wurde, verwest. Die Frage, ob
dem christlichen Glauben damit der Todesstoß versetzt wird,
weil ihm mit der Preisgabe der Auferstehung Jesu im Sinne einer objektiven Tatsache der Boden entzogen wurde, wird uns
noch beschäftigen. Zunächst gilt es festzuhalten, dass diese
Feststellung die christliche Verkündigung, die ja von der Auferstehung Jesu als einer objektiven Tatsache ausgeht, in eine
tiefe Krise stürzt. Paulus steht für unzählige Christen, wenn er
schreibt: »Ist aber Christus nicht auferweckt worden, dann ist

---

484 Ich folge weitgehend der Analyse, die der Göttinger Neutestamentler Gerd
Lüdemann in seinem Buch: Die Auferstehung Jesu. Historie, Erfahrungen,
Theologie, Stuttgart 1994, vorgelegt hat.

unsere Verkündigung leer und euer Glaube sinnlos. Wir werden dann … als falsche Zeugen Gottes entlarvt, weil wir im Widerspruch zu Gott das Zeugnis abgelegt haben: Er hat Christus auferweckt. Er hat ihn eben nicht auferweckt, wenn Tote nicht auferweckt werden. Denn wenn Tote nicht auferweckt werden, ist auch Christus nicht auferweckt worden. Wenn aber Christus nicht auferweckt worden ist, dann ist euer Glaube nutzlos, und ihr seid immer noch in euren Sünden; und auch die in Christus Entschlafenen sind dann verloren. Wenn wir unsere Hoffnung nur in diesem Leben auf Christus gesetzt haben, sind wir erbärmlicher dran als alle anderen Menschen. Nun ist aber Christus von den Toten auferweckt worden als der Erste der Entschlafenen.«[485]

Wenden wir uns zunächst der Frage zu, was wir der frühesten Bezeugung der Auferstehung Jesu im Zweiten Testament entnehmen können, nämlich dem ersten Brief des Paulus an die Korinther, der wahrscheinlich zu Beginn der 50er-Jahre des ersten Jahrhunderts verfasst wurde: »Christus ist für unsere Sünden gestorben, gemäß der Schrift, und ist begraben worden. Er ist am dritten Tag auferweckt worden, gemäß der Schrift, und erschien dem Kephas, dann den Zwölf. Danach erschien er mehr als fünfhundert Brüdern zugleich; die meisten von ihnen sind noch am Leben, einige sind entschlafen. Danach erschien er dem Jakobus, dann allen Aposteln. Als letztem von allen erschien er auch mir, dem Unerwarteten, der ›Missgeburt‹.«[486] Dieser Bericht ist äußerst knapp. Wir erfahren nichts über die Zeit und den Ort der Erscheinungen. Auch werden die Begegnungen der Frauen mit dem Auferstandenen mit keinem Wort erwähnt. Paulus schweigt auch über das leere Grab, woraus freilich nicht zwangsläufig folgt, dass er davon nichts

---

485 1 Kor 15,14–19.
486 1 Kor 15,3–8.

wusste. Sicher ist nur, Paulus nennt Petrus als den ersten Zeugen der Auferstehung und sich selbst als den letzten, wobei gerade sein Damaskuserlebnis, selbst in der durch Lukas in der Apostelgeschichte überlieferten Gestalt, deutlich den Charakter einer Vision und Audition erkennen lässt.[487] Was sich vor Damaskus wirklich abspielte – womöglich handelt es sich um einen epileptischen Anfall oder einen Gehirnschlag –, soll an dieser Stelle nicht weiter erörtert werden.

Paulus berichtet von insgesamt sechs Erscheinungen des Auferstandenen. Jesus erschien:

- Kephas,
- den Zwölf,
- mehr als 500 Brüdern,
- Jakobus,
- allen Aposteln,
- Saulus/Paulus selbst.

Die Erscheinung vor den »mehr als 500 Brüdern« könnte ein Hinweis auf das Pfingstereignis sein, obwohl Jesus dabei nicht »leiblich« in Erscheinung trat. Von der Zahl 500 können wir, die *Steigerungstendenz* in Rechnung stellend, getrost eine Null wegstreichen. Die Erscheinung vor Jakobus lässt sich aus dem Konkurrenzverhältnis von Jakobus zu Petrus erklären. Jakobus, dem Bruder Jesu, gelang es in den 40er-Jahren des ersten Jahrhunderts, Petrus aus der Leitung der Jerusalemer Urgemeinde zu verdrängen. Dazu war es wichtig, sich durch eine eigene Begegnung mit dem Auferstandenen zu legitimieren, wobei der begeisterte Bericht des Jakobus über sein Erlebnis zu einem kollektiven »Auferstehungserlebnis« der Apostel geführt haben mag, wie zuvor bei Petrus und den Jüngern.

---

487 Apg 9,1–9; 22,6–11; 26,12–18.

Es muss immer wieder nachdrücklich daran erinnert werden, dass alle Versuche einer Antwort auf die Frage: Was hat sich in den Tagen nach der Kreuzigung in Jerusalem und Galiläa abgespielt, spekulativen Charakter haben. Wir haben keine Augenzeugenberichte unabhängiger Personen; wir haben nicht einmal Augenzeugenberichte der unmittelbar Beteiligten; wir haben nur Berichte aus zweiter und dritter Hand. Das bedeutet aber nicht, dass wir uns unter Zuhilfenahme des gesunden Menschenverstandes nicht Gedanken darüber machen dürfen, was sich in jenen Tagen abgespielt haben mag. Mit diesem Vorbehalt versehen, halte ich mit Gerd Lüdemann den folgenden Ablauf des Geschehens für plausibel: Jesus und seine kleine Gemeinde waren voll hochgespannter Erwartungen nach Jerusalem hinaufgezogen, um im Zentrum des religiösen Judentums den gegenwärtigen Anbruch der Gottesherrschaft zu verkündigen. Dort kam es, wie bereits ausgeführt, zum Absturz in die Katastrophe der Kreuzigung. Die Jünger, weil als »Mitverschwörer« in höchster Lebensgefahr, flohen nach Galiläa. Sie sammelten sich dort, wahrscheinlich im Haus des Simon Petrus. In tiefer Trauer und Niedergeschlagenheit, all ihrer Hoffnungen beraubt, von Schuldgefühlen niedergedrückt, weil sie Jesus in der Stunde der Not im Stich gelassen hatten – das gilt im Besonderen für Petrus, der ihn noch dazu verleugnet hatte –, erlebten sie eine zweite dramatische Wende. Petrus erlebt die Gegenwart Jesu. Er erfährt den Gekreuzigten als den, der er im Leben gewesen war, ein leidenschaftlich für die »Verdammten dieser Erde« eintretender, bedingungslos liebender und verzeihender Mensch, der selbst ihm seinen Verrat vergibt. Er erfährt ganz unmittelbar die Gegenwart Jesu. Durchaus möglich, ja wahrscheinlich, dass er Jesus leibhaftig sieht, wie das bei Menschen, die den plötzlichen Verlust eines nahen Angehörigen zu beklagen haben, nicht selten der Fall ist.[488] In heller Aufregung eilt er zu den anderen Jüngern und berichtet ihnen, außer sich und vor Erregung zitternd und stammelnd, von seinem Erlebnis. Da ihre Seelenverfassung der seinen durchaus ähnlich ist, steckt er sie mit seiner Begeisterung an. Es kommt zu einem kollektiven Ausbruch von Begeisterung, das heißt des Vom-Geist-Erfülltseins.

Es versteht sich beinahe von selbst, dass dieses Erlebnis im *Kontext des frühjüdischen Auferstehungsglaubens* die Form einer Begegnung mit dem auferstandenen Jesus annehmen musste. Die Jünger kehren nach Jerusalem zurück und verkünden den in Jerusalem zurückgebliebenen Frauen die frohe Botschaft von der Auferstehung Jesu. In Jerusalem kommt es dann zu den von Lukas in der Apostelgeschichte legendenhaft ausgeschmückten Begegnungen mit dem Auferstandenen, seiner »Himmelfahrt« und der Ausgießung des Heiligen Geistes zu Pfingsten.

Doch schon bald tauchten bei skeptischen Zeitgenossen Fragen auf: Was genau ist geschehen? Wer hat den Auferstandenen zuerst gesehen und wo? Da die Jünger nicht in Jerusalem geblieben waren, folglich weder die Kreuzigung und den Tod Jesu noch die Tage danach miterlebt hatten, konnten sie die Auferstehung am dritten Tag »nach der Schrift«[489] auch nicht bezeugen. An diesem Punkt kommen die Frauen ins Spiel. Sie werden zu Zeuginnen der Auferstehung, was wiederum problematisch ist, da Frauen als Zeuginnen [vor Gericht, Anm. d. Verf.] nur geringen Wert haben. Um den Zweiflern das Maul zu stopfen, werden allerhand Legenden erfunden, um die leibliche Auferstehung Jesu zu »beweisen«: Das leere Grab, die Männer (Engel) im oder am Grab, die Frauen, die den Leichnam Jesu am Tag nach dem Sabbat balsamieren wollen,[490] und schließlich sogar

---

488 Ebenda, S. 113 ff.
489 Hos 6,3.
490 Lk 24,1–12.

die »Räuberpistole« des Matthäus von der Bestellung und Bestechung der Grabwächter.[491]

Um zu verstehen, weshalb die frühen Christen so großen Wert auf die leibliche Auferstehung Jesu legten, müssen wir die im Frühjudentum verbreiteten Vorstellungen über die Beschaffenheit des Menschen und der Geistwesen genauer betrachten. Die Vielfalt und Vielschichtigkeit dieser Vorstellungen darzustellen, kann nicht Gegenstand dieser Studie sein. Mir geht es ausschließlich um die drei Erscheinungsweisen des biologischen Leibes, des Auferstehungsleibes und des immateriellen Leibes im Frühjudentum.

Die erste der genannten Seinsweisen bezieht sich auf die Menschen aus Fleisch und Blut, die geboren werden, aufwachsen, altern und sterben. Die zweite geht vornehmlich auf den ägyptischen Totenkult zurück. Die Auferstehung der Toten wird durchaus materiell gedacht. Soweit es sich um Pharaonen handelt, werden sie zu Zwitterwesen aus Mensch und Gott. Mit den Menschen teilen sie durchaus irdische Bedürfnisse wie Essen und Trinken, Unterhaltung, Spiel und Jagd; mit den Göttern aber teilen sie die Unsterblichkeit. Ihr Leib ist demzufolge vom biologischen Leib verschieden. Es ist ein »verklärter« Leib.[492] Die dritte Vorstellung bezieht sich auf reine Geistwesen wie Engel, Teufel und Dämonen.

Das erhellt, weshalb die frühen Christen so großen Wert auf die Leiblichkeit des Auferstandenen legten. Ihnen lag alles daran klarzustellen, dass Jesus nicht etwa als körperloser Geist (Gespenst) erschienen ist, sondern als verklärter Leib, den man

---

491 Mt 27,62–28,15.

492 Eine höchst lebendige Beschreibung, wie sich die Israeliten (mit Ausnahme der Sadduzäer) die Auferstehung der Toten vorstellten, findet sich bei Ez 37,1–14. Aufschlussreich ist auch der (vermutlich nicht jesuanische) Bibeltext über »Die Frage nach der Auferstehung der Toten« bei Mt 22,23–33. Hier erscheinen die auferstandenen Toten als Zwitterwesen aus Mensch und Engel.

anfassen, dessen Wundmale man betasten[493] und mit dem man zusammen essen und trinken[494] konnte. Aus diesem Grund musste das Grab Jesu ja auch leer gewesen sein. Damit ist klar, die Auferstehung oder Auferweckung Jesu hat sich in den Köpfen der Auferstehungszeugen ereignet. Ein objektives Geschehen, das die Ursache dieser Erlebnisse gewesen sein könnte, gab es mit an Sicherheit grenzender Wahrscheinlichkeit nicht. Was bleibt, ist erstaunlich genug, nämlich jener »Urknall« der Verkündigung der Auferstehung Jesu und seiner Proklamation zum Messias und Menschensohn, der in naher Zukunft auf den Wolken des Himmels einherschreitend wiederkommen werde, um im Auftrag Gottes sein Reich zu errichten.

Ist das Christentum damit erledigt? Ist die christliche Verkündigung leer und der christliche Glaube sinnlos? Ich denke nicht so. Allein, den Rettungsversuch, den Rudolf Bultmann mit der berühmten Formel, Jesus sei in das »Kerygma« (die Missionspredigt) der Urgemeinde auferstanden, unternommen hat, halte ich nicht für tragfähig. Was meint er mit dieser Formel? Dachte er dabei an so etwas wie das Trostwort, das Gotama Buddha auf dem Sterbelager den trauernden Jüngern zusprach: Er werde in seiner Lehre immer bei ihnen sein?[495] Oder dachte er an das Weiterleben großer Gestalten der Geschichte in ihren Werken? Auf die Frage in der Zeitschrift »Der Spiegel«, ob Jesus wie Goethe in seine Werke auferstanden sei und in ihnen fortlebe, antwortete er: »Dass Jesus auferstanden ist wie Goethe, kann man sagen, wenn man Jesu Person und Werk als ein geistesgeschichtliches Phänomen betrachtet. Denn in der Geistesgeschichte bleiben die Personen und Werke großer Männer wirksam, und das gilt auch für Jesus. Wenn man aber Jesus als

---

493 Joh 20,24–29.
494 Joh 21,1–15; Apg 1,4; 10,41.
495 Thich Nhat Hanh: Lebendiger Buddha, lebendiger Christus, o.O. (1996), S. 72, siehe auch 146.

eschatologisches Phänomen versteht, und das heißt – nach Röm 10,4[496] … als das Ende der Weltgeschichte, so wie deren Verlauf für die objektivierenden Betrachtungen vorliegt, so besteht seine Gegenwart nicht in seiner geistesgeschichtlichen Wirkung, sondern sie ereignet sich nur jeweils in der christlichen Verkündigung und im Glauben … An die Auferstehung Jesu zu glauben heißt dann, … sich von der Verkündigung treffen zu lassen und ihr glaubend zu antworten.«[497] Was meint er mit diesen dunklen Worten? Wenn ich sie richtig verstehe, wollte er damit sagen: Jesu Gegenwart ist für die Christen von anderer Natur als die Gegenwart Goethes in seinen Werken. Sie ist von grundlegender Bedeutung für diejenigen, die ihre Heilsgewissheit aus dem Glauben an ihn als den eingeborenen Sohn Gottes herleiten – und das ist letztlich eine Glaubensfrage.

Bultmann zog sich damit, wie Joachim Jeremias es ausdrückte, in die »sturmfreie Festung« des Kerygma, der Christusverkündigung, zurück.[498] Aber, so müssen wir fragen, ist diese Festung wirklich sturmfrei? Wer mit religiösen Fundamentalisten oder auch nur mit frommen Christen ins Gespräch kommt, wird immer wieder die Erfahrung machen, dass kritische Anfragen mit der lakonischen Feststellung, es handle sich um eine Glaubensfrage, abgewiesen werden. Doch was heißt das? Glaubensfrage kann schließlich alles Mögliche sein: dass Jesus auf dem Wasser wandelte, Tote auferweckte oder dass ein Hahn goldene Eier auf den Altar einer Kirche legte und was dergleichen »Wunder« mehr sind. Was sollen wir als aufgeklärte Menschen des 20. und 21. Jahrhunderts von der unbefleckten Empfängnis Mariens oder ihrer leiblichen Himmelfahrt halten,

---

496 Röm 10,4: »Denn Christus ist das Ende des Gesetzes, und jeder, der an ihn glaubt, wird gerecht.«

497 Zitiert nach Gerd Lüdemann: Die Auferstehung Jesu, Stuttgart 1994, S. 203, Anmerkung 5.

498 Joachim Jeremias: Das Problem des historischen Jesus, Stuttgart 1961, S. 9.

was vom Christus- und vom Trinitätsdogma? Können kritische Anfragen mit der Formel, es handle sich um eine Glaubensfrage wirklich abgetan werden? Gibt es Glaubensfragen, die schlicht Unsinn und Aberglauben sind, und solche, die unangreifbar sind für das Scheidewasser der kritischen Vernunft und wenn ja, wo verläuft die Grenze?

Rudolf Bultmann hat für die Entmythologisierung der zweittestamentlichen Überlieferung mehr getan als jeder andere. Und doch: Ist er am Ende nicht auf den *Mythos* von der Auferstehung Jesu zurückgefallen? Ist es nicht an der Zeit, den Weg, den er beschritten hatte, konsequent zu Ende zu gehen und eine zweite Entmythologisierung, welche die christlichen Dogmen als *Mythen im Gewand der antiken Philosophie* erkennt, zu leisten? Soviel ist jedenfalls gewiss, die Lösung, die Bultmann anbietet, indem er nicht die Auferstehung Jesu, sondern den *Glauben* der frühen Christen an die Auferstehung Jesu zum Urdatum des Christentums erklärt, überzeugt nicht. Im Sinne dieses Ansatzes handelt er durchaus konsequent, wenn er den historischen Jesus als einen jüdischen Propheten und Rabbi mehr oder weniger unsanft vor die Tür setzt, indem er ihn zu einer der Voraussetzungen der Theologie des Zweiten Testaments erklärt. Der Osterglaube der Urgemeinde an die Auferstehung Jesu ist ein unbestrittenes historisches Faktum, soweit historische Fakten überhaupt unbestritten sein können; ein Problem, auf das bereits Lessing hingewiesen hat. Von der Realität des Glaubens der frühen Christen an die Auferstehung Jesu auf die Realität dieser Auferstehung zu schließen, wäre ein Fehlschluss. Wie naheliegend ein solcher Fehlschluss ist, zeigt ein Satz Albert Schweitzers in der »Geschichte der Leben-Jesu-Forschung«: »Jesus ist unserer Welt etwas, weil eine gewaltige geistige Strömung von ihm ausgegangen ist und auch unsere Zeit durchflutet. Diese Tatsache wird durch eine historische Erkenntnis weder erschüttert noch gefestigt.«[499] Das klingt einleuchtend, ist es aber nicht, zumal wenn man bei der »gewaltigen geistigen Strömung« nicht nur an die Lichtseite des Christentums, sondern auch an seine Schattenseite in Gestalt innerkirchlicher Querelen und Machtkämpfe, Kirchenspaltungen, Kreuzzüge, Religionskriege, Judenverfolgungen, Ketzer- und Hexenverbrennungen denkt. Kein vernünftiger Mensch wird aus der Tatsache, dass Millionen Menschen an die Rassenlehre der Nationalsozialisten glaubten, auf die Wahrheit dieser Lehre schließen wollen. Oder, um ein anderes Beispiel zu wählen, kein vernünftiger Mensch wird aus der Tatsache, dass Millionen Menschen die Marx'sche Geschichtsdeutung für wahr hielten, auf ihre Wahrheit schließen wollen. So ist auch der Schluss von der Realität des Auferstehungsglaubens auf die Realität der Auferstehung, wie immer man sie definieren mag, unzulässig. Soviel ist jedenfalls gewiss, die schwankende Hängebrücke, die Bultmann mit der Formel: *Jesus ist in das Kerygma der Urgemeinde auferstanden* über den »garstigen breiten Graben«, um einen treffenden Ausdruck Lessings zu benutzen,[500] zwischen dem historischen Jesus und dem biblischen Christus spannte, trägt nicht, weil der biblische Christus sich – vom Standpunkt der historisch-kritischen Forschung aus betrachtet – als Mythos erweist. Einer der beiden tragenden Brückenpfeiler bricht zusammen.

Diese Feststellung trifft auch auf seinen profiliertesten Schüler Ernst Käsemann (1906–1998) zu, dessen Versuch, den Graben zwischen dem historischen Jesus und dem biblischen Christus durch eine Hängebrücke moderner Bauart zu überwinden, ebenfalls daran scheitert, dass der biblische Christus,

---

499 Albert Schweitzer: Geschichte der Leben-Jesu-Forschung, Tübingen 1928, S. 632.

500 Gotthold Ephraim Lessing: Werke in einem Band. Hg. von Gerhard Stenzel, Salzburg o.J., S. 1040 f.

den die frühen Christengemeinden verkündeten, sich, wie schon bei Bultmann, als Mythos erweist und folglich seine tragende Funktion als Brückenpfeiler verliert.[501] Noch näher rückt der Zweittestamentler Willi Marxsen (1919–1993) den historischen Jesus und den biblischen Christus zusammen, indem er den Glauben der *vorösterlichen* Jesusgemeinde, mit dem sie auf Jesu Verkündigung antwortete, für wesensgleich mit dem Glauben der *nachösterlichen* Urgemeinde an den Auferstandenen erklärte. Das klingt einleuchtend, handelt es sich doch um ein und denselben Personenkreis. Doch der fundamentale Unterschied zwischen dem *Verkündiger* und dem *Verkündigten*, der sich in der Botschaft Jesu vom *gegenwärtigen Anbruch der Gottesherrschaft* bei Jesus und der Botschaft der Urgemeinde von der Auferstehung Jesu als Messias, Menschensohn und Gottessohn niederschlägt, verschwindet damit nicht. Mythos bleibt Mythos. Der »garstige breite Graben« bleibt garstig und unüberwindlich, selbst wenn er nicht mehr so breit erscheint. Die Sache Jesu ging weiter, nur war es nicht mehr die Sache des historischen Jesus, des Mannes aus Nazareth.

Ist das Christentum damit, wie Gerd Lüdemann meint, als Religion erledigt? Soweit es sich um eine Religion handelt, die auf dem Fundament der christlichen Dogmen errichtet wurde, in der Tat. Die eindrucksvollen dogmatischen Bauwerke in Gestalt der christlichen Kirchen stürzen in sich zusammen, doch unter den Trümmern findet sich womöglich ein Schatz oder eine Perle von unermesslichem Wert, die zu erwerben jeden Preis wert ist: Ich meine die *Freudenbotschaft des historischen Jesus von der Gottesherrschaft auf Erden.* Wo immer Menschen sich vorbehaltlos dem Willen Gottes anvertrauen im Sinne des Gandhi-Wortes: »Die Hingabe an die Wahrheit ist die einzige

---

501 Ernst Käsemann: »Das Problem des historischen Jesus« in: Exegetische Versuche und Besinnungen. Band I, Göttingen 1960, S. 187–213, hier S. 206 und S. 211–214.

Rechtfertigung für unsere Existenz. All unser Tun sollte in der Wahrheit seinen Mittelpunkt haben. Die Wahrheit sollte der Atem unseres Lebens sein«,[502] beginnt diese Gottesherrschaft Gestalt anzunehmen.

Wie seit 200 Jahren stehen sich auch heute *historisch-kritische Forschung* und *christliches Glaubensbekenntnis*, Wissen und Glauben unversöhnlich gegenüber. Eine geradezu klassische Formulierung des christlichen Glaubensbekenntnisses findet sich in einem Brief des Theologieprofessors Theodosius Harnack an seinen dogmenkritischen Sohn Adolf (1858–1937): »Mit der Auferstehungstatsache steht und fällt … das Christentum, mit ihr steht mir auch die Trinität bombenfest.«[503] In gleichem Sinn äußert sich der bekannte Theologe Jürgen Moltmann: »Das Christentum steht und fällt mit der Wirklichkeit der Auferweckung Jesu von den Toten durch Gott.«[504] Und Hans Küng bekennt: »Das Christentum, insofern es Bekenntnis zu Jesus von Nazareth als dem lebendigen und wirkmächtigen Christus ist, beginnt mit Ostern. Ohne Ostern kein Evangelium … Ohne Ostern … kein Glaube, keine Verkündigung, keine Kirche, kein Gottesdienst, keine Mission!«[505]

Es gibt, so scheint es, keine Lösung für das Problem der Unvereinbarkeit von Wissen und Glauben. Und doch wage ich es, eine solche anzubieten. Sie ist so einfach, dass man sie für das Ei des Kolumbus halten könnte. Wir kennen sie bereits. Es ist die »Axiomatik«. In dem Abschnitt »Das ontologische Paradox« haben wir gesehen, dass jede Religion und jede Weltanschauung auf Axiomen beruht, auf nicht weiter ableitbaren Setzungen. Das Axiom, auf dem die heute weltbeherrschende

---

502 Mahatma Gandhi: From Yeravda Mandir, Ahmedabad 1957, S. 2.
503 Zitiert bei Gerd Lüdemann: Die Auferstehung Jesu, Stuttgart 1994, S. 205 Anmerkung 22.
504 Zitiert ebenda, S. 21.
505 Ebenda.

wissenschaftlich-technisch-industrielle Weltanschauung, der auch die historisch-kritische Forschung angehört, ruht, lautet: *Wirklich ist, was mit den Sinnen wahrgenommen und mit dem Verstand erkannt werden kann.* Aus diesem Axiom kann alles abgeleitet werden, was wir über den historischen Jesus heute wissen oder zu wissen meinen, denn die Ergebnisse der Wissenschaft sind stets offen für die Kritik. Sie können niemals absolute Geltung beanspruchen oder erlangen. Niemand kann uns hindern, andere Axiome zu wählen, zum Beispiel: *Gott ist die erste und letzte Wirklichkeit,* aus ihm geht die Welt des sinnlich Wahrnehmbaren und intellektuell Begreifbaren hervor, und in ihn kehrt sie zurück. Da alles, was uns umgibt, vergänglich ist, ist er das einzig Seiende. Auf die Frage der »Auferstehung« Jesu angewandt: *Für mich besteht nicht der geringste Zweifel, dass Jesus in dem Maße, wie er den Willen Gottes zu seinem eigenen machte, Anteil am unvergänglichen und unzerstörbaren Sein Gottes erlangte.* Das gilt aber nicht nur für ihn, sondern für jeden Menschen, der den Weg der Wahrheit und der Liebe (Satja und Ahimsa) zu gehen versucht. So gesehen ist das, was sterblich war an Jesus, gestorben und vergangen, wie alles, was vergänglich ist. Was aber unsterblich an ihm war, lebt in Gott weiter, denn Gott kann nicht sterben, weil er das ewige Leben ist.

Die überwältigende Erkenntnis, dass Jesus lebt, weil Gott in ihm war, ist Petrus zuteil geworden. Im Kontext des frühjüdischen Auferstehungsglaubens musste sie die Form einer Auferstehungsvision annehmen. Sie ist demzufolge im Kern wahr, in der Form falsch. Aus der falschen Form entstand der Mythos von der leiblichen Auferstehung Jesu.

Der Schlachtruf der Reformatoren und Humanisten des 16. Jahrhunderts lautete: Ad fontes, zurück zu den Quellen! Damit war gemeint: Zurück zur Heiligen Schrift als der Quelle der Offenbarung. Sie betrachteten die Bibel als Gottes Wort pur und simpel. Also weg mit allem, was diese reine Quelle im Laufe der Jahrhunderte durch kirchliche Tradition und gelehrte Auslegung verunreinigt hatte. Mit der Tradition wurde auch manches Wertvolle preisgegeben, doch der Ansatz selbst scheint mir nicht falsch. Es ist an der Zeit, den Schlachtruf der Reformation in zeitgemäßer Abwandlung zu erneuern. *Ad fontem*, zurück zur Quelle, zurück zum historischen Jesus, dem Mann aus Nazareth, denn er hat uns viel zu sagen. Was den Reformatoren noch als Einheit erschien, nämlich als das mit unbedingter Autorität ausgestattete Gotteswort der Bibel (sola scriptura) stellt sich uns Heutigen ähnlich dar wie den Reformatoren die Theologie und Kirche ihrer Zeit. Ad fontem heißt: *Zurück zur Lehre des historischen Jesus und dem Beispiel seines Lebens, weg mit all den unhaltbar gewordenen Legenden von der leiblichen Auferstehung, weg mit den Hoheitstiteln Jesu, weg mit den Dogmen!*

In den ersten drei Jahrhunderten nach Jesu Tod vollzog sich der Prozess der *Ritualisierung, Mythologisierung und Dogmatisierung* seiner Botschaft von der Königsherrschaft Gottes, der Prozess vom *historischen Jesus* zum *biblischen Christus* (Messias) und schließlich zum kirchlichen Dogma vom Gottmenschen. Diesen Prozess gilt es, rückwärts zu durchlaufen, um zu seinem Ursprung, der Lehre Jesu und der Botschaft seines Lebens zu gelangen. *Das ist die Zukunft des Christentums, wenn es denn eine hat.*

Mit Recht wird man fragen, wüssten wir heute überhaupt noch etwas von ihm, wäre er nicht zum Gegenstand des Glaubens und der Anbetung geworden, wäre aus dem Verkündiger der Gottesherrschaft nicht der Verkündigte,[506] aus dem Glaubenden nicht der Geglaubte, aus dem Menschen Jesus von Nazareth nicht der Gottmensch Jesus Christus geworden? –

---

506 Rudolf Bultmann: Theologie des NT, Tübingen 1961, S. 35.

Nein, wir wüssten von ihm wahrscheinlich so viel und so wenig wie von den zahllosen Unbekannten und Ungenannten, die in der Stille ein Leben der Gottes- und Menschenliebe gelebt haben. Soviel steht jedenfalls fest: Was die Christenheit aus ihm gemacht hat, hat mit dem historischen Jesus, dem Menschen aus Fleisch und Blut aus dem Dorf Nazareth in Galiläa, nur noch wenig zu tun. Andererseits ist auch die historisch-kritische Forschung oft genug in die Irre gegangen. »Es ist der Leben-Jesu-Forschung merkwürdig ergangen«, lautet ein vielzitiertes Wort Albert Schweitzers: »Sie zog aus, um den historischen Jesus zu finden, und meinte, sie könnte ihn dann, wie er ist, als Lehrer und Heiland in unsere Zeit hineinstellen. Sie löste die Bande, mit denen er seit Jahrhunderten an den Felsen der Kirchenlehre gefesselt war, und freute sich, als wieder Leben und Bewegung in die Gestalt kam und sie den historischen Menschen Jesus auf sich zukommen sah. Aber er blieb nicht stehen, sondern ging an unserer Zeit vorüber und kehrte in die seinige zurück. Das eben erschreckte die Theologie der letzten Jahrzehnte, dass sie ihn mit allem Deuteln und aller Gewalttat in unserer Zeit nicht festhalten konnte, sondern ihn ziehen lassen musste. Er kehrte in die seine zurück mit derselben Notwendigkeit, mit der das befreite Pendel sich in seine ursprüngliche Lage zurückbewegt.«[507] Den Jesus, den Albert Schweitzer im Sinn hatte, als er diese Sätze schrieb, nämlich den Apokalyptiker, den verborgenen Messias und Menschensohn, gibt es nicht. Der historische Jesus war ein anderer. Auf seine »Auferstehung« dürfen wir noch immer hoffen.

Die Schlussfolgerung aus dieser Analyse ist einigermaßen schockierend: Jesus trägt den Titel Christus (die griechische Version von Messias), der im Laufe der Zeit zu seinem Nach-

---

507 Albert Schweitzer: Geschichte der Leben-Jesu-Forschung, Tübingen 1926, S. 632.

namen wurde, zu Unrecht. Er selbst hätte ihn, womöglich sogar mit scharfen Worten, zurückgewiesen. Erst die Jerusalemer Urgemeinde hat ihn, als er sich nicht mehr wehren konnte, dazu gemacht.

XVI. Die Erhebung Jesu zum Gott (Apotheose)

> Von Jahrzehnt zu Jahrzehnt wächst die Überlieferung von
> Jesus immer mehr ins Wunderbare hinein.
>
> *Karlheinz Deschner*

Noch nie in der Menschheitsgeschichte hat ein Mensch derart
Karriere gemacht wie Jesus von Nazareth: Vom Zimmermanns-
sohn und armer Leute Kind aus dem Flecken Nazareth in Ga-
liäa zum Herrscher über das All (Pantokrator). Mit diesem phä-
nomenalen Aufstieg des *biblischen Christus* korrespondiert ein
ebenso phänomenaler Abstieg des *historischen Jesus* und seiner
Lehre. Der englische Philosoph Bertrand Russell (1872–1970)
hat im Hinblick auf Gandhis Wirkungsgeschichte in Indien
nüchtern festgestellt: »Das unabhängige Indien hat Gandhi zu
einem Heiligen gemacht und all seine Lehren ignoriert.«[508] Im
Prinzip gilt das auch für Jesus von Nazareth: *Die Christenheit
hat Jesus zum Gott gemacht und all seine Lehren ignoriert.* Das
gilt zumindest für die christlichen Kirchen als Institutionen
und die große Mehrheit der Christen. Ausnahmen gab es zu
allen Zeiten, am meisten in der Frühzeit des Christentums vor
der Konstantinischen Wende im Jahre 313 n. Chr., wenn auch
die Zahl der Märtyrer und Märtyrerinnen von der Kirche aus
propagandistischen Gründen weit übertrieben wurde. Es gab
und gibt auch heute noch Christen, die wegen ihres Glaubens
oder ihres Eintretens für die Armen und Benachteiligten verfolgt, gequält und getötet werden. Diesen christlichen Wahr-
heitszeugen von Stephanus bis zu Dietrich Bonhoeffer, Martin

---

508 Zitiert in Heimo Rau: Gandhi, Reinbek 1970, S. 138.

Luther King und Oscar Romero stehen allerdings die Millionen und Abermillionen Menschen gegenüber, die im Namen Gottes und Jesu Christi zwangsbekehrt, verfolgt, gefoltert und ermordet wurden. Dem Glaubenszeugnis der Märtyrer verdankt das Christentum seine unaufhaltsame Ausbreitung im Römischen Reich, die mit der Apotheose Jesu parallel lief. Leider war das nur die eine Seite jenes erstaunlichen Ausbreitungsprozesses, seine Lichtseite sozusagen. Die Schattenseite bestand in einem schon bald einsetzenden Entartungsprozess, dessen erster Schritt in der Ausrufung Jesu zum Messias und Menschensohn durch die Jerusalemer Urgemeinde bestanden hatte. Er äußerte sich in jener *schneidenden Intoleranz*, die aus dem Jahweglauben stammt und sich bald gegen alle übrigen Religionen und Kulte der Alten Welt richtete, von denen die frühen Christen gleichwohl vieles übernahmen. Diese Intoleranz traf aber auch Andersdenkende und Andersgläubige in den eigenen Reihen mit derselben, ja oftmals mit noch größerer Wucht. Die Verfluchungen und Verwünschungen, die Paulus gegen jene schleuderte, die den christlichen Glauben nicht annahmen oder ein »anderes Evangelium«[509] verkündeten als er, sind dafür ein beredtes Zeugnis. Die Religion der Gottes- und Menschenliebe zeigt hier ihr anderes Gesicht, das nicht zuletzt auf den Einstrom der ersttestamentlichen Gottesvorstellung, die Jesus ja gerade überwunden hatte, zurückzuführen ist.

Schon bald nach Jesu Tod begann jener konfliktgeladene Prozess wechselseitiger Anpassung zwischen Christentum und Römischem Reich, der schließlich mit der Erhebung des Christentums zur Staatsreligion endete. Im Verlauf dieses Prozesses wurde das *Römische Reich christlich* und das *Christentum römisch*. Aus der *verfolgten* wurde die *verfolgende*, aus der *dienenden* die *herrschende*, aus der *demütigen* die *triumphie-*

---

509 Gal 1,8.

rende und aus der *armen* die *reiche* Kirche, beziehungsweise die Kirche der Reichen und Mächtigen als Instrument der Herrschaft über die Seelen. Die strukturelle Angleichung der Kirche an das Römische Reich brachte im Westen des Römischen Reiches die Ausbildung einer straff zentralistischen Hierarchie nach dem Vorbild der römischen Verwaltung sowie die Einführung des kanonischen Rechts nach dem Vorbild des römischen mit sich. Der Kirchenkritiker Karlheinz Deschner veröffentlichte 1972 ein Buch mit dem Titel: »Abermals krähte der Hahn. Eine Demaskierung des Christentums von den Evangelisten bis zu den Faschisten«, das die Kirchengeschichte als eine Geschichte des Verrats an Leben und Lehre Jesu beschreibt. In seinen wesentlichen Aussagen ist es auch heute noch gültig.

Betrachten wir nun in gebotener Kürze die Phasen, die der biblische Jesus auf seinem Weg zum Allherrscher und Weltenrichter durchlief:

- Die Jerusalemer Urgemeinde,
- die »Hellenisten«,
- Paulus,
- die Synoptiker,
- das Johannesevangelium,
- der arianische Streit.

Die Jerusalemer Urgemeinde

Der erste und wohl auch entscheidende Schritt auf dem Weg der Erhebung Jesu zum Gott geschah durch Petrus und die Jerusalemer Urgemeinde. Sie waren es, die den Auferstandenen zum *Adoptivsohn* Jahwes als gesalbten König Israels (Messias) im Sinne der Psalmen 2 und 110, zum *Davidssohn* im Sinne der

Nathanweissagung, zum endzeitlichen *Menschensohn* im Sinne von Daniel 7,13, zum *Gottessohn* im Sinne eines Gerechten der Weisheitsliteratur[510] und zum *Gottesknecht* im Sinne der Lieder des zweiten Jesaja erhoben. Bis zur Apotheose Jesu zum Gottmenschen im Sinne des Christusdogmas war es noch weit, doch der Boden, auf dem diese Lehre wachsen konnte, war bereitet. Offenbar war die antike Welt von einer elementaren *Todesangst* und *Erlösungssehnsucht* erfüllt, auf die die Gnosis, die Mythen vom sterbenden und auferstehenden Gott, die Mysterienkulte und der Kaiserkult eine Antwort zu geben versuchten. Das Christentum besiegte sie am Ende alle, wenngleich unter Preisgabe von fast allem, was Jesus gelehrt hatte und wofür er gestorben war.

Die »Hellenisten«

Der Stephanuskreis in der Urgemeinde bestand vornehmlich aus Diasporajuden, die als gläubige Juden in einer hellenistischen Umwelt aufgewachsen waren und infolgedessen eine Art kulturelle Zwitter darstellten. Ihnen vor allem ist die Umformung des jüdischen Messias zum sterbenden und auferstehenden Gott der hellenistischen Göttermythen und damit zum Herrn (kyrios) und Heiland (soter) zuzuschreiben. Durch sie wurde auch bereits, sofern wir dem Bericht des Paulus vertrauen dürfen, das jüdische Ritual des Brotbrechens beim abendlichen Liebesmahl[511] mit Elementen der Mysterienkulte verschmolzen. Im ersten Brief an die Korinther lesen wir: »Denn ich habe vom Herrn empfangen, was ich euch dann überliefert habe: Jesus, der Herr, nahm in der Nacht, in der er ausgeliefert

---

510 Weish 2,16–18; 5,5.
511 Apg 2,42.

wurde, Brot, sprach das Dankgebet, brach das Brot und sagte: Das ist mein Leib für euch. Tut dies zu meinem Gedächtnis! Ebenso nahm er nach dem Mahl den Kelch und sprach: Dieser Kelch ist der Neue Bund in meinem Blut. Tut dies, sooft ihr daraus trinkt, zu meinem Gedächtnis!«[512]

Orthodoxen Juden waren derartige »Neuerungen« ein gotteslästerlicher Gräuel, weil sie die Rangordnung zwischen Jahwe als dem absoluten Herrscher und dem Menschen, dessen Bestimmung im unbedingten Gehorsam gegen seine Gebote besteht, außer Kraft setzten. Bei den »Hellenisten« überschreitet der Auferstandene bereits die Grenzlinie zwischen Gott und Mensch, er wird zum *Gottmenschen*. Durch das Essen des göttlichen Leibes und das Trinken des göttlichen Blutes in der heiligen Handlung gewinnt der Adept auf magische Weise Anteil am Sein Gottes. Er wird unsterblich. Kein Wunder also, dass die jüdische Orthodoxie, der auch Saulus/Paulus angehörte, mit größter Härte gegen die Jesussekte vorging, weil diese den Mann, der nicht ohne ihr Zutun von den Römern gekreuzigt worden war, zum Gott, zum Herrn und Heiland erhob. Es bedurfte vermutlich erheblicher Anstrengungen der »Hebräer«, sich von den »Hellenisten« zu distanzieren, um sie vor dem Schicksal des Stephanus oder dem seiner Anhänger, der Vertreibung, zu bewahren. Wie Lukas in der Apostelgeschichte berichtet, kamen sie mit einer Auspeitschung davon,[513] durften aber in Jerusalem bleiben. Die »Hellenisten« dagegen flohen aus Jerusalem und »wurden in die Gegenden von Judäa und Samaria«[514] und später bis nach Phönizien, Zypern und Antiochia zerstreut,[515] wohl auch nach Damaskus, wo der schwer-

---

512 1 Kor 11,23–25, siehe auch 10,16–21.
513 Apg 5,21–42. Die Frage, ob die von Lukas unterstellte zeitliche Abfolge richtig ist, muss offen bleiben.
514 Apg 8,1.
515 Apg 11,19.

kranke Paulus nach seinem »Damaskuserlebnis« von einem der ihren aufgenommen und gesund gepflegt wurde.

Der raketengleiche Aufstieg des geschichtlichen Jesus zum Gottmenschen Jesus Christus ist bei den »Hellenisten« bereits zu einem erheblichen Teil zurückgelegt, doch erst durch Paulus erhielt er die Schubkraft, die ihn in den Orbit katapultierte.

Paulus

Paulus ist der Hauptverantwortliche für die Umformung der Verkündigung Jesu vom gegenwärtigen Anbruch der Gottes-herrschaft in eine Erlösungsreligion, die aus dem Verkündiger den Verkündigten, aus dem Glaubenden den Geglaubten und aus dem Menschen Jesus den Gottessohn Jesus Christus mach-te. Er, nicht Jesus, ist der eigentliche Religionsstifter. Je nach-dem, unter welchem Gesichtspunkt wir sein Wirken betrach-ten, fällt das Urteil positiv oder negativ aus. Betrachten wir es vom Standpunkt Jesu aus, wie ich ihn verstehe, so erscheint es im Wesentlichen als Verfälschung von Jesu Leben und Lehre. Betrachten wir es hingegen vom Standpunkt des Christentums, wie es im vierten Jahrhundert seine endgültige Gestalt gewann, so hat er den Grund für den Siegeszug des Christentums in der antiken Welt gelegt, was ihm als ein großer Verdienst angerech-net werden muss.

Paulus war ein Zeitgenosse Jesu. Er entstammte einem wohl-habenden jüdisch-orthodoxen Elternhaus in Tarsus, einer am Orontes gelegenen Stadt in Zilizien (Kleinasien). Er besaß das römische Bürgerrecht. Als junger Mann kam er nach Jerusalem, um bei dem Pharisäer Gamaliel zu »studieren«. Er ist ein fana-tischer Anhänger der Orthodoxie, ein »Eiferer für Gott«[516] und

---

516 Apg 22,3.

er verfolgt die Jesussekte rücksichtslos, was er nach seiner Bekehrung zutiefst bereut.[517] Seine Bekehrung erlebt er vor Damaskus, wo er auf Grund eines epileptischen Anfalls oder, was wahrscheinlicher ist, eines Schlaganfalls, vom Pferd stürzt und erblindet. Später deutet er dieses Erlebnis als Begegnung mit dem auferstandenen Jesus. Im Unterschied zu Paulus selbst, der sich in seinen Briefen auf wenige Andeutungen beschränkt, wird das Ereignis von Lukas in der Apostelgeschichte in den lebhaftesten Farben ausgemalt.[518] Vieles spricht dafür, dass Paulus seit Damaskus Epileptiker ist. Er spricht geheimnisvoll von einem »Stachel im Fleisch«.[519] Auch fällt auf, dass er seine Briefe diktiert und nur eigenhändig unterzeichnet, um ihre Echtheit zu bezeugen. Die Vermutung liegt nahe, dass von der Erblindung eine Sehschwäche bei ihm zurückblieb. Desto mehr sind die Leidenschaft, der Mut und die Ausdauer zu bewundern, mit denen er sein Leben fortan in den Dienst der Verkündigung des Auferstandenen als Gottessohn, Herrn und Heiland stellt, welchen den Heiden zu verkündigen er sich berufen weiß.

Zunächst aber wird er, blind und hilflos wie er nach dem Sturz vom Pferd war, nach Damaskus geführt, wo er, mit Briefen des Hohen Rates ausgestattet, die dorthin geflohenen Jesusanhänger festnehmen und nach Jerusalem überführen will.[520] Er, der erbittertste Feind der Jesusgemeinde, wird ausgerechnet von einem »Hellenisten« mit Namen Hananias aufgenommen und gesund gepflegt.[521] Es bedarf keines großen Einfühlungsvermögens, sich vorzustellen, wie diese Erfahrung auf Saulus gewirkt haben muss. Er wurde durch diese selbstlose Liebestat förmlich überwältigt. Aus einem glühenden Christenhasser

---

517 Phil 3,5–8.
518 Apg 9,1–22; 22,1–21; 26,9–23.
519 2 Kor 12,7.
520 Apg 22,4–5.
521 Apg 22,12.

wurde ein nicht weniger glühender Missionar des Erlösers Jesus Christus. Seine Missionsreisen führten ihn nach Kleinasien, Griechenland und (als Gefangener) nach Rom, wo er mehrere Jahre lebte und im Zuge der Christenverfolgung unter Nero nach dem Brand Roms, der auch Petrus zum Opfer gefallen sein soll, vermutlich im Jahre 64 n. Chr. hingerichtet wurde.

Paulus legte großen Wert darauf, eine von der Jerusalemer Urgemeinde unabhängige Offenbarung empfangen zu haben. Das darf nicht vergessen werden, als es später zum Konflikt zwischen ihm und Petrus und mehr noch mit dem Kreis um den Herrenbruder Jakobus kommt. Entgegen der Schilderung in der Apostelgeschichte, die von einem Besuch des Paulus in Jerusalem kurz nach seiner Bekehrung berichtet,[522] verdient die Darstellung des Paulus selbst im Galaterbrief[523] größeres Vertrauen. Dort schreibt er, er sei erst drei Jahre nach seiner Bekehrung nach Jerusalem zurückgekehrt, um Kephas kennen zu lernen. Er sei 15 Tage bei ihm geblieben. Von den anderen Aposteln habe er keinen gesehen, nur Jakobus, den Bruder des Herrn. Es muss ein denkwürdiges Zusammentreffen gewesen sein zwischen dem einfachen Fischer vom See Gennesaret, der die Lehre Jesu und das Beispiel seines Lebens in sich aufgenommen hatte, und dem gebildeten Diasporajuden aus Tarsus, der im Judentum wie im Hellenismus zuhause war. Das Gespräch der beiden könnte den folgenden Inhalt gehabt haben:

Paulus:
Wir beide glauben, nein, wir wissen, Jesus ist auferstanden. Damit ist er wieder der geworden, der er ursprünglich war. Er war Gott gleich, hielt aber nicht daran fest, wie Gott zu sein, sondern entäußerte sich und wurde wie ein Sklave und den

---

522 Apg 9,23–31.
523 Gal 1,17–2,10.

Menschen gleich. Sein Leben war das eines Menschen.[524] Alles, was du mir über den Jesus berichtet hast, mit dem ihr durch Galiläa und schließlich nach Jerusalem gezogen seid, ist damit überholt. Es ist die Blüte, schön anzuschauen, aber ohne Nährwert. Erst die reife Frucht, der auferstandene Jesus, nährt.

Petrus:
Ja, gewiss doch. Ich will mich nicht damit brüsten, doch habe ich Jesus wirklich gekannt. Sein Wort wirkte Wunder. Die Menschen lagen ihm zu Füßen; sie beteten ihn an. Ich selbst habe ihn bedrängt, sich als Messias zu offenbaren. Er aber wies mich scharf zurecht. Ich werde seine Worte nie vergessen: »Weg mit dir, Satan«, hat er gesagt, »geh mir aus den Augen. Du willst mich zu Fall bringen; denn du hast nicht das im Sinn, was Gott will, sondern was die Menschen wollen.«[525] Das hat mich tief gekränkt. Jesus war ein großer Mann, aber er hatte auch sehr menschliche Züge. Er konnte sehr zornig werden, etwa über die Reichen und Mächtigen und die frommen Heuchler, sofern sie sich dem Ruf zur Umkehr verweigerten.

Paulus (ungeduldig):
Ich bestreite es ja gar nicht, du hast Jesus *gekannt*. Ich aber habe ihn *erkannt* als den, der er ist: der Sohn Gottes, der zweite Adam, der Heiland der Welt. Was er dem Fleische nach war, interessiert mich nicht; mich interessiert, was er als Auferstandener dem Geiste nach ist.

---

524 Phil 2,6 f. Damit liefert Paulus, vermutlich einen frühen Christushymnus zitierend, die Formel für das Christusdogma: *Gott gleich* und den *Menschen gleich.*
525 Mt 16,23.

Petrus:
Ich denke in Vielem wie du, und doch fühle ich, dass du Jesus nicht wirklich verstanden hast.

Paulus (schroff):
Es hat keinen Zweck, darüber zu streiten. Bleib du bei deiner Meinung, ich bleibe bei der meinen.

Aus den knappen biografischen Angaben im Galaterbrief erhellt, dass Paulus ein bereits hellenistisch überformtes Evangelium als seinen Glauben angenommen hat. Erst 14 Jahre nach der Begegnung mit Petrus und 15–16 Jahre nach seiner Bekehrung (da im Altertum oft nicht das volle Kalenderjahr gezählt wurde), kommt er erneut nach Jerusalem zum »Apostelkonzil« im Jahre 48 oder 49 n. Chr., auf dem der Konflikt zwischen Paulus und Barnabas einerseits und dem Kreis um Petrus und Jakobus andererseits, der am Gesetz, insbesondere an der Beschneidung festhielt, durch einen Kompromiss gelöst, vielleicht auch nur übertüncht wurde. Von Kephas, Johannes und Jakobus, die als »Säulen« in der Gemeinde Ansehen genießen, sei anerkannt worden, so schreibt er, dass ihm das Evangelium für die Unbeschnittenen anvertraut sei, wie dem Petrus für die Beschnittenen. Weiter sei ihm von ihnen nichts auferlegt worden. Paulus und Barnabas sollten zu den Heiden gehen, sie zu den Beschnittenen. Nur sollten sie an die Armen in der Jerusalemer Gemeinde denken und für sie sammeln.

Paulus, das geht aus seinen Briefen hervor, war am historischen Jesus, dem Jesus dem Fleisch nach, wenig interessiert, denn der passte nicht zum Bild des Erlösers, das er aus den hellenistischen Religionen herleitete. Ihn interessierte der Jesus dem Geiste nach, der vor aller Zeit bei Gott war, in diese Welt kam, stellvertretend für unsere Sünden den Tod erlitt, um diejenigen vor dem göttlichen Gericht zu retten, die an ihn glauben und sich zu ihm bekennen. Paulus sieht in Jesus geradezu das Gegenbild zu Adam. So wie durch Adam die Sünde in die Welt kam, so verschwindet sie durch Jesus Christus wieder, allerdings nur für die Auserwählten, die an ihn glauben.

An dieser Stelle tauchen die alten Kinderfragen erneut auf. Wenn dem so ist, was wird dann aus denen, die vor Jesus gelebt oder von seiner Existenz nichts gewusst haben? Sind sie alle verloren? Erklärungen wie diese: Das sollten wir getrost Gott überlassen, denn er sei schließlich gescheiter als wir alle, helfen da nicht weiter. Sie sind nur allzu deutlich als Ausflucht zu erkennen. Tatsächlich handelt es sich bei Paulus um eine Neuauflage des ersttestamentlichen Erwählungsglaubens, nur mit dem Unterschied, dass alle, die an den Erlöser Jesus Christus glauben, gleichgültig ob Juden oder Heiden, zu den Auserwählten des neuen Bundes gehören. Was gegen den *alten Bund* des jüdischen Erwähltheitsglaubens vorzubringen ist, gilt selbstverständlich auch für den *neuen Bund* in Gestalt der christlichen Kirche, die Paulus als die Gemeinschaft der »Vollkommenen«,[526] der »Gottessöhne« oder der »Heiligen« begreift. Tatsächlich war Paulus überzeugt, dass diejenigen, die an Jesus Christus glauben und mit ihm einen mystischen Leib bilden, dadurch zu Söhnen Gottes und wie Jesus auferweckt werden (die Frauen als Töchter Gottes vergisst er bezeichnenderweise). Was aber geschieht mit den anderen? Hilft es ihnen wirklich, wenn man sich stellvertretend für die Toten taufen lässt?[527] Es gibt nur die Alternative: Entweder reden wir vom Gott des Ersten (und teilweise auch des Zweiten) Testaments, der willkürlich erwählt und verwirft, oder vom Gott Jesu, der jedem Menschen, der sich zur Umkehr entschließt, entgegenkommt wie der Vater in der Erzählung vom verlorenen Sohn.

---

526 Phil 3,15.
527 1 Kor 15,29.

Dass von einer zufälligen Geschichtswahrheit, wie der Existenz Jesu von Nazareth, unser Seelenheil abhängen soll, ist, wie schon Lessing klar erkannte, ein Unding, zumindest aber unvereinbar mit der Vorstellung eines liebenden und gerechten Gottes. »Zufällige Geschichtswahrheiten [wie die Nachricht von einem Menschen namens Jesus, der vor 2000 Jahren gelebt haben soll, Anm. d. Verf.] können der Beweis für notwendige Vernunftwahrheiten nie werden.«[528]

Was uns bei Paulus begegnet, ist der grandiose Versuch einer Synthese jüdischer und hellenistischer Religiosität. *Dieser Versuch ist grandios gescheitert.* Seine Verkündigung ist voller Widersprüche und Ungereimtheiten. Deshalb ist sie auch so schwer zu verstehen. Sie ist ein Spiegel seiner großen, doch innerlich gespaltenen und zerrissenen Persönlichkeit, die sich nach Erlösung sehnte und sie im Glauben an den auferstandenen Jesus fand. Versuchen wir, die heterogenen Elemente zu benennen, die in seine Verkündigung eingegangen sind: Da ist einmal der eifernde, zornige, richtende, strafende und vernichtende Gott des Ersten Testaments, der, um versöhnt zu werden, ein unschuldiges Opfer, seinen Sohn, fordert, damit der Gerechtigkeit Genüge getan und sein Zorn besänftigt wird. Paulus übernimmt sogar die dämonischen Züge dieser Gottesvorstellung in Gestalt der Prädestinationslehre.[529] Sollte jemand auf die Idee kommen zu fragen: Wenn ich zu den von Gott Verworfenen gehöre, dann bin ich doch schuldlos. Warum werde ich dann mit ewiger Höllenqual bestraft? Wo bleibt da Gottes Gerechtigkeit?, wird er mit der ersttestamentlichen Erklärung abgefertigt: »Wer bist du denn, dass du als Mensch mit Gott rechten willst? Sagt etwa das Werk zu dem, der es geschaffen hat: Warum hast du mich so gemacht? Ist nicht vielmehr der

---

528 Gotthold Ephraim Lessing: Werke in einem Band. Hg. von Gerhard Stenzel, Salzburg o.J., S. 1039.
529 Röm 9,14–29.

Töpfer Herr über den Ton? Kann er nicht aus derselben Masse ein Gefäß herstellen für Reines, ein anderes für Unreines?«[530] Mit anderen Worten: Du wirst mit ewiger Höllenpein bestraft, obwohl du unschuldig bist, finde dich gefälligst damit ab!

Diese Gottesvorstellung wird auch durch das folgende Zitat bestätigt: »Es gibt … eine bestimmte Reihenfolge [der Auferweckung]. Erster ist Christus, dann folgen, wenn Christus kommt, alle, die zu ihm gehören. Danach kommt das Ende, wenn er jede Macht, Gewalt und Kraft vernichtet hat und seine Herrschaft Gott, dem Vater, übergibt. Denn er muss herrschen, bis Gott ihm alle Feinde unter die Füße gelegt hat. Der letzte Feind, der entmachtet wird, ist der Tod. Sonst hätte er ihm nicht alles zu Füßen gelegt. Wenn es aber heißt, alles sei unterworfen, ist offenbar der ausgenommen, der ihm alles unterwirft. Wenn ihm dann alles unterworfen ist, wird auch er, der Sohn, sich dem unterwerfen, der ihm alles unterworfen hat, damit Gott herrscht über alles und in allem.«[531] Diese Bibelstelle, mit der der Anspruch des Christentums auf religiöse Weltherrschaft begründet wird, ist durchtränkt vom Geist der Gewalt: Jesus *vernichtet* jede (weltliche) Macht, Gewalt und Kraft. Er übergibt seine *Herrschaft* Gott, dem Vater. Er muss *herrschen*, bis Gott ihm *alle Feinde zu Füßen* gelegt hat. Alles muss ihm *unterworfen* werden, auf dass er, dem alles *unterworfen* ist, sich nun seinerseits dem Vater *unterwerfen* kann, damit Gott *herrscht* über alles und in allem. Das heißt, auch die paulinische Gottesvorstellung stimmt mit dem Gottesbild des orientalischen Gewaltherrschers, dem wir im Ersten Testament immer wieder begegneten, überein.

Paulus ist es übrigens auch, der im Römerbrief die unselige dialektische Schaukel der Rechtfertigungslehre in Gang setzt.[532]

---

530 Röm 9,20 f.
531 1 Kor 15,23–28.
532 Röm 9,32.

Der Rechtfertigungsgedanke als solcher ist falsch, gleichgültig, ob aus dem Glauben oder aus den Werken. Rechtfertigen muss sich ein Angeklagter vor dem Richter. Der Gott Jesu ist aber kein Richter. Deshalb lehnt Jesus auch das Richten grundsätzlich ab: Richtet nicht, auf dass ihr nicht gerichtet werdet! Wer richtet, richtet am Ende sich selbst. Der Gott Jesu ist der Gott, der das verlorene Schaf sucht und sich freut, wenn er es gefunden hat; die Witwe, die die verlorene Drachme sucht und ein Fest veranstaltet, wenn sie sie gefunden hat.[533] Er ist der liebende Vater, der dem Sohn, der zu ihm zurückkehrt, entgegeneilt, nicht um ihn zu richten oder Vorwürfe zu machen, sondern um ihn aufzunehmen als seinen Sohn![534] Paulus versteigt sich dagegen zu dem Satz: »Wisst ihr nicht, dass wir über Engel richten werden?«[535]

Von der Urgemeinde übernimmt Paulus die Auferstehung Jesu sowie seine Ausrufung zum endzeitlichen Messias und Menschensohn. Vom historischen Jesus übernimmt er dessen Liebesethik.[536] Soviel zur jüdischen Religion. Aus dem hellenistischen Kulturkreis stammen die folgenden Elemente: die Lehre vom Erlöser und Heiland aus der Gnosis,[537] der Mythos vom (im Wechsel der Jahreszeiten) sterbenden und auferstehenden Gott in den Dionysos-, Herakles-, Asklepios-, Attis- und Osiriskulten,[538] und das Mysterium von Taufe und Abendmahl aus den Mysterienkulten.[539]

Paulus ist aber nicht nur ein großer Liebender, er ist auch ein großer Hasser. Sein Hass richtet sich gegen die Ungläubigen:

---

533 Mt 18,12–14; Lk 15,1–10.
534 Lk 15,11–32.
535 1 Kor 6,3.
536 Röm 12, 9–21; 13,8–10; 1 Kor 13,1–13; 1 Thess 5,14–22.
537 Karlheinz Deschner: Abermals krähte der Hahn, Reinbek 1972, Kapitel 14.
538 Ebenda, Kapitel 10.
539 Ebenda, Kapitel 32–36.

»Wer den Herrn nicht liebt, sei verflucht!«,[540] vor allem aber
gegen Konkurrenten, die ein »anderes Evangelium« verkünden
als er.[541] Er spart nicht mit Beschimpfungen und Verwünschungen, nennt sie Überapostel und Lügenapostel,[542] ja Hunde,
falsche Lehrer und Eunuchen.[543] Er schreckt nicht einmal davor
zurück, sie als Handlanger Satans zu verdächtigen.[544] Die Unruhestifter in der Gemeinde sollen sich doch gleich entmannen
lassen.[545] Sie dienen angeblich nicht Christus, sondern ihrem
Bauch.[546] Solche Schimpfworte und Verwünschungen richtet
er nicht etwa gegen liederliche Menschen, sondern gegen Leute, die wie er an Jesus Christus glauben und wie er die Mühsal
und die Gefahren missionarischer Tätigkeit auf sich nehmen.
Ich kann nicht umhin, in diesen bösartigen Unterstellungen
und Verwünschungen das *Paradigma* für die Ketzerverfolgung
späterer Jahrhunderte mit ihren unzähligen Opfern zu erkennen.

Doch damit nicht genug, einem Mann gegenüber, der der
»Blutschande« beschuldigt wird, weil er mit der Frau seines
Vaters lebt, ruft er unverhohlen zur Lynchjustiz auf: »Im Namen
Jesu, unseres Herrn, wollen wir uns versammeln, ihr und mein
Geist, und zusammen mit der Kraft Jesu, unseres Herrn, diesen
Menschen dem Satan übergeben zum Verderben seines
Fleisches, damit sein Geist am Tag des Herrn gerettet wird.«[547]
Ausgerechnet mit der Kraft Jesu soll dieser Mann, wie Ananias
und Saphira, dem Satan übergeben werden, zum Verderben
seines Fleisches, um ihn zu retten. Wie weit sind wir schon jetzt,

---

540 1 Kor 16,22.
541 Gal 1,6–9.
542 2 Kor 11,5.13; 12,11.
543 Phil 3,2.
544 2 Kor 11,14.
545 Gal 5,12.
546 Röm 16,18.
547 1 Kor 5,4 f.

zwei Jahrzehnte nach Jesu Tod, von seiner Mahnung: Richtet nicht, auf dass ihr nicht gerichtet werdet, entfernt!

Vor dem Hintergrund derartiger Hassausbrüche wirkt sein hohes Lied auf die Liebe[548] auf mich, um seine eigenen Worte zu gebrauchen, wie »dröhnendes Erz oder eine lärmende Pauke«. So nimmt es auch nicht wunder, dass Paulus das Gottesreich Jesu, das als Gemeinschaft der Freien und Gleichen konzipiert ist, durch eine Gesellschaft ersetzt, in der jede in ihrem und jeder in seinem Stand bleiben soll, doch alle in der *illusorischen* Gemeinschaft des Glaubens an den Erlöser Jesus Christus vereinigt sind.[549] Solche Rede gefällt den Reichen und den Mächtigen, denn sie dient ihren Interessen. »Sind wir nicht, ungeachtet unserer verschiedenen Stellung im Leben, alle eins in Christus?«, fragen die Priester das Volk und das Volk antwortet brav: »Ja, so ist es.« Damit ist der soziale Sprengstoff der gesellschaftlichen Ungleichheit entschärft und sind der Botschaft des historischen Jesus sämtliche sozialrevolutionären Zähne gezogen.

Nicht vergessen werden sollte in diesem Zusammenhang auch die Abwertung der Frau durch Paulus, mit der er allerdings weitgehend in der Tradition des Judentums verbleibt: Der Mann gilt als Abglanz Gottes, die Frau als Abglanz des Mannes.[550]

In einem Punkt freilich muss ich Paulus verteidigen. Das hohe Lied auf die Obrigkeit, das er in Römer 13,1–7 anstimmt, wurde ihm meines Erachtens, wie auch so mancher Brief, untergeschoben.[551] Paulus hat von der Obrigkeit im Römischen Reich so viel Verfolgung und Drangsal erfahren, dass die fol-

---

548 1 Kor 13,1–13.
549 1 Kor 7,20–24.
550 1 Kor 11,7.
551 Ich folge damit der Interpretation von Jochen Vollmer: Kleine theologische Beiträge zum Frieden und zur Überwindung von Gewalt, Frankfurt o.J., S. 14–18.

genden Sätze nicht von ihm stammen können: »Jeder leiste den Trägern der staatlichen Gewalt den schuldigen Gehorsam. Denn es gibt keine staatliche Gewalt, die nicht von Gott stammt; jede ist von Gott eingesetzt. Wer sich daher der staatlichen Gewalt widersetzt, stellt sich gegen die Ordnung Gottes, und wer sich ihm entgegenstellt, wird dem Gericht verfallen. Vor den Trägern der Macht hat sich nicht die gute, sondern die böse Tat zu fürchten; willst du also ohne Furcht vor der staatlichen Gewalt leben, dann tue das Gute, so dass du ihre Anerkennung findest. Sie steht im Dienste Gottes und verlangt, dass du das Gute tust. Wenn Du aber Böses tust, fürchte dich! Denn nicht ohne Grund trägt sie das Schwert. Sie steht im Dienst Gottes und vollstreckt das Urteil an dem, der Böses tut. Deshalb ist es notwendig, Gehorsam zu leisten, nicht allein aus Furcht vor Strafe, sondern vor allem um des Gewissens willen. Das ist auch der Grund, weshalb ihr Steuern zahlt; denn in Gottes Auftrag handeln jene, die Steuern einzuziehen haben. Gebt allen, was ihr ihnen schuldig seid, sei es Steuer oder Zoll, sei es Furcht oder Ehre.«[552]

Sollten diese Sätze tatsächlich von Paulus stammen, so müssen wir aus der Tatsache, dass er von den Obrigkeiten seiner Zeit zahlreiche Verfolgungen erlitt und durch sie schließlich zu Tode gekommen sein soll, schließen, dass er viel Böses getan hat, denn »vor den Trägern der Macht hat sich nicht die gute, sondern die böse Tat zu fürchten«. Es gibt wenige Bibeltexte, die eine derartige Wirkung in der Geschichte der Christenheit entfaltet haben wie dieser, denn er bahnte den Weg zum *Bünd-*

---

552 Es geht mir, das sei klargestellt, nicht um die Bestreitung eines rechtlich kontrollierten staatlichen Gewaltmonopols, sondern um seine *Legitimierung durch Gott*. Solange wir die Fähigkeit, Konflikte auf allen gesellschaftlichen Ebenen gewaltfrei zu lösen, noch nicht erworben haben, ist das staatliche Gewaltmonopol leider unverzichtbar. Doch was hat Gott damit zu schaffen? Die Gottesherrschaft ist doch das Ende der Herrschaft von Menschen über Menschen und über die Natur!

nis von Thron und Altar, Staat und Kirche bis in unsere Tage! Eine einigermaßen plausible Erklärung dieser unsäglichen Äußerung wäre allenfalls, dass sie taktisch motiviert war. Sein Ruf in Rom, das wusste Paulus, war nicht der beste, galt er doch als notorischer Unruhestifter im Römischen Reich. So könnte er es seiner Sache dienlich gehalten haben, sich als gehorsamer und Gehorsam fordernder Staatsbürger zu empfehlen. Diese Interpretation, die die Geltung seiner Ausführungen ohnehin erheblich einschränkt, wenn nicht ganz aufhebt, scheidet auf Grund einer textkritischen Analyse aus. Auch ist es äußerst unwahrscheinlich, dass sein Brief der römischen Obrigkeit zur Kenntnis gegeben wurde.

Was hätte Jesus wohl zu Paulus gesagt, wären sie, wie Petrus und Paulus, einander begegnet? Sie waren ja Zeitgenossen! Vielleicht hätte er zu ihm dasselbe gesagt wie zu Petrus: Weg mit dir, Satan, geh mir aus den Augen. Du willst mich zu Fall bringen, denn du hast nicht im Sinn, was Gott will, sondern was die Menschen wollen: *Erlösung statt Befreiung!*

Ergebnis: Paulus formte aus Elementen des Judentums und der hellenistischen Religionen ein theologisches System, das die Christologie der christlichen Kirchen weitgehend prägte. Er machte im Anschluss an die »Hellenisten« aus dem historischen Jesus den präexistenten Gottessohn, der die Sünde der Welt auf sich nahm und durch seinen Tod sühnte, der von Gott auferweckt wurde und der als Menschensohn und Weltenrichter wiederkommen wird, um sein Reich aufzurichten und die Lebenden und die Toten zu richten.

Die Synoptiker

Über die Synoptiker ist bereits soviel gesagt worden, dass ich mich auf wenige Bemerkungen beschränken kann. Einerseits

schreiten sie auf dem von »Hellenisten« und Paulus eingeschla-
genen Weg der Erhöhung Jesu zum Gott in Menschengestalt
fort, indem sie ihn als Herrn über die Naturgewalten, die
Krankheit, die Dämonen, den Satan, die Sünde, den Tod usw.
darstellen, andererseits bewahren sie die jesuanische Überlieferung in der Jerusalemer Urgemeinde vor dem Vergessen. Hätten wir sie nicht, wüssten wir über den historischen Jesus und
seine Lehre fast nichts. Innerhalb der Gruppe der Synoptiker
ist nochmals eine *Steigerungstendenz* im Hinblick auf die Offenbarung Jesu als Messias und Menschensohn zu beobachten.
Bei Markus wird sie noch als Geheimnis behandelt, während
Matthäus und Lukas sie bereits als selbstverständlich betrachten und Johannes die Selbstoffenbarung Jesu in den Mittelpunkt
seines Evangeliums rückt.

Das Johannesevangelium

Bei dem Evangelisten Johannes ist Jesus dem Gipfelpunkt seiner Karriere schon ganz nahe. Er ist der präexistente Gottessohn, der in die Welt kam, um diejenigen aus dem Gefängnis
dieser Welt zu erlösen, die an ihn glauben und ihn »im Geist
und in der Wahrheit«[553] anbeten. Bei Johannes wird Jesus bereits, wie später in den Glaubensbekenntnissen der Kirche, der
einzige Sohn Gottes genannt. Bei ihm finden wir bereits eine
klassische Formulierung der Christologie: »Und wie Mose die
Schlange in der Wüste erhöht hat, so muss der Menschensohn
erhöht werden, damit jeder, der (an ihn) glaubt, in ihm das
ewige Leben hat. Denn Gott hat die Welt so sehr geliebt, dass
er seinen einzigen Sohn hingab, damit jeder, der an ihn glaubt,

---

553 Joh 4,23 f.

nicht zu Grunde geht, sondern das ewige Leben hat.«[554] »Ich bin der Weg und die Wahrheit und das Leben; niemand kommt zum Vater außer durch mich.«[555]

Sünde ist nun nicht mehr, wie im Judentum, die Abkehr von Gott und seinen Geboten, es ist die Weigerung, an Jesus als den Sohn Gottes zu glauben.[556] Weil »die Juden« sich dieser Zumutung verweigern, werden sie zum Gegenstand des Hasses und der Abscheu. Sie werden zu Söhnen des Satans erklärt.[557] Hier zeigt der christliche Antijudaismus bereits seine hässliche Fratze. Das Johannesevangelium bietet auch den Text, der mit großer Klarheit die Differenz zwischen Judentum und Christentum benennt. »Die Juden« wollen angeblich Jesus steinigen wegen seiner Selbstoffenbarung als Gottessohn: Ihr Vorwurf: »... du bist nur ein Mensch und machst dich selbst zum Gott«,[558] worauf der johanneische Christus sich einmal mehr als Sohn Gottes, das heißt als Gott in Menschengestalt, offenbart.

Der Einfluss der Gnosis ist bei Johannes wie schon bei Paulus mit Händen zu greifen. Das manichäische Weltbild, die Metaphorik von Licht und Finsternis, Geist und Fleisch, Gott und Satan, dem »Herrscher der Welt«,[559] begegnet auf Schritt und Tritt. Das gilt gleichermaßen für den Einfluss der Mysterienkulte.[560] Die berühmten Ich-bin-Worte, die gleichsam die Essenz der johanneischen Christologie formulieren, haben mit dem historischen Jesus nicht das Geringste zu tun. Er hätte sie nicht nur verworfen, er hätte sie als *satanische Versuchung* zurückgewiesen.

---

554 Joh 3,14–16.
555 Joh 14,6.
556 Joh 15,22 f. und 16,9.
557 Joh 8,21–47, besonders 44.
558 Joh 10,33.
559 Joh 12,31.
560 Joh 6,48–59.

Die Apokalypse des Johannes

Die Erhöhung des Zimmermannssohnes aus Nazareth zum Gott und Herrscher über das All ist in der Offenbarung des Johannes, die zur Zeit der domitianischen Christenverfolgung in den Jahren 95/96 n. Chr. entstanden sein soll, bereits abgeschlossen. Andererseits erreicht die Degeneration, ja Perversion der Lehre Jesu in dieser »heiligen« Schrift ihren vorläufigen Tiefstand. Der Seher Johannes, der mit dem Evangelisten nicht identisch ist, erkennt Jesus als den endzeitlichen Messias-Menschensohn, dessen Ankunft er in naher Zukunft erwartet. Wir sind nun wieder ganz in der Gedankenwelt des Ersten Testaments, soweit in ihr Gott nach dem Bild des orientalischen Despoten gezeichnet wird, angekommen. Den Mitgliedern der christlichen Gemeinde in Thyatira, die sich von der falschen Prophetin »Isebel«[561] nicht haben verführen lassen, lässt der Christus, »der Augen hat wie Feuerflammen und Beine wie Golderz« ausrichten: »Ich lege euch keine andere Last auf. Aber was ihr habt, das haltet fest, bis ich komme. Wer siegt und bis zum Ende an den Werken festhält, die ich gebiete, dem werde ich Macht über die Völker geben. Er wird über sie herrschen mit eisernem Zepter und sie zerschlagen wie Tongeschirr (und ich werde ihm diese Macht geben,) wie auch ich sie von meinem Vater empfangen habe ...«[562] Und der Gemeinde in Laodizea lässt er sagen: »Wer siegt, der darf mit mir auf meinem Thron sitzen, so wie auch ich gesiegt habe und mich mit meinem Vater auf seinen Thron gesetzt habe.«[563] Während die Verleihung der Macht über die Völker und der Herrschaft mit eisernem

---

561 Isebel war die Frau des Königs Ahab, die den Götzendienst des Baal in Israel förderte. 1 Kön 16,31; Offb 18,4.13; 19,2; 21,5 ff. Johannes verwendet ihren Namen als Decknamen für die »falsche Prophetin« in der Gemeinde.

562 Offb 2,18.24–28.

563 Offb 3,21.

Zepter sowie das Sitzen auf dem Thron Gottes bisher dem Messias vorbehalten war, wird es nun auf jeden ausgeweitet, der siegt und bis zum Ende an den Werken festhält, die Christus gebietet. Selbstverständlich fehlt bei Johannes auch die hasserfüllte Verleumdung der Juden (»Synagoge des Satans«) und der Irrlehrer, namentlich der »Nikolaiten«[564] nicht.

In diesem Stil geht es weiter. Überhaupt weht in der Offenbarung des Johannes ein wahrer Sturmwind der Naherwartung der Wiederkehr Christi als endzeitlicher Herrscher.[565] Er ist das Lamm, das die sieben Siegel der Buchrolle öffnet, in der die von Gott vorbestimmten Ereignisse der Endzeit aufgezeichnet sind. Er ist der Reiter auf dem weißen Pferd, der gerecht richtet und Krieg führt.[566] Der Apokalyptiker Johannes schwelgt geradezu in Folter- und Vernichtungsfantasien, in denen die zehn ägyptischen Plagen,[567] die ersttestamentlichen Apokalypsen und die Endzeitrede des biblischen Christus überboten werden. Selbst das Übermaßverbot des Auge um Auge, Zahn um Zahn ist vergessen. Der »Hure Babylon«, die als Synonym für den Sündenpfuhl Rom steht, werden ihre Schandtaten nicht nur mit gleicher Münze heimgezahlt, ihr wird doppelt zurückgegeben, was sie getan hat.[568] Die Apokalypse mit ihrer Androhung ewiger Höllenstrafen, die sich allerdings auch schon in den Evangelien findet, fällt damit sogar noch weit hinter den »Lamechspruch«[569] des Ersten Testaments zurück. Während der historische Jesus das Vergeltungsprinzip zur positiven Seite hin völlig außer Kraft setzt (wie oft muss ich meinem Bruder vergeben? Ist's genug siebenmal?), löst die Offenbarung des Johannes sie mit der Lehre von den ewigen Höllenstrafen radikal zur negativen

564 Offb 2,6.15.
565 Offb 1,1–3.7; 2,25; 3,11; 22,7.10.12.
566 Offb 19,11.
567 Ex 7–12.
568 Offb 18,5–6.
569 Gen 4,23–24.

Seite hin auf, denn die Bestrafung zeitlicher Vergehen – mögen sie auch noch so entsetzlich sein – mit ewiger Höllenqual setzt das Vergeltungsprinzip gänzlich außer Kraft.

Damit ist klar, in der Offenbarung ist vom historischen Jesus, seinem Leben, seinem Sterben und seiner Lehre nichts, aber auch gar nichts übrig geblieben. Wenn Theologen und Geistliche immer wieder das Zweite Testament als die frohe Botschaft von der in Jesus Christus Mensch gewordenen Liebe Gottes zu den Menschen dem Ersten Testament gegenüber- und entgegenstellen, so bedarf diese Darstellung dringend der Korrektur. Die letzte Schrift der Bibel, die Offenbarung, nimmt buchstäblich alles zurück, was der *große Reformator des Judentums,* Jesus von Nazareth, verkündigt und durch sein Leben und Sterben beglaubigt hat. Kein Wunder, dass diese Schrift zur Lieblingslektüre aller christlichen Fundamentalisten gehört. Schon die Tatsache, dass die Johannesoffenbarung in den Kanon der Heiligen Schrift aufgenommen wurde, statt in irgendeiner Apokryphensammlung zu landen, spricht Bände. Auf diese Weise erhielt sie die Weihe, heilige Schrift, *Wort Gottes* zu sein. Es bedurfte also gerade mal eines Menschenalters, um die Lehre des historischen Jesus bei einigen christlichen Autoren in ihr absolutes Gegenteil zu verkehren.

Der Mann, der einstens sagte: »Ihr wisst, dass die Herrscher ihre Völker unterdrücken und die Mächtigen ihre Macht über Menschen missbrauchen. Bei euch soll es nicht so sein, sondern, wer bei euch groß sein will, der soll euer Diener sein, und wer bei euch der Erste sein will, soll euer Sklave sein«;[570] der Mann, der einst sagte: »Richtet nicht, damit ihr nicht gerichtet werdet«,[571] ist zum Allherrscher und Weltenrichter geworden. Es gibt bittere Wahrheiten, so wie es bittere Medizin gibt, doch

---

570 Mt 20,25–27.
571 Mt 7,1.

beide sind heilsam. Wir müssen endlich den Zusammenhang zwischen der *Erhöhung des historischen Jesus zum biblischen Christus* und dem *Verrat an seiner Lehre und der Botschaft seines Lebens* erkennen. Das Gebot der Stunde heißt: *Schluss mit dem abstoßenden Personenkult um den Erlöser Jesus Christus und zurück zur reinen Quelle seiner frohen Botschaft vom gegenwärtigen Anbruch der Gottesherrschaft!*

Der arianische Streit

Im Grunde war am Ende des ersten Jahrhunderts unserer Zeitrechnung bereits alles gelaufen. Der Prozess der Apotheose Jesu zum Gottessohn und Weltenherrscher war abgeschlossen. Desto erstaunlicher, dass sich mehr als 200 Jahre später Widerstand regte in der Person des Presbyters Arius aus Alexandria, der in einer informellen Diskussion, die Bischof Alexander im Jahre 318 n. Chr. mit seinen Ältesten führte, erklärte: *Es gab eine Zeit, da Jesus nicht war und aus dem Nichts ist er geschaffen*, was er mit einigen Bibelversen belegte. Gegen diese Lehre wehrte sich später ein junger Diakon des Bischofs, Athanasius, energisch. Ihm ging es nicht um philosophische Überlegungen, er kämpfte für die Erlösung. Jesus, der Retter der Welt und aller Menschen, konnte nicht selbst ein erlösungsbedürftiges Geschöpf sein. Wenn Arius aus Jesus ein Geschöpf machte, raubte er der Menschheit den Erlöser. Athanasius untermauerte seine Auffassung mit dem ersten Kapitel des Johannesevangeliums.

Damit sind die beiden Protagonisten des arianischen Streits, Arius (gestorben 336) und Athanasius (um 293–373), benannt. Obwohl Arius die Ernennung zum Bischof versagt blieb, gewann er eine große Anhängerschaft. Athanasius hingegen, der die trinitarische Formel vom dreieinigen Gott vertrat, wurde nach dem Tod Bischof Alexanders Bischof von Alexandria. Die wechselvolle Geschichte des Streits im Einzelnen darzustellen, erübrigt sich, da sie in den einschlägigen Handbüchern nachgelesen werden kann. Es genügt festzustellen, dass die Auseinandersetzung nicht nur Theologen und Priester, sondern auch Kaiser und Volk ergriff und bis an den Rand der Kirchenspaltung führte.

Letztlich ging es in diesem Streit, in dem beide Seiten nicht mit Verurteilen, Exkommunikationen und Verdammungen sparten, um einen einzigen Buchstaben, um das griechische i, das die Worte *homoousios* (wesensgleich) und *homoiousios* (wesensähnlich) unterscheidet. Die Partei der Trinitarier bestand auf der Wesensgleichheit von Gott Vater, Gott Sohn und Gott Heiliger Geist. Die Arianer hingegen vertraten die Auffassung, Jesus sei ganz klar Gott untergeordnet, unbeschadet seiner Gottähnlichkeit.

Die Trinitarier errangen auf dem von Kaiser Konstantin 325 einberufenen ersten ökumenischen Konzil in Nicäa einen Sieg, der im Nicänischen Glaubensbekenntnis seinen Niederschlag fand. Später gewannen die Arianer die Oberhand. Der Kampf wogte hin und her bis in die 50er-Jahre des vierten Jahrhunderts, als die Arianer sich mit Hilfe des Kaisers Constantius II. (337–361) auf breiter Front durchsetzen konnten. Auf dem dritten Konzil von Sirmium (357) wurde ein Bekenntnis verfasst, das durchweg eine Unterordnung Jesu unter den Vater vertrat. Es dauerte bis in die 70er-Jahre des vierten Jahrhunderts, ehe sich das Blatt zu Gunsten der Trinitarier wendete. Mit Hilfe von Kaiser Theodosius (347–395), der 379 an die Macht kam und sich 380 trinitarisch taufen ließ, setzte Gregor von Nazianz in Konstantinopel die trinitarische Lehre durch. Theodosius berief 381 das erste Konzil von Konstantinopel ein, auf dem unter Führung Gregors von Nazianz und Gregors von Nyssa das Nicänische Glaubensbekenntnis neu verfasst wurde.

Ich erinnere mich noch gut an meine Zeit als Gymnasiast, als unser Religionslehrer das Klassenzimmer betrat und begeistert ausrief: »Ist es nicht wunderbar und ein Zeichen für das Wirken des Heiligen Geistes, dass sich in der Kirchengeschichte stets die Wahrheit durchsetzte?« Ich habe ihm damals nicht widersprochen, weil ich es nicht besser wusste. Heute würde ich ihn fragen, was er damit meine, denn in den christlichen Kirchen und Konfessionen hätte sich doch jeweils eine ganz andere Wahrheit durchgesetzt. Und in der Kirchengeschichte? Hatte Arius oder Athanasius recht? Meine Antwort wird die Leser wohl kaum überraschen – natürlich Arius! Doch gelang es ihm und seinen Anhängern angesichts der bereits im ersten Jahrhundert vollzogenen Apotheose Jesu nicht, sich durchzusetzen.

Wie aber konnte es zu der für moderne Menschen kaum nachvollziehbaren Verbindung von Gott und Mensch kommen? In der Mythologie der Antike war sie ganz selbstverständlich. Erinnern wir uns nur an die Göttersöhne Herakles, Dionysos und Orpheus, deren Väter Götter und deren Mütter Menschen waren, oder an Achilles, dessen Vater ein Mensch und dessen Mutter eine Göttin war. Auch haben sich die orientalischen Herrscher des Altertums oft als Göttersöhne verehren lassen. Alexander der Große und später die römischen Kaiser übernahmen den orientalischen Herrscherkult und ließen sich als Göttersöhne religiös verehren. In dem Augenblick, als Jesus der Hoheitstitel Herr (Kyrios), der allein dem römischen Kaiser zustand, zugesprochen wurde, war klar, dass auch er der Sohn Gottes und der Jungfrau Maria sein musste. Die Entwicklung zum Kult der heiligen Familie – Vater Gott, Mutter Maria und Sohn Jesus Christus – war damit vorgezeichnet, Christus- und Marienverehrung eingeschlossen. Der jüdische Prophet Jesus von Nazareth mutierte zum Gottessohn, zum Herrn und Heiland Jesus Christus. Der Ursprung der christlichen Dogmen ist folglich in der antiken Mythologie zu suchen.

Das Ende des Fundamentalismus

Der in den USA lebende anglikanische Bischof John Shelby
Spong beschreibt den historischen Ursprung des Begriffs Fundamentalismus folgendermaßen: »Zwischen 1910 und 1915
veröffentlichte eine Gruppe konservativer Christen in einer Reaktion gegen die Bibelkritik im Allgemeinen und gegen die
Herausforderung von Charles Darwin eine Reihe von
Pamphleten unter dem Titel ›Die Grundlagen (= Fundamentals)‹. Von diesen Pamphleten fand das Wort Fundamentalismus
Eingang in das religiöse Vokabular und gewann seine Bedeutung als Beschreibung des Buchstabenglaubens konservativer
Christen.«[572]

Lawrence Meredith hat die Glaubensüberzeugungen der
Fundamentalisten in fünf Grundaussagen (Fundamentals) zusammengefasst, die Spong zitiert. Es sind:

1. »Die Inspiration der Schrift als wörtlich geoffenbartes Wort
   Gottes.
2. Die Jungfrauengeburt als die wunderbare und wörtlich zu
   verstehende Garantie für die göttliche Natur Christi.
3. Der Tod Jesu als stellvertretende Versöhnung. Sein Tod
   brachte das Geschenk der Erlösung durch die rettende Kraft
   seines Blutes.
4. Die Gewissheit der körperlichen Auferstehung Jesu von den
   Toten. Die Exaktheit der Geschichten vom leeren Grab und
   von den Erscheinungen Jesu gemäß der Überlieferung in den
   Evangelien.

---

572 John Shelby Spong: Warum der alte Glaube neu geboren werden muss, Düs-
    seldorf 2006, S. 17.

5. Die Wiederkunft Jesu am Tag des Gerichtes, an dem über jeden nach seinem Leben geurteilt wird. Himmel und Hölle als Orte ewiger Belohnung oder Bestrafung sind real.«[573]

Die Kluft zwischen den Glaubensüberzeugungen der Fundamentalisten und den Erkenntnissen der modernen Theologie ist mittlerweile unüberbrückbar geworden. Während für die moderne Theologie jede dieser Annahmen als widerlegt gilt, ist für die Fundamentalisten bereits vom Glauben abgefallen, wer auch nur eine dieser Grundaussagen in Frage stellt. Das macht Sinn, denn in der mythologischen Denkweise der Fundamentalisten trägt und stützt jede dieser Grundaussagen die anderen und wird von ihnen getragen, so wie bei einem architektonischen Bogen jeder Stein die anderen trägt und stützt und von ihnen getragen und gestützt wird. Fassen wir noch einmal die Ergebnisse der historisch-kritischen Forschung zusammen:

1. Die Bibel ist nicht nur Gottes Wort, sondern zugleich auch Menschenwort. Das eine vom andern zu unterscheiden, ist jede Leserin und jeder Leser aufgefordert.
2. Jesus ist am Kreuz gestorben, sein Leichnam wurde begraben – wie und von wem wissen wir nicht – und ist verwest.
3. Jesus hat sich selbst nicht als Messias oder Christus, als Davidssohn, Gottessohn, endzeitlicher Menschensohn, Herr oder Heiland gesehen. Diese Titel sind ihm erst nach seinem Tod beigelegt worden.
4. Jesus war irrtumsfähig und irrend. Er glaubte, der Satan sei entmachtet, so dass der Ausbreitung der Gottesherrschaft über die ganze Welt nichts mehr im Wege stünde. Darin hat er sich gründlich geirrt.

---

573 Ebenda, siehe auch die teilweise abweichende Liste bei Hubertus Mynarek: Denkverbot – Fundamentalismus in Christentum und Islam, Bad Nauheim 2005, S. 35.

5. Jesus hat keine Wunder im Sinn einer Außerkraftsetzung der Naturgesetze gewirkt.

6. Jesus hat sich selbst nicht als sündlos betrachtet.

7. Der Anspruch, Jesus sei der einzige und eingeborene Sohn Gottes, lässt sich nicht länger aufrechterhalten. Das Christus- und das Trinitätsdogma sollten aufgegeben werden.

8. Der absolute Wahrheitsanspruch des Christentums lässt sich nicht länger aufrechterhalten, sowenig wie der anderer Religionen und Weltanschauungen. Die christliche Religion genießt keine Vorrangstellung gegenüber anderen Religionen.

XVII. Was bedeutet Jesus für Gandhi?

> Obwohl ich nicht beanspruchen kann, ein Christ im sektenhaften Sinne zu sein, so ist doch das Beispiel von Jesu Leiden in meinem unerschütterlichen Glauben an die Gewaltfreiheit ein Faktor, der alle meine Tätigkeiten, die geistigen und die weltlichen, bestimmt. *Mahatma Gandhi*

Gandhi, so haben wir bereits erfahren, stellt die christlichen Dogmen grundsätzlich in Frage. Er ist an Jesus als Erlöser überhaupt nicht interessiert. Ob Jesus gelebt hat oder das Produkt dichterischer Fantasie ist, ist ihm letztlich gleichgültig. Die Bergpredigt bleibt für ihn trotzdem wahr, so wahr wie die Lehren anderer Menschheitslehrer, denn sie enthält ewige Wahrheiten. Die problematischen Stellen in ihr, wie zum Beispiel die Androhung ewiger Höllenpein, nimmt er offenbar gar nicht wahr, weil sie die drei Filter (Wahrheit, Liebe und Vernunft, soweit die Dinge der Vernunft zugänglich) nicht passieren: »Ich darf sagen, dass ich nie an einem historischen Christus interessiert war. Mir würde es nichts ausmachen, wenn mir jemand beweisen sollte, dass der Mann, der Jesus genannt wird, nie gelebt hat, und dass das, was in den Evangelien erzählt wird, ein Produkt der Einbildung des Schriftstellers war. Die Bergpredigt wäre immer noch wahr für mich.«[574] Die Gegenposition formuliert Paulus, für den von der historischen Existenz und der Auferstehung Jesu sein Heil und das Heil aller Christen abhängt: »Ist aber Christus nicht auferweckt worden, dann ist unsere Verkündigung leer und unser Glaube sinnlos.«[575]

---

574 Young India, 31.12.1931.
575 1 Kor 15,14–22, hier 14.

Für Paulus – und die meisten Christen werden ihm darin folgen – hängt sein Seelenheil von Leben, Tod und Auferstehung Jesu ab. Dahinter steht die Vorstellung, die Menschheit ist in Adam unentrinnbar der Sünde und dem Tod verfallen. Selbst die größten Heiligen und Propheten sind mit ihr infiziert und folglich dem Tod ausgeliefert.[576] Weil aber Gott Jesus von den Toten auferweckt hat, beginnt mit ihm die Auferstehung von den Toten. Er ist der erste, diejenigen aber, die an ihn glauben und sich zu ihm bekennen, werden folgen: »Wer mit dem Herzen glaubt und mit dem Mund bekennt, wird Gerechtigkeit und Heil erlangen. Denn die Schrift sagt: Wer an ihn glaubt [gemeint ist im Ersten Testament selbstverständlich Jahwe und nicht Christus, Anm. d. Verf.], wird nicht zu Grunde gehen.«[577] Durch die mystische Vereinigung mit Jesus Christus erleiden sie mit ihm den Tod und erfahren sie die Auferstehung als Söhne Gottes. Sofern sie bereits verstorben sind, werden sie auferweckt, sofern sie noch leben, werden sie mit dem »Geistleib« überkleidet und entrückt, dem Herrn entgegen: »Seht, ich enthülle euch ein Geheimnis: Wir werden nicht alle entschlafen, aber wir werden alle verwandelt werden – plötzlich, in einem Augenblick, beim letzten Posaunenschall. Die Posaune wird erschallen, die Toten werden zur Unvergänglichkeit auferweckt, wir aber werden verwandelt werden. Denn dieses Vergängliche muss sich mit Unvergänglichkeit bekleiden und dieses Sterbliche mit Unsterblichkeit, dann erfüllt sich das Wort der Schrift: Verschlungen ist der Tod vom Sieg. Tod, wo ist dein Sieg? Tod, wo ist dein Stachel?«[578]

Die Erwartung des Paulus und der frühen Christen hat sich bekanntlich nicht erfüllt. Die Wiederkunft des auferstandenen

---

576 Dem widersprechen allerdings die ersttestamentlichen Himmelfahrts-Erzählungen von Henoch (Gen 5,24) und Elias (2 Kön 2,11).
577 Röm 10,10.
578 1 Kor 15,51–55, siehe auch 1 Thess 4,15–18.

Christus als Messias-Menschensohn verzögerte sich nicht nur, sie blieb aus. Darüber kann auch die sehnsüchtige Erwartung dieses Ereignisses bei ungezählten Christen in Vergangenheit und Gegenwart nicht hinwegtäuschen. Sie wird sich, zum Leidwesen vieler Fundamentalisten, die die Bibel wörtlich nehmen, auch in Zukunft nicht erfüllen. Die Wahrhaftigkeit gebietet vielmehr, sie als das zu kennzeichnen, was sie war und ist – eine Wahnvorstellung. Was in ihr zum Ausdruck kommt, ist die bewusste oder unbewusste Wahrnehmung einer Weltkrise, wie es sie in der Geschichte der Menschheit noch nicht gegeben hat. Ich nenne nur die Stichworte: Bevölkerungsexplosion, Erschöpfung der Rohstoffvorräte der Erde, Grenzen der Nahrungsmittelproduktion und der Umweltbelastung, atomare Bedrohung, Klimawandel und die Folgen der Globalisierung.

Obwohl für Gandhi die Existenz Jesu unerheblich ist, hat er gleichwohl nicht bezweifelt, dass er gelebt hat. Auf Grund seines Lebens und seiner Lehre erkennt er in ihm einen der großen Menschheitslehrer. Er erkennt in ihm einen Satjagrahi, einen gewaltfreien Kämpfer, ja einen »Fürsten des Satjagraha«. Die Christen der Frühzeit, die bereit waren, für ihren Glauben Verfolgung, Leiden und Tod hinzunehmen, nennt er Satjagrahis.[579] Wenn wir mit Gandhi in Jesus einen gewaltfreien Kämpfer für Wahrheit, Liebe und Gerechtigkeit erkennen, dann wird überhaupt erst die verheerende Entstellung seines Bildes durch die Gottesknechtslieder deutlich. Der Verkündiger der Gottesherrschaft auf Erden als eines Reiches der Gerechtigkeit, des Friedens und der Freude wird zum Opferlamm, das sich passiv und stumm auf dem Altar als Sühneopfer für die Menschen schlachten lässt. Hier bekommen wir die Wurzel jenes christlichen Missverständnisses zu fassen, das Aktivität mit Gewalt und Pas-

---

579 Fritz Kraus (Hg.): Vom Geist des Mahatma, Zürich o.J., S. 168.

sivität mit Gewaltfreiheit gleichsetzt, anstatt in ihr eine aktive Kraft der höchsten Potenz, welche die Gewalt überwindet, zu erkennen.

Was Jesus für Gandhi bedeutete, fasst er in einem Text zusammen, den ich, seiner Schönheit und Wahrheit wegen als Ganzes wiedergebe: »Jesus nimmt in meinem Herzen den Platz eines großen Menschheitslehrers ein, der mein Leben beträchtlich beeinflusst hat. Ich sage den Hindus, dass ihr Leben unvollkommen sein wird, wenn sie nicht auch ehrfürchtig die Lehre Jesu studieren. Ich bin zu dem Schluss gekommen, dass, wer die Lehren anderer Religionen ehrfürchtig studiert – ganz gleich, zu welchem Glauben er sich selbst bekennt –, sein Herz weitet und nicht verengt. Ich betrachte keine der großen Religionen der Menschheit als falsch. Alle haben sie die Menschheit bereichert. Eine großzügige Erziehung sollte ein ehrfürchtiges Studium aller Religionen miteinschließen. Die Botschaft Jesu ist in der Bergpredigt enthalten, ganz und unverfälscht ... Wenn nur die Bergpredigt und meine eigene Auslegung davon vor mir läge, würde ich nicht zögern zu sagen: ›Ja, ich bin ein Christ.‹ Aber ich weiß, dass ich mich in dem Augenblick, in dem ich so etwas sage, den gröbsten Missverständnissen aussetzen werde. Negativ kann ich euch sagen, dass meiner Meinung nach vieles, was als Christentum gilt, eine Verleugnung der Bergpredigt ist. Bitte, achtet sorgfältig auf meine Worte. Ich spreche in diesem Augenblick nicht von christlichem Verhalten im Einzelnen, ich spreche vom christlichen Glauben, vom Christentum, wie es im Westen verstanden wird. Ich bin mir schmerzlich der Tatsache bewusst, dass das Verhalten überall weit hinter dem Glauben zurückbleibt. Ich kritisiere darum nicht. Ich weiß aus eigener Erfahrung, dass mein Verhalten hinter meinen Prinzipien zurückbleibt, obwohl ich mich jeden Augenblick bemühe, nach meinen Grundsätzen zu leben. Aber ich lege euch meine grundlegenden Probleme vor in Bezug auf die Erscheinung des Christentums in der Welt und die Formulierung des christlichen Glaubens.

Ein Text hat mich immer wieder ergriffen, schon von meinen ersten Zeiten her, als ich die Bibel las: ›Suchet zuerst das Reich Gottes und seine Gerechtigkeit, und alles andere wird euch dazugegeben werden.‹ Ich sage euch, wenn ihr diesen Absatz versteht, bewahrt und in seinem Geiste handelt, dann braucht ihr nicht einmal zu wissen, welchen Platz Jesus oder irgendein anderer Lehrer in eurem oder meinem Herzen einnimmt. Wenn ihr diese moralische Straßenkehrerarbeit tut, euer Herz reinigt und bereit macht, dann werdet ihr finden, dass alle diese machtvollen Lehrer ihren Platz in uns einnehmen, ohne dass wir sie einladen. Das ist meiner Meinung nach die Grundlage aller echten Bildung. Die Kultur des Verstandes muss der Kultur des Herzens dienen. Möge Gott euch helfen, rein zu werden.«[580]

Leicht ließe sich ein ganzes Buch mit Parallelen zwischen Gandhi-Texten und der Bergpredigt füllen, ja sein ganzes Leben und Wirken kann als *Verkörperung der Bergpredigt* begriffen werden. Dass damit ein Maßstab gesetzt ist, an dem gemessen wir alle mehr oder weniger versagen, ändert nichts an seiner Gültigkeit. Gleichwohl ist das kein Grund zu verzweifeln. Das Ziel bleibt für uns alle unerreichbar, gleichgültig, ob wir ein paar Schritte oder viele Kilometer auf dem Weg dorthin zurücklegen.

Die außerordentliche Wertschätzung der Person und der Lehre Jesu, insbesondere der Bergpredigt, könnte zu dem Irrtum verleiten, Gandhi habe seine Satjagraha-Lehre der Bergpredigt entnommen, er sei im Grunde ein »anonymer Christ« (Karl Rahner) gewesen. Das ist aber durchaus nicht der Fall, wie das folgende Zitat zeigt: »Es ist nicht so, dass ich das darin [in der Bergpredigt, Anm. d. Verf.] gezeichnete Ideal nicht

---

[580] Mahatma Gandhi: Freiheit ohne Gewalt, Köln 1968, S. 118–120.

hochschätzen würde, dass nicht einige der kostbaren Lehren in der Bergpredigt einen tiefen Eindruck auf mich gemacht hätten – aber ich muss bekennen, dass, wenn der Zweifel mich quält, wenn Enttäuschungen mir ins Gesicht starren und wenn ich keinen Strahl von Hoffnung mehr am Horizont sehe, ich mich der Gita zuwende und einen Vers des Trostes finde, und sofort beginne ich zu lächeln inmitten überwältigender Trauer. Mein Leben war voller äußerer Tragödien, und wenn sie nicht sichtbare und unaustilgbare Spuren in mir hinterlassen haben, dann verdanke ich dies den Lehren der Bhagwadgita.«[581]

---

581 Ebenda, S. 138, siehe auch S. 115 f.

XVIII. Glanz und Elend des Christentums

> Ich bin der festen Meinung, dass Europa heute nicht den
> Geist Gottes oder des Christentums repräsentiert, sondern
> den Geist Satans. Und Satans Erfolge sind dann am größ-
> ten, wenn er mit dem Namen Gottes auf den Lippen auf-
> tritt. Europa ist heute nur noch dem Namen nach christlich.
> In Wirklichkeit betet es den Mammon an.
>
> *Mahatma Gandhi*

Worin bestand der Funke, der den Steppenbrand des Christentums im Römischen Reich auslöste? Wenn ich recht sehe, waren
es zwei Elemente: Die *Fürsorge*, die *tätige Nächstenliebe* (Dia-
konie), welche die Christen nicht nur innerhalb ihrer Gemeinden praktizierten, sondern auch Außenstehenden entgegen-
brachten, und ihre *Standhaftigkeit in der Verfolgung*. Die totale
Verkehrung der Botschaft Jesu, wie sie in der Offenbarung des
Johannes begegnet, betraf ja zunächst nur eine kleine Minderheit innerhalb des sich rasch ausbreitenden Christentums. Die
Botschaft Jesu vom gegenwärtigen Anbruch der Gottesherrschaft wurde anfangs von der Urgemeinde und den neu entstehenden christlichen Gemeinden durchaus verstanden. Sie begriffen sich als Keimzellen des Gottesreiches, wobei die
Bewohner dieses Reiches mit Gott, mit den Mitmenschen und
– so dürfen wir hinzufügen – der außermenschlichen Natur
durch das Band der Liebe verbunden waren; einer Liebe, die
letztlich nichts anderes war als der Widerschein der Liebe Gottes zu den Menschen und zum Universum, in dem er ja selbst
gegenwärtig ist. Es war dieser Geist selbstloser, tätiger Liebe
und Hingabe auch gegenüber Fremden und Feinden, der die

frühen christlichen Gemeinden – ungeachtet mancher Unzulänglichkeiten und Schwächen – so anziehend machte. Ihre Mitglieder teilten ihren Besitz, kümmerten sich um Alte und Kranke, Witwen und Waisen und feierten in der – schon bald auch kultisch gestalteten – Mahlgemeinschaft die Aufhebung aller sozialen Unterschiede.

Die Faszination der frühen christlichen Gemeinden bestand folglich in erster Linie in ihrer Lebensgestaltung, die auf einer Umwertung aller Werte (Friedrich Nietzsche) beruhte, wie sie von Jesus gelebt und gelehrt worden war. In einer Welt, die, wie die unsere, von der Gier nach Geld, Reichtum, Macht, Sicherheit, Genuss und Anerkennung, das heißt vom rücksichtslosen »Kampf ums Dasein« zerfressen war, wirkten die jungen Christengemeinden wie eine himmlische Erscheinung. Selbstverständlich begegneten sie nicht nur begeisterter Zustimmung, sondern auch scharfer, hasserfüllter Ablehnung, die sich schon bald in Verfolgung, Leiden und – wenn auch seltener als gewöhnlich angenommen – im Märtyrertod ihrer Mitglieder äußerte. Sie begleitete die jungen Gemeinden mit zeitweiliger Unterbrechung seit ihren Anfängen, wie bereits die Apostelgeschichte berichtet. Da das Gebot der Feindesliebe – sehen wir von der Offenbarung des Johannes und den ihr nahestehenden Strömungen einmal ab – jeden Gedanken an Vergeltung ausschloss, verstärkte gerade der aufrechte und furchtlose Bekennermut mancher Christen die Anziehungskraft ihrer Botschaft ungemein. Das Blut der Märtyrer, erkannte schon der Kirchenvater Tertullian, wurde zum Samen der Kirche.

Diese Komponente praktischer Lebensgestaltung aus dem Geist der Wahrheit und der Liebe trat im Laufe der ersten Jahrhunderte nach Christus immer mehr hinter die kultische, sakramentale und institutionelle Gestalt des Frühkatholizismus zurück. Man kann es gar nicht genug betonen: Während das Judentum und die frühen Christen das Gottesreich in die *Zu-*

kunft nach dem Weltuntergang und die späten Christen es in ein imaginäres *Jenseits* verlegten, war das ganze Sinnen und Trachten des geschichtlichen Jesus darauf gerichtet, ihm in *dieser Welt* zum Durchbruch zu verhelfen. Insofern besteht zwischen der Lebenswirklichkeit der vorösterlichen Jesusgemeinde und der Lebenswirklichkeit der nachösterlichen Urgemeinde tatsächlich eine Kontinuität in Gestalt der Gemeinschaft der Gleichen und Freien – gleich im Hinblick auf Rechte und Pflichten ihrer Mitglieder und im Hinblick auf den Ausgleich der sozialen Unterschiede, frei im Sinne der Freiheit von Sorge und Todesangst, Furcht und Gier, Freundschaft und Feindschaft, Liebe und Hass. Die Lebensgestaltung Jesu und die Lebensgestaltung der Urgemeinde weisen daher eine erstaunliche Kontinuität auf, die es angesichts der in meinen Augen verhängnisvollen Diskontinuität, die aus dem Verkündiger des Gottesreiches den Verkündigten machte, festzuhalten gilt. Durch die *Umkehrung der Blickrichtung* von der Gegenwart in die Zukunft oder das Jenseits wurde die Botschaft Jesu ihrer sozialen, politischen und wirtschaftlichen Sprengkraft beraubt. Sie wurde regelrecht sterilisiert und damit für die Reichen, Mächtigen und Angesehenen annehmbar, ja nützlich auf Grund der illusorischen »Gemeinschaft in Christo«, die sie schuf.

Tatsache aber ist, dass, mit Ausnahme weniger Außenseiter, von den christlichen Kirchen und Theologen an der Identität von historischem Jesus und biblischem Christus festgehalten wurde. Aus dem Chor der zahllosen Stimmen, die das als ihr Credo verkündeten und verkünden, sei hier nur die des Heidelberger Zweittestamentlers Günther Bornkamm (1905–1990) herausgegriffen. Er schrieb in seinem 1988 in 14. Auflage erschienenen Buch: »Jesus von Nazareth«: »Durch die Osterereignisse und die Gewissheit der Auferstehung Jesu Christi von den Toten wurde der Verkündiger des kommenden Gottesreiches … zum Verkündigten, der zum Glauben Rufende zum Inhalt des Glaubens. Jesu Wort und das Evangelium von Jesus Christus sind zu einer Einheit geworden. Vielen will dieser Prozess als der große Sündenfall des Christentums erscheinen. Von nun an, so sagt man, wurde die schlichte Verkündigung Jesu überwuchert von Mythologie und Dogmatik, so dass sie schon bei Paulus nicht mehr wieder zu erkennen ist. ›Zurück zu Jesus!‹ wurde darum die große Losung. Man sollte dieser Parole jedoch nicht zu schnell zustimmen und es für ausgemacht halten, dass man auf diesem vermeintlich so sicheren Weg bei Jesus endet. Das Beispiel der Leben-Jesu-Theologie mag uns schrecken.«[582]

Ich gehöre in der Tat zu denen, die den Schritt vom Verkündiger der Gottesherrschaft zum Verkündigten, vom Glaubenden zum Geglaubten, vom Menschen zum Gott für den großen Sündenfall des Christentums halten und deshalb ein konsequentes Zurück zum historischen Jesus und seiner Botschaft fordern. Jesus gehört in seine Zeit, deren Irrtümer und Unzulänglichkeiten er teilte. *Das Wesentliche seiner Botschaft aber ist zeitlos gültig.* Es spricht heute nicht weniger unmittelbar und anregend, mitreißend und begeisternd zu uns als zu seinen Zeitgenossen.[583] Wenn in der Ostkirche die Gemeinden in der Osternacht in den Jubelruf ausbrechen: »Christus ist auferstanden!«, so möchte ich in diesen Jubelruf gerne einstimmen mit den Worten: »Jesus [gemeint ist der historische Jesus] ist auferstanden!« Noch ist das mehr Wunsch als Wirklichkeit. Aber die Hoffnung bleibt, dass daraus Wirklichkeit werden möge und sei es auch nur die eines Senfkorns.

Soviel zum Glanz des Christentums, der auch heute noch nicht völlig verblasst ist. Nun zum Elend. Das Gottesreich Jesu

---

582 Günther Bornkamm: Jesus von Nazareth, Stuttgart 1988, S. 166.
583 Thich Nhath Hanh hat meines Erachtens dasselbe im Sinn, wenn er schreibt: »Für mich ist das Leben Jesu seine wichtigste Lehre, wichtiger noch als der Glaube an die Wiederauferstehung oder an die Ewigkeit.« Lebendiger Buddha, lebendiger Christus, o.O. (1996), S. 59.

und die Reiche dieser Welt, für die zur Zeit Jesu und der frühen Christenheit das Imperium Romanum stand, verhalten sich zueinander wie Feuer und Wasser. Wo sie aufeinander treffen, zischt und dampft es. Die Elemente bekämpfen einander; entweder siegt das Feuer über das Wasser und es verdampft oder das Wasser siegt über das Feuer und löscht es aus. Rein äußerlich betrachtet, könnte man sagen, das Feuer hat das Wasser besiegt. Das Römische Reich wurde, zunächst mit dem Toleranzedikt Kaiser Konstantins 313 n. Chr. und endgültig mit der Erhebung zur Staatsreligion durch Kaiser Theodosius 380 n. Chr., christlich. Bei näherer Betrachtung freilich war es umgekehrt. Das Wasser hat das Feuer besiegt. Das Christentum wurde römisch, das heißt dogmatisch, intolerant und gewalttätig, sowohl nach innen als auch nach außen. Die Intoleranz richtete sich allerdings nicht, wie bei den Römern, gegen politische, sondern gegen religiöse Befreiungsbewegungen. Um es noch deutlicher zu sagen: *Das Römische Reich wurde dem Namen nach christlich und das Christentum dem Wesen nach römisch beziehungsweise byzantinisch.* Die Kirche, die sich in der Verfolgung leidlich bewährt hatte, erlag der Umarmungsstrategie Kaiser Konstantins, eines eiskalten Machtpolitikers, der nach der Maxime handelte: *Umarme den Feind, den du nicht besiegen kannst!* Nun, nach dem »Sieg« des Christentums über die weltliche Macht, der in Wahrheit eine totale Niederlage war, begann die christliche Verfolgungsgeschichte der nichtchristlichen Religionen und Kulte in der Antike, die begleitet war von einer christlichen Mission, die auf dem absoluten Wahrheitsanspruch gegenüber anderen Religionen beharrte. Dieser Wahrheitsanspruch wurde später zur Grundlage eines Überlegenheits- und Herrschaftsanspruchs der Christen gegenüber Andersgläubigen, insbesondere den Juden und Muslimen, sowie in der Neuzeit in säkularisierter Gestalt zur Grundlage eines Überlegenheits- und Herrschaftsanspruchs der Europäer den Nichteuropäern sowie der weißen Rasse der farbigen gegenüber.

Nach innen zieht sich eine breite Blutspur durch die Geschichte der Christenheit in Gestalt der Vernichtung Andersdenkender und Andersgläubiger, seien es antike Häretiker, mittelalterliche Ketzer, neuzeitliche Protestanten und unschuldige Frauen, die mit Zustimmung der Kirche und oft genug auch mit ihrer aktiven Unterstützung zu Tausenden als »Hexen« zu Tode gequält oder auf dem Scheiterhaufen verbrannt wurden, von den Opfern der Religionskriege ganz zu schweigen. Und lieferte der absolute Wahrheitsanspruch des Christentums nicht auch den Nährboden für den Totalitarismus im 20. Jahrhundert? Die Kirche ist mit Recht stolz auf ihre Märtyrer, obwohl sie sie nicht selten als Häretiker verleumdete, wie zum Beispiel den großen Gelehrten und Märtyrer Origines (um 185-254). Arthur Drews schätzte ihre Zahl auf rund 15 000 in den ersten drei Jahrhunderten.[584] Diesen Blutzeugen, die für ihren Glauben starben, stehen jedoch Millionen und Abermillionen Menschen gegenüber, die im Namen Christi und im Namen Gottes durch Mission oder Zwangsbekehrung ihrer kulturellen Wurzeln beraubt oder als Andersgläubige verfolgt und getötet wurden. Wer die Lehre und das Leben Jesu zum Maßstab wählt, dem fällt es wie Schuppen von den Augen: Er sieht, was Christen in der Welt angerichtet haben. Er kann darüber nur tiefe Scham empfinden. Es ist höchste Zeit, sich als Europäer, Nordamerikaner oder Australier in die Haut eines Afrikaners, Asiaten oder eines amerikanischen oder australischen Ureinwohners zu versetzen und aus der Perspektive der Opfer die Geschichte unserer Kultur zu betrachten.

---

584 Zitiert in: Karlheinz Deschner: Abermals krähte der Hahn, Reinbek 1972, S. 347.

Gewiss, auch andere Völker, Religionen und Kulturkreise haben ihr Sündenregister. Doch das des christlichen Europa übertrifft sie alle bei Weitem. Da sind nicht nur die Kreuzzüge Karls des Großen gegen die Sachsen und später die Kreuzzüge zur Befreiung des »Heiligen Landes«, bei denen die christlichen Glaubensritter fürchterlich unter der muslimischen Bevölkerung wüteten, da ist die »Geburt Europas aus dem Geiste der Gewalt«,[585] da ist die von christlichen Missionaren begleitete Eroberung Amerikas mit der Vernichtung der einheimischen Völker,[586] da ist der unsägliche »Dreieckshandel« von 1550–1850,[587] dem insgesamt etwa 40 Millionen Schwarze zum Opfer gefallen sein sollen, da ist der Kolonialismus und Imperialismus der europäischen Völker mit seinen unvorstellbaren Grausamkeiten sowie seiner rücksichtslosen Ausbeutung fremder Länder und Völker,[588] die bis in die Gegenwart andauert, und schließlich ist da die phänomenale Entwicklung der Waffentechnik bis zur Atombombe, welche die Menschheit an den Rand der atomaren Selbstvernichtung geführt hat, von dem uns nur noch wenige Schritte trennen.

Was hat all das mit dem Christentum zu tun, mag mancher Leser ärgerlich fragen. Um das zu verstehen, könnte die Erfahrung hilfreich sein, die Martin Niemöller (1892–1984), U-Boot-Kommandant im Ersten Weltkrieg, als Hitler-Gegner sieben Jahre KZ-Häftling und nach dem Krieg Kirchenpräsident von Hessen-Nassau bei einer Vortragsreise in Japan machte. Bei der Aussprache im Anschluss an einen seiner Vorträge sprach ein

---

585 So der Titel des Buches von Robert Bartlett: Geburt Europas aus dem Geiste der Gewalt, München 1996.
586 Zum Beispiel: Las Casas: Kurzgefasster Bericht von der Verwüstung der westindischen Länder, Frankfurt 1966.
587 Basil Davidson: Vom Sklavenhandel zur Kolonisierung, Reinbek 1972, S. 78 ff.
588 Gert von Paczensky: Die Weißen kommen. Die wahre Geschichte des Kolonialismus, Hamburg 1970.

Japaner bitter von den »christlichen Atombomben«, die am Ende des Zweiten Weltkrieges auf Hiroshima und Nagasaki abgeworfen worden seien. Empört habe er die Verbindung von Christentum und Atombombe zurückgewiesen. Atombomben seien nicht christlich, sondern die Verneinung all dessen, was Jesus von Nazareth gelehrt und gelebt habe und wofür er gestorben sei. Je länger er aber darüber nachgedacht habe, desto mehr sei ihm die furchtbare Wahrheit dieses Vorwurfs aufgegangen. Wir sind nämlich nicht nur verantwortlich für das, was wir tun, sondern auch für das, was wir zulassen. Und Christen waren es, die die Herstellung und den Einsatz solcher Waffen zugelassen haben, sofern sie nicht sogar aktiv an ihrer Entwicklung, Herstellung und ihrem Einsatz beteiligt waren. *Die Existenz dieser Waffen ist eine fortgesetzte Gotteslästerung.* Die einzige Chance zur Rettung der Welt vor dem nuklearen Holocaust besteht in der Abschaffung dieser Waffen und ihrer völkerrechtlichen Ächtung. Wie wahrscheinlich eine solche Entwicklung, die einer »Umkehr zum Leben« gleichkäme, ist, kann sich jede und jeder selbst ausrechnen.

Fazit: Wenn wir nüchtern bilanzieren, was aus der Religion der Liebe und der Wahrheit im Laufe ihrer Geschichte geworden ist, so können wir als Deutsche, als Europäer oder als Weiße die zahllosen Opfer dieser menschenverachtenden Zivilisation nur auf Knien um Verzeihung bitten, wie Willy Brandt es 1970 in Warschau gegenüber den Opfern des Nationalsozialismus getan hat.

XIX. »Notwendige Abschiede«

> Der Weg des Christentums zu einer auf Bibel, Dogmen und
> Bekenntnisschriften fixierten ›Schriftreligion‹ ist ein Irrweg
> gewesen … Allen Religionen der Erde ist zuzubilligen, dass
> sie Gott beziehungsweise das Absolute auf Grund authen-
> tischer Wahrnehmungen bezeugen.   *Klaus-Peter Jörns*

Im Jahr 2004 veröffentlichte der Theologe Klaus-Peter Jörns ein
Buch mit dem Titel: »Notwendige Abschiede. Auf dem Weg zu
einem glaubwürdigen Christentum«.[589] Darin nimmt er Abschied von der Vorstellung:

- das Christentum sei die einzig wahre Religion,
- die Bibel sei das Wort Gottes, rein und wahr,
- ein einzelner Kanon könne die universale Wahrnehmungs-
  geschichte Gottes ersetzen,
- von Erwählungs- und Verwerfungsvorstellungen,
- von einer wechselseitigen Ebenbildlichkeit von Gott und
  Menschen,
- der Herabwürdigung unserer Mitgeschöpfe,
- der Vorstellung, der Tod sei »der Sünde Sold« und schließlich vom
- Verständnis der Hinrichtung Jesu als Sühneopfer und von
  dessen sakramentaler Nutzung in einer Opfermahlfeier.

Das Buch ist ein Meilenstein im theologischen und kirchlichen
Diskurs, dem ich in allen wesentlichen Punkten zustimme. Ich
wundere mich nur, weshalb Jörns die Ergebnisse der historisch-

---

589 Gütersloh 2004.

kritischen Bibelforschung weitgehend unberücksichtigt gelassen hat. Es macht doch einen Unterschied, ob ein Jesuswort mit einiger Wahrscheinlichkeit vom historischen Jesus selbst gesprochen wurde, oder ob es, wie beispielsweise die Ich-bin-Worte des Johannesevangeliums, vom Evangelisten erfunden wurde oder ihm – wie manche glauben – vom auferstandenen Jesus beziehungsweise vom Heiligen Geist eingegeben wurde.[590] Letzteres ist, so wissen wir nun, eine Glaubensfrage. Aber auch wieder nicht, sofern es gelingt, den Nachweis zu führen, dass zwischen der *Erhöhung Jesu zum Gott* und der *Degeneration, ja Perversion seiner Lehre* ein innerer Zusammenhang besteht. Diesen Nachweis glaube ich, erbracht zu haben. Wenn es sich so verhält, dann unterliegen alle Tendenzen, die auf eine Verwässerung, Verfälschung und Verkehrung des Lebens und der Lehre des historischen Jesus hinauslaufen, der Kritik. Es ist eine falsche Toleranz, wenn wir sagen: Es ist eine Glaubensfrage, ob wir die Bibel mit allem, was wir in der Apokalypse des Johannes lesen, wörtlich nehmen. Soll doch jeder, wie der Preußenkönig Friedrich II. meinte, nach seiner Façon selig werden! Wo Glaube zur Rechtfertigung von Gewalt und Zwang, Unterdrückung und Erniedrigung missbraucht wird, wie das in bibelgläubigen, fundamentalistischen Kreisen überall in der Welt geschieht, ist Protest und Widerstand angesagt, gewaltfreier selbstverständlich. Das Gleiche gilt für den Tanach, d.h. die hebräische Bibel, und den Koran.

So schmerzlich es für viele Menschen auch sein mag, *es gibt in dieser Welt keine absolute Wahrheit.* Damit soll, daran sei nochmals erinnert, nicht behauptet werden, es gäbe überhaupt keine. Ich denke, es gibt sie. Doch sie entzieht sich dem Zugriff

---

590 So sehr ich Jörns beipflichte, wenn er erklärt, das Zweite Testament sei eine unersetzbare Urkunde und heilige Schrift, fällt es mir schwer zu begreifen, weshalb »Jesus Christus die Gottesvorstellungen der Vergangenheit als *neuer Gott* [Hervorhebung von Jörns] abgelöst hat«. Ebenda, S. 179.

unserer Sinneswahrnehmung und unseres verstandesmäßigen Begreifens. *Die absolute Wahrheit, wenn es sie denn gibt, ist Gott.* Wir können uns dieser absoluten Wahrheit nur durch die Verwirklichung der von uns erkannten relativen Wahrheit in unserem Leben annähern, erreichen können wir sie nicht. »Wir werden Gott in dem Ausmaß ähnlich, in dem wir Gewaltfreiheit verwirklichen, aber wir werden nicht Gott selbst.«[591] Dennoch ist das Streben nach der Wahrheit wahrlich der Mühe wert. Um es mit Gandhi ein letztes Mal zu sagen: »Die Hingabe an die Wahrheit ist die einzige Rechtfertigung für unsere Existenz. All unser Tun sollte in der Wahrheit seinen Mittelpunkt haben. Die Wahrheit sollte der Atem unseres Lebens sein.«[592] Das Judentum kennt diesen Gedanken als Hingabe an die Erfüllung des göttlichen Gesetzes und der Islam – das Wort Islam bedeutet ja nichts anderes als »Hingabe« – sieht darin den Inbegriff seiner religiösen Praxis.

Gotthold Ephraim Lessing hat diesen Gedanken auf seine unnachahmliche Weise zum Ausdruck gebracht, als er schrieb: »Wenn Gott in seiner Rechten alle Wahrheit und in seiner Linken den einzigen, immer regen Trieb nach Wahrheit, obschon mit dem Zusatze, mich immer und ewig zu irren, verschlossen hielte und spräche zu mir: Wähle! Ich fiele ihm mit Demut in seine Linke und sagte: Vater, gib! Die reine Wahrheit ist ja doch nur für dich allein!«[593] Das ist ein großes Wort, dem ich nur zustimmen kann, wenn auch mit dem kleinen Zusatz, dass es nicht nur die Alternative: *absolute Wahrheit* oder *ewigen Irrtum* gibt, sondern auch jene existenzielle Annäherung an die absolute Wahrheit, die ich im Abschnitt über die existenzielle Hermeneutik beschrieben habe.

---

591 Harijan, 12.11.38
592 Ebenda, 57
593 Gotthold Ephraim Lessing: Werke in einem Band. Hg. von Gerhard Stenzel, Salzburg o.J., S. 1066.

Bei dem athenischen Philosophen Sokrates findet sich eine frappante Parallele zu Lessings Äußerung. Sokrates war ein Leben lang darum bemüht, das (vermeintliche) Wissen seiner Landsleute als Unwissenheit aufzudecken, nicht etwa, um sich mit ihnen in der Unwissenheit behaglich einzurichten, sondern im Gegenteil, um in ihnen das *leidenschaftliche Streben nach dem wahren Wissen*, den Eros, wachzurufen; das Streben nach jenem Wissen, das gleichbedeutend ist mit dem Sein. Aus diesem Sein geht unser Denken und Fühlen, unser Reden und Handeln hervor wie die Pflanze aus dem Samen und das Tier aus der befruchteten Eizelle. Sokrates löste das erstarrte, entfremdete, vom Sein abgetrennte Wissen in den *Glutstrom des Strebens nach dem wahren Wissen*, das aber nie erreicht wird, auf. Es ging ihm nicht darum zu wissen, was gut ist, sondern gut zu sein, nicht darum zu wissen, was Tugend, was Tüchtigkeit ist, sondern tugendhaft und tüchtig zu sein. Damit erweist sich Sokrates als der »Dritte im Bunde« von Jesus und Gandhi. Er teilte sogar ihr Schicksal als Märtyrer der Wahrheit.

Es gibt Christen, die die Zumutung, den absoluten Wahrheitsanspruch für ihre Religion aufzugeben, als gleichbedeutend mit der Zumutung, ihren Glauben preiszugeben, betrachten. Davon kann selbstverständlich keine Rede sein. Im Gegenteil, die Preisgabe des absoluten Wahrheitsanspruchs bedeutet die Befreiung aus dem engen Gefängnis des Dogmas. Es ist dieser so kleine, so unscheinbare Schritt vom relativen zum absoluten Wahrheitsanspruch, der aus Wahrheit Unwahrheit macht. Wer eine Schraube nur eine halbe Drehung zu weit dreht, zerstört das ganze Gewinde. So auch hier. Wer im Besitz der absoluten Wahrheit zu sein glaubt, hält eine Pandorabüchse in der Hand, aus der unermessliches Leid und Unglück quillt. Denn soviel ist gewiss: Wer sich im Besitz der absoluten Wahrheit, sei es religiöser oder weltanschaulicher Natur, wähnt, für den sind zwangsläufig Andersgläubige oder Andersdenkende in der absoluten Unwahrheit. Das gilt gleichermaßen nach innen gegenüber abweichenden Bekenntnissen, wie nach außen gegenüber den Anhängern anderer Religionen und Weltanschauungen. Wo der absolute Wahrheitsanspruch sich mit der Definitionsmacht einer Institution wie der Katholischen Kirche oder der Regierung eines totalitären Regimes verbindet, liegt der Brandgeruch der Scheiterhaufen, auf denen der Leib der Delinquenten dem Satan übergeben wird zur Rettung ihrer Seelen, oder der Pulvergeruch der Erschießungskommandos in der Luft. So schlimm ging es nicht immer zu, doch bleiben Zwang und Gewalt im Namen der Religion, im Namen Gottes zu allen Zeiten ein Verbrechen gegen Gott und die Menschen.

Der Verzicht auf den absoluten Wahrheitsanspruch macht aus Wahrheits*besitzern* Wahrheits*sucher*. Er öffnet unsere Augen, unsere Ohren und unsere Herzen für das, was Angehörige anderer Glaubensrichtungen, Religionen und Weltanschauungen uns zu sagen haben. Er schafft eine solide Grundlage für den *interkonfessionellen, interreligiösen* und *interkulturellen* Dialog, bei dem alle Beteiligten an Einsicht und Verständnis zunehmen. Jesus liebte die Gleichnisrede nicht ohne Grund. So will ich mich in diesem Genre auch einmal versuchen: Es gibt einen Berg, den zu besteigen uns allen aufgetragen ist, weil auf seiner Spitze in den Wolken Gott wohnt, fern und unerreichbar. Solange wir nach Wahrheit und Gewaltfreiheit streben, steigen wir auf. Wir nähern uns nicht nur Gott, sondern kommen einander näher, gleichgültig von welchem Punkt am Fuß des Berges wir ausgegangen sind. Greifen wir dagegen zu Zwang, Gewalt, Lüge und Betrug, so steigen wir ab. Wir entfernen uns nicht nur von Gott, sondern auch voneinander.

Ich bin mir der Tragweite der Forderung, die Dogmen preiszugeben, bewusst, betrifft sie doch den zentralen christlichen Glaubensinhalt: das *Christus*- und das *Trinitätsdogma*. Kann und darf ein Mensch, der sie bestreitet, sich überhaupt noch

Christ nennen?[594] Ich möchte die Frage mit Gandhi beantworten: »Wenn nur die Bergpredigt und meine eigene Auslegung davon vor mir läge, würde ich nicht zögern zu sagen: ›Ja ich bin ein Christ‹.«[595] Doch mir liegt nichts am Namen. Lieber wäre mir, ich käme jener absoluten Wahrheit, die Gott ist, einen Schritt näher.

Nachdem nun die beiden zentralen Dogmen, das Christus- und das Trinitätsdogma unter dem Angriff der historisch-kritischen Bibelwissenschaft in sich zusammengebrochen sind wie die »Twin Tower« in New York am 11. September 2001, stellt sich unabweisbar die Frage: Ist das Christentum damit erledigt oder finden wir in den Trümmern womöglich einen Schatz, ungleich wertvoller als das, was wir soeben verloren haben? – Das ist tatsächlich der Fall. Das Dogma erweist sich nämlich als eine harte Nuss, deren Schale zerbrochen werden muss, um an den nahrhaften und wohlschmeckenden Kern heranzukommen. Die im Dogma verborgene Wahrheit besteht darin, dass in ein und demselben Vorgang (uno actu) der Mensch, der auf dem Weg der existenziellen Verwirklichung der von ihm erkannten Wahrheit, das heißt auf dem von den fünf Mönchsgelübden der asiatischen Religionen markierten Weg voranschreitet, zu Gott *emporsteigt*, während Gott zugleich in die Welt *herabsteigt*. Gott verkörpert (inkarniert) sich in diesem Menschen, er erscheint in der Welt. Er wird in ihm anschaubar, hörbar und erfahrbar, doch niemals absolut, sondern stets nur relativ. Ich habe folglich keine Hemmung anzuerkennen, dass *Gott in Jesus* und *Jesus in Gott* war. Ich bestreite jedoch die Formulierung des Dogmas: wahrer Mensch und wahrer Gott, das heißt ganz Mensch und ganz Gott. Für Jesus gilt vielmehr, was für uns alle gilt: *Wir alle sind zur Umkehr aufgerufen.* Dabei mag es rie-

---

594 Den Spanier Michael Servet hat diese Leugnung im Genf Calvins das Leben gekostet.

595 Mahatma Gandhi: Freiheit ohne Gewalt, Köln 1968, S. 119.

sige Unterschiede geben in der Strecke, die wir auf dem Weg zur Wahrheit, die Gott ist, zurücklegen. Je größer die Strecke, desto ähnlicher werden wir Gott, doch werden wir niemals Gott gleich, solange wir leben. Der Presbyter Arius aus Alexandrien hatte folglich gegen Athanasius recht! Jesus war *Gott ähnlich*, aber nicht *Gott gleich*. Damit kehrt Jesus nach rund eineinhalbtausend Jahren ins Menschengeschlecht zurück; und er kehrt ins Judentum zurück. Er wird zum Propheten, zum Reformator des Judentums und zum Menschheitslehrer. Ob er gelebt hat oder der Fantasie eines Dichters entsprang, ist für unser Heil unerheblich, denn die Lebensaufgabe der Umkehr zu Gott, der Umkehr zum (ewigen) Leben, die zugleich eine Rückkehr ins Paradies, in den Garten Eden ist, ist für uns alle dieselbe. Jesus ist nicht der Erlöser, der die Menschen, die an ihn glauben und sich auf diese Weise mit ihm identifizieren, gleichsam huckepack auf den Rücken nimmt und in den Himmel trägt.

Damit findet auch die »Kinderfrage«: Was wird aus den Menschen, die nichts von Jesus wissen konnten, weil sie vor ihm gelebt haben oder von seiner Existenz nie etwas erfahren haben, ihre Antwort. Für uns alle gelten die gleichen Bedingungen. *Christen haben den Gläubigen anderer Religionen oder den Ungläubigen nichts voraus.* In diesem Sinne stellt auch Gandhi fest: »Gott ist keine Person, und wenn wir sagen, dass er hin und wieder in der Form eines menschlichen Wesens zu uns herabsteigt, dann ist das nur eine teilweise Wahrheit. Es bedeutet, dass es Menschen gibt, die in ihrem Leben Gott nahe sind.«[596]

Von Martin Buber stammt der Satz: »Ich glaube *mit* Jesus, nicht *an* Jesus« und Schalom Ben-Chorin ergänzt: »Es ist der *Glaube Jesu*, der uns verbindet, und der *Glaube an Jesus*, der uns trennt.«[597] Vorläufer für die Genannten gibt es wahrlich

---

596 Young India, 6.8.1931.
597 Schalom Ben-Chorin: Bruder Jesus, München 1977, S. 11.

genug, so dass man sich nur wundern kann, weshalb sie sich gegen das dogmatische Christentum nicht schon längst durchgesetzt haben. So forderte der liberale Theologe Adolf von Harnack bereits zu Beginn des 20. Jahrhunderts: »Nicht an Jesus glauben, sondern wie er glauben, nämlich glauben an die Vaterliebe Gottes und den unendlichen Wert der Menschenseele.«[598] Schließlich und endlich unterschied bereits Lessing die *Religion Christi* von der *christlichen Religion*, womit er dasselbe meinte, wie die zuvor Genannten: »Wie beide diese Religionen, die Religion Christi sowohl als die christliche, in Christo als in einer und derselben Person bestehen können, ist unbegreiflich.«[599]

Gandhi geht noch einen Schritt weiter, wenn er das stellvertretende Leiden, das die Feindschaft, die Gewalt und die Ungerechtigkeit, mit einem Wort das Böse, wieder aus der Welt schafft, in Jesus in reiner Form verwirklicht sieht. Sein eigenes unbegrenztes Fasten, das von seinen Gegnern als Erpressungsmanöver missdeutet wurde, sieht er in dieser Perspektive: »Fasten ist eine wunderbare Sache, aber auch eine gefährliche, wenn es Amateuren in die Hand gerät. Es verlangt gänzliche Selbstläuterung – noch mehr, als was angesichts des Todes gefordert wird, wenn man versucht ist, auch nur in Gedanken Vergeltung zu üben. Ein solcher Akt vollkommenen Opfers würde für die ganze Welt genügen. Dafür gilt das Beispiel von Jesus. Ob die Überlieferung von Jesus geschichtlich erwiesen ist oder nicht, für mich ist sie wahrer selbst als die Geschichte, denn ich halte sie für möglich, weil sie ein ewiges Gesetz darstellt – das Gesetz vom stellvertretenden Leiden des Unschuldigen.«[600]

---

598 Näheres zur Person in der Internet-Enzyklopädie Wikipedia unter dem Stichwort Adolf von Harnack
599 Gotthold Ephraim Lessing: Werke in einem Band. Hg. von Gerhard Stenzel, Salzburg o.J., S. 1044.
600 Harijan 27.10.1946.

Wenn es denn wahr ist, wovon ich zutiefst überzeugt bin, dass es in dieser Welt keine absolute Wahrheit gibt, dann gilt das nicht nur für das Christentum, sondern für alle Religionen und Weltanschauungen. Damit ist dem Fundamentalismus und Dogmatismus jeglicher Farbe der Boden entzogen. Die Mauer, die Judentum, Christentum und Islam trennte, stürzt krachend in sich zusammen wie die Mauern von Jericho beim Schall der Posaunen. *Der Jahwe der Juden, der Gott der Christen und der Allah der Muslime erweisen sich als ein und derselbe.* Nehmen wir Gandhis Versicherung, auch der Hindu glaube an den einen Gott, den Dewadidewa, den Gott der Götter, hinzu und seine Auslegung des Nirwana als eine der vielen Erscheinungsweisen Gottes, und nehmen wir schließlich den Gott Apollon des Sokrates, das ewige, unzerstörbare Sein Platons und die philosophische Wahrheit, die Gott ist, hinzu, so wird deutlich, dass letztlich alle Religionen und sogar die Philosophie an ein und dieselbe Wahrheit »glauben«.

Brauchen wir als Christen ein neues Glaubensbekenntnis? Sofern wir die in diesem Buch erörterten Fragen ernst nehmen, kann die Antwort nur ja lauten. Einen Vorschlag, wie es aussehen könnte, füge ich an. Im Zeitalter der historisch-kritischen Wissenschaft kann ein Glaubensbekenntnis nicht nur positiv formuliert werden. Es muss die überlieferten Formeln überprüfen, das Bewährte bewahren und das Überholte ausscheiden.

XX. Glaubensbekenntnis

I

Ich glaube an Gott, den allmächtigen, allgegenwärtigen und allwissenden Urgrund des Universums. Ich glaube, dass Gott unsichtbar in der Welt anwesend und zugleich jenseits der Welt ist. Seine Anwesenheit in dieser Welt folgt aus seiner Allgegenwart.

Ich glaube nicht, dass Gott durch Wundertaten in das Naturgeschehen und die Geschichte unmittelbar eingreift. Gott will in dieser Welt wirken, aber durch uns. Wir sollen sein Kopf und sein Herz, seine Hände und Füße sein. Wenn Wunder geschehen, dann durch uns.

Ich glaube, Gott ist weder Mann noch Frau, weder Vater noch Mutter, weder Person noch Geist, weder jenseitig noch diesseitig, und doch ist er das alles auch. Er ist Wahrheit, er ist Liebe, er ist das höchste Gut. Er ist ewiges, unvergängliches und unzerstörbares Sein. Er ist aber auch jenes Nichts (Nirwana), in dem alle Vorstellungen und Sinneswahrnehmungen erlöschen.

II

Ich glaube mit Jesus, nicht an Jesus. Dessen ungeachtet glaube ich, Jesus war ein Sohn Gottes, doch nicht der »einzige und eingeborene« im Sinne des Dogmas. Ich glaube vielmehr, Gott hat viele Töchter und Söhne, ja, wir alle sind seine geliebten Kinder, selbst wenn wir uns von ihm abwenden, um unsere eigenen Wege zu gehen (sündigen).

Ich glaube, der Mensch Jesus wurde im Laufe seines kurzen Lebens Gott ähnlich, nicht aber Gott gleich. Er war ein irrtumsfähiger und irrender Mensch. Er wurde von einem Mann (Joseph) gezeugt und einer Frau (Maria) geboren. Er hat, soweit wir über geschichtliche Tatsachen Gewissheit erlangen können, unter Pontius Pilatus gelitten, wurde gekreuzigt, ist gestorben und wurde begraben. Den leiblichen, den ersten Tod erlitt er wie alle Lebewesen. Der geistliche, der zweite Tod blieb ihm erspart.

III

Ich glaube, dass der Heilige Geist der Geist Gottes ist. Er ist so wenig wie Jesus ein gesonderter Glaubensinhalt.

Ich glaube nicht an eine der christlichen Kirchen, denn die Kirche ist kein Glaubensinhalt. Sie ist die unvollkommene Gemeinschaft derer, die unterwegs sind zu Gott, manchmal leider auch in der Gegenrichtung.

Ich glaube, es gibt in allen Religionen Wahrheit und Unwahrheit, Gelingen und Versagen, rechten Gebrauch und furchtbaren Missbrauch, Heiliges und Teuflisches. Unsere Aufgabe besteht darin, die von uns erkannte Wahrheit in unserem Leben zu verwirklichen und uns mit Hilfe Gottes von der Unwahrheit, soweit wir sie erkennen, zu befreien.

Ich glaube, es ist möglich, nicht nur die Vergebung der Sünde zu erlangen, sondern durch Gott vom Zwang, sündigen zu müssen, frei zu werden und damit dem zweiten, dem ewigen Tod zu entgehen. Mit der Befreiung von der Sünde verschwinden auch deren Folgeerscheinungen – Angst und Gier, (egoistische) Liebe und Hass, Zuneigung und Abneigung.

Ich glaube nicht an die Auferstehung der Toten. Ich glaube vielmehr, dass wir in dem Maße, wie wir die von uns erkannte Wahrheit in unserer Existenz verwirklichen, Anteil am ewigen, unzerstörbaren Sein Gottes gewinnen.

Was not tut, ist eine Rückkehr zu Leben und Lehre Jesu. Was not tut, ist eine Reformation an Haupt und Gliedern der Christenheit. Was not tut, ist der Dialog der Konfessionen, der Religionen und Weltanschauungen unter Preisgabe jeglichen absoluten Wahrheitsanspruchs. Was not tut, ist, dem Ruf Jesu zu folgen: »Die Zeit ist erfüllt, das Reich Gottes ist angebrochen.«

Was eint Gandhi und Jesus ungeachtet ihrer Ferne in Zeit, Raum und Kulturkreis? Ich weiß darauf keine bessere Antwort als die fünf Grundsätze, die Gandhi zum Gegenstand des täglichen Gebets oder der täglichen Meditation empfahl und die schließlich sogar ins evangelische Gesangbuch der Württembergischen Landeskirche Eingang fanden:

»Ich will bei der Wahrheit bleiben.
Ich will mich keiner Ungerechtigkeit beugen.
Ich will frei sein von Furcht.
Ich will keine Gewalt anwenden.
Ich will in jedem Menschen zuerst das Gute sehen.«[601]

---

601 Evangelisches Gesangbuch, Stuttgart 1996, S. 822 (Der letzte Grundsatz wurde auf Grund des englischen Originals korrigiert).